D1727821

Marshall Jon Fisher
Ich spiele um mein Leben

MARSHALL JON FISHER

Ich spiele um mein Leben

Gottfried von Cramm und
das beste Tennismatch aller Zeiten

Aus dem
Amerikanischen
von Clemens Brunn und
Maximilien Vogel

Osburg Verlag

Titel der englischen Originalausgabe:
A Terrible Splendor – Three Extraordinary Men,
A World Poised For War, And The Greatest Tennis Match Ever Played
Crown Publishers New York, 2009
Copyright (c) 2009 by Marshall Jon Fisher
This translation published by arrangement with Crown Publishers,
a division of Random House, Inc.

Alle Rechte der deutschen Ausgabe
© Osburg Verlag Berlin 2009
www.osburgverlag.de
Lektorat: Clemens Brunn, Hirschberg
Herstellung: Prill Partners producing, Berlin
Umschlaggestaltung: Toreros, Lüneburg
Satz: Dörlemann Satz, Lemförde
Druck und Bindung: GGP Media GmbH, Pößneck
Printed in Germany
ISBN 978-3-940731-31-9

Inhalt

Für meine Eltern

Wann treffen wir drei uns das nächste Mal
Bei Regen, Donner, Wetterstrahl?

Wenn der Wirrwarr ist zerronnen,
Schlacht verloren und gewonnen.

Noch vor Untergang der Sonnen.

(William Shakespeare, *Macbeth*)

Vorbemerkung

Leser dieses Buches mögen sich fragen, wie ich dazu komme, mit konkreten Dialogen und Gedanken der Akteure aufwarten zu können: Redeteile, die auf herkömmliche Weise in Anführungszeichen gesetzt sind, oder in Kursivschrift wiedergegebene Gedanken sind direkt aus Primärquellen übernommen und werden in den Anmerkungen entsprechend genannt. An anderen Stellen empfand ich jedoch die Notwendigkeit, eine Szene zu verlebendigen, ohne im Einzelnen zu wissen, was in diesem Moment wirklich gesagt oder gedacht wurde. Hier habe ich mich von Rachel Cohens *A Chance Meeting* inspirieren lassen – Geschichten über Beziehungen zwischen Autoren und Künstlern des 19. und 20. Jahrhunderts, in denen sich die Verfasserin immer wieder ausmalt, wie die tatsächlichen Gespräche wohl stattgefunden haben könnten. (Cohen wiederum verweist darauf, in ihrer Methode der erzählerischen Ausgestaltung nichtfiktionaler biografischer Literatur anderen Schriftstellern wie Leon Edel, Justin Kaplan, Louis Menand und einigen weiteren verpflichtet zu sein.) Um sichtbar zu machen, wo ich Dialoge und inneren Monolog aus anderen Quellen abgeleitet oder zusammengestellt habe, wird an solchen Stellen auf Kursivschrift oder Anführungszeichen verzichtet. Auch habe ich mich, ähnlich wie Cohen, bemüht, zur weiteren Verdeutlichung relativierende Wörter und Formulierungen wie *vielleicht*, *bestimmt*, *wahrscheinlich* oder *es mag sein, dass* zu verwenden. Doch ist es wichtig, zu betonen, dass keine dieser Passagen einfach aus der Luft gegriffen wäre: Jede ist durch meine Recherchen fest fundiert (wie in den Endnotenverweisen jeweils vermerkt).

Erster Satz

Der Gentleman von Wimbledon

20. Juli 1937: Baron Gottfried von Cramm wirft einen neuen weißen Tennisball der Marke Slazenger etwa einen Meter über seinen
Kopf in die Höhe. Einen Wimpernschlag lang scheint er dort oben
wie ein ferner, erstarrter Mond hängen zu bleiben, dann holt
ihn Cramms Holzschläger aus der knisternden Luft des Centre
Courts von Wimbledon und macht mit einem Aufschlag, der an John
Donald Budge vorbeidonnert, den ersten Punkt. Das entscheidende
Daviscup-Spiel zwischen den USA und Deutschland hat begonnen,
eine Begegnung, die für viele Jahre als »das größte Tennismatch
aller Zeiten« gelten wird. Vierzehntausend Zuschauer – Adlige, die
gesehen werden wollen, Sportreporter, Tennisfans, die sich an
einem Dienstag freinehmen konnten, Queen Mary und ihr Gefolge,
mehrere Abgeordnete und Vertreter des diplomatischen Corps in
der königlichen Loge – rutschen auf ihren Sitzen hin und her, als
Cramms Aufschlag endlich den dünnen Vorhang zwischen Erwartung und Erfüllung zerreißt. Der Aufprall des Balls auf gespannten
Naturdarmsaiten markiert den Augenblick: Es ist 16:57 Uhr.

Es war einer dieser ungewöhnlich schönen Londoner Sommertage.
Einen Monat lang hatte es kaum geregnet, und auch heute war keine
Wolke zu erblicken, es war Hochsommer, die Sonne stand noch
hoch und das Quecksilber verharrte bei Temperaturen um die
23 Grad Celsius, genau wie es die *Times* vorhergesagt hatte. Doch
der Wetterbericht war an diesem Morgen wohl der erbaulichste Teil

der Zeitung – und selbst der musste sich die Seite noch mit dem
Nachruf auf die amerikanische Flugpionierin Amelia Earhart teilen.
Vor zwei Wochen war sie von Lae auf Neuguinea zur 4000 Kilometer entfernten Howlandinsel im Pazifik gestartet und galt seitdem
als verschollen. Bei ihrem Versuch der weltweit ersten Erdumrun-
dung auf Äquatorhöhe waren bereits drei Viertel der Gesamtstrecke
zurückgelegt. Doch auf dem letzten Teilstück hatten Earhart und
ihr Navigator Fred Noonan mit unerwartetem Gegenwind zu
kämpfen. Sie flogen über zwanzig Stunden, und der Treibstoff ging
ihnen aus, bevor sie die Insel erreichten. Präsident Roosevelt hatte
eine vier Millionen Dollar teure Suchaktion genehmigt, an der acht
Kriegsschiffe und sechsundsechzig Flugzeuge beteiligt waren, aber
am 18. Juli wurde die Suche schließlich eingestellt.[1]

Nicht erfreulicher war die Titelseite der heutigen *Times*. Die
Londoner, die die Morgenzeitung hinter ihren Teetassen aufstellten, wurden mit einer Reihe unheilvoller Schlagzeilen konfrontiert:
ERBITTERTE KÄMPFE NAHE MADRID. Vor fast genau einem Jahr hatte
der faschistische General Francisco Franco seine von Mauren und
fremden Söldnern getragene Aufständischenarmee von Marokko
aus über die Straße von Gibraltar geführt, um die Regierung der vor
fünf Jahren gegründeten Republik zu stürzen. Die Folge war ein
blutiger Bürgerkrieg, dessen Ende immer noch nicht absehbar war.

Die anderen Schlagzeilen des Tages – CHINA ZUM KAMPF BEREIT.
SPANNUNGEN HALTEN UNVERMINDERT AN und KOSTEN FÜR DEN
LUFTSCHUTZ – erinnerten die Leser an Japans fortdauernden uner-
klärten Krieg gegen China, ein alarmierender Vorbote der aus dem
Osten heraufziehenden Bedrohungen, und an das wachsende Bewusstsein, dass die Schockwellen des Krieges schon bald die Hei-
matinsel erschüttern könnten.

Außenminister Anthony Eden hatte gestern im Unterhaus eine
große Rede gehalten, in der all diese Probleme angesprochen wurden. Doch obwohl er die verschiedenen gegenwärtigen Konstella-
tionen »innewohnende Gefahr« anerkannte, versicherte er vor dem
Parlament, dass der Frieden halten würde. Bedenken wegen der
deutschen Intervention im Spanischen Bürgerkrieg schob er ebenso zur Seite wie Winston Churchills empörten Einwurf, »dass vor

Gibraltar schwere Geschütze in Stellung gebracht« würden; dafür
pries er das neue Flottenabkommen zwischen der Sowjetunion und
den Nazis sowie den »aufrichtigen« Wunsch der französischen
Regierung »nach Entspannung in Europa und im Verhältnis zu
Deutschland«. Der Spanische Bürgerkrieg bringe Europa nicht an
den Rand eines weiteren katastrophalen Kriegs, so argumentierte er,
sondern habe »allen verantwortungsbewussten Menschen vor Augen geführt, dass Krieg noch schrecklicher geworden« sei.

Winston Churchill höhnte, und der Labour-Abgeordnete Hugh
Dalton »nannte die Regierung einen Haufen törichter Strauße, …
die angesichts der neuen Angriffstaktik der faschistischen Kräfte in
Spanien den Kopf in den Sand steckten«.[2] Sollte sich diese Taktik,
so sein Einwand, dort als Erfolg erweisen, dann würde sie zweifellos
auch bald in Mitteleuropa zum Einsatz kommen.

Zu der schon lange schwelenden Kriegsgefahr kamen noch die seit
acht Monaten währenden Skandale im Königshaus und politische
Grabenkämpfe. London war all dessen überdrüssig und wandte sich
nun erleichtert der verlässlichsten aller Zerstreuungen zu: dem Tennis in Wimbledon.

1937 wurde auf den bekanntesten und bestgepflegten Rasenplätzen der Welt, auf den Courts des All England Lawn Tennis and Cro-
quet Club, einen ganzen Monat lang Spitzentennis geboten. Zunächst fanden natürlich die Meisterschaften statt: jenes Turnier, das
schlicht »Wimbledon« genannt wird. Danach war der All England
Club Austragungsort für den Daviscup, den offiziell als »International Lawn Tennis Championships« bezeichneten Mannschaftswett-
kampf. Die Vorrunden, bei denen die Sieger der amerikanischen
und der europäischen Zone ermittelt wurden, hatten im Frühling
stattgefunden, unter anderem in Budapest und Berlin, Stockholm
und Belgrad, San Francisco und Mexiko-Stadt. Die Sieger der jeweiligen Zonen, Deutschland und die Vereinigten Staaten, mussten
in Wimbledon im Interzonen-Finale gegeneinander antreten, und
gegen den Sieger aus diesem Duell sollte schließlich in der Herausforderungsrunde der amtierende Champion Großbritannien seinen
Titel verteidigen. Dreimal in Folge hatte das britische Team den

Pokal geholt, aber jeder wusste, dass die Chancen der Briten dieses
Jahr schlecht standen, denn der dreifache Wimbledon-Sieger Fred
Perry war ins Profilager gewechselt und durfte deshalb nicht mehr
nominiert werden. Der eigentliche Kampf um den Meistertitel fand
also in der Vorschlussrunde statt, und zwar, wie sich herausstellen
sollte, in der fünften und entscheidenden Begegnung zwischen Don
Budge und Gottfried von Cramm.

In einer Zeit, als Spitzentennis, einschließlich großer Turniere
wie Daviscup und Wimbledon, meist Amateurtennis war und die
Protagonisten nicht für Geld, sondern um die Ehre spielten, war der
Daviscup das wichtigste Turnier der Tenniswelt und einer der größten Sportwettkämpfe überhaupt.

Begonnen hatte alles im Jahr 1900, als ein Harvard-Student namens Dwight Davis beim Juweliergeschäft Shreve, Crump & Low
Co. in Boston einen Preispokal aus 217 Unzen Sterlingsilber mit
Goldverzierungen in Auftrag gab. Davis und seine Kommilitonen
Holcombe Ward und Malcolm Whitman waren besessen vom Rasentennis und hatten beschlossen, einen internationalen Mannschaftswettbewerb ins Leben zu rufen. Das erste Jahr luden sie nur
Großbritannien ein; kein anderes Land konnte genug ernst zu nehmende Spieler aufbieten. Das englische Team, dem auch der spätere
dreifache Wimbledon-Sieger Arthur Gore angehörte, reiste nach
Übersee und scheiterte grandios an den erdrückenden 38 Grad Celsius im Longwood Cricket Club nahe Boston und an dem erst vor
kurzem von Ward erfundenen »American Twist«-Aufschlag der
Jungs aus Harvard.

Davis selbst nahm nur noch an einem der nachfolgenden Davis-
cup-Turniere teil, bevor er sich anderen Zielen zuwandte. Trotz
eines katastrophalen Examens (dem Tennis widmete er weitaus mehr
Aufmerksamkeit als seinem Studium) wurde er 1925 US-Kriegs-
minister und später Generalgouverneur der Philippinen. Aber der
von ihm gestiftete Pokal wurde zur begehrtesten Trophäe des Tennissports. Noch Ende des 20. Jahrhunderts, in der Ära der hohen
Preisgelder, bezeichneten Superstars wie John McEnroe und Arthur
Ashe den Sieg im Daviscup als Höhepunkt ihrer Karriere.[3]

In den Zwanzigern zogen Daviscup-Begegnungen in Europa,

Amerika und Australien Scharen von Zuschauern an, sie tauchten in den Schlagzeilen auf und erregten das Interesse von Staatsoberhäuptern. »Manchmal frage ich mich, ob der Daviscup eine gute Idee war«, sagte um diese Zeit Davis selbst. »Die Sache ist zu groß geworden.«[4] Manchmal verspürten die Spieler einen zu großen Druck, wenn sie für ihr Land spielten und bei der Ansage des Spielstands statt ihres eigenen Namens die Worte »Advantage USA« hörten. 1932 fegte der Amerikaner Ellsworth Vines seinen britischen Gegner Bunny Austin im Wimbledon-Finale mit drei Sätzen, in denen er insgesamt nur sechs Spiele verlor, vom Platz. Aber im Daviscup des darauffolgenden Jahres bezwang ihn Austin auf demselben Court mit einem ähnlichen Ergebnis. Als er 1932 gegen den Deutschen Daniel Prenn fast schon gewonnen hatte, bekam es der als unerschütterlich geltende Brite Fred Perry mit der Angst zu tun und musste sich trotz zwischenzeitlicher 5:2-Führung im fünften Satz schließlich geschlagen geben. Sogar der große Bill Tilden, die Ikone des Tennis der zwanziger Jahre, verspürte den Druck. »Turniertennis ist ein wunderschönes Spiel«, sagte er, »aber Daviscup-Begegnungen sind eine geistige Folter. Jedes Mal wenn ich im Daviscup gegen diese Franzosen spielte, ging ich wochenlang durch die Hölle.«[5]

Tilden, der alles überragende Meister, sorgte fast im Alleingang dafür, dass der von Dwight Davis gestiftete Preis von 1920 bis 1927 in amerikanischen Händen blieb. Doch als er älter und somit langsamer wurde, musste er sich »diesen Franzosen« geschlagen geben, und der Pokal wanderte für sechs Jahre nach Paris. Danach holten ihn Fred Perry und seine britischen Mitspieler und verteidigten ihn vier Jahre lang erfolgreich in Wimbledon. Zum ersten Mal seit einem Jahrzehnt hatten nun die Amerikaner wieder die Chance, die Trophäe heimzuholen. Und Tilden war dabei, er saß am Spielfeldrand und applaudierte wie der größte Tennisenthusiast aller Zeiten. Doch anders als man wohl erwarten würde, galt sein Beifall nicht den Amerikanern. Nachdem sein Angebot, das US-Team zu trainieren, wiederholt abgelehnt worden war, hatte Tilden die vergangenen Jahre geholfen, die deutschen Daviscup-Spieler auf das Turnier vorzubereiten.[6] Und über die letzten zehn Jahre war er ein enger Freund Gottfried von Cramms geworden.

Ohne Tilden wäre Cramms Spiel nicht so gut gewesen – Cramm selbst sagte einmal, an einem entscheidenden Punkt in seiner Entwicklung habe Tilden für verblüffende Veränderungen in seinem Rückhandspiel gesorgt.[7] Aber so gesehen wäre der gesamte Tennissport ohne Tilden nicht gewesen, was er 1937 war. Kein Spieler vor oder nach ihm hat das Spiel so stark beeinflusst wie Tilden. Aus einem vornehmen Zeitvertreib für Adlige hatte er einen Wettkampf für Weltklasseathleten gemacht. Freilich hatte ihm Maurice »Red Mac« McLoughlin, »der kalifornische Komet«, schon den Weg geebnet, als er mit seinem neuen aggressiven Serve-and-Volley-Spiel 1912 und 1913 vor begeisterten Zuschauern die US-Meisterschaften gewann. Aber McLoughlins Karriere fand ein jähes Ende – nachdem er im Ersten Weltkrieg gedient hatte, war er nicht mehr der Alte –, und 1926, gegen Ende seiner sechsjährigen Regentschaft als unangefochtener König des Weißen Sports, galt Tilden allen Beobachtern »als Vollender, ja fast als Erfinder jenes nervenzerreißenden modernen Spiels, das sich hinter der harmlosen und leicht irreführenden Bezeichnung ›Rasen‹-Tennis verbirgt. … Big Bill hat das Spiel ungemein beschleunigt, er hat den Lob als knapp über den Gegner gespielten Angriffshochball eingeführt, dazu den halbvolley gespielten Passierball sowie verschiedenste Schläge mit Vorwärts-, Rückwärts- oder Seitendrall. Unter Tildens formender Hand wurde Tennis zu einer aufsehenerregenden, rasanten Kraft- und Schnelligkeitsprobe, bei der Ausdauer und Wachsamkeit, Mut und ein scharfer Blick für die Schwächen des Gegners das geistige und körperliche Rüstzeug eines Meisters ausmachen.«[8]

Seit 1931 war er auch Hauptattraktion, wichtigster Veranstalter und Programmleiter des immer noch jungen (und immer noch leicht anrüchigen) Unternehmens Profitennis. Bevor er selbst mit siebenunddreißig Jahren ins Profilager wechselte, rangierten Berufsspieler für Tilden irgendwo zwischen Hausbediensteten und Prostituierten. Seine Sichtweise änderte sich allerdings grundlegend, als er selbst in dieser Sparte wahre Triumphe feierte. Vor Tilden waren Tennisspieler Amateure, die sich anderen Laufbahnen zuwandten, wenn ihre sportlichen Fähigkeiten nachließen. Doch Tilden war so außergewöhnlich, dass er erst eine lange und ruhmreiche Karriere als Amateur durchlief, um dann, in einem Alter, in dem sogar die besten Spieler ihre aktive Karriere beenden, Professional zu werden und als solcher noch zehn Jahre lang Geld zu scheffeln. Sein Vorbild bewog die nach ihm kommenden Spitzenspieler, dem Amateurbetrieb schon früh den Rücken zuzukehren. Jüngst hatten sowohl Vines als auch Perry den Tennissport auf dem Höhepunkt ihres Könnens zu ihrem Beruf gemacht. Und schon kurz nach Budges erstem großem Meistertitel kursierten Gerüchte, dass auch er einen solchen Schritt erwäge. Tatsächlich dauerte es nur noch ein paar Monate, bis dem jungen Mann ein schwindelerregendes Angebot von Veranstalter C. C. (»Cash and Carry«) Pyle vorlag.

Verschiedentlich hatte es bereits Rufe nach »offenem Tennis« gegeben, das sowohl den Berufsspielern als auch den Amateuren die Möglichkeit geboten hätte, an den großen Turnieren teilzunehmen, doch bis diese Rufe erhört wurden, sollten noch über dreißig Jahre vergehen. Vorerst mussten die Profis den großen Turnieren fernbleiben, allein den Amateuren gebührten Ehre und Ruhm. Und gerade die heute anstehende Begegnung umgab von Anfang an ein hehrer Glanz, der im Laufe der Jahrzehnte sogar immer heller strahlen sollte. Auf der einen Seite der junge amerikanische Superstar, der kurz davor stand, alles zu erreichen, was sein Talent ihm gewährte, auf der anderen der Amateur par excellence, der europäische Aristokrat, der an eine Profikarriere keinen Gedanken verschwenden würde, dem nur die Schönheit des Spiels etwas bedeutete.

Es war ein spannungsgeladener Nachmittag für Tilden, Cramm und Budge. Sowohl Tilden als auch Cramm wussten, dass dieses Match für den Deutschen, der den Argwohn des NS-Regimes auf sich gezogen hatte, von entscheidender Bedeutung war. Er müsse, so hatte er Tilden kürzlich anvertraut, wohl davon ausgehen, dass er überwacht werde und seine Sicherheit wahrscheinlich nur gewährleistet sei, wenn er den Davispokal nach Deutschland bringe.[9]

Und auch wenn Tilden und die Strippenzieher im US-amerikanischen Tennis nur wenig füreinander übrig hatten, muss es ihm doch ein gewisses Unbehagen bereitet haben, nach all den Jahren als

Rückgrat des US-Teams nun bei so einem wichtigen Daviscup-Spiel »auf der anderen Seite« zu sitzen. Er war jetzt vierundvierzig und spielte immer noch als Profi, woran sich die nächsten Jahre auch nichts ändern sollte, aber seine besten Tage lagen hinter ihm. Er hatte fast kein Geld mehr, kaum noch Freunde. Als er dieses entscheidende Daviscup-Spiel sah, das er hinterher als Krönung des einst von ihm selbst beherrschten Sports betrachtete, muss er dunkel geahnt haben, dass es mit ihm langsam, aber sicher bergab ging. Für Don Budge war es schlicht das größte Spiel seines Lebens. Dieser dünne rothaarige Junge, Sohn eines Lkw-Fahrers aus Oakland, bildete den denkbar größten Gegensatz zu dem eleganten deutschen Adligen oder dem erhabenen Tilden, der unübersehbar auf der Haupttribüne saß. Er war zweiundzwanzig Jahre alt und stand erst seit kurzem im Zenit seines Könnens. Vor zwei Wochen hatte er Cramm im Wimbledon-Finale geschlagen und war damit zum inoffiziellen Weltmeister avanciert. Doch als sie an diesem Tag den Court betraten, richteten sich die bewundernden Blicke der Zuschauer vor allem auf den Baron, den eigentlichen Grandseigneur des Tennis. Ob Wimbledon-Meister oder nicht – 1937 galt für jeden Tennisspieler noch der Daviscup als die höchste aller Auszeichnungen.

Der Daviscup war eine Sensation für jeden Sportfan. In den Vereinigten Staaten steuerten in diesem Sommer die New York Yankees und die New York Giants auf einen Showdown im Baseballfinale der World Series Ende Oktober zu. Seabiscuit war in den Osten der USA gebracht worden und gewann dort ein Pferderennen nach dem anderen, was Gerüchte über ein mögliches Jahrhundertrennen gegen den unschlagbaren War Admiral schürte. Am 22. Juni bezwang Schwergewichtsboxer Joe Louis, der im Sommer davor überraschend gegen Max Schmeling verloren hatte, James J. Braddock in Chicago durch einen K.-o.-Sieg in der achten Runde und errang so den Weltmeistertitel, den er zwölf Jahre lang erfolgreich verteidigen sollte. Aber Mitte Juli war kein Sportereignis wichtiger als das Spiel Budge gegen Cramm.

Deutschland für seinen Teil wollte endlich den Einzug in die Herausforderungsrunde schaffen. Ihre erste große Chance dazu hatte sich den Deutschen bereits im Juli 1914 geboten. Angesichts des drohenden Weltkriegs waren nur Otto Froitzheim und Oscar Kreuzer in Pittsburgh zurückgeblieben, während sich der Rest der Mannschaft schon auf der Überfahrt nach Hause befand. Alle sprachen über den Krieg, und man vermisste den sonst bei Daviscup-Begegnungen üblichen Kameradschaftsgeist zwischen den Nationalmannschaften, denn abseits des Tennisplatzes blieben die einzelnen Teams unter sich. Die Deutschen kündigten an, dass sie bei Kriegsausbruch unverzüglich das Land verlassen würden, egal ob die Partie zu Ende sei oder nicht. Wie es sich ergab, wurde die Eilmeldung von der Kriegserklärung über den Atlantik gekabelt, während die letzte Begegnung lief, aber die Männer auf der Pressetribüne brachten es nicht übers Herz, der Zuschauermenge die Nachricht zuzurufen, bevor das Spiel aus war. Die Australier, die den Pokal eine Woche später von den Amerikanern zurückerobern sollten, feierten ihren Triumph, während sich Froitzheim und Kreuzer geradewegs auf ihr Schiff begaben. In Gibraltar gerieten die beiden Spieler in britische Gefangenschaft und mussten die Kriegsjahre in einem englischen Internierungslager zubringen.[10]

Nach dem Krieg wurde Deutschland auf Beschluss der International Lawn Tennis Federation von internationalen Wettkämpfen ausgeschlossen. Erst 1927 wurde es wieder zugelassen, und in den darauffolgenden zehn Jahren schaffte es nicht weniger als viermal den Einzug ins Interzonen-Finale, nur blieb ihm der Sprung auf die nächste Stufe leider jedes Mal verwehrt. 1937, mit Cramm und dem überragenden Henner Henkel, witterten die Deutschen nun endlich ihre große Chance.

Die Begegnungen an den ersten beiden Tagen waren wie erwartet gelaufen. Budge und Cramm, die beiden weltbesten Amateure, hatten ihre jeweiligen Gegner Henkel und Bitsy Grant in den Einzeln souverän geschlagen. Im Doppel hatten Budge und Gene Mako gegen Cramm und Henkel – wie schon einige Wochen zuvor im Wimbledon-Endspiel – einen knappen Sieg errungen. Vor ein paar Stunden hatte dann Henkel gegen Grant gewonnen und somit einen 2:2-Gleichstand hergestellt. In der fünften, der ausschlaggebenden Begegnung mussten nun die beiden Spitzenspieler gegeneinander antreten. Da in der Herausforderungsrunde nur ein vergleichsweise schwacher britischer Kader wartete, stand im Grunde fest, dass schon die Partie von Budge gegen Cramm über den Pokalgewinn entscheiden würde.

Amerikanische Tennisfans hatten allen Grund, nervös zu sein. Budge mochte zwar als haushoher Favorit gehandelt werden, aber in einem Wettkampf, in dem alles von einem einzigen Match gegen den zweitbesten Spieler der Welt abhing, war sein Sieg keineswegs gewiss. »Dass Budge gegen Cramm gewinnt, hielten wir erst für eine Selbstverständlichkeit, dann für sicher, für ziemlich sicher, für wahrscheinlich, für möglich und zuletzt für einen frommen Wunsch«, schrieb die wöchentlich erscheinende Zeitschrift *American Lawn Tennis*, die Bibel der Tennisspieler. In den Vereinigten Staaten gingen Tausende nicht zur Arbeit, um das Spiel zu Hause am Radioempfänger verfolgen zu können. Viele andere hatten das Radio im Büro eingeschaltet, und noch größer war wohl die Zahl derer, die »auf den Fernschreiber, auf Redaktionsstuben oder auf Freunde an der Wall Street zählten, um sich auf dem Laufenden zu halten«. Um die Rundfunkübertragung zu hören, nahmen sich angeblich so viele Menschen den Dienstag frei, dass kurzzeitig sogar der Handel an der New Yorker Börse abflaute.[11]

Und in London schleuderten an diesem freundlichen Sommertag Tausende von Tennisenthusiasten seufzend ihre Zeitungen weg, in denen sie von den blutrünstigen Kämpfen in China und Spanien gelesen hatten, und machten sich – mit U-Bahn, Bus, Taxi, an Bord ihres von einem Chauffeur gefahrenen Bentley oder in der königlichen Wagenkolonne – auf den Weg nach Wimbledon, um sich dort an einem internationalen Kräftemessen der kultivierteren Art zu erfreuen.

Die Ersten waren schon kurz nach Mittag da, sie hatten die achthundert Meter von der U-Bahn-Haltestelle Southfields zu Fuß oder mit dem Bus zurückgelegt oder waren von ihren Fahrern vor dem All England Club abgesetzt worden. Nun begaben sie sich auf die Außenanlagen und sammelten sich entlang der knapp zweihundert Meter langen Promenade, die vom »Tea Lawn« zu den Tennisplät-

zen führt. Auf der linken Seite lagen völlig unbeachtet hinter einem
drei Meter hohen Zaun die fünfzehn äußeren Courts, tadellose
grüne Rechtecke, durch Einfriedungen und akkurat gepflegte Pflas-
tersteinwege voneinander getrennt, mit einfachen Parkbänken für
etwaige Zuschauer. Und vorne rechts ragte das Centre-Court-Stadion empor.

Wenn vor 1937 in Wimbledon Daviscup-Begegnungen stattfanden, war es Sitte, den Centre Court für die Herausforderungsrunde
zu schonen und Vorrundenspiele auf dem Court Number One aus-
zutragen. Die fünftausend Sitzplätze dieser angrenzenden Arena
reichten üblicherweise völlig aus, sogar für das Interzonen-Finale,
und das empfindliche Gras des Centre Courts brauchte etwas Zeit,
um sich von dem zweiwöchigen Gestampfe der Meisterschaften zu
erholen. Doch in diesem Jahr würden Budge, Cramm und ihre jeweiligen Landsleute in einer Runde aufeinandertreffen, die allen
Beobachtern als das eigentliche Daviscup-Finale galt, und dieses
verdiente die größte Bühne, die der Tennissport zu bieten hatte.
Zum ersten Mal wurde deshalb schon für die Vorschlussrunde der
Centre Court bereitgestellt.[12]

Vor dem großen Rundbau bildeten sich lange Schlangen, ein Zu-
schauer nach dem anderen betrat die labyrinthartigen Korridore,
suchte in diesem »irrwitzigen Kaninchenbau« nach dem einen
Gang, der ihn zu seinem Sitzplatz führte. Behilflich dabei war eine
Schar von schmuck uniformierten Platzanweisern, zu denen auch
Soldaten auf Urlaub zählten.[13]

Wenn die Leute aus den verdunkelten Gängen hervorkamen,
blinzelten sie in die plötzlich wieder auftauchende Sonne und be-
staunten das Zentrum dieses modernen Kolosseums: den berühmtesten Tennisplatz der Welt, »grün und glatt wie ein Billardtisch«[14].
Allmählich füllten sich die Ränge, und als die Stunde des Spielbe-
ginns näher rückte, erschienen auf dem Rasen Schiedsrichter, Linienrichter und Balljungen (die in Wimbledon zum festen Personal
gehörten) und nahmen – wie Angestellte eines Ordnungsdiensts –
ihre Stellungen am Spielfeldrand ein. Und dann, um kurz vor zwei,
öffnete sich eine Tür in der dunkelgrünen Wand am Ende des
Courts, direkt unter und zur Linken der Königsloge. Heraus schrit-

ten fünf Männer: die beiden nicht spielenden Kapitäne Walter Pate und Heinrich Kleinschroth, der siebenundzwanzigjährige Ted Tinling, früher selbst Spieler, heute aufstrebender Tennismodedesigner und von den Verantwortlichen in Wimbledon bestellter »Spielerbetreuer«, sowie die Gegner der ersten Partie des Tages, Bitsy Grant und Henner Henkel. Auf der Tribüne wurde verhalten geklatscht. Viele Sitze blieben um zwei Uhr noch leer, denn das erste Match war nicht die Hauptattraktion. Es galt als ausgemacht, dass Henkel seinen Gegner Grant ohne große Mühe besiegen und damit zum 2 : 2 ausgleichen würde. Abgesehen von den glühendsten amerikanischen Fans freute sich fast jeder auf einen Entscheidungskampf zwischen Budge und Cramm, den besten Amateurspielern der Welt.

Als nun um 16:50 Uhr, begleitet von Tinling und den Kapitänen, die beiden großen Champions aus der grünen Tür herauskamen, herrschte tatsächlich Gleichstand – USA 2, Deutschland 2 –, und das Publikum empfing die Heroen mit begeistertem Applaus. Die Gruppe wandte sich zur heute recht vollen königlichen Loge und verneigte sich. Bemerkenswerterweise hatte sich Queen Mary höchstpersönlich eingefunden, in einer Vorschlussrunde ohne britische Beteiligung eine noch nie dagewesene Ehre. Im gesamten Stadion gab es keinen freien Sitzplatz mehr, und selbst der Stehbereich war bis auf den letzten Quadratzentimeter gefüllt. Alle tausendzweihundert Stehplatzkarten waren verkauft worden. Die Besitzer bildeten die glückliche Vorhut einer Schlange von etwa drei- bis fünftausend Personen, von denen viele schon die ganze Nacht hier gelagert hatten, ausgestattet mit Hockern, Wolldecken, Büchern und Petroleumkochern zur Zubereitung ihrer Mahlzeiten. Tausende weitere Fans, die zu spät gekommen waren und nicht einmal mehr eine Stehplatzkarte ergattern konnten, hatten zwei Shilling pro Kopf gezahlt, um wenigstens auf das Clubgelände vorgelassen zu werden. Sie warteten vor dem Stadion und verfolgten den Spielverlauf auf einer elektrischen Anzeigetafel, einer Nachbildung des Modells im Innern des Rundbaus. Beide wurden, wie ein Reporter beeindruckt feststellte, über eine Reihe von Knöpfen am Schiedsrichterstuhl bedient.[15]

Den anderen voraus gingen die beiden Spieler zu ihren Sitzen am

Spielfeldrand und erinnerten dabei eher an Doppelpartner als an Kontrahenten im wichtigsten Tennismatch des Jahres. Cramm, der adrette deutsche Adlige, trug wie immer seine cremefarbene lange Flanellhose mit einem Gürtel in den Farben seines Vereins, des berühmten Lawn-Tennis Turnier-Clubs »Rot-Weiß« Berlin, sowie einen makellosen weißen Blazer. Auch Budge, sechs Jahre jünger als Cramm und immer noch der »dünne, sommersprossige Junge wie aus einem Roman von Booth Tarkington«, als den man ihn vor zwei Jahren beschrieben hatte,[16] war modisch keineswegs unbedarft. Wie immer trug er ein eng anliegendes Polohemd, heute natürlich das des US-amerikanischen Daviscup-Teams, mit Wappen und Initialen auf der linken Brust. Und obwohl schon etliche Spieler dazu über-gegangen waren, auf dem Tennisplatz Shorts zu tragen, erschien Budge nie in etwas anderem als in seinen maßgeschneiderten wei-ßen Gabardinehosen. Sie müssen ihm sehr gut gestanden haben, denn ein Journalist, der wohl nicht wusste, dass das Londoner Kon-fektionshaus Simpsons die gleichen Beinkleider auch für Perry, Cramm und vermutlich noch andere angefertigt hatte, schrieb: »Budge trägt nicht einfach nur lange Hosen, sondern die elegantes-ten, weißesten und bestsitzenden Cricket-Kleider, die man je auf einem Court gesehen hat.«[17] Bei feuchtem Wetter hätte er – zwecks besserer Haftung auf dem Gras – vielleicht schwarze Nagelschuhe getragen, doch an einem sonnigen Tag wie heute erstrahlte seine komplette Kluft in reinstem Weiß, die makellosen Tennisschuhe eingeschlossen. Schulter an Schulter schritten die jungen Männer entspannt plaudernd mit ihren Schlägern über den Platz.

Beim Gehen nahm Cramm einen seiner »Dunlop Maxply«-Schläger in die rechte Hand und warf ihn in hohem Bogen vor sich auf den Rasen, so beiläufig, als wäre er bei einem sonntäglichen Freizeitmatch in seinem Club. »Glatt oder rau?«, fragte er. Budge wählte rau. Sie erreichten die Stelle, wo der Schläger lag, Cramm hob ihn vorsichtig auf und zeigte ihn Budge. Zusammen untersuch-ten sie die Saiten, sogenannte Catgut-Saiten, die allerdings nicht aus Katzendarm, sondern aus der äußeren Haut von Schafsdärmen her-gestellt wurden.[18] Am unteren Ende war ein roter Nylonfaden ein-gewoben, der sich um die Längssaiten schlang; auf der einen Seite waren die Schlingen zu spüren, auf der anderen nicht. Der Schläger war mit der glatten Seite nach oben gelandet.

Budge grinste. Gottfried, mag er gesagt haben, ich begreife einfach nicht, wie du mit so einem dünnen Griff spielen kannst. Darauf Cramm mit einem Lachen: Würde dir ein halber Finger fehlen, dann würdest du auch einen dünnen Griff nehmen. Als er zehn Jahre alt war, hatte ihn eines der vielen Pferde der Familie auf Schloss Brüggen beim Füttern gebissen. Das obere Glied des rechten Zeigefingers musste amputiert werden.[19] Da Gottfried jedoch erst kurz nach diesem Unfall anfing, Tennis zu spielen, wurde seine Technik dadurch nicht beeinträchtigt. Er lernte einfach, mit der Hand zu spielen, die er nun hatte. Und benutzte von Anfang an einen dünnen Griff.

Sie kamen zum Netz und deponierten ihre Schläger neben dem Schiedsrichterstuhl. Sorgfältig faltete Cramm seine weiße Jacke zusammen und legte sie ab. Als Gewinner des Schlägerwurfs entschied er sich für den Aufschlag, und sein Freund wählte für den Spielbeginn die Nordseite. Budge nahm einen seiner Schläger in die rechte Hand und schwang ihn mehrmals hin und her. Die Waffen der beiden hätten unterschiedlicher nicht sein können. Während Cramms britischer Dunlop, indem er weitestgehend auf Farben und Markierungen verzichtete, genauso aussah wie das geschnitzte Stück Holz, das er war, verließ sich Budge auf einen Wilson »Ghost«, so weiß wie sein Hemd. Und obwohl es schon seit einigen Jahren Griffbänder aus Leder gab, bevorzugte Budge immer noch – als einer der letzten Spieler überhaupt – blanke Holzgriffe: Der geschliffene Eschenstiel war fast so weiß wie das gestrichene Holz weiter oben. Im Gegensatz zu Cramm, der wie Tilden ein leichtes Racket mit schlankem Schaft verwendete, setzte Budge auf einen besonders breiten Griff – Umfang: 124 Millimeter – und auf das schwerste Racket seiner Zeit: eine Keule von fast fünfhundert Gramm. Mit Budges Können gespielt brachte dieser Schläger zustande, was Tennisspieler einen »heavy ball« nennen. Wie einer seiner Gegner sagte: »Wenn Budge aufdreht, hat alles keinen Sinn mehr. Der Ball fliegt auf dich zu wie ein Klumpen Blei. Es bricht dir schier den Arm.« Ein anderer Spieler meinte, wer es wagte, bei Budges berüchtigter Rückhand ans Netz vorzurücken, »hätte schwören können, dass er gerade ein Klavier volley nimmt«.[20] Die Kapitäne Pate und Kleinschroth nahmen Platz auf den breiten Korbstühlen beidseits des Schiedsrichterstuhls. Budge und Cramm posierten am Netz gemeinsam für die Fotografen und begannen dann mit dem Aufwärmen – ein paar täuschend locker geschlagene Bälle, die mit müheloser Kraft hin- und herflogen. Wie an den beiden Tagen davor wird sich Budge über den Zustand des Rasens gefreut haben, über den auch der Kommentator im Radio gerade sprach: Wegen der vielen Spiele der letzten Wochen und des trockenen Wetters war »der Platz schnell geworden, sogar sehr schnell. Der Ball rutscht ein wenig, bevor er wegspringt. Das Gras scheint die Schläge tatsächlich zu beschleunigen.«[21] Das ist bei Grasplätzen immer so, vor allem aber wenn sie trocken sind und stark bespielt werden. Budge, der härter schlug als sein Gegner, konnte dies nur recht sein. Aber Cramm war auf Deutschlands langsamen Rotsandplätzen groß geworden; nicht zufällig hatte er seine zwei größten Siege auf den berühmten Sandplätzen in Paris gefeiert.

Die Tribünen waren jetzt brechend voll, durch das Stadion ging ein aufgeregtes Raunen, so als stehe heute die eigene Mannschaft unten, um den Pokal zu verteidigen. Rings um das Spielfeld stiegen die Ränge so steil an, dass die Zuschauer das Gefühl hatten, über den Spielern zu schweben, zurückgezogen in einem gemeinsamen Schutzraum, der sie gegen die Gefahren der Außenwelt abschirmte. Abwechselnd hörte man den harten Aufprall des Balles auf den Darmsaiten und sein sanfteres Aufspringen auf dem Gras – ein vertrautes perkussives Vorspiel. Nach exakt fünf Minuten Aufwärmzeit vernahmen die Fans draußen vorm Stadion, wo noch immer reger Betrieb herrschte, schließlich die elektrisch verstärkte Stimme des Schiedsrichters: »Meine Damen und Herren, ich bitte um Ruhe! Linienrichter bereit? Spieler bereit? Spiel frei!«[22]

»Die Haare des Deutschen blitzten auf«, kommentierte der junge Radioreporter Alistair Cooke, »er schmetterte den Aufschlagball ins gegnerische Feld – Ass für Deutschland.«[23] Wenn es jemals Zweifel gegeben hatte, hinter wem die Menge stehen würde, so waren sie von diesem Augenblick an endgültig zerstreut. Auf den kurzen Knall von Cramms Aufschlag-Ass folgte als Echo eine wahre Beifalls-explosion.

Die englischen Zuschauer hatten gute Gründe, heute Cramm an-zufeuern. Es bestand wenig Hoffnung, dass es den eigenen Jungs in der nächsten Runde gelingen würde, den Pokal zu verteidigen, aber gegen Deutschland rechneten sie sich bessere Chancen aus als gegen die USA. Don Budge war schließlich der beste Spieler der Welt, und die amerikanische Mannschaft schien den Deutschen weit überle-gen, auch wenn die Entscheidung in dieser Runde erst im letzten Match fiel. Budge hatte Cramm im Wimbledon-Finale niedergebü-gelt, und nur wenige Fachleute gaben dem Deutschen heute eine reelle Chance. Gestern war Cramm der *Times* zufolge das schwä-chere Glied im deutschen Doppel gewesen.[24] Vielleicht würde es das britische Aufgebot um den erfahrenen, wenn auch oft unterlegenen Bunny Austin und den noch nie ernsthaft geprüften Linkshänder Charlie Hare irgendwie schaffen, den Pokal noch ein Jahr lang im Land zu halten, wenn es nur gegen die Deutschen antreten könnte.

Cramm lässt seinem Ass drei weitere unreturnierbare Aufschläge folgen und gewinnt das erste Spiel »zu Null«. Beim Seitenwechsel spürt Budge ein heftiges Zucken in der rechten Schulter. Gestern haben er und Gene Mako die USA mit 2 : 1 in Führung gebracht, als sie das Marathondoppel gegen Cramm und Henkel, den diesjähri-gen Sieger der französischen Meisterschaften, für sich entscheiden konnten. Nachdem sie den ersten Satz gewonnen hatten, führten die Deutschen im zweiten mit 5 : 3, hatten im dritten zwei Satzbälle und erspielten sich im vierten einen Vorsprung von 4 : 1; doch die Ober-hand behielten am Ende die Amerikaner mit 4 : 6; 7 : 5; 8 : 6; 6 : 4. Gleich zu Beginn war für Kenner ersichtlich gewesen, dass Budge seine Schulter zu schaffen machte. Er rieb sie zwischen den Ball-wechseln, und auf seinen berüchtigten Kanonenaufschlag – der im Gegensatz zum Slice und zum Twist flach und mit voller Wucht aus-geführt wird – musste man bis zum letzten Spiel des Matchs warten. Erst da feuerte er aus allen Rohren, um seiner Mannschaft den Sieg zu sichern. »Wie Tilden in seinen besten Tagen«, so erklärte die *Times* in ihrer gestrigen Ausgabe, »kann auch Budge fast nach Belieben Asse schlagen.«[25] Doch heute wird er sich wohl selbst fragen, ob er nicht vielleicht im Doppel sein ganzes Pulver verschossen hat.

Noch beunruhigender als die Schulterschmerzen ist für Budge jedoch, dass heute offensichtlich ein ganz anderer Cramm auf dem Platz steht als der, gegen den er vor wenigen Wochen im Wimbledon-Finale einen mühelosen Sieg errungen hat. Der Deutsche scheint, zumal er auch die beiden vorausgegangenen Wimbledon-Endspiele gegen Fred Perry verloren hatte, wild entschlossen, sich zu revanchieren. Es ist wohl einer jener Tage, an die Cramms Freund, der britische Spieler John Olliff, dachte, als er später schrieb, dass »Gottfried manchmal das großartigste Tennis spielte, das man sich vorstellen kann. Sein Spiel erreichte bisweilen ein Niveau, das noch über das hinausging, was Sie und ich immer für perfekt gehalten haben. Es gab Momente, da ließ er Budge wie einen zweitklassigen Qualifikanten aussehen.«[26]

Immerhin aber kann Budge wenigstens die eigenen Aufschläge gewinnen, und im fünften Spiel wittert er beim Stand von 2:2 seine erste Chance, in Führung zu gehen. Cramm, der vom ersten Ball an außergewöhnlich gut aufgeschlagen hat, erspielt sich bei eigenem Service einen Vorsprung von 40:0, aber Budge kämpft sich heran, gleicht aus und hat zwei Breakbälle. In einem Match zwischen zwei so aufschlagstarken Spielern wie Budge und Cramm entscheidet gewöhnlich schon ein Break über den Satzgewinn. Doch Cramm wehrt jeden Breakball mit einem grandiosen Aufschlag ab und erzwingt den Einstand. Und dann heißt es: Vorteil Deutschland. Cramm ist für seinen zweiten Aufschlag bekannt, der vielleicht noch besser ist als sein erster. Er wirft den Ball gerne etwas nach links, fast hinter sich, und biegt den Rücken voll durch, um eine runde Schwungbewegung zu erzeugen, mit der er den Ball zugleich von links nach rechts und von hinten nach vorne anschneidet, um ihm auf diese Weise einen ungeheuren Vorwärtsdrall zu geben. Es ist der alte, von Holcombe Ward erfundene American Twist, aber der Deutsche hat ihn so stark weiterentwickelt, dass man ihn vielleicht umbenennen sollte. Auf Sand springt der Ball besonders hoch weg, da der Drall auf Sand eine größere Wirkung entfalten kann, aber sogar auf Gras vermag Cramm mit seinem zweiten Aufschlag direkt zu punkten. Und tatsächlich: Bei seinem vierten Spielball im fünften Spiel beugt er sich zurück und bringt einen Aufschlag, den Budge bei seinem aussichtslosen Returnversuch beinahe in die erste Zuschauerreihe drischt. 3 : 2 für Deutschland.

Das volle Stadion reagierte abermals mit tosendem Applaus, und nicht nur, weil man auf einen einfacheren Gegner für England hoffte. Es war nicht ungewöhnlich, dass die Zuschauer den charismatischen Deutschen anfeuerten, ganz gleich wo er spielte. Es gab auf dem ganzen Erdball keinen beliebteren Tennisspieler als Cramm. Etwa ein Meter achtzig groß, für damalige Verhältnisse also recht hochgewachsen, von klassischer Schönheit und »mit einer Ausstrahlung gesegnet, die ihn überall zum Mittelpunkt des Geschehens werden ließ«, war er nicht nur der beste deutsche Tennisspieler aller Zeiten und seit vier Jahren der zweitbeste weltweit, sondern auch der Inbegriff von Stil, Anmut und Sportsgeist. »In Sachen Anstandsregeln und unaufdringliches Benehmen könnte sich jeder Spieler am Baron ein Beispiel nehmen«, schrieb der *New Yorker* im selben Jahr. »Nie schlägt er einen Ball, der aus ist, zurück, nie lässt er einen Gegner warten, noch drängt er ihn zur Eile.« Nie warf er einem Linienrichter zornige Blicke zu, wie es der große Tilden zu tun pflegte; Fehlentscheidungen akzeptierte er, ohne sie in Frage zu stellen oder auch nur einen Gedanken daran zu verschwenden. Als einmal gegen ihn auf Fußfehler entschieden worden war – er war beim Aufschlag auf die Grundlinie getreten, bevor er den Ball getroffen hatte –, drehte er sich sogar zum Linienrichter um und entschuldigte sich für seinen Fehler.[27]

Den meisten im Publikum war wohl noch in Erinnerung, was er vor zwei Jahren drüben auf dem Court Number One gemacht hatte, als er schon einmal gegen die Amerikaner im Interzonen-Finale stand. Im entscheidenden Doppel musste Cramm mit einem deutlich schwächeren Partner, Kai Lund, gegen die erfahrenen Amerikaner Wilmer Allison und John Van Ryn antreten. In einer Partie, die Allison später als »das größte Ein-Mann-Doppel« bezeichnete, das er je erlebt hatte, schaffte es Cramm, für seine Mannschaft fünf Matchbälle herauszuspielen. Beim fünften brachte er einen krachenden ersten Aufschlag, den Allison nur mit Mühe und Not abblocken konnte. Lund, der nun vor der einfachsten Aufgabe des Tages stand, verlor die Nerven und drosch seinen Volley direkt ins Netz. Frustriert warf er seinen Schläger aufs Gras, während »Cramms Gesichtsausdruck unverändert blieb. Keine Verärgerung, keine Enttäuschung; stattdessen machte er seinem Kameraden mit seiner gelassenen Art wieder Mut.« Und schon beim nächsten Punkt sah es aus, als habe Lund dem deutschen Team durch einen gelungenen Schlag einen sechsten Matchball beschert. Doch Cramm, die personifizierte Ritterlichkeit, wie ein Beobachter ihn nannte, ging hinüber zum Schiedsrichter und teilte ihm seelenruhig mit, dass der Ball seinen Schläger gestreift hatte, bevor Lund ihn traf. Weder der Unparteiische noch einer der anderen Spieler hatte es bemerkt. Der Punkt ging an die Amerikaner, die in der Folge den Sieg errangen und in die Herausforderungsrunde einzogen.[28]

Später, als die Spieler schon in der Kabine waren, verlor ein deutscher Tennisfunktionär die Contenance. Nie zuvor, so rief er Cramm in Erinnerung, waren die Deutschen dem Titelgewinn so nahe gekommen. 1914 waren Froitzheim und Kreuzer nach ihrem Versuch sogar in Kriegsgefangenschaft geraten. Einundzwanzig Jahre später bot sich Deutschland eine weitere großartige Chance, die Herausforderungsrunde zu erreichen. Es kam nur darauf an, das Doppel zu gewinnen und damit 2:1 in Führung zu gehen; den sicheren Siegpunkt hätte Cramm dann einen Tag später im Einzel errungen – und er vergab diese Chance aus freien Stücken! Er hatte seine Mitspieler und sein Volk im Stich gelassen.

Mit der ihm eigenen Eleganz und Gemütsruhe erwiderte Cramm seinen Blick: »Tennis ist ein Sport für Ehrenmänner, und so spiele ich es, seit ich zum ersten Mal einen Schläger in die Hand genommen habe. Glauben Sie, dass ich heute ruhig schlafen könnte, wenn ich nicht gesagt hätte, dass mein Schläger den Ball berührt hatte, obwohl ich es wusste? Niemals, denn ich hätte damit jeden Grundsatz verletzt, für den dieses Spiel meiner Überzeugung nach steht. Ich glaube ganz und gar nicht, dass ich das deutsche Volk im Stich gelassen habe, im Gegenteil: Ich glaube, ich mache ihm alle Ehre.«[29]

Wenn er sich vorstellte, sagte er »Gottfried Cramm«, den »Baron« und das »von« ließ er weg, wann immer es ging. Seine Abkunft jedoch erkannte man schon beim ersten Handschlag, an seiner Körperhaltung, seinem Akzent, seinen Manieren. Seine Mutter Jutta, geborene von Steinberg, entstammte einem der großen deutschen Adelshäuser; und da zum ersten Mal seit tausend Jahren kein männlicher Nachkomme bereitstand, um das steinbergsche Erbe anzutreten, galt die junge Jutta schnell als »der große Preis von Hannover«. Gewonnen hat diesen Preis Burghard von Cramm, ein junger Mann aus einer anderen in der Umgebung bekannten Adelsfamilie. Das Geschlecht derer von Cramm war seit 1296 in der Region beheimatet.

Gottfried Alexander Maximilian Walter Kurt von Cramm wurde am 7. Juli 1909 auf dem Gut der Familie in Nettlingen, knapp fünfzig Kilometer südöstlich von Hannover, geboren.[30] Als Gottfried zwei war, zog er mit Eltern und drei Brüdern auf ein anderes Gut, Schloss Brüggen, den Sitz der Familie von Steinberg, den sie nach dem Tod von Juttas Vater kürzlich geerbt hatten. Für die nächsten 28 Jahre wurde Brüggen zum Hauptdomizil der Cramms. Das im herrlichen Leinetal am Fuße der Sieben Berge gelegene Brüggen war 965 als Pfalz Ottos des Großen errichtet worden. Anfang des 20. Jahrhunderts, als Gottfried heranwuchs, war das crammsche Gut in Brüggen eine Welt für sich. Besucher mussten sich langsam ihren Weg durch das bescheidene kleine Dorf bahnen, bevor sie die hohen Mauern des Anwesens erreichten. Durch das Haupttor gelangten sie in einen riesigen Hof – und erhielten Einblick in ein anderes Leben. Über der kreisförmig geschwungenen Einfahrt erhob sich das Herrenhaus, das 1693 von Juttas Urahn, Friedrich II. von Steinberg, erbaut worden war und dessen Geschicke nun Jutta selbst, ihre Mutter sowie ein Stab von Hausbediensteten und Küchenmägden leiteten. Den stattlichen Aufenthalts- und Speisesaal schmückten Landschaftsbilder vergangener Jahrhunderte und Porträts der crammschen und steinbergschen Vorfahren. Ein edler Salon mit Blick auf die rückwärtigen Außenanlagen diente den Jungen als Spielzimmer, wo sie am Kamin lesen oder sich mit Silbenrätseln und Schach vergnügen konnten.

Doch das Herrlichste an Schloss Brüggen lag draußen. 1917 gab es in den Sieben Bergen schon sieben kleine von Cramms, und die eigenen Ländereien boten Wiesen und Felder, so weit das Auge reicht, dazu Stallungen, in denen die sieben Cramm-Brüder auf Ackergäulen, Zugpferden und sogar Rennpferden reiten lernten.

Als 1914 der Krieg ausbrach, trat ihr Vater, ein Offizier der Reserve, seinen Felddienst an, aber davon abgesehen beeinträchtigte der Erste Weltkrieg das idyllische, abgeschiedene Leben auf Brüggen nur wenig. Die Dienstmägde brachten den Jungs am großen Küchentisch auch weiterhin Tischmanieren bei, und Hauslehrer erteilten ihnen weiterhin Privatunterricht: Der Pastor von Oelber kam herüber, um Latein- und Religionsstunden zu geben; für diverse andere Fächer wurden Lehrkräfte aus den Schulen in Hannover und Braunschweig engagiert, und dann war da noch Fräulein Marggraf. Die bei ihrer Ankunft in Brüggen schon etwas ältere Frau war zuvor Gouvernante an den königlichen Höfen von Spanien und England gewesen. Zu ihren Schützlingen im Buckingham-Palast hatte auch Prinz Edward gehört, der spätere König Edward VIII., der schon kurz nach der Thronbesteigung abdankte, um Mrs. Simpson heiraten zu können. Als die Feindseligkeiten begannen, reiste Fräulein Marggraf, genau wie die deutschen Teilnehmer am Interzonen-Finale in Pittsburgh, sofort in ihre Heimat zurück. Nur hatte sie mehr Glück als diese und fand in der noblen Residenz derer von Cramm eine Anstellung als Erzieherin und Lehrerin für moderne Fremdsprachen. Von ihr lernten die Jungs nicht nur ihr fehlerfreies Oxford-Englisch, sondern auch, wie man sich nach Art eines englischen Gentlemans beim Fünfuhrtee zu benehmen hatte, einem Ritual, über dessen strenge Einhaltung Fräulein Marggraf selbst noch zu einem Zeitpunkt wachte, als auf den Schlachtfeldern Deutsche und Briten einander längst niedermetzelten.

Unmittelbar vor der Jahrhundertwende war Gottfrieds Vater von seinem Jurastudium in Oxford zurückgekehrt, voller Begeisterung für die englische Lebensart und die englische Sportleidenschaft. In Deutschland waren sportliche Aktivitäten damals noch verpönt. »Sport galt um diese Zeit … als gefährlich«, erinnerte sich ein Zeitzeuge, »wer Bock und Reck beherrschte, galt als verflucht. Fußball war fast gleichbedeutend mit Kartenspiel oder verbotener Liebe.«[31] In England hingegen hatte der hohe Stellenwert des organisierten Sports an öffentlichen Schulen und Universitäten Burghard von Cramm nachhaltig beeindruckt. Die Schüler trieben Leichtathletik, ruderten, spielten Cricket, Rugby, Fußball und Tennis mit großem Wetteifer, vor allem jedoch mit den Idealen von Sportsgeist, Fairplay und Ehre vor Augen.

Burghard ermutigte seine Söhne, Sport zu treiben, selbst wenn es zulasten ihrer Studien ging. An Gottfried schrieb er:»Daß ihr sehr viel zu arbeiten aufbekommt, finde ich bedauerlich und im Sommer falsch. Ihr müßt vielmehr an die frische Luft gehen und Euren Körper ausarbeiten. Sagt das nur in meinem Namen Euren Hauslehrern: In dem deutschen Klima wären die Wintermonate für die geistige Arbeit, der Sommer für die körperliche Ertüchtigung.«[32] So nutzten die Jungs die Unterrichtspausen für Rennen quer über die Felder. Und die Freizeitgestaltung nach der Schule und am Wochenende stand ganz im Zeichen des neuerdings auch in Deutschland beliebten Sports – denn um 1914 hatte die englische Sportbegeisterung endlich aufs europäische Festland übergegriffen. Die Jungs stellten zusammen mit zwei Gutsarbeitern und zwei Knaben aus dem Dorf eine Fußballmannschaft auf die Beine und erinnerten sich ein Leben lang gerne an ihren hart erkämpften Sieg gegen eine Auswahl aus der nahe gelegenen Stadt Alfeld. Und da sie so leicht Zugang zu Pferdeställen hatten, wurden alle Söhne der Cramms gute Reiter; Gottfrieds Bruder Wilhelm-Ernst (»Erne«) wurde sogar ein gefeierter Jockey.

Kurz nach dem Umzug der Familie in das neue Brüggener Domizil hatte Burghard einen schönen Tennissandplatz samt Schlagwand anlegen lassen. In den Kriegsjahren wurde der Court nur sporadisch genutzt, doch als Burghard wieder endgültig zu Hause war, förderte er das Interesse seiner Söhne am Weißen Sport und ließ auch auf den anderen Familiengütern, in Oelber und Bodenburg, Sandplätze bauen. Langsam wurde Tennis in Deutschland immer beliebter, was auch den Erfolgen Otto Froitzheims, der Brüder Robert und Heinrich Kleinschroth und anderer Spieler zu verdanken war. Ihre Sommerresidenz hatten die von Cramms auf Schloss Oelber, seit dem

16. Jahrhundert Stammsitz der Familie. Wenn im Schloss Gäste
weilten, was regelmäßig der Fall war, entwickelte sich der Tennisplatz zum sozialen Mittelpunkt des Anwesens. Und 1919, als er zehn
Jahre alt wurde und sich von seiner noch nicht lange zurückliegen-
den Fingeramputation erholt hatte, begann Gottfried von Cramm,
sich intensiv mit Tennis zu beschäftigen.

Er lernte das Tennisspiel auf einem der schönsten Flecken, die
es auf Erden dafür gibt. Auf einem abgeflachten Teil des Hanges
über dem rundgebauten Steinschloss gelegen, bot der Sandplatz von
Oelber den Spielern einen Panoramablick über die crammschen
Gärten und Äcker, die sich in der Ferne kilometerweit ausbrei-
teten. Hangaufwärts befand sich die 1585 erbaute, vom ganzen
Dorf mitgenutzte Familienkirche sowie das crammsche Mausoleum
nebst Friedhof. Nach dem Tennis folgten die Gäste in gemäch-
lichem Tempo den Cramm-Söhnen, die auf einem narzissenge-
säumten Pfad den Hügel hinunterliefen, einen kleinen Bach über-
querten und zum Pavillon vorauseilten, wo man sich zum Tee
einfand und den Anblick des imposanten Schlosses mit dem aus dem
Innenhof aufragenden Turm genoss.

Während Gäste und Familienmitglieder schon zum Schloss zurückgekehrt waren, um sich an Cocktails und Häppchen zu erfreuen, blieb Gottfried auf dem Platz zurück und trainierte seinen
Aufschlag. Irgendetwas an dem Spiel hatte ihn gefesselt und ließ ihn
nicht mehr los. Als ein Freund der Familie ihn fragte, was er denn
einmal werden wolle, antwortete er auf Englisch und mit dem ihm
eigenen Jungenernst: »World Tennis Champion.«[33]

Sein Vater, der die berühmten Doherty-Brüder und andere englische Champions in Wimbledon gesehen hatte, brachte ihm alles
bei, was er wusste. Aber schon bald ging Gottfried auch bei den besten deutschen Spielern seiner Zeit in die Lehre. Einen großen Teil
des Sommers verbrachten die von Cramms auf dem Gut der mit ihnen befreundeten Familie von Dobeneck in der Nähe von Burgdorf.
Burgdorf hatte noch mehr zu bieten als Oelber: zwei schöne Sandplätze, einen Golfplatz und einen von Krebsen wimmelnden Teich
als Ergänzung zu den Ställen voller Reitpferde und dem Herrenhaus
voller Gästezimmer und Personal. Obendrein gab es zwei schöne

Töchter – Victoria, die genauso alt war wie Gottfried, und die jüngere Elisabeth, auch Lisa genannt –, die mit den Cramm-Jungen
ausritten, fischten und Tennis spielten.

Zu den Stammgästen in Burgdorf zählten auch die lebenden
Legenden des deutschen Tennis. Da war zunächst der Altmeister
Froitzheim, vierzig Jahre alt, siebenmaliger Gewinner der internationalen deutschen Tennismeisterschaften und Ranglistenerster
von 1905 bis 1928. Ferner Roman Najuch, langjähriger Trainer von
»Rot-Weiß« Berlin, dem Mekka des deutschen Tennissports. Und
die Gebrüder Kleinschroth. Über Robert, den Älteren, wurde einmal gesagt, dass er an guten Tagen jeden schlagen könne. Heinrich,
der Jüngere, vertrat von 1913 bis 1931 sein Land beim Daviscup und
stand der Mannschaft danach für viele weitere Jahre als Kapitän vor.
Ein ewiger Junggeselle, wurde er für Gottfried zu einer Art zweitem
Vater, und sie blieben Freunde fürs Leben.[34] Kleinschroth hatte ein
abgeschlossenes Medizinstudium, aber als Arzt praktizierte er nie.
Stattdessen verdingte er sich als Spieler, Trainer und Veranstalter
und blieb über Jahrzehnte das bekannteste Gesicht der deutschen
Tennisgemeinde.

In Burgdorf sah Gottfried den größten Spielern Deutschlands zu
und lauschte ihren Erzählungen vom Leben auf den internationalen
Tennisplätzen. Der Winter an der Riviera, die Turniere in Cannes
und Nizza. Dann im Frühling Paris und die französischen Meisterschaften. Weiter nach England, wo die Grasturniere ausgetragen
wurden, gipfelnd im Prunk und Glanz von Wimbledon. Außerdem
Reisen um den Erdball im Wettstreit um den Davispokal. All das natürlich vor August 1914. Der Erste Weltkrieg hatte den Sportbegeg-
nungen zwischen den Ländern ein abruptes Ende bereitet, und seit
dem Waffenstillstand war Deutschland von internationalen Wettkämpfen ausgeschlossen. Doch das konnte ja nicht ewig so weitergehen. Bald, davon waren sie überzeugt, würden deutsche Spieler in
der großen Tenniswelt wieder ihren Platz einnehmen.

Der Junge war begeistert und schwor sich, dass er eines Tages ein
Teil dieser Welt sein würde. Als er achtzehn war, im Jahr 1927,
wurde die Sperre für deutsche Spieler aufgehoben. Ein Jahr später
beendete er sein privates Lerncurriculum und war fest entschlossen,

sich fortan ganz dem Tennis zu widmen. Otto Froitzheim hatte ihn unter seine Fittiche genommen und gab ihm jedes Jahr, wenn er zu Besuch war, ein paar Trainingsstunden. Und im Frühling 1928 brachte Froitzheim keinen Geringeren nach Burgdorf mit als den berühmtesten Tennisspieler der Welt, den besten aller Zeiten: Big Bill Tilden.[35]

Es war Tildens zweiter Besuch in Deutschland, und er fand genau zu dem Zeitpunkt statt, als der Lack des Champions erste Kratzer bekam. Acht Jahre zuvor hatte Tilden, nachdem er einen ganzen Winter lang an seinem Offensivspiel mit Topspinrückhand gefeilt hatte, als bereits Siebenundzwanzigjähriger zum ersten Mal Wimbledon und die US-Meisterschaften gewonnen. In den darauffolgenden sechs Jahren verlor er kein einziges wichtiges Match. Es war hauptsächlich ihm zu verdanken, dass der Daviscup 1920 den Australien entrissen wurde und für sieben Jahre in die USA wanderte. Doch 1926 geriet der Dreiunddreißigjährige ins Straucheln. Durch eine Knieverletzung behindert, verlor er zum allerersten Mal ein Daviscup-Match. Die Partie gegen René Lacoste war zwar bedeutungslos, da die Amerikaner den Pokalsieg schon am Vortag besiegelt hatten. Aber für die Franzosen war es wie der Tag, an dem Blériot den Ärmelkanal überflogen hatte. Sobald das einmal einer geschafft hatte, dachte jeder, er könnte es auch.

Die Woche darauf nahm Tilden an den US-Meisterschaften in Forest Hills teil und verpasste zum ersten Mal in neun Jahren den Einzug ins Finale (wobei er wohlgemerkt erst nach einem 6:8 im fünften Satz des Viertelfinales gegen den späteren Sieger des Turniers Henri Cochet ausschied). 1927 unterlag er dann, obwohl immer noch ein großartiger Spieler, bei den drei großen Einzelmeisterschaften in Frankreich, Wimbledon und den USA (die australischen Meisterschaften zählten damals noch nicht zu den Hauptturnieren, weil nur wenige Spieler bereit waren, eine so lange Schiffsreise auf sich zu nehmen). Und im selben Jahr musste das amerikanische Team auch den Davispokal abtreten. Danach stand Tilden als Amateur insgesamt nur noch zweimal in einem großen Finale, behielt allerdings in beiden Fällen die Oberhand und feierte

so seine letzten großen Erfolge: den US-Meistertitel 1929 und den
Turniersieg in Wimbledon 1930.

Aber im Mai 1928 war Big Bill Tilden auch ohne großen Titel
und trotz der jüngsten Rückschläge immer noch der unbestrittene
König des Weißen Sports. Um es in den Worten seines Biografen
Frank Deford auszudrücken: »Tilden und Tennis, das war in der öffentlichen Wahrnehmung einfach das Gleiche: Tilden und Tennis,
sagte man; in dieser Reihenfolge.« Als er das Jahr davor zum ersten
Mal nach Berlin kam, empfing ihn am Bahnhof eine Schar von Tennisenthusiasten, und »Rot-Weiß« Berlin richtete zu seinen Ehren
eigens ein Festessen aus. Wo immer er einen Tennisplatz betrat –
und sei es als ehrenamtlicher Schiedsrichter – wurde er mit stehenden Ovationen begrüßt.[36]

Der »Rot-Weiß«-Club avancierte schnell zu einer seiner bevorzugten Anlaufstellen. Mit seinen alten Fotos und dem stimmungsträchtigen Duft von Zigarren und Kaffee schien das Clubhaus die
ganze Geschichte des Tennis in Europa heraufzubeschwören. Den
sauber gepflegten Centre Court, der Richtung Süden hinter der
Grundlinie einen idyllischen Blick auf den Hundekehlesee freigab,
nannte Tilden eine »Inspirationsquelle für jeden Tennisspieler«[37].
Er bestritt eine Reihe von Schaukämpfen sowohl gegen Profis als
auch gegen Amateure, und 1928, also ein Jahr später, folgte er nach
einer abermaligen Siegesserie gegen die besten Spieler Berlins der
Einladung Froitzheims, der ihm vorgeschlagen hatte, mit ihm zusammen das schöne Landgut in Burgdorf zu besuchen, bevor er
seine Reise fortsetzte, die ihn nach Belgien, in die Niederlande und
schließlich nach Paris und London führte. Dort, in Burgdorf, fiel
sein Blick im Umfeld der tadellosen Sandplätze zum ersten Mal auf
den achtzehnjährigen Gottfried von Cramm.[38]

»Jedes Jahr, wenn von Cramm den Centre Court in Wimbledon
betritt«, so wurde geraume Zeit später berichtet, »nehmen Hunderte von jungen Damen eine etwas geradere Sitzhaltung ein und
vergessen ihre Begleiter.«[39] Schlank und gut aussehend, wie er mit
seinem dunkelblonden Schopf und den grün-grauen Augen nun
einmal war, zog Gottfried zwangsläufig Tildens Aufmerksamkeit auf
sich. Denn zu den bestgehüteten Geheimnissen in der Sportwelt der

zwanziger und dreißiger Jahre zählte, dass Big Bill Tilden schwul war. Und er war nicht nur schwul, sondern hatte auch eine eindeutige Vorliebe für Jungen im Teenageralter, vor allem wenn sie blond waren. In der Tenniswelt wusste jeder von Tildens Neigungen, aber nach außen drang davon kaum etwas. Jahrelang hatte die United States Lawn Tennis Association (USLTA), für die Tilden eine Melkkuh, ja eine wahre Geldmaschine war, wie auf glühenden Kohlen gesessen, weil man Angst hatte, Big Bill könnte irgendwann etwas Falsches sagen oder den falschen jungen Mann berühren. Im Vorjahr hatten ein paar europäische Turnierjournalisten bei den französischen Meisterschaften versucht, ihn zu outen. In einem Pariser Hotel, in dem alle Tennisspieler untergebracht waren, beauftragten sie einen Hotelpagen, Tilden zu verführen. Der Page war eher dreißig als dreizehn, aber er hatte blonde Haare und ein Milchgesicht. Sie steckten ihm ein paar Francs zu und schickten ihn auf das Zimmer des Tennisstars. Doch zum großen Verdruss der Presseleute stand der junge Mann schon ein paar Minuten später wieder unten im Foyer. Er hatte Tilden zu nichts weiter verleiten können, als ihn kurz zu streicheln.[40]

Die zwanziger Jahre über, die so homophob waren, dass über die gleichgeschlechtliche Liebe selten auch nur gesprochen wurde, zog es Tilden wie viele andere Schwule vor, seine Neigungen zu verbergen.[41] Ohnehin schien ihn, solange er zur Spitzenklasse gehörte, der Tennissport so sehr zu erfüllen, dass es ihm auf diesem Weg gelang, sein sexuelles Verlangen fast vollständig zu sublimieren. Frank Hunter, Tildens enger Freund und zugleich sein Doppelpartner, bereiste mit ihm die halbe Welt und platzte oft aus diesem oder jenem Grund in sein Hotelzimmer herein, und doch sah er an seiner Seite niemals einen Menschen, zu dem er in irgendeiner Art von Liebesbeziehung gestanden hätte. »Ich hielt ihn für asexuell«, sagte er einmal.[42]

»Er ist in seinem eigenen Land so berühmt wie [der Baseballstar] Babe Ruth«, schrieb damals der Papst der Kolumnisten, Westbrook Pegler, »und in anderen Ländern, in denen nie jemand von Babe Ruth gehört hat, ist er nicht minder berühmt; doch obwohl er seinen Ruhm genießt, ist der geheimnisvolle Mr. Tilden ... für die Öf-

fentlichkeit ein Fremder. ... Seine Wesensart hat sich bis jetzt jeder
Beschreibung entzogen und der Allgemeinheit immer neue Rätsel
aufgegeben, und so kennen ihn die Leute nur als Kunstfigur, als Berühmtheit, aber nicht als Menschen.«
Vielleicht wollte Pegler, der später vor allem als engstirniger Ras-
sist und Antisemit von sich reden machte, auf den einen Umstand
hinweisen, der Tilden so undurchschaubar machte; jedenfalls vergaß er nicht zu erwähnen, dass »Mr. Tilden sich darin gefällt, junge
Burschen zu fördern, die gerne Tennis spielen«.

Tatsächlich entwickelte Tilden über die Jahre enge Beziehungen
zu einer Reihe von jungen Tennisspielern, die er gern als seine »Er-
ben« oder »Nachfolger« titulierte. Auch wenn er diesen Ersatz-
söhnen offenbar nie Avancen machte, so waren es doch immer die
gleichen »putzigen« Buben, die Tildens Aufmerksamkeit auf sich
zogen. Der erste war Frederick Staunton, im späteren Leben Zei-
tungsverleger, der Tilden 1918 im Teenageralter kennenlernte, als
dieser in Pittsburgh stationiert war. Tilden ließ es sich angelegen
sein, jeden Tag mit ihm auf dem Tenniscourt zu trainieren, und
sprach schon bald »überschwänglich davon, dass Tennis für den
Jungen eine Lebensaufgabe geworden« sei.[43] In den frühen Zwanzigern folgte Sandy Wiener, ein Günstling aus seinem Heimatvier-
tel Germantown in Philadelphia, und 1928 fing er Feuer für den
fünfzehnjährigen »Junior« Coen, einen Nachwuchsspieler aus Kan-
sas, dem er sogar einen Platz im Daviscup-Team verschaffte. (Er hält
bis heute den Rekord des jüngsten Spielers, der je ein Daviscup-
Match bestritten hat.) Doch früher oder später befand jeder seiner
Schützlinge, dass der Tennissport doch nicht seine »Lebensaufgabe« sei, und wandte sich anderen Zielen zu; Tilden ließ jedes Mal
sogleich vom Betreffenden ab und ging zu etwas Neuem über.

Als er im Frühling 1928 Gottfried kennenlernte, fühlte er sich
von dem schönen jungen Adligen zweifellos angezogen. Dennoch
wird er, nachdem er ihn zum ersten Mal einen Tennisball hatte
schlagen sehen, wahrscheinlich nur noch die Förderung seines Ta-
lents im Sinn gehabt haben. Annäherungsversuche unterließ er
bei seinen Wunderknaben grundsätzlich, dafür war ihm Tennis zu
wichtig. Gottfried hatte, was nötig war, um Tilden gleich hellwach

werden zu lassen. Er war jung, gut aussehend, intelligent und sportlich begabt. Außerdem galt der Tennissport ihm tatsächlich als eine »Lebensaufgabe«; er hatte den Entschluss gefasst, ein Champion zu werden. Und als sollten sie dadurch noch enger zusammengeschweißt werden, wiesen beide, der Ältere und der Jüngere, die gleiche Besonderheit auf, die fast schon wie ein Gottesmal anmutete: einen chirurgisch verkürzten Zeigefinger der rechten Hand. (Tilden hatte sich den Finger 1922 am Zaun eines Tennisplatzes aufgerissen; die Wunde hatte sich entzündet, und ein Stück des Fingers war amputiert worden.) Du auch?, wird Bill gesagt haben, als er das Handicap des Jungen bemerkte, das dem seinen so ähnlich war. Sie haben wohl ihre Hände verglichen, und jeder zeigte, wie er den Schläger umfasste, um das Fehlen der Kuppe auszugleichen. Na ja, mag der Ältere gescherzt haben, wenn ich mit einem halben Finger in Wimbledon und bei den US-Meisterschaften acht Titel holen kann, wirst du auch damit zurechtkommen.

Die ihm zuteilwerdende Aufmerksamkeit muss Cramm überwältigt haben. Er wuchs in höchst gesitteten, wohlgeordneten Verhältnissen auf, noch dazu in einer Gesellschaft, die einer abweichenden Sexualität mindestens genauso ablehnend gegenüberstand wie die Gesellschaft Tildens (es lagen Welten zwischen dem ausschweifungsfreudigen Berlin der Weimarer Republik und dem nur gut dreihundert Kilometer entfernten Schloss Brüggen); und so dürfte er noch nicht bemerkt haben, dass langsam Triebe in ihm erwachten, die ihn als jemanden ausweisen würden, der nicht war, wie er sein sollte. Aber hier stand nun plötzlich einer der größten Sportler der Welt auf dem Plan, die mit Abstand wichtigste Persönlichkeit in dem von Gottfried gewählten Betätigungsfeld, und zeigte ein solches Interesse an ihm. Selbst wenn er ein paar hart umkämpfte Duelle verloren hatte, stand Bill Tilden immer noch voll im Saft: fünfunddreißig Jahre alt, nach wie vor Weltklasse und von einer physischen Präsenz, die ihresgleichen suchte. Er hatte zwar kein schönes Gesicht – »wie ein Affe, wenn auch nicht unattraktiv«, lautete das Schmeichelhafteste, was eine Spielerfrau über ihn zu sagen hatte –, aber die Gesamterscheinung war einfach umwerfend. »Hochgewachsen und schmal, mit kantigen Schultern und den

schlanksten Beinen der Welt«, wirkte der eins fünfundachtzig
große, gut achtzig Kilo schwere Big Bill noch ein Stück größer und
mächtiger, als er tatsächlich war. Jahre später trauten Zeitgenossen
ihren Ohren nicht, wenn sie hörten, dass er nicht größer war als eins
fünfundachtzig. Er schien überlebensgroß, dominierte jeden Raum
und jedes Gespräch. Selbst George Lott, ein Spieler, der Tilden nie
mochte, musste zugeben:»Wenn er durch eine Tür kam, war es, als
ob ein Stromschlag durch den Raum ging. Man hatte gleich ein Gefühl von Ehrfurcht, wie wenn ein Fürst oder König vor einem steht.
Man wusste, dass man mit jemand Großem in Berührung getreten
war.«[44]

Tilden erkannte in Gottfried sofort einen potenziellen Nachfolger auf seinem Thron. Aber die Spielweise des Jungen war noch
lange nicht ausgereift. Zur Vervollkommnung fehlte ihm noch ein
wichtiger Baustein – der gleiche, den 1919 auch Tilden seinem Instrumentarium hatte hinzufügen müssen, um die Welt zu erobern.
Cramms Rückhand war nur ein schwacher, defensiver Slice. Da er
den Universalgriff bevorzugte, war er nicht in der Lage, den Ball mit
offensivem Topspin durchzuschlagen oder zu überreißen.

Tilden hatte sich im Winter 1919 nach Providence in Rhode
Island zurückgezogen, wo er Holz hackte, um seinen rechten Arm
zu stärken, und sich auf dem überdachten Tennisplatz eines Freundes selbst den offensiven Rückhand-Drive beibrachte. Jetzt sagte
er Cramm, dass er diesen Schlag ebenfalls erlernen müsse, wenn er
sein Potenzial ausschöpfen wolle. Tilden lehrte ihn, den Griff stärker zu drehen und eher durch den Ball durchzuschlagen als ihn von
oben anzuschneiden.[45] Für Gottfried wurde dieser Rat zu einer Art
Evangelium, und schon bald beherrschte er den neuen Rückhandschlag wie ein Meister. Nach wenigen Monaten konnte er mit der
Rückhand genauso gut angreifen wie mit der Vorhand, und sein
Spiel war ein anderes geworden.

Im Sommer 1928, dem Sommer von Tildens Besuch auf Schloss
Brüggen, hatte Cramm sein Abitur in der Tasche und wollte nun un-
bedingt nach Berlin ziehen, dorthin, wo der »Rot-Weiß«-Tennis-
club war, diese sechzehn Sandplätze umfassende Insel am Rand
des Grunewalds, das Epizentrum der deutschen Tenniswelt. Froitz-

heim, Najuch und Heinrich Kleinschroth hatten Gottfrieds Eltern gedrängt, ihn nach Berlin zu schicken, damit er Vollzeit mit ihnen trainieren konnte. Doch Burghard und Jutta waren der Ansicht, dass Gottfried die Diplomatenlaufbahn einschlagen sollte. Schließlich wurde ein Kompromiss gefunden: Er würde bei guten Freunden in der Rauchstraße unterkommen, die am südlichen Rand des Tiergartens mitten im Diplomatenviertel lag. Er würde ein Jurastudium aufnehmen, und in seiner Freizeit könnte er Tennis spielen.[46]

Der Berliner Lawn-Tennis Turnier-Club, besser bekannt unter dem Namen »Rot-Weiß«, wurde 1897 gegründet und zog 1906 von seinem ursprünglichen Standort im Zentrum auf das neue, bis heute genutzte Vereinsgelände in einem ruhigen Winkel des wohlhabenden Stadtteils Grunewald am Rande des gleichnamigen Forstgebiets. Um 1920 war »Rot-Weiß« die sportliche und gesellschaftliche Heimat fast aller Topspieler des Landes. Und diese repräsentierten ihren Club, wann immer sie spielten. Selbst bei internationalen Turnieren traten sie in ihren rot-weiß gestreiften Blazern auf, durch die sie sich als »Rot-Weiße« zu erkennen gaben.

Im Gegensatz zu dem etwa eineinhalb Kilometer entfernten Konkurrenzclub TC Blau-Weiss Berlin, zu dessen meist konservativen Mitgliedern auch etliche hochrangige Offiziere zählten, entsprachen die Mitglieder von »Rot-Weiß« eher dem Bild, das man sich gemeinhin vom Berlin der Weimarer Republik macht.[47] Viele waren Künstler, Musiker und Schriftsteller; jeder zweite war Jude. Im Allgemeinen war es ein liberales Völkchen, das da zusammenkam, Sportnarren und Kulturbegeisterte, die das Leben in vollen Zügen genossen. Der junge Adlige vom Land passte gut hinein. Kurz nach Cramms Ankunft in Berlin untersuchte ein renommierter Graphologe seine Handschrift: »Diese noch nicht reif entwickelte Schrift verrät schon jetzt eine ungewöhnliche Harmonie und musikalische Begabung, daß ich mich nicht wundern würde, wenn der Schreiber sich zu einem Künstler größten Formats entwickelte.«[48]

Als Gottfried, dem offenbar schon ein gewisser Ruf als verheißungsvoller Spieler vorauseilte, zum ersten Mal im Club aufkreuzte, sagte eine »Rot-Weiße« zur anderen: »Wenn der ebensogut Tennis

spielt, wie er ausschaut, wird er Weltmeister.« Jedes Mal wenn der
gut aussehende Neuling den Court betrat, verursachte er einen
Menschenauflauf. Allerdings war sein Spiel anfangs vielleicht nicht
ganz so gefährlich, wie sein physisches Erscheinungsbild es hätte erwarten lassen. Kurz nach seiner Ankunft forderte ihn Paula von
Reznicek, eine Weltklassespielerin, die ein Jahr später die deutschen
Meisterschaften der Damen gewinnen sollte, zu einem Freund-
schaftsmatch heraus – sie spielten um drei Flaschen Sekt. Ihre
Angriffe konzentrierte sie auf den schwachen Rückhandslice des
Jungen, der damals noch an der neuen, erst kürzlich von Tilden
erlernten Technik arbeitete, und beschämte ihn, indem sie ihn mit
einem 7 : 5 im dritten Satz bezwang. Sechs Monate später wetteten
sie abermals, und sie sagte zu Robert Najuch: »Ich nütze seine
Rückhandschwäche aus.« Dieses Mal »verlor sie aber in zwei glatten
Sätzen, denn«, so Najuch untertreibend, »Gottfried von Cramm
hatte keine Rückhandschwäche mehr.«[49]

Er hatte seinen Eltern gesagt, dass er nach Berlin ziehe, um Jura
zu studieren, aber vermutlich wussten sie, wo seine eigentlichen
Ambitionen lagen. Mit Tennis verbrachte er bald nicht nur seine
Freizeit, sondern auch einen Großteil der fürs Studium vorgesehenen Stunden. Der LTTC »Rot-Weiß« war praktisch sein Zuhause
geworden; das meiste Geld, das er aus Oelber erhielt, gab er für
Trainingsstunden bei Najuch und Kleinschroth aus.[50] Obwohl seine
Spielweise mittlerweile alle beeindruckte, fassten sie ihn mit Samt-
handschuhen an. Man war der Meinung, dass der Wettkampfdruck
seine Entwicklung in diesem Stadium hemmen würde. Und so
nahm Cramm im ersten Jahr an keinen großen Turnieren teil, sondern beschränkte sich darauf, als Trainingspartner der Clubgrößen
sein Können zu verbessern. Aber bei so einem Club war das sicherlich keine schlechte Schule, bekam er doch Gelegenheit, sich an
Deutschlands Tenniselite zu messen. Cramm erprobte seine Spielweise gegen Veteranen wie Kleinschroth und Friedrich-Wilhelm
Rahe, aber auch gegen die neuen Champions Daniel Prenn und
Hans Moldenhauer. Diese beiden waren nur einige Jahre älter als
Gottfried und bildeten zusammen mit Froitzheim die Crème de la
Crème der deutschen Spieler.

Cramm war in Berlin angekommen, als für den deutschen Tennissport gerade ein goldenes Zeitalter anbrach. Nachdem Deutschland
im Jahr davor, also 1927, endlich wieder in die International Lawn
Tennis Federation aufgenommen und zum Daviscup zugelassen
worden war, kamen auch wieder internationale Stars nach Berlin,
um an den deutschen Meisterschaften bei »Rot-Weiß« teilzunehmen. Tennis zog in Deutschland plötzlich Zuschauermassen an wie
nie zuvor. Tausende füllten die Ränge, um Prenn, Moldenhauer und
Froitzheim gegen Tilden, die französischen Musketiere und andere
Stars antreten zu sehen.

1929 erreichte die Tennisbegeisterung der Deutschen beinahe
hysterische Ausmaße, als ihr Daviscup-Team die Mannschaften aus
Italien, Spanien und England bezwang und dadurch bereits beim
dritten Anlauf seit der Wiederaufnahme Sieger der Europazone
wurde. Im Juli war der »Rot-Weiß«-Club zwei Wochen lang der angesagteste Ort in ganz Berlin. Zuerst setzte sich Deutschland gegen
das Vereinigte Königreich durch, das seit Jahren zu den Großmäch-
ten des Turniers gehörte. Den Ausschlag gaben dabei zwei Siege
Prenns, eines jüdischen Ingenieurs, der als Jugendlicher mit seiner
Familie vor der Oktoberrevolution geflohen war und, wie so viele
russische Emigranten, in Berlin schließlich eine Bleibe gefunden
hatte. Sein unerwarteter Sieg in fünf Sätzen über Bunny Austin im
entscheidenden fünften Match machte ihn zu einem Nationalhel-
den. Für eine kurze Zeit ergingen sich die deutschen Fans in dem
kühnen Traum, dass ihre Mannschaft im Stade Roland Garros die
Herausforderungsrunde gegen die Franzosen bestreiten könnte.
Doch dann kam Big Bill Tilden.

In den drei Runden der amerikanischen Zone hatte er nicht gespielt. Die USLTA hatte ihm zuvor die Teilnahme an allen Amateur-
wettbewerben verwehrt, weil er sich des Vergehens schuldig gemacht hatte, Zeitungsartikel zu Sportthemen zu verfassen. (Es
entsprach den heuchlerischen Gepflogenheiten der damaligen Zeit,
dass die Starspieler zwar horrende Summen für Spesen und unter
der Hand auch Gagen erhielten, aber keinerlei Einkommen aus
einer mit Tennis verbundenen Tätigkeit beziehen durften, und dazu gehörte auch der Sportjournalismus.) Im Februar 1929 war die

Sperre aufgehoben worden, sein Ausschluss von den US-Meisterschaften in Forest Hills erschien den Zuständigen als Verwarnung
ausreichend. Dennoch fehlte er auffälligerweise bei den Siegen des
Daviscup-Teams über Kanada, Japan und Kuba. Vielleicht, so mögen deutsche Tennisfans spekuliert haben, ließ Tilden den Daviscup
ausfallen, um sich für seine Suspendierung zu rächen.

Doch nun sollten die Vereinigten Staaten auf einen erstaunlich
starken Gegner treffen, außerdem bot sich ihm die Chance, in
Deutschland zu spielen, in einem Land, das er lieben gelernt hatte,
und so kam Tilden nach Berlin und erwies sich dort einmal mehr als
Retter des amerikanischen Tennis.»Die Deutschen«, so schrieb ein
Journalist,»begruben still ihre Hoffnungen, mochten diese vorher
auch noch so groß gewesen sein.«[51] In der Tat zelebrierte Tilden
seinen Auftritt in gewohnter Weise, frischte die Freundschaft zu
verschiedenen deutschen Spielern auf, darunter auch Cramm, und
demontierte Moldenhauer und Prenn in glatten Sätzen. Die anderen Ergebnisse waren knapper, aber die Amerikaner behielten die
Oberhand und am Ende stand es 5:0 für die USA.

Diese absehbare Niederlage dämpfte in keiner Weise den Enthusiasmus der Deutschen, die im internationalen Tennis nun endlich
wieder auf höchstem Niveau mitspielten. Ganz Berlin taumelte im
»Tennisfieber«[52]; das Stadion war jeden Tag ausverkauft, selbst als
der Sieg der Amerikaner schon feststand. Cramm musste sich mit
einem guten Sitzplatz auf der Tribüne zufriedengeben, aber er
wusste, dass seine Stunde bald schlagen würde.

In diesem Sommer ließen Cramms Trainer ihren Nachwuchsstar
von der Leine, und er gewann die Deutschen Hochschulmeister-
schaften in Münster. Ein Beobachter erinnerte sich an einen »sehr
schlanken, sehr blonden, sehr nervösen« Jüngling, der angesichts
der vielen Zuschauer offensichtlich Lampenfieber hatte.»Er hätte
am liebsten alle diejenigen mit seinen Blicken töten mögen, die ihn
durch ihre bloße Anwesenheit störten.« Doch er überwand seine
Nervosität und entthronte im Finale den hochplatzierten Fritz
Kuhlmann.»Nie habe ich mich später wieder so inbrünstig über
einen Erfolg gefreut«, erinnerte er sich, als er schon zu den Routi-
niers im Daviscup-Team zählte.[53]

Cramm mag wie ein Filmstar ausgesehen haben, und er mag gespielt haben wie Robert Redford als »Der Unbeugsame« – »Gottfried bestach durch die elegantesten und flüssigsten Bewegungsabläufe, die ich in meiner fünfzigjährigen Karriere gesehen habe«[54], meinte die australische Trainerlegende Harry Hopman –, aber die natürliche Mühelosigkeit war wie so oft nur ein trügerischer Schein.

Die geschmeidige Spielweise hatte sich Cramm erarbeitet, indem er, um es mit dem böhmischen Star Roderich Menzel zu formulieren, »wie ein Mathematikprofessor fünf Stunden täglich übte«. »Sein Aufstieg vom Junior zum Weltstar verdankte sich einem wohldurchdachten Plan, wie ihn ein Heeresstab im Falle der Mobilmachung ausarbeiten würde.«[55] Jeden Morgen machte er Lockerungsübungen mit einem Masseur und verbrachte dann eine halbe Ewigkeit mit Seilspringen, so dass ein Fünfsatzmatch sich dagegen ausnahm wie ein Aufwärmspiel. Nachmittags traf er dann Najuch oder immer häufiger auch Kleinschroth bei »Rot-Weiß« zum Training. Stunde um Stunde feilten sie systematisch an jeder einzelnen Bewegung, bis sie alle Schwächen aus seinem Spiel getilgt hatten.

Und selbst wenn seine Trainer mit ihm fertig waren, machte Gottfried noch weiter. Kuhlmann, sein zäher Gegner in der Hochschulmeisterschaft, war Mitglied des rivalisierenden Clubs Blau-Weiss, aber sie besuchten einander oft in ihren jeweiligen Vereinen, um gemeinsam zu üben. »Es war ein hartes Brot, mit ihm zu trainieren«, sagte Kuhlmann. »Er hatte seine eigene Systematik und konnte stundenlang verschiedene Schläge üben, die nach seiner Ansicht noch verbesserungsfähig waren. Nichts konnte ihn davon abbringen, sein vorgenommenes Trainingsprogramm bis zum Ende durchzuführen, wo ich oft lieber mit ihm einen Satz um eine Berliner Weiße gespielt hätte. Aber da blieb er eisenhart.«[56]

Auch wenn Gottfried um eine Berliner Weiße gespielt hätte, so hätte er sie doch nicht getrunken. Denn während er auf sein höchstes Ziel hinarbeitete, entsagte er dem Alkohol- und Tabakgenuss und dem nächtelangen Feiern. Er ging zwar mit Freunden aus, verzichtete im Gegensatz zu ihnen aber auf Champagner und Zigaretten, und wenn es Mitternacht schlug, sprang er wie Aschenputtel auf und verabschiedete sich von seinen Gefährten, die ihrerseits noch stundenlang weiterfeierten. Eines seiner beliebtesten Lokale war die Roxy-Sportbar am Rankeplatz gleich neben dem Ku'damm, ein in der Sportlerszene beliebter Treff, wo niemand erwartete, dass man viel trank. Hier verkehrten Jockeys, Rennfahrer und Hockeyspieler ebenso wie die Betuchteren unter ihren Fans, und hier traf Cramm 1928 zum ersten Mal auch Max Schmeling, den jungen deutschen Boxmeister, der sich auf seine erste Tournee durch die USA vorbereitete.[57]

In jenem Sommer 1929 spielte Cramm bei Blau-Weiss sein erstes internationales Turnier, und auch wenn den Titel letztlich der große René Lacoste holte, bezwang Gottfried doch eine Reihe namhafter Gegner, darunter sogar Tildens Schützling Junior Coen. Schon damals beherrschte er seinen tückischen Twistaufschlag, der zu seinem Markenzeichen werden sollte. Beim Twist springt der Ball in hohem Winkel auf die Rückhand des Gegners (sofern dieser Rechtshänder ist), und auf dem schweren europäischen Sandbelag wird dieser Absprungeffekt noch verschärft. Ein Gegner aus diesen Tagen erinnerte sich später, dass er Cramms ersten Aufschlag nur sehr ungern fehlgehen sah, weil darauf ein zweiter, mit starkem Drall geschlagener folgte, »der nach dem Aufprall zwei Meter hoch wegsprang, ein widerliches Ding«.[58]

Der hochgewachsene, fesche Zwanzigjährige mit dem Gebaren eines jungen Prinzen erfreute sich im LTTC »Rot-Weiß« mittlerweile einer großen Beliebtheit. In seinen langen weißen Flanellhosen gab er keine schlechte Figur ab, wenn er wie kein anderer über den Platz jagte, um schon verlorengegebene Bälle zu erreichen, oder nach dem Spiel eine Dame, die ihm vorgestellt wurde, mit Kusshand begrüßte. Besonders Frauen, die entweder selbst eine Auge auf ihn geworfen hatten oder ihn für ihre Töchter haben wollten, waren auf Clubabenden beeindruckt von seinen Tanzkünsten und seiner galanten Art, den Arm anzubieten. Sie rissen sich darum, ihn an ihrem Tisch zu haben.

Don Budge selbst sagte: »Sie können noch so stolz und noch so selbstbewusst sein – und glauben Sie mir, ich war es –, wenn Sie neben Cramm den Court betreten, haben Sie fast immer das Gefühl, in seinem Schatten zu gehen.«[59] Und an diesem Julitag in London, acht Jahre nach Gottfrieds internationalem Debüt, ist dieses Gefühl bei dem jungen Kalifornier stärker als je zuvor. Gewiss, er ist der frisch gekrönte Wimbledon-Meister, die Nummer eins der Welt. Aber auch Cramm ist ein großer Champion, zweimal hat er die französischen Meisterschaften in Roland Garros gewonnen. Und in Wimbledon hat er zwar drei Endspiele in Folge verloren, aber er war jedes Mal ein wackerer Gegner. Er hat sich mit seinem glänzenden Spiel und seinem unbeirrbaren Sportsgeist unter den englischen Zuschauern viele Freunde gemacht, und er hat ihr Mitgefühl erregt, als er im Kampf um den Meistertitel nur knapp unterlag.

Beim Aufwärmen kam es Budge vielleicht vor, als sei Cramm etwas nervös, aber schon im ersten Spiel wird sich dieser Eindruck schnell verflüchtigt haben. Der Deutsche hat zu seiner gewohnten Form zurückgefunden: entspannt, elegant und souverän. Ungewohnt ist nur, dass er noch besser spielt als sonst. Das Wimbledon-Finale vor drei Wochen ist schon Geschichte. »Heute steht ein anderer Cramm auf dem Rasen«, schrieb Roderich Menzel, der böhmische Champion, »konzentriert wie ein Jogi und doch spielfreudig wie ein übermütiger Junior. ... So scharf Budge auch aufschlägt, so gewaltig sein Schmetterball ist und so angriffslustig er zum Netz stürmt, es ist doch Cramm, der Ton und Tempo angibt und Schnelligkeit mit noch größerer Schnelligkeit, Genauigkeit mit Placierungskunst und die glänzenden Attacken seines Rivalen mit unübertrefflicher Durchschlagskraft beantwortet.« Die Verwandlung ist Budge nicht entgangen. »Mein Gott«, sagt er sich, »so kann es nicht weitergehen; ich muss mein Spiel wieder auf Vordermann bringen.«[60]

Aber dies zu denken und es zu tun sind zwei verschiedene Dinge. Abgesehen von seinen Schulterschmerzen sind auch die Beine schwer von den ungezählten Tennisspielen des letzten Monats. Hat das gestrige Doppel ihm womöglich den Rest gegeben? Auf viele Zuschauer wirkt er lethargisch, einigen von Cramms geschickten Stoppbällen läuft er noch nicht einmal entgegen.[61] Aber immerhin gelingt es ihm im neunten Spiel, den Aufschlag des Gegners zu durchbrechen, er verwandelt den fünften Breakball und geht 5:4 in

Führung. Doch schon dieser frühe Kampf zehrt erheblich an seinen Kräften, und so vergibt er gleich im nächsten Spiel zwei einfache Vorhandschläge. Cramms Antwort: Er erhöht den Druck, und mit zwei kraftvoll geschlagenen Returns schafft er den Rebreak zum 5:5. Ein Rauen geht durch die Ränge, das unterdrückte Aufgeregtheit verrät. Als die Londoner heute nach Wimbledon kamen, glaubten sie nicht ernsthaft daran, dass Cramm als Sieger vom Platz gehen könnte. Und als Budge ihm einen Break abrang, dachten sie, dass er den eigenen Aufschlag zum 6:4 nutzen würde. Aber Cramm hat den Kanonenaufschlag einfach zurückgefeuert. Der Deutsche hat eine Chance!

Großbritannien hatte ein turbulentes Jahr hinter sich. Letzten Dezember traf das Volk der Schlag, als es las, dass sich der König zur Abdankung entschlossen hatte, um seine Geliebte, die zweimal geschiedene Amerikanerin Mrs. Wallis Simpson, zu heiraten. Nur elf Monate hatte Edward VIII. die Königskrone getragen, und in diesen elf Monaten war er genauso beliebt gewesen wie davor als Prince of Wales. Doch Premierminister Stanley Baldwin und sein Kabinett forderten, dass Edward sich entweder von seiner Geliebten oder von seiner Krone trennte. Schon vor dieser Nachricht war zwei Jahre lang über kaum etwas anderes als den Skandal getratscht worden. »Über Mrs. Simpson steht zwar nichts in den Zeitungen«, schrieb Cecil Beaton, »aber aus dem allgemeinen Gerede ist ihr Name offenbar nicht mehr wegzudenken. Die Leute sind von dem Thema geradezu besessen. Das nimmt solche Ausmaße an, dass Mrs. Simpson in vielen Häusern nicht mehr erwähnt werden darf, damit endlich wieder Raum für andere Themen ist.«[62] Als Baldwins Ultimatum publik wurde, demonstrierten vor dem Buckingham-Palast zwar große Menschenmengen, um ihre Solidarität mit dem König zu bekunden, aber beim größeren Teil der Öffentlichkeit stieß das Schicklichkeitsempfinden der Regierung auf Zustimmung. Edward gab seiner Herzensdame den Vorzug vor seinem Königreich und verkündigte am 10. Dezember 1936 seine Abdankung.

Das Drama im Königshaus war der Auftakt zu einem Jahr, das von zunehmenden internationalen Spannungen beherrscht wurde.

Schon im März 1936 war das vermeintlich weitgehend entwaffnete Deutschland ohne Vorwarnung ins Rheinland einmarschiert, das im Vertrag von Versailles zur entmilitarisierten Pufferzone erklärt worden war. Frankreich und Großbritannien hätten das Vordringen mühelos stoppen können, die noch schwache Wehrmacht hatte Order, sich zurückzuziehen, sobald die Franzosen Gegenwehr leisteten. Aber achtzehn Jahre nach dem Krieg lagen die Nerven im geschundenen Europa immer noch blank. Bürger wie Regierungen hätten fast alles getan, um nur den Frieden zu wahren. Letztlich, so argumentierten Franzosen und Briten, war die Besetzung des Rheinlands nicht vergleichbar mit Mussolinis jüngstem Überfall auf Abessinien; Hitler begab sich eigentlich nur »in seinen Hinterhof«. Nur zu gerne glaubten sie ihm, als er sagte, dass er in Europa keine Gebietsansprüche anzumelden habe.[63] Aus dem Bewusstsein heraus, dass der Vertrag von Versailles strafenden Charakter hatte, nahmen sie es hin, dass er durch Hitlers Vorgehen praktisch annulliert worden war.

Während König Edward in diesem Sommer mit seiner Geliebten auf einer Jacht im Mittelmeer Urlaub machte, brach in Spanien der Bürgerkrieg aus. Hitler und Mussolini, die das spanische Kampfgebiet als Versuchsfeld für den kommenden großen Krieg betrachteten, schickten Franco Flugzeuge, Waffen und Truppen. Im Mai 1937 kämpften in Spanien achtzigtausend italienische und dreißigtausend deutsche Soldaten. Ihnen gegenüber standen die spanischen Regierungstruppen, unterstützt durch die Internationalen Brigaden – ausländische Freiwillige, die aus der ganzen Welt eintrafen, um den Faschismus zu bekämpfen – sowie durch sowjetische Flugzeuge, Panzer und Geschütze.

Die ganze Zeit über hielt das kriegsscheue Großbritannien an seiner Nichteinmischungspolitik fest. Währenddessen wurden auf beiden Seiten der spanischen Frontlinien Massaker an unschuldigen Bürgern verübt. Die Truppen der Republik – eine bunt zusammengewürfelte Allianz aus Sozialisten, Kommunisten, Anarchisten und baskischen Nationalisten – brannten Kirchen nieder, ermordeten Priester und Nonnen und richteten jeden hin, der im Verdacht stand, mit Francos Nationalisten zu sympathisieren. Die Nationalisten, die

von der Oberschicht, der Kirche und den Monarchisten unterstützt
wurden, waren noch schlimmer. In jeder eroberten Stadt zwangen
sie Hunderte oder gar Tausende von Bewohnern, ihre eigenen Mas-
sengräber auszuheben, und mähten sie dann vor diesen Gräbern
mit Maschinengewehren nieder. Ein solches Schicksal drohte jedem, der auch nur den Anschein erweckte, kein Faschist zu sein. Als
die Nachrichten von den faschistischen Gräueltaten durchsickerten,
wurden in der britischen Bevölkerung Rufe nach einer Intervention
an der Seite der Republik laut, aber das Parlament gab nicht nach.
Der Spanische Bürgerkrieg heizte in England einen noch nie dage-
wesenen politischen Klassenkampf an, wobei »die unverhohlene
Unterstützung für die Nationalisten sicher nur Sache der oberen
Schichten und der Konservativen« war.[64]

Im Dezember wollte die britische Regierung immer noch um jeden Preis einen Krieg verhindern. Sie »ermahnte« Deutschland,
die Hilfe für Franco einzustellen, und versprach Gegenleistungen
für den Fall, dass die Deutschen fortan bereit wären, das Nichtein-
mischungsabkommen zu respektieren, das sie zwar unterzeichnet,
aber bisher nicht eingehalten hatten. Die Briten konnten nicht ah-
nen, dass Hermann Göring im selben Monat in einer Geheimrede
vor deutschen Industriellen und hohen Beamten kundgetan hatte,
»wir stünden in einer Zeit, in der sich die letzten Auseinanderset-
zungen ankündigten. Wir stehen bereits in der Mobilmachung und
im Krieg.«[65]

Im April 1937 erklärte Belgien seine Neutralität, was Frankreich –
und somit auch England – für einen deutschen Angriff anfälliger
machte. Im selben Monat bombardierten Luftwaffen-Eliteverbände
der Legion Condor, die Francos Vormarsch im Baskenland unterstützten, die unbefestigte spanische Kleinstadt Guernica und lösch-
ten sie mitsamt ihren sechstausend friedlichen Bewohnern aus. Die
allgemeine Stimmung in Großbritannien wandelte sich von einem
vagen Hoffen auf Frieden zur Verzagtheit, wenn nicht gar zu einem
»angstvollen Warten auf den Krieg«, wie es *The New Statesman* ausdrückte.[66]

Aber noch klammerten sich die Londoner, so gut es ging, an alles,
was Laune machte. Im Mai, als sie von der Hochzeit des früheren

Königs und seiner Auserwählten in Frankreich lasen, feierten sie »mit großem Pomp« die Krönung seines Nachfolgers Georg VI. »Die Stadt wurde wie für ein Volksfest geschmückt«, schrieb der zu diesem Zeitpunkt in London lebende amerikanische Politikwissenschaftler Ralph Bunche an einen Freund in seiner Heimat. »Die Regierung strengte sich nach Kräften an, ein einmaliges Spektakel zu inszenieren, ... weil um jeden Preis die Ehrfurcht vor der Monarchie erneuert werden musste ... und weil eine Zurschaustellung der Einheit, der überragenden Stärke und der Lebenskraft des Königreichs die hochfahrenden faschistischen Diktatoren wohl unweigerlich zum Nachdenken veranlassen würde.« Mitten in der Wirtschaftskrise entpuppte sich die Krönung auch als Segen für die Tourismusbranche und kleine Unternehmen wie das Modehaus der Tennisberühmtheit Teddy Tinling. Nach der Abdankung des Königs hatten die Prominenten monatelang kaum noch neue Kleider gekauft, aber die Krönung, so Tinling, »brachte zum Glück wieder alles ins Lot«.[67]

Und dann gab es ja immer noch Wimbledon.

Das Stadion und die Anlagen waren erst fünfzehn Jahre alt, aber die internationalen Tennismeisterschaften wurden in diesem recht unscheinbaren Londoner Vorort schon seit 1877 ausgetragen. Nur vier Jahre zuvor hatte ein britischer Offizier, Major Walter Wingfield, das Spiel überhaupt erst erfunden: als Weiterentwicklung aus dem Jeu de Paume und dem Squash, der er nach dem griechischen Wort für »Ballspiel« den Namen Sphairistiké gab. Die großen Meister von einst – Ernest und Willie Renshaw, Reginald und Laurie Doherty, Arthur Gore und Tony Wilding – hatten die ersten Schlachten des Tennissports noch auf der alten Anlage geschlagen, in einem Stadion in der Worple Road 21, das »mehr einem Sandkasten als einem Stadion glich«.[68] Aber schon zu Beginn des neuen Jahrhunderts stand das Wort »Wimbledon« nicht nur für das Turnier im All England Club, sondern zugleich für die inoffizielle Weltmeisterschaft.

Und dann, 1919, kam Suzanne Lenglen. Im Alter von nur zwanzig Jahren gewann die Lenglen oder »die Göttliche«, wie die fran-

zösische Presse sie schließlich nannte, ihren ersten von insgesamt
sechs Wimbledon-Titeln. Im Endspiel gegen die ehrwürdige britische Meisterin Dorothea Douglass Chambers, die im traditionellen
bodenlangen Kleid mit Mieder, Unterrock und hochgeschlossener
Hemdbluse antrat, schockierte Lenglen die Briten mit einer Kluft,
die ihre Fußknöchel, Waden und fast die ganzen Arme unverhüllt
ließ! Dass sie auch eine geübte Balletttänzerin war, zeigte sie in ihrem langen Duell gegen die vierzigjährige Chambers durch weite
Sprünge quer über den Platz. Ihr Sieg in drei Sätzen (10:8; 4:6;
9:7) und die zum Markenzeichen gewordene Angewohnheit, in den
Spielpausen etwas Brandy zu nippen, machten sie zu einer Berühmtheit, zu Frankreichs bis dato größtem Sportstar.

Von 1919 bis zum Ende ihrer Karriere im Jahr 1926 verlor sie nur
ein einziges Match, und das, als sie krank war. Als temperamentvolle
Spielerin, die während einer Begegnung bisweilen offen schmollte,
gerne herumdiskutierte und ungeniert weinte, wurde sie neben Tilden zum ersten Tennisidol und zum größten Publikumsmagnet ihres Sports. »Der Rummel um sie war einmalig, sie wurde beinahe
vergöttert«, schrieb ein Sportjournalist. »Geschäftsleute sagten ihre
Termine ab und international renommierte Gastgeberinnen verleg-
ten ihre Partys, wenn sie mit Suzannes Auftritten zusammenfie-
len, denn sie wussten, dass die Gäste ausbleiben würden.«[69] Durch
Lenglen schnellte die Kartennachfrage beim Turnier von 1919 in
solch ungeahnte Höhen, dass die Leute in Scharen abgewiesen werden mussten. Gleich nach dem Turnier begann man mit den Pla-
nungen für einen neuen Austragungsort – ein Vorhaben, das ein
Jahr später umso dringlicher wurde, als nun erstmals auch Tilden in
Wimbledon antrat, auf Anhieb den Titel gewann und eine ähnliche
Euphorie wie Lenglen auslöste. 1922 war die neue Anlage mitsamt
dem vierzehntausend Plätze fassenden Centre-Court-Stadion be-
zugsfertig, und für das internationale Tennis war die Ära des großen
Zuschauersports angebrochen.

Im Innern des zwölfseitigen Betonbaus, der einige an einen Pa-
last, andere an ein elisabethanisches Theater und wieder andere an
eine Flugzeughalle erinnerte, befand sich der beste Tennisplatz der
Welt, »ein Stück Land, dem im Spiel gehuldigt wird«[70]: 780 Qua-

dratmeter Rasen – zusammengesetzt aus *Poa pratensis* oder Wiesen-Rispengras, Horst-Rot-Schwingel und Rot-Straußgras[71] – und darauf das übliche 78 Fuß lange und 27 Fuß breite Rechteck aus Schlämmkreide.

Die Linien wurden vom Platzwart Robert Twynam persönlich gezogen, der in der näheren Umgebung des All England Clubs aufgewachsen war und in den frühen Zwanzigern als Balljunge für Tilden, Lenglen und andere begonnen hatte. »Ein Spielfeld markieren, auf den Punkt genau – das kann nicht jeder«, sagte er. »Wenn die Linien schnurgerade sind und die Winkel stimmen, dann ist es wie ein Bild.« Mit Strom betriebene Maschinen kamen auf dem Centre Court nie zum Einsatz. Im Frühling stellte sich Twynam jeden Tag zwischen die Zugarme einer mehr als eine Tonne wiegenden Glattwalze, die eigentlich für einen Ackergaul bestimmt war. Er zog, und vier weitere Männer schoben das Gerät, das sie die »Alte Pferdewalze« nannten, bis der Centre Court ausgewalzt war. »Die Walze brauchen wir für die Politur« sagte Twynam. »Der Court ist auch so schon fest genug, aber die Walze gibt dem Gras einen schönen Glanz.«[72] Jeden Tag wurde das Gras auch gemäht, und zwar mit einem Handmäher, auf eine Höhe von exakt drei Sechzehntel Inch (etwa ein halber Zentimeter). Die täglichen Mähabfälle ergaben nicht mehr als ein paar Handvoll pflanzlichen Staub. Zu Beginn des Frühlings mähten sie Querbahnen, im Mai dann Diagonalen, und im Juni, wenn die Meisterschaften vor der Tür standen, mähten sie das vertraute Muster aus hell- und dunkelgrünen Längsstreifen, die parallel zu den Seitenlinien verlaufen. Der Rasen, der 1922 beim Bau des Stadions ausgelegt wurde, hielt über ein halbes Jahrhundert.

1937 galt ein Titel in Wimbledon als »wichtigste Trophäe des modernen Sports«,[73] und dieser Rasen war zum Altar, der Rundbau zum heiligen Tempel des Tennis geworden. Jeder große Champion – Tilden, Lenglen, Vines, Perry und jüngst Budge – hatte sich schon davor verneigt.

Dies ist der Ort, wo weniger gute Spieler plötzlich einknicken, wo der Respekt vor dem Centre Court ihre Bewegungen unwillkürlich steif werden lässt. Manch ein Spieler hat auf dem Weg ins Finale

vielleicht eine Reihe glänzender Siege errungen, ist dann aber un-
sanft auf dem Boden der Realität aufgeschlagen, als er auf dem
Centre Court einem Tilden, einem Perry oder einem Budge gegenüberstand. Aber Gottfried von Cramm, der sich drei Jahre in Folge
einem deutlich überlegenen Finalgegner hatte beugen müssen,
wirkt so entspannt wie auf seinem Gartenplatz in Oelber. Noch
jetzt, in der Endphase des hart umkämpften ersten Satzes im wichtigsten Spiel seines Lebens, schreitet der Gentleman von Wimbledon über den sorgfältig gepflegten Rasen wie der Gastgeber einer
Gartenparty: entspannt, respektvoll, mit dem Gestus des Eigentü-
mers. Als sie beim Spielstand von 6:5 für Cramm die Seiten wechseln, nippt Budge am Seitentisch an seinem Tee und fragt sich, wann
Gottfried ihm eine Gelegenheit bieten wird, das Heft in die Hand
zu nehmen. Im letzten Spiel ist Cramm mit unerschütterlicher Kaltblütigkeit ans Netz gestürmt und hat seinen Aufschlag mühelos
durchgebracht. Jetzt nickt er dem jungen Amerikaner zu, wirft sich
ein Stück Würfelzucker in den Mund und schlendert zur anderen
Seite des Courts.[74]

Eben noch schien Budge seine Schulter zu plagen und er wirkte
lethargisch, aber inzwischen ist der Schmerz überwunden, und der
Earl Grey hat ihn wachgerüttelt. Es ist klar, dass eine bloß solide
Leistung heute nicht reicht. Don Budge hat den Gipfel seiner Spielkunst erst in diesem Frühling erreicht, und wenn die USA den Pokal
nach elf Jahren zurückgewinnen und vor dem Zugriff der Nazis bewahren wollen, dann wird er heute dieses Können voll ausschöpfen
müssen. Als er beim Spielstand von 5:6 aufschlägt, eine Situation, in
der vielen Spielern leicht Fehler unterlaufen, ist Budge hochkon-
zentriert. Mit zwei für den Gegner unerreichbaren Kanonenaufschlägen gleicht er zum 6:6 aus.

Aber der Deutsche lässt nicht locker. Jedes Mal erzwingt sein »wi-
derlich« abspringender Aufschlag einen schwachen Return, und jedes Mal prescht er zum Netz vor und spielt den Ball tief ins gegnerische Feld. »Budges Rückhand erwischte noch Bälle, die schon in
die Tribüne zu schwirren schienen, aber Cramm war zur Stelle,
flink, treffsicher und wendig wie ein Windhund«[75], um den Ball in
Budges Vorhandecke zu vollieren und den Punkt zu holen. Er ge-

winnt seinen Aufschlag, geht 7 : 6 in Führung und wechselt ruhig die Seite, um sich erneut Budges Kanonenbällen zu stellen. Und diesmal knickt Budge ein. Er schlägt keine Asse, vergibt sogar einige erste Aufschläge, so dass Cramm lange Returns schlagen kann, um dann am Netz mit Flugbällen zu punkten. Und als es 30 : 30 steht, meldet sich ein altbekannter Dämon zurück. Bei den meisten Spielern ist die Rückhand etwas schwächer als die Vorhand, aber für Budge war der Rückhandschlag immer der natürlichere – und es war die beste Rückhand, die die Welt je gesehen hatte. Dagegen war seine Vorhand bis 1936 immer ein kleines Sorgenkind gewesen. Ein in jenem Winter mit seinem Trainer Tom Stow in Berkeley absolviertes Übungsprogramm hatte die Vorhand gestählt, und auch wenn sie nie an seine Rückhand heranreichen würde, war sie doch immerhin stark genug, um ihn zum Worldchampion zu machen. Doch jetzt, beim Stand von 7 : 6, 30 beide, greift Cramm diese Vorhand an. Und während der US-Kapitän Walter Pate, der bis dahin teilnahmslos auf seinem Platz im Schatten des Schiedsrichterstuhls gesessen hat, »sich plötzlich das Kinn reibt und die Beine mal links, mal rechts übereinanderschlägt«,[76] schießt Budges Vorhand zweimal in Folge daneben.

Für einen kurzen Moment herrscht verdutztes Schweigen. Bei zwei so starken Aufschlägern hätte man fast erwartet, dass es endlos weitergeht. Aber plötzlich hatte Budge als Erster einen Aussetzer, und der erste Satz ist vorbei, 8 : 6 für Deutschland. Tosender Applaus bringt die Ränge zum Beben.

Sicherlich ahnt das britische Publikum noch nichts von den Kriegsplänen des Dritten Reichs. Nicht einmal die Deutschen wussten von der »streng geheimen« Weisung, die erst vor einem Monat an die Oberbefehlshaber ihrer Wehrmachtsteile ergangen war und in der von »Vorbereitungen der Wehrmacht für einen etwaigen Krieg im Mob.[Mobilisierungs]-Abschnitt 1937/38« die Rede ist. Aber trotz ihrer Scheu vor neu aufflammenden Konflikten und trotz ihrer konsequenten Appeasement-Politik hat die britische Regierung erst kürzlich Rüstungsausgaben in Milliardenhöhe beschlossen. »Eine neue Ära war angebrochen«, schrieb später ein Historiker, »eine Ära, in der die Briten begannen, sich auf einen unmittelbar bevorstehenden Krieg einzustellen.«[77] Und es wird immer schwerer, vor den eklatanten Menschenrechtsverstößen der Faschisten die Augen zu verschließen. Schon jetzt haben die Nürnberger Rassengesetze die Juden in Deutschland rechtlich zu nichtmenschlichen Schädlingen degradiert.

Trotzdem flattert an diesem noch friedlichen englischen Sommertag die Hakenkreuzfahne über dem Centre Court, direkt neben dem Union Jack und dem Sternenbanner. In der Königsloge schlürfen Nazifunktionäre mit der Queen zusammen ihren Tee. Und vom allerersten Punkt dieses Spiels an steht außer Frage, auf wessen Seite die Zuschauer sind: Die Engländer feuern den Mann Hitlers an.

Zweiter Satz

Unterschätzte Gegner

In der königlichen Loge mag sich Reichssportführer Hans von Tschammer und Osten, der erst am Morgen eigens für das große Spiel eingeflogen war, mit einer steifen Bewegung zur Königin gedreht haben, um das Kopfnicken zu erwidern, mit dem sie ihre Glückwünsche zum Ausdruck brachte. Zum ersten Mal in der Geschichte wehte über dem berühmten Stadion das Hakenkreuz.[1] Am Samstag hatte Botschafter Joachim von Ribbentrop den Begegnungen des ersten Spieltags beigewohnt und mit Freude Cramms souveränen Sieg über den chancenlosen Bitsy Grant verfolgt. Die deutschfreundliche Stimmung unter den Zuschauern wird den Vertretern des Reichs gefallen haben, auch wenn sie natürlich wussten, dass diese Haltung zumindest teilweise auf den Wunsch nach einem schwächeren Gegner für die britischen Titelverteidiger zurückzuführen war.

Aber abgesehen von dieser Hoffnung und von Cramms persönlicher Anziehungskraft war eine prodeutsche Einstellung in der Menge tatsächlich mit Händen zu greifen. Ihren Ursprung hatte sie vermutlich in jenem Teil des Publikums, der die oberste Schicht der englischen Gesellschaft repräsentierte, denn 1937 hatte sich im britischen Adel eine entschiedene Vorliebe für alles Deutsche breitgemacht. Dass Ribbentrop – obwohl »unfähig und träg, eitel, arrogant und humorlos«, wie es William L. Shirer, amerikanischer Historiker und Journalist im Berlin des Dritten Reiches, formulierte – zum neuen Botschafter in England ernannt worden war, verdankte er sei-

nen einflussreichen Freunden unter den englischen Aristokraten.
(»Als ich Ribbentrops Fähigkeiten in Frage stellte, mit den britischen Problemen fertig zu werden«, so hat Göring später bemerkt,
»erklärte mir Hitler, daß Ribbentrop ›Lord So und So‹ und ›Minister So und So‹ kenne. Ich antwortete darauf: ›Ja, aber die Schwierig-
keit ist, daß diese ihrerseits Ribbentrop kennen.‹«)[2] Die deutsche
Botschaft wurde schon bald zum Schauplatz aufwendiger Empfänge, bei denen die britische Oberschicht Gelegenheit hatte, sich
für eine »elitäre Deutschtümelei« zu erwärmen oder diese zu kul-
tivieren. Eine zeitgenössische Karikatur zeigt Lady Astor und ihre
Gefolgsleute bei einem Tanz, zu dem Goebbels den Taktstock
schwingt.[3]
    Lord Londonderry, ein Cousin Winston Churchills und Vertrau-
ter König Edwards VIII., der von 1931 bis 1935 an der Spitze des
Luftfahrtministeriums gestanden hatte, machte keinen Hehl aus seiner Begeisterung für Hitler und für die Ziele der Nazis. Auf Einladung Ribbentrops waren Lord und Lady Londonderry 1936 zu den
Olympischen Winterspielen in Garmisch-Partenkirchen gereist, wo
sie in Görings Gesellschaft eine wunderbare Zeit verbrachten und
förmlich erschauerten, als sie den Führer höchstpersönlich trafen.
»Ich sah einen Mann, dessen Wesensart alles in den Bann schlägt«,
schrieb Lady Londonderry später. »Ich spürte, dass ich mich in der
Gegenwart eines wahrhaft Großen befand. Er ist einfach, würde-
voll, bescheiden. Er ist ein Menschenführer.« Sir Nevile Hender-
son, der neue britische Botschafter in Deutschland, hatte im Mai vor
seiner Abreise nach Berlin erklärt: »Geben Sie uns Friedensgaran-
tien« – wozu Hitler sich gerne bereitfand – »und Deutschland wird
erkennen, dass es keinen aufrichtigeren und, wie ich meine, keinen
nützlicheren Freund in der Welt hat als Großbritannien.«[4] Und erst
kürzlich hatte Lady Diana Guinness, die Tochter des rechtsgerichteten Barons Redesdale, unter Hitlers und Goebbels' bewundernden Blicken in Berlin den Führer der englischen Faschistenpartei
British Union of Fascists, Sir Oswald Mosley, geheiratet.
    Mosley hatte seine politische Laufbahn als Abgeordneter der
Konservativen begonnen und war dann zu einem bekannten Mitglied der Labour Party aufgestiegen, aus der er 1931 allerdings aus-

trat, um eine eigene Partei, die New Party, ins Leben zu rufen. Nach dem Scheitern dieses Projekts besuchte er Mussolini in Rom und kehrte nach England zurück, um mit der finanziellen Unterstützung des Verlegers Lord Rothermere nun die British Union of Fascists aufzubauen. Diese »Schwarzhemden«, eine Nachahmung von Hitlers »Braunhemden«, erreichten ihre höchste Popularität 1934, als sich auf vierhundert Ortsgruppen im ganzen Land etwa zwanzigtausend Mitglieder verteilten. Charakteristisch für ihre Kundgebungen waren Mosleys antijüdische und antikommunistische Hetzreden sowie gelegentliche Übergriffe auf Zwischenrufer in der Menge. Auf die Störer wurden Scheinwerfer gerichtet, und sie wurden unter brutalen Tritten und Schlägen aus dem Saal geworfen.

Erst vor neun Monaten, im Herbst 1936, hatte Mosley einen Marsch von fünftausend seiner Schwarzhemden durch das jüdische Viertel Londons angekündigt. Am fraglichen Sonntagmorgen versammelte sich in aller Frühe eine trotzige, aufgebrachte Menge von hunderttausend Gegendemonstranten, die sich entlang der vorgesehenen Route aufstellten. Zehntausend Londoner Polizisten eilten ins jüdische Viertel und rechneten mit dem Schlimmsten, bevor der Polizeichef den Faschistenführer Mosley um elf Uhr schließlich zwang, den Umzug abzusagen.

Aber nicht nur die Oberschicht ließ sich von Nazideutschland blenden. 1937 war die »Britische Union der Faschisten« zwar schon wieder auf dem absteigenden Ast, und viele Engländer, die die Geschehnisse in Spanien und Abessinien aufmerksam verfolgten, erkannten die Gefahren des Faschismus, dennoch ist festzuhalten, dass Mosleys Schwarzhemden in ihrer überwiegenden Mehrheit junge Männer aus der Arbeiterklasse oder der Mittelschicht waren, die im Zuge der Wirtschaftskrise sowohl ihre Arbeit als auch ihre Hoffnungen verloren hatten. David Lloyd George, Sohn eines Volksschullehrers und führender Politiker der Liberalen, der während und nach dem Ersten Weltkrieg Premierminister gewesen war und sich immer für die Anliegen der Juden starkgemacht hatte, war kürzlich nach Berchtesgaden gereist, um Ribbentrop und Hitler zu treffen. Äußerst angetan von der Persönlichkeit des Führers, erstattete er dem britischen Volk Bericht: »Hitler ist ein geborener Men-

schenführer, einnehmend und voller Tatendrang. ... Die Deutschen
haben keinerlei Bestreben mehr, ein anderes Land zu erobern. ...
Sie haben ein für allemal beschlossen, sich nicht mehr mit uns zu be-
fehden.«[5] (Lloyd George wurde schnell eines Besseren belehrt, aber
sein Fehlurteil warf einen langen Schatten auf seine Karriere.)

Tatsächlich liefen Hitlers Kriegsvorbereitungen schon seit Jahren
auf Hochtouren. Als Tschammer und Ribbentrop in Wimbledon in
der königlichen Loge saßen, wussten sie vielleicht noch nichts von
der erst vor vier Wochen erteilten streng geheimen Weisung, die
die Streitkräfte dazu anhielt, Kriegsvorkehrungen zu treffen. Aber
sicher war ihnen bekannt, dass Hitler gerne mehr als bloß *eine* Hakenkreuzfahne im Londoner Wind flattern sehen wollte.

Im Gegensatz zu den meisten Zuschauern wussten die beiden
auch, dass Gottfried von Cramm nicht ganz der war, der er zu sein
schien. Er war zwar groß, blond, kräftig und »ungemein gut aussehend« und somit als Musterexemplar der überlegenen arischen
Rasse für ihre Zwecke instrumentalisierbar. Aber privat und in letzter Zeit auch öffentlich hatte er sich gewiss nicht als Fürsprecher des
Nationalsozialismus hervorgetan. Auf seinen Reisen durch die Welt
war er nie der Bitte nachgekommen, Hitler zu loben oder vor Angriffen in Schutz zu nehmen. Vielmehr beklagte er sich darüber,
dass sich das Daviscup-Team nicht mehr auf die Leistungen des jüdischen Spielers Daniel Prenn stützen könne, und murrte, dass die
von Hitler wiedereingeführte Wehrpflicht den jungen Athleten die
entscheidenden Jahre ihrer sportlichen Entwicklung raube. Und
obwohl ihn Göring wiederholt persönlich dazu aufgefordert hatte,
war er nicht bereit gewesen, in die NSDAP einzutreten. Mit seiner
natürlichen Eleganz, seinen guten Manieren und seinem unüber-
troffenen Sportsgeist kam er nicht umhin, ein gutes Licht auf das
deutsche Volk zu werfen. Aber er stellte sich nicht demonstrativ vor
eine Regierung, für die er nur Abscheu empfand.

Sei's drum. Noch war Cramm ja nützlich, vor allem jetzt, wo er
kurz davorstand, den Davispokal erstmals nach Deutschland zu holen. Solange er weiter gewann und die Regierung nicht allzu offen
kritisierte, ließ man ihn am besten gewähren. Die Gestapo führte
eine stetig dicker werdende Akte über seine öffentlichen und priva-

ten Betätigungen – denn nicht nur in politischer Hinsicht war der
Tennismeister alles andere als ein idealer Arier. Und wenn der ge-
botene Zeitpunkt gekommen war, brauchte man diese Akte nur zu
öffnen.

Gottfried war im Sommer 1928 nach Berlin gekommen, zu einer
Zeit, als die Kunst, die Kultur und das dekadente Nachtleben der
Weimarer Republik ihre Blüte erlebten. Nur wenige Jahre zuvor
war die Stadt ein Hort des Elends gewesen. Die Weimarer Republik stand von Anfang an unter einem un-
günstigen Stern. Nach der Novemberrevolution von 1918 und dem
Sturz des Kaisers war sie auf den Trümmern des Krieges errichtet
worden und litt unter dem gärenden Groll, den der demütigende
Vertrag von Versailles hervorgerufen hatte. Die Linke war verbittert
über die alte Ordnung des Kaiserreichs, die Deutschland ohne
Not in den blutigsten, grausamsten Krieg seiner Geschichte geführt hatte. Die Rechte ersann die jahrzehntelang aufrechterhaltene
»Dolchstoßlegende«, die Legende vom Verrat der »Juden und Bolschewisten«, die vor den Alliierten kapituliert hätten, als ein Sieg
der glorreichen deutschen Armee schon zum Greifen nah gewesen
sei. Diese Lüge stammte nicht von Hitler selbst, aber er bediente
sich ihrer und gab ihr gewaltigen Auftrieb.
  Auf die unblutige Novemberrevolution, die die Sozialdemokraten an die Macht gebracht hatte, folgten Anfang 1919 erbitterte
kommunistische Aufstände, die die Regierung nur niederschlagen
konnte, indem sie einen Teufelspakt mit den rechtsgerichteten Frei-
korps schloss, den paramilitärischen Gruppierungen, die später teilweise in der SA aufgingen. Die gemäßigte Regierung blieb im Amt,
aber auf den Straßen tobten zwischen Rechten und Linken wilde
Kämpfe. »Milizen aus ehemaligen Offizieren und Kriminellen hatten sich in der Hauptstadt breitgemacht und mordeten nach Belieben. Wer ›unpatriotischer Umtriebe‹ verdächtig war, wurde geschlagen und getreten.« Der Maler George Grosz verglich die
Berliner mit orientierungslosen Booten im Sturm, die auf die Katastrophe zusteuerten.[6]
  Und dann kam 1923 die Hyperinflation. Eingesetzt hatte die

Geldentwertung schon zu Kriegszeiten, aber danach – als die deutsche Regierung, anders als erhofft, von den Alliierten keine Entschädigungen fordern konnte, um ihre Kredite zurückzuzahlen, sondern selbst eine enorme Reparationslast zu schultern hatte – geriet alles aus dem Ruder. Als die Regierung die Geldpresse anwarf, weil sie keine andere Möglichkeit mehr sah, ihre Schulden zu tilgen, löste sie einen historisch einmaligen Währungsverfall aus.

Die Mark, deren Kurs im Verhältnis zum Dollar zwischen 1914 und 1921 von vier zu eins auf 75 zu eins gesunken war, stürzte im Februar 1923 auf 48000 zu eins. Im Oktober bekam man für einen Dollar 440 Millionen Mark, Ende November waren es 4,2 Billionen. Das Papiergeld war schon wertlos, wenn es aus der Druckerpresse kam. 100000 Mark, die Ersparnisse eines Lebens, reichten plötzlich nicht einmal mehr für ein Frühstück. Generäle im Ruhestand und Botschafter, die eine feste Pension bezogen, sah man in Mülltonnen nach Essensresten wühlen. Es gab Berichte über Menschen, die ihr gesamtes Guthaben abhoben, um eine letzte Briefmarke zu kaufen – für ihren Abschiedsbrief.[7]

Wer sein Geld hingegen im Ausland investiert hatte oder als Tourist mit fremder Währung im Land war, lebte wie ein Milliardär. Für einhundert Dollar konnte man ein edles Herrenhaus kaufen oder für einen Abend die Berliner Philharmonie buchen.

»Kein Volk der Welt hat etwas erlebt, was dem deutschen ›1923‹-Erlebnis entspricht«, schrieb der junge Journalist Sebastian Haffner, der die Zeit miterlebt hatte. »Den Weltkrieg haben alle erlebt, die meisten auch Revolutionen, soziale Krisen, Streiks, Vermögensumschichtungen, Geldentwertungen. Aber keins die phantastische, groteske Übersteigerung von alledem auf einmal, die 1923 in Deutschland stattfand. Keins diesen karnevalistischen Totentanz, dieses nicht endende blutig-groteske Saturnalienfest, in dem nicht nur das Geld, in dem alle Werte entwertet wurden.«[8]

Eine unmittelbare Folge war »eine fieberhafte, heißblütige Jugendhaftigkeit, Lüsternheit und ein allgemeiner Karnevalsgeist. Jetzt hatten auf einmal die Jungen und nicht die Alten das Geld; und überdies noch hatte seine Natur sich so geändert, daß es seinen Wert nur wenige Stunden hielt, und es wurde ausgegeben wie nie

vorher oder seither; und für andere Sachen als solche, für die alte
Leute ihr Geld ausgeben.« Keine sexuelle Begierde blieb unerfüllt.
Renommierte Hotels engagierten sowohl weibliche als auch männliche Prostituierte, um allen Wünschen ihrer Gäste entsprechen zu
können. »Als sich die Lage zunehmend verschlechterte, stürzte sich
Berlin in eine Orgie, bei der nach Lust und Laune getanzt, getrunken, der Pornographie gefrönt und gehurt wurde. ›Nach uns die
Sintflut‹ war die Losung des Tages. Je höher die Preise, desto ent-
hemmter die Feiern, desto wilder die Nachtlokale, desto schneller
die Tanzschritte, desto lauter die Jazzbands und desto größer der
Kokainkonsum. Was man hier erlebte, waren allerdings noch nicht
die fröhlichen Tänze der ›Goldenen Zwanziger‹, es war ein wahnge-
triebener Tanz des Vergessens, ein Tanz der Verzweiflung«, schreibt
Alexandra Richie.[9]

Und auf einmal waren die Tage der Inflation – so plötzlich wie sie
gekommen waren – wieder vorbei. Die Regierung veranlasste die
Ausgabe der Rentenmark, die Währung wurde stabil, und Berlin er-
lebte einen neuen Aufschwung. Ihre Blüte erlebte die Stadt, als sie
Scharen von damals bedeutenden Schriftstellern, Künstlern und
Musikern anzog und sich zur Pilgerstätte für Reisende entwickelte,
die sich ins Zentrum des kulturellen Lebens begeben wollten. Es
war das Berlin von Bertolt Brecht und Kurt Weill, von Klee und
Grosz und Gropius. Jeden Abend gab es acht bis zehn Konzerte mit
Musikergrößen aus aller Welt, darunter Louis Armstrong, Yehudi
Menuhin oder Pablo Casals. Josephine Baker führte ihren »Bana-
nentanz« und den Charleston ein. Marlene Dietrich sang auf der
Bühne und trat in Filmen auf. Schauspielhäuser wie das Deutsche
Theater oder die Kammerspiele konnten es mit jeder anderen Spiel-
stätte der Welt aufnehmen.

Die Nachtlokale nahmen die Ausmaße von Kaufhallen ein. Das
Haus Vaterland zum Beispiel verteilte sich über einen ganzen
Wohnblock mit fünf Stockwerken und zwölf verschiedenen The-
menrestaurants, in denen sechstausend Gäste Platz fanden. In
einem der Speiseräume, der sogenannten »Rheinterrasse«, gab es
einen künstlichen Wasserlauf und einen etwa zwanzig Meter langen
Nachbau der Rheinlandschaft. Jede Stunde unterbrach das Orches-

ter sein Spiel für den »Sturm auf dem Rhein«: Eine Wolkendecke
legte sich über den Raum, es leuchteten simulierte Blitze auf, der
Donner grollte, und ein künstlicher Regen ging nieder, worauf
plötzlich wieder die Sonne hervorbrach und ein Regenbogen erstrahlte. Ein anderes Lokal, das für sein promiskuitives Publikum
berüchtigte Resi, hatte mechanische Geysire, etwa hundert Spiegel-
kugeln und Hunderte von Tischen mit nummerierten Telefonen,
dazu noch eine Rohrpost, um mit anderen Gästen zu flirten und
ihnen besondere »Geschenke« zukommen zu lassen.[10]

Die »Girlkultur« war der letzte Schrei: Überall in der Stadt waren in den Clubs Nacktänze zu sehen, junge Frauen, die zu allen erdenklichen Arten von Musik die Hüllen fallen ließen. Jedes Lokal
versuchte die anderen durch schiere Masse zu überbieten. Seitdem
die Revue »den Frauenkörper bis zur absoluten Nacktheit entklei-
det, hat sie keine andere Variation mehr zu Verfügung als die Quan-
tität, es werden bald mehr Girls als Theaterbesucher sein«, schrieb
Walter Benjamin. Es gab auch eine »Boykultur«, da manche Clubs,
wie das Silhouette und das Eldorado, ihr Angebot auf einen sehr
modischen homosexuellen Lebensstil abstellten. Jeder sprach von
der »Berliner Luft«; etwas in ihr – so sagte man – wirkte wie ein
Rauschmittel, das die Leute die ganze Nacht umtrieb und ihre ver-
borgensten sexuellen Neigungen zum Vorschein brachte.[11]

Gottfried sog diese Berliner Stimmung ein, wie andere den Champagner tranken, auf den er verzichtete. Er liebte das Theater, die
Musik, das Nachtleben; offenkundig konnte man auch vor Mitternacht eine Menge Spaß haben. Irgendwo zwischen Tennis und
Nachtclubs versuchte er noch etwas Zeit für sein Jurastudium zu erübrigen. Es war nicht so, dass ihn die geistige Arbeit nicht interessierte; er war immer ein eifriger Schüler gewesen. Nur leider waren
das Tennisspiel und die Verlockungen Berlins beide zu spannend,
um sie einfach links liegenzulassen. »Gottfried war immer dabei«,
schrieb Paula von Reznicek über das bunte Berliner Treiben bei Tag
und Nacht, »aber er rauchte nicht, trank wenig und benötigte viel
Schlaf. … Er trainierte eisern.« Und an anderer Stelle: »Er war
nie ein Spielverderber, aber sobald sich die nächtlichen Vergnügen

über Mitternacht ausdehnten, war Gottfried verschwunden.« Eines Abends, als er sich gerade verabschieden wollte, neckte ihn einer aus einer Gruppe französischer Tennisfreunde: »Es geht doch bei dir sowieso alles von alleine, da wird das bißchen Bummeln doch nichts ausmachen«. Er lächelte nur und erwiderte: »Trotz Gegenbehauptungen fallen keine Meister vom Himmel, und auf alle Fälle werden sie auf Erden gelegentlich mattgesetzt!«[12]

Die ersten sechs Monate in Berlin wohnte er wie vereinbart bei Freunden der Familie in der Nähe des Tiergartens. Aber im Frühjahr 1929 zog er in die beliebte Pension von Saucken am Reichstagsufer. Das verschaffte ihm mehr Freiheiten, doch obwohl er jetzt noch tiefer in das Berliner Leben eintauchen konnte, genoss er es auch, mit seinem Opel-Sportwagen zweihundert Kilometer übers Land zu fahren, um in Brüggen oder Bodenburg seine Familie zu besuchen. Und wie in seiner Kindheit verbrachte er im Sommer 1929 viel Zeit auf dem Gut der Dobenecks in Burgdorf, und besonders viel Zeit verbrachte er dort mit Lisa von Dobeneck.

Genau wie Gottfried wuchs Lisa auf einem herrschaftlichen, idyllischen Gut nahe Hannover auf und erhielt Heimunterricht – sowohl im Reiten und Tennis als auch in den klassischen Schulfächern. Ihre große Schwester Victoria war genauso alt wie Gottfried. Aber in diesem Sommer in Burgdorf war es die siebzehnjährige Lisa, die seine engere Gefährtin wurde. Beide Mädchen genossen das sportbestimmte Leben unter freiem Himmel, aber Lisa verkörperte in nahezu jeder Hinsicht das neue Bild der deutschen Frau, die zum ersten Mal selbst als aktive Sportlerin auftrat. Sie war eine eifrige Turnerin und eine fast ebenso begeisterte Tänzerin. Sie schwamm, fuhr Ski, war eine gute Tennisspielerin und eine noch bessere Hockeyspielerin. Selbst vom Aussehen her verkörperte sie geradezu das Idealbild der modernen deutschen Frau. Schlank, durchtrainiert und schön, trug sie den kurzen »Eton«- oder Bubikopf-Haarschnitt, der – ähnlich wie der Kurzhaarschnitt der selbstbewussten »Flapper« in New York – sehr *en vogue* war. Tatsächlich prägte den Typ der neuen, emanzipierten jungen Frau, ob in Berlin, Paris oder New York, vor allem eins: das Maskuline. Die Frauen schnürten ihre Brüste ab, um dem neuen Ideal zu entsprechen, und empfanden kei-

nerlei Unbehagen, als sie zum ersten Mal Autos lenkten, Zigaretten
rauchten und Alkohol tranken. Ihre Augen so schwarz wie ihr Haar,
wirkte Lisa wie die dunkel eingefärbte weibliche Version Gottfrieds.
Und wie bei Gottfried konnte man förmlich *sehen*, wie sehr es sie
nach Berlin zog.

Im Herbst 1929, als er wieder in Berlin war, schrieb Lisa an »ihren« Gottfried: »Du hast mich ganz verrückt gemacht. Ich kann
auch gar nicht mehr schlafen, weil ich immer hoffe, daß ein Wunder
geschieht, und Du hier im Zimmer stehst. Ich spiele immer mit dem
Gedanken, mich einfach in den Chrysler zu setzen und hinzufah-
ren.« Anfang Dezember, als beide Familien in Burgdorf beisammen
waren, hob Gottfried sein Glas und verkündete, dass Lisa und er
noch vor Ablauf des Jahres 1930 zu heiraten hofften.[13]

Ein paar Wochen später wurde Lisa achtzehn, sie blieb in Burgdorf, um die für den Herbst geplante Hochzeit vorzubereiten, während Gottfried wieder einmal nach Berlin und zum Tennis zurückkehrte. Am Ende der Saison 1929 wurde er zum ersten Mal in der
deutschen Rangliste geführt, wo er den zehnten Platz belegte – zusammen mit drei anderen Spielern, die allerdings schon bald weit
hinter ihn zurückfallen sollten.

Im Februar 1930 nahm der aufstrebende Nachwuchsspieler zum
ersten Mal an den Turnieren an der Französischen Riviera teil, die
alljährlich in den letzten Winterwochen zum Angelpunkt der europäischen Tennisszene wurde. Seit der Jahrhundertwende wurde hier
die Tennissaison eröffnet, mit Turnieren in Nizza, Cannes, Beau-
lieu, Menton, Monte Carlo, Bordighera und Antibes. Cramm war
noch nicht so weit, dass er diese Wettbewerbe gewinnen konnte,
aber der Zwanzigjährige sorgte für einiges Aufsehen, als er den
Franzosen Christian Boussus, »den fünften Musketier«, und den
ungarischen Meister Béla von Kehrling besiegte. »Wie ein Komet fiel ein neuer Stern vom Tennishimmel«, schwelgte die Zeitung *L'Eclaireur de Nice*. »Ein ›Youngster‹, den gestern noch keiner
kannte, ist auf dem Wege, die Weltbesten zu gefährden.«[14]

Neben den Turnieren für Amateure und einigen anderen für Berufsspieler gab es noch die Lieblingsveranstaltungen des Publikums:
die Handicapturniere, bei denen schwächere Spieler – Vereinsmit-

glieder oder prominente Gäste – den etablierten Turniergrößen als Doppelpartner zur Seite gestellt wurden. Der bekannteste Teilnehmer, ein geschätzter »Dauergast« bei solchen Großereignissen, war ein Mann, der auf den Turniertabellen immer nur als »Mister G.« geführt wurde. Besser bekannt war er unter seinem offiziellen Titel als König Gustav von Schweden. Der einundsiebzigjährige Monarch war ein ausgemachter Tennisnarr. Im Alter von zwanzig Jahren hatte er das Spiel 1878 bei einem Besuch in England kennengelernt, hatte es daraufhin auch in Schweden eingeführt und galt seitdem als glühender Anhänger der neuen Sportart. Die Turniere an der Côte d'Azur ließ er sich ebenso wenig entgehen wie ein spontanes Doppel im »Rot-Weiß«-Club, wenn er auf Visite in Berlin war.

Im Februar 1930 trat der König, der sich seinen Doppelpartner gewöhnlich aussuchen durfte, an der Seite des österreichischen Meisters Wilhelm Matejka an; aber unweigerlich fiel ihm auch die elegante Spielweise des gut aussehenden jungen Deutschen auf. Scherzend sagte er zu Matejka: »Vielleicht werde ich es mir noch einmal zur Ehre anrechnen, wenn dieser Gottfried von Cramm mich als Partner auswählt.«[15] Im Jahr darauf bildeten der König und der Baron tatsächlich ein Team; und es war der Beginn einer lebenslangen engen Freundschaft.

Den Sommer verbrachte Gottfried wieder in Berlin, er hatte Semesterferien und die Vorbereitungen für die Hochzeit im September waren in vollem Gang. Eine Entscheidung über die einzuschlagende Laufbahn wurde nun immer dringlicher. Jeden Tag, so schien es, wurde sein Tennis besser; die besten Spieler des besten Clubs betrachteten ihn bereits als den größten Hoffnungsträger des deutschen Tennis. »Der Gottfried weiß nicht einmal, was er tut. Er ist namenlos begabt!«, verkündete eines Tages bei »Rot-Weiß« die deutsche Nummer eins, Hans Moldenhauer. Daniel Prenn, die Nummer zwei im Daviscup-Team und bekannt als Europas »Schachspieler auf dem Turnierplatz«, stimmte zu. »*Seine* Schläge und *mein* Kopf – und Big Bill wäre weniger ›big‹!« Er hatte täglich mit dem Jungen trainiert und ihn mit dem ihm eigenen Nachdruck dazu gedrängt, sich dem Tennis mit noch größerem Ernst zu widmen. »Prenn sprach gestern mit mir«, schrieb Gottfried seiner

Mutter. »Er will mich, wie ich vorausgesagt hatte, wieder für das Tennis kapern.«[16] Noch binnen Jahresfrist sollten Prenn und die Trainer von »Rot-Weiß« ihren Willen bekommen. Für jemanden, der auf dem Tennisplatz ein solches Können zeigte, waren Studium und Rechtswissenschaften nicht ansatzweise so reizvoll wie der Sport. Gottfried von Cramm stand kurz vor einem fulminanten Durchbruch auf dem europäischen Tennisparkett.

Im September feierten Gottfried und Lisa in Burgdorf eine aufwendige Hochzeit. Und dann vollzog Lisa ihre Wandlung von einem Kind des Landadels zur Kennerin der Berliner Szene, eine Wandlung, die zwei Jahre zuvor auch Gottfried durchlebt hatte. Doch erst kamen die Flitterwochen. Sie nahmen den Zug nach Venedig und bezogen ihre Zimmer im Excelsior Palace Hotel. »Wir sind sehr glücklich und zufrieden hier«, schrieb er nach Hause, »die Sonne ist prächtig, wir werden brauner und brauner ... Daß einige Bekannte hier sind, bzw. waren, weißt Du vielleicht auch. Sie sind glücklicherweise gar nicht aufdringlich, sondern respektieren unseren Honeymoon.« Da bot es sich natürlich an, von Venedig nach Meran und Territet bei Montreux weiterzufahren, um an den dortigen Turnieren teilzunehmen. Doch machte es offensichtlich einen Unterschied, ob man mit einem Trainer und Trainingspartner reiste oder mit seiner Braut. Im Zusammenhang mit der Feststellung, dass Cramm in der deutschen Rangliste nach unten gerutscht war und am Ende der Saison, neben fünf anderen, nur noch den zwölften Platz belegte, bemerkte der Jahresbericht von »Rot-Weiß«, »dass Cramm sich infolge seiner Verheiratung eher etwas verschlechtert hat«. Diese Abwärtsbewegung war jedoch nichts weiter als eine kurze Episode vor dem steilen Aufstieg.[17]

Anfang 1931 bezogen die frisch Vermählten ihre erste gemeinsame Berliner Wohnung in der Dernburgstraße 35 in Charlottenburg. Dank einer großzügigen monatlichen Apanage von Lisas Großvater konnten sie in einer kleineren, städtischen Variante den Komfort ihrer Jugendjahre wieder aufleben lassen, mitsamt Dienstmädchen, Koch, Butler und Chauffeur. Dass die Wohnung ihrem gesamten Bekanntenkreis schon bald als zentraler Treffpunkt diente, ist nicht weiter überraschend. Lisa genoss es, andere zu unterhalten, und war sowohl bei »Rot-Weiß« als auch andernorts sehr beliebt. Sie setzte sich fast auf Anhieb als eine der führenden Spielerinnen in der ersten Hockey-Damenmannschaft von »Rot-Weiß« durch, und so wurde die Wohnung in der Dernburgstraße nicht nur für die Tennisclique zu einem zweiten Vereinsheim, sondern auch für die Hockeyspieler. Gottfried und die anderen Tenniscracks wiederum spielten, um fit zu bleiben, in den Wintermonaten Hockey, denn Tennishallen waren in Berlin damals rar gesät. Nach Training und Spielen versammelten sich die Tennis- und Hockeyspieler in der Dernburgstraße, um zu relaxen und sich aufs Abendprogramm zu stürzen. Zu ihnen gesellten sich noch andere Freunde, darunter auch Bühnen- und Filmstars wie die Schauspielerin Zarah Leander. Sie ließen eine spontane Cocktailparty steigen und gingen anschließend vielleicht noch ins Theater. Im Sommer ließen sie den Abend oft mit einem Ausflug zum Wannsee hinter dem Grunewald ausklingen, wo sie die Freuden des Tages mit einer nächtlichen Schwimmpartie abrundeten.

Das Leben der jungen Cramms in Berlin glich einer paradiesischen Insel in einem sturmumtosten Meer des Elends. Denn 1931 hatte Berlin unter einer Wirtschaftskrise zu leiden, die nicht weniger lähmend war als die in den USA, zumal die Altlasten des Krieges und der drohende Sturz der Regierung Brüning die Lage noch verschlimmerten. Nur Wochen nach dem Zusammenbruch der New Yorker Börse im Oktober 1929 rollten schon die ersten Schockwellen durch die deutsche Hauptstadt.

Die »Goldenen Zwanziger« erwiesen sich als eine hohle Theaterkulisse, die mit einem Mal in sich zusammensackte, als schlagartig das US-Kapital ausblieb. Am Jahresende gab es in Berlin 31 800 Arbeitslose; zwei Jahre später waren es um die 400000. Sie gaben, was sie zusammenkratzen konnten, für gekochtes Pferdefleisch aus oder reihten sich in die Warteschlangen vor den Suppenküchen ein. Viele zogen in armselige Zeltstädte am Ortsrand, wie Kuhle Wampe am Müggelsee – Berlins Antwort auf die Hoovervilles, die aus dem Boden schießenden Elendsviertel in den USA. So wie die Autorin Emily Hahn im New Yorker Central Park Menschen sehen konnte, »die sich neben oder unter [den reich verzierten Brücken] sammelten und dort bis zum Einbruch der Nacht verharrten«, so beobachtete auch Erich Maria Remarque die Berliner Arbeitslosen, die durch die Kunstmuseen wandelten, »um nicht der Erstarrung und der Verzweiflung anheimzufallen. Sie dachten an Brot, immer nur an Brot und Beschäftigung; aber sie kamen hierher, um ihren Gedanken für einige Stunden zu entrinnen ... Das Dasein war in einer entsetzlichen Weise zusammengeschrumpft zu dem armseligen Kampf um die nackte Existenz ... das Leben war zu dreckig geworden für das Glück, es konnte nicht dauern, man glaubte nicht mehr daran, es war eine Atempause, aber kein Hafen«.[18]

Dieses Elend führte wieder einmal zu sozialen Unruhen, die rasch eskalierten, und wieder einmal gab man den »jüdischen Bolschewisten« die Schuld am Versailler Vertrag, an der wirtschaftlichen Misere und allen erdenklichen sonstigen Übeln. Die Juden wurden aus vielen nationalistischen Organisationen ausgeschlossen, und die Bestsellerlisten wimmelten von antisemitischen Romanen. Am 12. September 1931 versammelten sich über tausend SA-Leute und andere Nazis, um Juden zu attackieren, die gerade einen Gottesdienst zum jüdischen Neujahrsfest verließen. Sie schrien »Schlagt die Juden tot« und zerstörten ein beliebtes jüdisches Café. Verbitterte Kriegsveteranen, die sich in dunklen Spelunken ihren Rausch antranken, wurden plötzlich durch den Lärm vorbeiziehender Demonstranten aus ihren Tagträumen gerissen: Grimmige, offenbar verelendete Kommunisten, die zum Rhythmus der Internationale marschierten, dahinter aggressive Jugendliche in braunen Hemden, die »Deutschland erwache!« brüllten, und schließlich die langen Reihen der Stummen und Zerlumpten, die auf ihren Plakaten und Schildern Brot und Arbeit forderten.[19]

Dennoch konnten auch in diesem Klima der Rücksichtslosigkeit und Verzweiflung weiterhin Hedonismus und sexuelle Freizügigkeit gedeihen, ähnlich wie es schon 1923 in den Tagen der Inflation der Fall gewesen war. Und wie in den »Goldenen Zwanzigern« blieb Berlin berühmt dafür, dass hier die unterschiedlichsten sexuellen Neigungen öffentlich zur Schau gestellt werden konnten.

Die Akzeptanz gegenüber Homosexuellen reichte in Berlin bis

in die fünfziger Jahre des 18. Jahrhunderts zurück, als Friedrich der Große seine Leibgarde mit einem Eheverbot belegt hatte und gleichgeschlechtliche Beziehungen zwischen Soldaten plötzlich gang und gäbe waren. Im 19. Jahrhundert wurde die Stadt zu einem Tummelplatz für Schwule, Bisexuelle und Transvestiten, und 1922 gab es in Berlin schätzungsweise einhunderttausend Homosexuelle und fünfundzwanzigtausend Strichjungen. Bis zum Ende des Jahrzehnts sollten sich diese Zahlen verdreifachen. Nach der Reichsgründung im Jahr 1871 war Homosexualität aufgrund des berüchtigten Paragrafen 175 zwar formal verboten, aber die örtliche Polizei hatte in diesem Punkt seit langem eine Politik der Toleranz praktiziert, und so stieg bis 1914 die Zahl der Schwulenkneipen in der Hauptstadt auf vierzig an. Dazu denke man sich eine durch den blutigsten aller Kriege geschürte »Alles egal«-Haltung und eine Nachkriegsvolkswirtschaft, in der Werte jeder Art verfallen, und man erhält das Bild des grenzenlos offenen, pansexuellen Nachtlebens, wie man es mit der Hauptstadt der Weimarer Republik in Verbindung zu bringen pflegt.

»Aus heutiger Sicht kann man sich kaum noch vorstellen, wie wild Berlin damals war«, erinnerte sich viele Jahre später eine Lesbe.[20] Über die ganze Stadt verteilt lockten mehr als sechshundert Nachtclubs mit erotischen Varietévorstellungen und Liebesdiensten. Allein fünfundachtzig Clubs waren auf Lesben spezialisiert, die im Gegensatz zu männlichen Homosexuellen ihre Lebensart auch am helllichten Tag ohne Scheu zur Schau stellten. Und für Schwule galt die Devise »Berlin bedeutet Buben«, wie es der 1929 nach Berlin gezogene junge englische Autor Christopher Isherwood formulierte. Sein Freund W. H. Auden nannte die Stadt »den Traum eines jeden Schwulen«. Die Bandbreite der Lokale reichte vom schicken Hollandaise, wo die eleganten Paare auf der Tanzfläche Heteros zu sein schienen – die »Männer« trugen Smoking, die »Frauen« Samtkleid und Perlenschmuck –, bis zu Isherwoods Lieblingsspelunke, dem Cosy Corner, das mit billigem Bier und jugendlich unerfahrenen Strichjungen aufwartete. Dazwischen lag ein Club, der für jeden Geschmack etwas zu bieten hatte: Im Monte Casino baten Arbeiter ihre Frauen mitten in der Travestieshow, sie für einen Augenblick zu entschuldigen, woraufhin sie ohne Heimlichtuerei in ein Hinterzimmer gingen, um sich von den Frauendarstellern einen blasen zu lassen. Ein anderes Etablissement wurde von dicken alten Männern in Schuluniformen oder engen Matrosenanzügen aufgesucht, und ein weiteres bewirtete angeblich »nur Aktienhändler mit schütterem Haar, die ihre bezaubernden Abende mit ›fein herausgeputzten Tunten‹ verbrachten«. In jedem Bahnhof und in jedem Foyer gab es für diese sündige Berliner Unterwelt Reiseführer, zum Beispiel den *Führer durch das »lasterhafte« Berlin* oder das Buch *Was nicht im Baedeker steht.* Wie der russische Autor Ilja Ehrenburg 1931 schrieb, war Berlin »zum internationalen Paradies für Homosexuelle« geworden.[21]

Anfang 1931 besuchte Gottfried eines Abends mit einer Gruppe, zu der vermutlich auch sein jüngerer Bruder Aschwin gehörte, das Eldorado in der Lutherstraße. Das Eldorado gehörte zu Berlins beliebtesten Ausgehlokalen für die liberaleren Elemente der Hautevolee wie auch für abenteuerlustige Touristen, Berliner Künstler, Schriftsteller, Transvestiten und Schwule. Dutzende voll besetzte Tische umgaben eine Tanzfläche, auf der androgyne Paare an den Gästen vorbeiwirbelten, als wollten sie sie herausfordern, ihr wahres Geschlecht zu erraten. Der Duft von französischem Parfüm erfüllte die Luft, und die »Diva« vor dem Orchester sang mit sehnsuchtsvollem Falsett gewagte Pariser Chansons.

An einem Nebentisch saß eine Gruppe von Schauspielern, die nach ihrer Aufführung im nahe gelegenen Großen Schauspielhaus ein paar Gläschen zu sich nahmen und sich entspannten. Sie waren die Besetzung der beliebten neuen österreichischen Operette *Im Weißen Rößl*, eines besonders anzüglichen Stücks, das breiten Raum für sexuelle (auch homosexuelle) Anspielungen bot. Im Laufe des Abends rückten beide Gruppen näher zusammen, und irgendwann sah man Gottfried in ein angeregtes Gespräch mit einem der Schauspieler vertieft. Manasse Herbst war ein achtzehnjähriger galizischer Jude, dessen Familie seit Jahren in Berlin lebte. Er hatte in einigen Filmen und Bühnenstücken mitgewirkt und wohnte bei seinen Eltern in der Grenadierstraße, der Hauptstraße der jüdischen Gemeinde im Berliner Scheunenviertel.

Die beiden jungen Männer mögen an jenem Abend gemeinsam das Lokal verlassen oder einfach nur Telefonnummern ausgetauscht haben, und kurze Zeit später mag Gottfried Aschwin und dessen neuen schwulen Bekannten Georg Heck begleitet haben, als sie ins Theater gingen, um Herbst in einer Aufführung von *Im Weißen Rößl* zu sehen. Jedenfalls dauerte es nicht lange, bis Gottfried »Manny« nach den Vorstellungen in seinem Opel abholte und mit ihm zusammen diverse Schwulentreffs aufsuchte, etwa das Silhouette, das Kleist-Kasino oder das Hollandaise – Hecks Lieblingslokal, in dem er wöchentlich seinen Stammtisch hatte. Aschwin und Heck waren oft dabei, wenn sie zusammen ausgingen.[22]

Dass Aschwin abends wohl oft mit einem Homosexuellen durch die Stadt zog, bedeutet nicht, dass er selber schwul war. Homosexualität war in Berlin zu einer Mode geworden. »Wer auf der Höhe der Zeit sein wollte«, so eine Historikerin, »musste auf Partys oder bei Opernbesuchen in Begleitung eines Geschlechtsgenossen erscheinen; dadurch bewies man, dass man ›modern‹ war und mit den ›überholten bürgerlichen Moralvorstellungen‹ der Vorkriegszeit gebrochen hatte.«[23] Laut Heck unternahmen auch die anderen Cramm-Brüder gelegentliche Streifzüge in die Welt der Schwulen. Aber wenn sie es taten, zeigten sie damit lediglich, dass sie junge Männer ihrer Zeit waren; hätten sie es nicht getan, so hätten sie im Berlin der Weimarer Republik niemals Anschluss an die Avantgarde gefunden.

Für Gottfried war es allerdings mehr als eine flüchtige Modeerscheinung. Erst vor einigen Monaten hatte er seine junge Braut geheiratet, aber schon jetzt, im Alter von einundzwanzig Jahren, begann er ein Doppelleben zu führen. In der Öffentlichkeit trat er als die eine Hälfte eines feschen jungen Sportlerpaares auf, lud mit Lisa zu Cocktailpartys ein und nahm an Festessen im »Rot-Weiß«-Club oder anderswo teil. Aber sobald er sich einmal loseisen konnte, traf er sich mit Manny, und hier, in den dunklen, halbseidenen Lokalen des lasterhaften Berlins, hier, auf den Sitzen seines in einer stillen Seitenstraße abgestellten Sportwagens, hier, in einem Zimmer des Hotels Petersburger Hof, fand er das eigentliche Objekt seines körperlichen Verlangens.

Genaugenommen war es ein Dreifachleben, das er führte, denn
seine größte, ihn am meisten fordernde Leidenschaft blieb das Tennis. Wie wild sich sein Liebes- und sein Freizeitleben auch gestalten
mochten – um zehn Uhr morgens trat er jeden Tag ausgeschlafen
zum Seilspringen an, und jeden Nachmittag übte er immer noch
fünf Stunden lang »wie ein Mathematikprofessor«.

Im Frühjahr 1931 schlug endlich seine große Stunde. Als Kleinschroth Gottfried und Lisa im April in Burgdorf besuchte, hatte er
eine Überraschung parat. »In drei Tagen fahren wir nach Griechen-
land, zum großen internationalen Turnier in Athen«, eröffnete er
seinem Starschüler. »Das Doppel spiele ich mit dir.« Drei Tage später fuhren Gottfried, Lisa und Kleinschroth mit dem Zug nach
Triest, wo sie eine italienische Fähre nach Athen bestiegen. Dort
spielten sie nicht nur das Tennisturnier, sondern besichtigten auch
die Akropolis und andere Sehenswürdigkeiten. »Heinrich hat einen
Baedeker gekauft«, schrieb Gottfried seinem Bruder Aschwin, »und
wir wissen alles von hier.«²⁴

»Natürlich sind unter den Zuschauern nur obere Zehntausend,
alle Damen besonders chic angezogen«, heißt es weiter, »Lisa
strengt sich sehr an. Sie hat auch mal wieder großen Erfolg, ich kann
mich der Lobpreisungen fremder Leute über sie gar nicht erwehren. … Am Sonnabend muß ich die Schlußrunde gegen den Franzosen Berthet spielen. Wenn ich mich zusammennehme, kann ich
Meister der Mittelmeerländer werden.« Und genau das wurde er am
25. April; er gewann seinen ersten internationalen Titel im Einzel
und mit Kleinschroth im Doppel.

Falls Gottfried daraufhin jedoch mit der Hoffnung nach Berlin
zurückgekehrt war, für das deutsche Daviscup-Team nominiert zu
werden, so wurde er enttäuscht. Der Deutsche Tennis Bund war
noch nicht dazu bereit, sein Vertrauen in den aufstrebenden Hoffnungsträger zu setzen (woraufhin Deutschland prompt in einer frühen Runde gegen Südafrika ausschied). Immerhin aber finanzierte
der DTB in dieser Saison Gottfrieds Reisen durch Europa, einschließlich der Teilnahme an den französischen Meisterschaften
und in Wimbledon. Und sein griechischer Meistertitel war noch zu
etwas anderem gut. Endlich konnte er seine Eltern dazu überreden,

ihn sein Jurastudium abbrechen zu lassen. Mittlerweile hatte sich gezeigt, dass er dazu bestimmt war, auf einem anderen als dem ursprünglich vorgesehenen Parkett Botschafter zu werden.

Ohne Zeit zu verlieren, arbeitete er weiter an seinem Renommee. In Paris verpasste er dem heimatlichen Tennisverband einen kleinen Denkzettel, indem er die südafrikanische Nummer eins Vernon Kirby schlug und in die vierte Runde einzog. Dort wurde er vom amtierenden französischen und amerikanischen Meister im Doppel George Lott demontiert, aber selbst in diesem Match, das er so eindeutig verlor, waren die Zuschauer von Cramm beeindruckt. Der Tennisjournalist Ned Potter schrieb: »Ich glaube, mich zu erinnern, dass ich in der Schlagausführung von Georges Opfer so etwas wie Freude entdeckt habe, den eisernen Willen, keinen Ball verlorenzugeben, und dass er sich offenbar nicht entmutigen ließ, obwohl die Schönheit seines Stils und sein ganzer Einsatz ihm so wenig nützten.«[25]

Ein paar Wochen später gab Gottfried sein Debüt in Wimbledon, und obwohl er das Spiel auf dem roten Sand gelernt hatte, dem Belag, auf dem auch in Paris gespielt wird, hielt er sich auf dem schnellen englischen Rasen genauso wacker, erreichte auch hier das Achtelfinale und »führte seine Grundschläge mit herrlicher Gelassenheit« aus.[26]

Am Ende der Tennissaison von 1931 belegte Cramm auf der deutschen Rangliste den ersten Platz, den er sich mit Daniel Prenn teilte. Und es konnte keinen Zweifel mehr geben, dass er im nächsten Jahr das deutsche Daviscup-Team zusammen mit seinem Freund anführen würde. Er hatte sich unbestreitbar für die richtige Laufbahn entschieden.

Innerhalb nur weniger Monate scheint sich sein Leben völlig verändert zu haben. Hatte es früher Tennis, Studium und im Winter noch Hockey gegeben, so gab es jetzt nur noch Tennis. Überall in Berlin waren, wie schon zuvor in den skandinavischen Ländern, Tennishallen gebaut worden, so dass die deutschen Spieler auch den Winter über trainieren konnten. Außerdem bestritten sie in Kopenhagen, Stockholm und Berlin internationale Mannschaftsspiele gegen Dänemark und Schweden. Im Frühling 1932 ging es wieder hinunter an die Riviera; Gottfried nahm auch Einladungen nach Kairo und Alexandria an, um in der Hitze zu trainieren und an den dortigen Wettkämpfen teilzunehmen. Und danach klapperte er natürlich die europäischen Turniere ab, allen voran Paris und Wimbledon, und spielte im Daviscup.[27] Allmählich fühlte er sich in den großen europäischen Hotels mehr zu Hause als in seiner Wohnung in der Dernburgstraße. Er spielte immer mehr Turniere, und da er auch öfter gewann und Runde für Runde weiterkam, hatte er zwischen den Wettkämpfen höchstens ein, zwei Tage frei. Statt für ein paar Tage oder eine Woche nach Hause zu fahren, musste er in aller Eile seine Koffer packen, um nicht den Zug oder das Schiff zum nächsten Turnier zu verpassen. Die erste Zeit wurde er von Lisa begleitet, aber sie wurde der Tennisreisen schnell überdrüssig und zog es danach meist vor, allein in Berlin zu bleiben.

Wenn Gottfried dort bei ihr war, präsentierten sie sich als das perfekte Ehepaar. Schon im November 1930, als sie noch verlobt waren, posierten sie für die Titelseite der beliebten *Berliner Illustrirten Zeitung* – die beiden Köpfe im überlappenden Profil, schön wie Filmstars, in weißen Tennissachen und mit Lisas Fingern, die sanft über einen Holzschläger streichen. Im Theater oder auf den Clubabenden waren sie Mann und Frau. Aber wenn sie jemals das Gefühl gehabt hatten, eine richtige Ehe zu führen, so waren diese Zeiten längst vorbei. Sie spielten weiterhin ihre Rollen, blieben gute Freunde, aber das war alles.

Für Cramms Durchbruch in der deutschen Sportwelt hätte es keinen günstigeren Zeitpunkt geben können. Um die Zeit, als Deutschland wieder Anschluss an die internationale Tennisgemeinde fand und die großen Stars zurückkehrten, um bei den deutschen Meisterschaften dabei zu sein und gegen die Deutschen im Daviscup zu spielen, wurde der Sport allgemein zu einem wichtigen Teil des kulturellen Lebens in Deutschland. Das Berliner Sechstagerennen, bei dem Radsportler 144 Stunden lang in Teams über eine ovale Rennbahn jagten, war eines der größten Ereignisse des Jahres. »Überfüllte Autobusse mit dem Ziel Kaiserdamm rasen durch die Straßen«,

schrieb der berühmte Schriftsteller und Journalist Joseph Roth.
»Um acht Uhr abends hat das Megaphon verkündet, daß keine Karten mehr ausgegeben werden. Es gibt Resignierende, die still, mit
hängenden Köpfen umkehren. … Sprechen wir nicht mehr von diesen Unglücklichen! Wenden wir uns lieber jenen Vorsorglichen zu,
die noch vor vier Tagen ihre Wohnung abgesperrt haben und mit
Rucksäcken, Aftermietern, Kindeskindern, Hunden, Papageien und
Kanarienvögeln nach dem Kaiserdamm gezogen sind, um sich dort
häuslich niederzulassen. … Die Ränge sehen aus wie Regale, Kopf
steht gepreßt an Kopf, wie Bücher in einer großen Bibliothek. …
Diese Köpfe stecken auf Körpern, und die Körper sind durch
Klebestoffe, Schweiß und Begeisterung mit den Sitzen verbunden.
Aus zehntausend fährt ein wilder Schrei …«[28]

»Die Jugend des Landes«, hieß es im *New Yorker*, »hat Sport und
körperliche Ertüchtigung fast zu einer Religion erhoben.« Einige sahen darin ein böses Omen; Sebastian Haffner schrieb: »Sie [die Lin-
ken] kamen nicht auf die Idee, daß der Reiz des Kriegsspiels, die alte
Figur des großen, spannenden Wettkampfs der Nationen, hier nur
geübt und wachgehalten wurde – keineswegs ›kriegerische Instinkte‹
›abreagiert‹. Sie sahen die Verbindung nicht und nicht den Rück-
fall.« Vielleicht hatte die Linke *Mein Kampf* nicht gelesen, das 1924
während der Landsberger Festungshaft geschrieben worden war und
in dem Hitler prophezeit hatte: »Man gebe der deutschen Nation
sechs Millionen sportlich tadellos trainierte Körper, alle von fanati-
scher Vaterlandsliebe durchglüht und zu höchstem Angriffsgeist er-
zogen, und ein nationaler Staat wird aus ihnen, wenn notwendig, in
nicht einmal zwei Jahren, eine Armee geschaffen haben.«[29]

Aber auch linke Autoren schrieben nun zum ersten Mal begeistert
über Sport, unter anderem Bertolt Brecht, der im Boxen ein Symbol
für den Überlebenskampf zwischen zwei Individuen und eine Metapher für den Klassenkampf sah. Boxen war unter Kaiser Wilhelm
verboten gewesen und stieß in Deutschland erst auf ein breiteres Interesse, als deutsche Kriegsgefangene die Sportart mit nach Hause
brachten, die sie von ihren englischen Bewachern gelernt hatten.[30]
Max Schmeling, Sohn eines Hamburger Steuermanns und ein Bekannter Cramms aus der Roxy-Sportbar, gewann 1930 als erster

Deutscher den Schwergewichtsweltmeistertitel. Er war ein Star, der
von George Grosz porträtiert und von Rudolf Belling in Bronze ge-
gossen wurde. Er verteidigte seinen Gürtel am 3. Juli 1931, also
zu der Zeit, als Cramm gerade sein beeindruckendes Wimbledon-
Debüt gab.

Die Heldentaten des Daviscup-Teams von 1929 hatten dazu
beigetragen, dass Tennis zu einer der beliebtesten Sportarten in
Deutschland wurde, und als Cramm an die Spitze vordrang, wurde
kaum ein Sportidol auf den Straßen Berlins so oft wiedererkannt wie
er – vor allem nach den »unfaßlichen« Erfolgen des Daviscup-Wett-
kampfs von 1932.

Nach der aufregenden Saison von 1929, in der sie das Europazonen-Finale gegen die Tennismacht Großbritannien gewonnen
hatten und erst in der Challenge Round von Tilden und den anderen Amerikanern geschlagen worden waren, hatten die Deutschen
zwei enttäuschende Jahre erlebt. Der frühere deutsche Meister
Hans Moldenhauer war im Dezember 1929 bei einem Autounfall in
Berlin ums Leben gekommen, und Daniel Prenn konnte nicht alles
alleine stemmen. 1930 und 1931 gingen die Deutschen schon in den
frühen Runden sang- und klanglos unter. Aber 1932, als der aufstrebende Cramm endlich zur Mannschaft stieß und Prenn als die
Nummer eins in Europa galt, brach in Deutschland wieder das Tennisfieber aus.

In der ersten Runde, die im LTTC »Rot-Weiß« ausgefochten
wurde, umjubelten die Fans den zweiundzwanzigjährigen Neuzu-
gang, der gemeinsam mit Prenn den Gegner Indien vom Platz fegte:
5 : 0. In der nächsten, in Wien gespielten Runde schaffte die Mannschaft gegen Österreich mit Mühe und Not ein 3 : 2. Cramm war
immer noch deutlich schwächer als Prenn. Er war es zwar, der den
Sieg unter Dach und Fach brachte, aber er gewann nur knapp, mit
8 : 6 im fünften Satz gegen Franz Matejka, den Prenn zuvor ohne
Satzverlust abgefertigt hatte. Darauf folgte vor heimischem Publikum wieder ein souveräner Sieg, diesmal gegen Irland, so dass
nun eine Neuauflage des 1929 wie durch ein Wunder gewonnenen
Duells ins Haus stand: Deutschland gegen England, auf den roten
Sandplätzen in Berlin.

Die Briten hatten allen Grund, zuversichtlich zu sein. Abgesehen vom Anreiz der Revanche hatten sie – zumindest auf dem Papier – auch die stärkere Mannschaft. Henry Wilfred »Bunny« Austin (der Spitzname »Bunny« geht auf einen Comic-Hasen namens Wilfred zurück) gehörte schon als Student in Cambridge zu den Topspielern der späten Zwanziger und hatte in Wimbledon gerade sein bis dahin bestes Turnier gespielt, bei dem er sich erst im Endspiel dem Amerikaner Ellsworth Vines hatte beugen müssen. Im Daviscup von 1929 hatte Austin das entscheidende Match gegen Prenn verloren; während des schier endlosen Zweikampfs auf rotem Sand hatte er sich in der Hitze einen Krampf zugezogen und im fünften Satz beim Spielstand von 5 : 1 für Prenn schließlich aufgeben müssen. Fest davon überzeugt, dass die damals üblichen langen Flanellhosen seine Beine am Trocknen hinderten und ihm daher immer neue Krämpfe bescherten, »erfand« er 1931 die Tennisshorts, indem er eine seiner Hosen direkt unter dem Knie einfach abschnitt. 1932 war er immer noch der einzige Spieler, der in kurzen Hosen auf dem Court erschien.

Austins Mannschaftskamerad war der neue englische Star Fred Perry. Der Sohn eines aus der Arbeiterklasse stammenden Labour-Abgeordneten aus Cheshire war, noch bevor er sich ernsthaft mit Tennis beschäftigte, im Alter von achtzehn Jahren schon Weltmeister im Tischtennis gewesen. Vom gleichen Jahrgang wie Cramm, hatte er 1932 in den französischen Meisterschaften bereits das gemischte Doppel gewonnen und war nun bereit, die Tenniswelt zu erobern. Sein erster großer Titel erwartete ihn 1933 in Forest Hills, und von 1934 bis 1936 sollte er dreimal in Folge Wimbledon gewinnen und zur Nummer eins der Tenniswelt aufsteigen.

An den drei Tagen, an denen Deutschland und England gegeneinander spielten, war das »Rot-Weiß«-Stadion brechend voll. Reichskanzler von Papen und andere hohe Repräsentanten des Staates saßen in der Ehrenloge, während diejenigen, die leider keine Karten mehr bekommen hatten, draußen auf die Bäume kletterten, um einen Blick auf die Spiele zu erhaschen. Jeden Tag prangten die neuen Ergebnisse auf den Titelseiten der Berliner Zeitungen.

Am ersten Tag lief alles mehr oder weniger wie erwartet; Perry schlug den Neuling Cramm 6 : 1, 6 : 2, 6 : 3, und Prenn bezwang Austin in vier Sätzen. Das Doppel am nächsten Tag gewann das englische Duo Perry und Hughes, was bedeutete, dass Großbritannien ins Interzonen-Finale einzog, wenn Austin am dritten Tag Cramm besiegte. Doch nachdem Austin den ersten Satz mit 7 : 5 gewonnen hatte, fand Cramm auf dem Court seines Heimatvereins immer besser ins Spiel, drosch mit voller Wucht in die Bälle, jagte seinen Gegner von einer Ecke in die andere und stürmte ans Netz, sobald sich eine Gelegenheit dazu bot. Die heimischen Zuschauer konnten es kaum glauben, aber ihr Schützling nahm gerade wie ein alter Hase einen der zehn besten Spieler der Welt auseinander. Das Spiel war schnell vorbei, die letzten drei Sätze endeten 6 : 2, 6 : 3 und 6 : 2, und im Ländervergleich stand es 2 : 2. Ob Deutschland gewinnen würde, lag jetzt an Prenn.

Eigentlich hatte Daniel Prenn die denkbar schlechtesten Voraussetzungen, um zum Helden des deutschen Tennis zu avancieren. Er wurde 1904 als Sohn einer jüdischen Familie im litauischen (aber damals zu Russland gehörenden) Wilna geboren und verbrachte den größten Teil seiner Kindheit und frühen Jugend in St. Petersburg. Das Zarenreich war für Juden alles andere als ein Paradies. Selbst im urbanen, fortschrittlichen St. Petersburg wurden ihnen maßlose Einschränkungen aufgezwungen. Es war genau festgelegt, wie viele Juden den Anwaltsberuf ausüben durften, wie vielen von ihnen die Aufnahme in ein Krankenhaus zu gestatten war und wie viele auf öffentlichen Friedhöfen beigesetzt werden konnten. Die fadenscheinigsten Vorwände reichten, um sie aus der Stadt zu verbannen. Und auf dem Land starben zwischen 1821 und 1917 Millionen von Juden in periodisch ausbrechenden, blutigen Pogromen.[31]

Danach wurde es noch schlimmer. Nach der Oktoberrevolution zeigte sich schnell, dass die Situation der Juden unter den Kommunisten nicht besser werden würde. Während der Revolutionswirren und des anschließenden Bürgerkriegs kam es zu neuen Pogromen, denen allein in der Zivilbevölkerung zwischen siebzigtausend und zweihundertfünfzigtausend weitere Juden zum Opfer fielen. Wie die russischen Adligen, die von den Bolschewiken vielfach verfolgt und getötet wurden, entschieden sich viele Juden für die Emigration. Prenn floh mit seiner Familie über eine Route, die auch von Tausenden anderen benutzt wurde: erst nach Süden auf die noch von der Weißen Armee gehaltene Krim, dann mit dem Schiff Richtung Balkan und von dort in nordwestlicher Richtung mit dem Zug nach Berlin.

Seit langem genoss Berlin den Ruf einer gegenüber politischen Flüchtlingen toleranten Stadt, und 1920, als die Prenns ankamen, war das Leben dort außerdem sehr billig. Auf der Flucht vor der Revolution ließen sich in der deutschen Hauptstadt eine halbe Million Russen nieder, »die sich da in fremden Städten eine tote Kultur vorspielten, die fernen, fast sagenhaften, fast sumerischen Luftspiegelungen von St. Petersburg und Moskau zwischen 1900 und 1916 (was auch damals schon, in den zwanziger und dreißiger Jahren, wie 1916 bis 1900 vor Christus klang)«.[32] Die Russen in Berlin bildeten eine Emigrantengemeinde, die eine eigene kleine Welt entstehen ließ. Es gab russische Friseure, Gemischtwarenhändler, Pfandleiher und Geldwechsler. Es gab russische Orchester und Fußballmannschaften. 1923 war nicht Moskau, sondern Berlin die Hauptstadt der russischen Literatur, es gab hundertfünfzig russischsprachige Zeitungen und Zeitschriften und sechsundachtzig russische Verlage. Die russischen Künstler, Schriftsteller und Intellektuellen, die zu Tausenden aus dem sowjetischen Russland vertrieben worden waren, trafen sich in Berlin in russischen Cafés, auf literarischen Abenden und auf Benefizveranstaltungen wie jenem Maskenball, auf dem sich Vladimir und Véra Nabokov 1923 kennenlernten. Véra, die Jüdin, und Vladimir, den Adligen (dessen Vater allerdings für liberale Reformen eintrat), hatte der gleiche Flüchtlingsstrom über die Krim nach Berlin geführt.

Prenn und Nabokov könnten sich sogar bei »Rot-Weiß« begegnet sein, denn vermutlich war »Rot-Weiß« jener Club, der dem mittellosen Literaturgenie aufgrund seines Spielniveaus besondere Rechte eingeräumt hatte.[33] Als Kind hatte Nabokov in Russland gelernt, schön und effizient Tennis zu spielen, und auch wenn er kein Turnierspieler war, verdiente er sich in Berlin manchmal einen Teil seines Lebensunterhalts mit Tennisstunden, indem er »unter den langsam dahinziehenden Wolken eines langen Sommertags … wie ein flotter Roboter [den] sonnengebräunten, bubiköpfigen Töchtern [der Berliner Geschäftsleute] auf staubigen Plätzen einen Ball nach dem anderen« zuspielte. Doch Prenn war nicht wie Nabokov; er war kein Literat, keiner von jenen Flüchtlingen, denen beim Gedanken an die verlorene Heimat das Herz zerbricht, keiner von jenen »schlaflosen Russen«, die, mit den Worten der Dichterin Nina Berberova, »bis zum Morgengrauen durch die Straßen irren« und davon träumen, eines fernen Tages in ein wieder zur Vernunft gekommenes Russland zurückzukehren.[34] Vielmehr integrierte er sich in die deutsche Gesellschaft und blieb sogar in Berlin, als die Hyperinflation den größten Teil der russischen Gemeinde nach Prag oder Paris trieb. Durch und durch bodenständig und rational, studierte er mit Erfolg an der Technischen Hochschule Charlottenburg und arbeitete, weil das Geld knapp war, nach den Lehrveranstaltungen in einem Geschäft für Sportartikel. Er war ein begeisterter Boxer und Fußballer und glänzte im Tischtennis, aber seine eigentliche Bestimmung fand er auf den Tennisplätzen. Die Rechtecke mit dem roten Sandbelag erwiesen sich als perfektes Betätigungsfeld für seinen angeborenen Kampfgeist, der durch seine unfreiwillige Außenseiterrolle vielleicht noch zusätzlich befeuert wurde. Er spielte zwar nie besonders elegant oder kraftvoll, aber er war ein kluger Stratege »von scheinbar unendlicher Ausdauer« und machte sich einen Namen als »unermüdlichster Tennisspieler Europas«. Roman Najuch, der schon früh ins Profilager gewechselt war und zu den besten Spielern seiner Zeit gehörte, nannte ihn »den zähesten Kämpfer, den ich je bei Rot-Weiß erlebte … Sein eiserner Wille zu siegen, verbunden mit einer erstaunlichen Konzentrationskraft, war einmalig.«[35] 1929 hatte er schon ein Ingenieurdiplom in der Tasche und war Deutschlands Ranglistenspieler Nummer eins. Und in demselben Jahr führte er Deutschland zu seinem nicht für möglich gehaltenen Sieg über England.

Jetzt, 1932, sollte er das Gleiche noch einmal tun, im entscheidenden fünften Match gegen Perry. Es wurde das Match seines Lebens. Die ersten beiden Sätze gewann Perry ohne große Mühe mit 6:2 und 6:4, doch dann holte Prenn auf dem roten Sand zum Gegenschlag aus und entschied die beiden nächsten für sich: 6:3, 6:0.

Im vierten Satz lief alles so reibungslos, dass die Zuschauer sich fragten, ob sich Perry, wie es Tilden und Cochet zu tun pflegten, einfach »tot stellte«, um seine Kräfte für den fünften Satz aufzusparen.[36] Tatsächlich sah es danach aus, denn im nächsten Satz entfesselte er einen wahren Angriffssturm, ging 5 : 2 in Führung und hatte einen Matchball.

Aber auch jetzt ließ sich Danny Prenn nicht entmutigen, erlief jeden Ball, weigerte sich, einen Fehler zu machen, und holte den Rückstand offenbar durch schiere Willenskraft wieder auf. Er gewann die letzten fünf Spiele und das Match, 7 : 5 im fünften Satz, und Deutschland hatte England zum zweiten Mal geschlagen.

»Diesen 10. Juli 1932 wird keiner, der ihn auf dem überfüllten, von Leidenschaften umbrausten Centre Court erlebte, jemals vergessen«, schwärmte tags darauf eine der führenden Berliner Zeitungen. Die »3 : 2 Niederlage Englands« werde »als eines jener unfaßlichen und den weißen Sport so faszinierend machenden Ereignisse für alle Zeiten in goldenen Lettern verzeichnet bleiben«.[37]

Zwei Wochen später war es Prenn und Cramm leider nicht vergönnt, in Paris ein weiteres Wunder, diesmal gegen die Amerikaner, zu vollbringen. Zwar schlugen beide den gut aussehenden, trinkfesten Draufgänger Frank Shields, aber dem routinierten amerikanischen Doppel Wilmer Allison und John Van Ryn hatten sie ebenso wenig entgegenzusetzen wie dem amtierenden Wimbledon-Meister Ellsworth Vines, und so verloren sie 3 : 2. Zu Hause tat das der Begeisterung für die Sportidole, die ihr Land so nahe an den Davispokal herangeführt hatten, allerdings keinen Abbruch.

Auf der jährlichen Weihnachtsgala von »Rot-Weiß« im großen Festsaal des Esplanade, eines der edelsten Hotels Berlins, drängten sich in diesem Jahr um die fünfzehnhundert Gäste, so viele wie nie zuvor. Die Botschafter Frankreichs, Italiens, Spaniens und anderer Länder hatten sich in ihrem feinsten Zwirn ein Stelldichein gegeben, das Jack Hylton Orchestra brachte die Tanzfläche zum Kochen, und Gottfried und Lisa sowie Danny und seine Frau Charlotte waren die Stars des Abends. Die Bewegung auf dem Parkett war, wie am Tag danach in einer Klatschkolumne berichtet wurde, so stark, »daß die Wogen den für wenige Sekunden ganz nahen Tennismeister Prenn und seine hübsche blonde Frau in weite Ferne trugen, bevor man ihnen noch einen Glückwunsch zum einjährigen Ehe-Jubiläum zurufen konnte«.[38]

Die Feierlichkeiten bei »Rot-Weiß« täuschten über die dunklen Wolken hinweg, die im selben Jahr über der politischen Landschaft aufzogen. Schon im Oktober 1929, als die US-Wirtschaft zu implodieren drohte, lag »in der Luft etwas Drückendes«, wie Sebastian Haffner schrieb. »Böse Worte an den Anschlagsäulen; auf den Straßen, zum ersten Mal, kotbraune Uniformen und unerfreuliche Gesichter darüber; das Rattern und Pfeifen einer ungewohnten, schrillordinären Marschmusik.« Ein Jahr später, bei den Reichstagswahlen vom 14. September 1930, waren viele überrascht, als die NSDAP die Zahl ihrer Sitze von zwölf auf 107 steigern konnte und nunmehr die zweitstärkste Fraktion im Parlament bildete. Parteiführer Adolf Hitler galt »in weiten Kreisen … als eine eher peinliche Figur … Zudem war seine persönliche Atmosphäre für den normalen Deutschen … durchaus abstoßend: die Zuhälterfrisur; die Talmieleganz; der Wiener Vorstadtdialekt«. Und doch war es erstaunlicherweise keine absurde Vorstellung mehr, dass dieser gescheiterte Künstler, dieser Aufrührer, für den »das viele und lange Reden …, das Epileptikergehaben …, die wilde Gestikulation, der Geifer, der abwechselnd flackernde und stierende Blick« so charakteristisch waren, irgendwann an die Macht kommen könnte.[39]

Zwei Jahre später schien es sogar unausweichlich. Wahl für Wahl hatte die NSDAP zugelegt und war nun stärkste Partei. Viele dachten, man könnte Hitler »unschädlich machen«, indem man ihn »in die Verantwortung zog«. Die führenden Regierungsmitglieder verhandelten mit ihm, boten ihm erst den Posten des Vizekanzlers an, dann den des Kanzlers. Im Sommer und Herbst 1932 zerfiel die Weimarer Republik vor den Augen der Öffentlichkeit. Haffner erlebte das zweite Halbjahr als einen rasenden Alptraum, in dem alles durcheinandergeriet:

Damals wurde die Republik liquidiert, die Verfassung außer Kraft gesetzt, der Reichstag aufgelöst, neugewählt, wieder aufgelöst und wieder neugewählt, Zeitungen verboten … und dies alles ging in einer fast heiteren Atmosphäre letzten und äußersten Hazards vonstatten. ... Die Nazis füllten mit ihren jetzt endgültig erlaubten Uniformen alle Straßen, warfen schon Bomben, entwarfen schon Proskriptionslisten ... [Es gab] keine Verfassung mehr, keine Rechtsgarantien, keine Republik, nichts ...[40]

Ein solch ausgelassenes Fest wie die Weihnachtsgala im Esplanade sollte es bei »Rot-Weiß« nun für viele Jahre nicht mehr geben, und für Daniel Prenn war diese Gala der letzte Abend in Berlin, an dem er seinen Ruhm genießen konnte. Einen Monat später, am 30. Januar 1933, ernannte der greise Reichspräsident Paul von Hindenburg Hitler zum Kanzler.

Vier Wochen später, am 27. Februar, stand der Reichstag in Flammen. Es ist immer noch nicht geklärt, ob – wie Hitler behauptete – die Kommunisten für den Brand verantwortlich waren oder ob ihn die Nazis selbst gelegt hatten, um die Kommunisten beschuldigen zu können. Letzten Endes spielte das auch keine Rolle. Noch in derselben Nacht wurden über viertausend Kommunisten, Sozialdemokraten und andere Oppositionelle aus dem Schlaf gerissen, als die SA gegen ihre Türen hämmerte. Die meisten von ihnen wurden nie mehr gesehen, und wer doch wieder auftauchte, war ein durch die Folter gezeichnetes Wrack. Die erste Welle von mitternächtlichen Verhaftungen und Hinrichtungen rollte über Berlin. Schon bald waren die Haftanstalten so voll, dass das Regime Konzentrationslager einrichtete, in denen es noch weitere Opfer unterbringen – und verstecken – konnte. Die SA kontrollierte inzwischen sowohl die Berliner Gefängnisse als auch die Lager und setzte bereits neue unmenschliche Foltermethoden ein, um Geständnisse zu erpressen und sich an alten Gegnern zu rächen.

Schon am nächsten Tag wurde Hitlers »Gleichschaltung« angeschoben – jener Prozess, der ihm zu absoluter Machtfülle verhelfen sollte. Er brachte Hindenburg dazu, eine Notverordnung zu unterzeichnen, die die in der Verfassung garantierten Bürgerrechte außer Kraft setzte und die Verhängung der Todesstrafe erleichterte. Während die SA oppositionelle Abgeordnete mit Kampfhunden davon abhielt, den Reichstag zu betreten, wurden die Verordnung »zum

Schutz von Volk und Staat« und die Verordnung »gegen Verrat am
Deutschen Volke und hochverräterische Umtriebe« erlassen – eu-
phemistisch formulierte neue Verfügungen, die es der SA und der
Gestapo erlaubten, festzunehmen, wen immer sie wollten, auch
wenn nichts gegen die betreffende Person vorlag und noch nicht
einmal Anklage gegen sie erhoben worden war. Es verschwanden
weitere politische Gegner und zum ersten Mal auch mehrere Tausend vom Geschehen überrumpelte Juden.

Hitler nutzte die Gelegenheit auch, um Eingriffe in das Recht auf
freie Meinungsäußerung, in das Brief- und Fernsprechgeheimnis
sowie Auflagen für andere zur Wahl antretende Parteien durchzu-
setzen. Am 23. März verabschiedete der Reichstag – oder vielmehr
was davon noch übrig war – das Ermächtigungsgesetz, auch »Gesetz
zur Behebung der Not von Volk und Reich« genannt, mit dem das
Parlament Hitler die Befugnis zur Gesetzgebung übertrug und ihn
mit dem Recht ausstattete, im Notfall »von der Verfassung abzuwei-
chen«.[41]

Das Dritte Reich hatte begonnen.

Nachdem sie nun die Macht vollständig an sich gerissen hatten, begannen die Nazis, ohne Zeit zu verlieren, ihre antisemitischen
Schimpfreden in nationale Politik umzumünzen. Das Ermächtigungsgesetz war an einem Freitag beschlossen worden; am Mon-
tagmorgen gaben die Zeitungen bekannt, dass ab Samstag, dem
1. April, alle jüdischen Geschäfte boykottiert würden. Sowohl arische als auch jüdische Geschäfte wurden angehalten, ihre jüdischen
Angestellten zu entlassen, und jüdische Geschäfte wurden darüber
hinaus verpflichtet, ihren arischen Angestellten auch während des
Boykotts ihr volles Gehalt zu zahlen. Am Samstagmorgen postierten sich vor jedem jüdischen Laden Angehörige der SA und ver-
sperrten den Zugang. Sie suchten auch jüdische Arztpraxen und An-
waltskanzleien auf, um sich zu vergewissern, ob die Wartezimmer
leer waren.

Der Boykott war befristet, und die Juden durften ihrer Arbeit später zumindest zeitweilig wieder nachgehen, aber es war ein Vorspiel,
das vielen deutschen Juden das Blut in den Adern gerinnen ließ.

Überall tauchten jetzt Pamphlete und Plakate auf, die der Öffentlichkeit mitteilten, dass ihre jüdischen Freunde, Nachbarn und Kollegen Untermenschen waren und das deutsche Volk vergifteten. Am 7. April verlangte das erste neue antijüdische Gesetz die sofortige Entlassung aller Juden aus dem Staatsdienst. Kurze Zeit später mussten sich die Universitäten von ihren jüdischen Professoren trennen. Im August wurden jüdische Jurastudenten von den Prüfungen ausgeschlossen, und jüdische Ärzte durften nicht mehr an städtischen Krankenhäusern praktizieren. Ihre Geschäfte mussten Juden zu lächerlichen Preisen an »arische« Käufer abtreten.[42]

Da verstand es sich von selbst, dass auch der glorreiche deutsche Sport nicht länger von Untermenschen unterwandert werden durfte. »Wir brauchen hier keine Worte zu verlieren«, erklärte das Nazi-Wochenblatt *Der Stürmer*, »Juden sind Juden, und es gibt keinen Platz für sie im deutschen Sport.« Der neue Reichssportführer Hans von Tschammer und Osten, ein glühender Nazi und gewaltbesessener SA-Oberst, konnte diesen Ansatz nur gutheißen.[43] Bis Ende des Jahres hatten alle deutschen Box-, Ruder-, Turn-, Ski- und Tennisclubs ihre jüdischen Mitglieder ausgeschlossen. In Kürze sollte den Juden auch untersagt werden, in öffentlichen Bädern und Seen zu schwimmen und in Wintersportanlagen Ski zu fahren. Rudi Ball, ein großer Eishockeystar, setzte sich nach Frankreich ab, und Alex Natan, Mitglied einer Rekord um Rekord aufstellenden 4 x 100-Meter-Staffel, floh nach England.

Im Tennis war es nicht anders. Schon im April 1933 gab der Deutsche Tennis Bund bekannt, dass nichtarische Spieler nicht mehr an internationalen Begegnungen teilnehmen durften. Als ob das nicht schon klar genug wäre, hieß es weiter: »Der Spieler Dr. Prenn (ein Jude) wird 1933 nicht für die Davispokal-Mannschaft aufgestellt.«[44]

Mit einem Schlag schien Daniel Prenns Tenniskarriere beendet zu sein. Er war nicht nur aus dem Daviscup-Kader gestrichen worden, sondern es war nur eine Frage der Zeit, das wusste er, bis den Juden gar keine Wettkämpfe mehr offenstanden. Der Tennisbund hatte bereits wissen lassen, dass er auf Vorgaben von oben warte, ob Juden an Einzelturnieren, einschließlich der Meisterschaften in Frankreich und Wimbledon, teilnehmen dürften. Dem fassungslosen Prenn gelang es einige Wochen später, die österreichische Meisterschaft zu gewinnen, und eine führende Wiener Zeitung schrieb:

> Voriges Jahr noch, als Prenn im Davis-Cup in einem mörderischen Kampf den vielfachen englischen Meister Austin bezwang und damit für Deutschland zum ersten Male einen Sieg über die englische Tennismacht errang, gab es keine deutsche Zeitung ohne Unterschied der politischen Richtung, die ihn, den ›Juden Prenn‹, nicht in allen möglichen Tonarten verherrlichte .... Heute schreiben dieselben Blätter, daß Prenn kein Deutscher sein könne, da er – nun da er eben Jude ist. ... Als nun Montag Prenn, der neue Meister von Österreich, auf den Plätzen des Wiener Parkklubs in Gegenwart des Bundespräsidenten Miklas die Tennismeisterschaft von Österreich gewann und man diesem nachher den Siegerpokal überreichte, begleitete ein ungeheurer, geradezu demonstrativer Beifall diese Szene.
>
> Prenn hatte Montag die Tennismeisterschaft von Österreich gewonnen, Deutschland hatte diese und noch mehr verloren.[45]

Daniel Prenn war nur seiner Abstammung nach Jude. Weder praktizierte er, noch war er überhaupt religiös, und seine Frau Charlotte war Christin. Das neue Regime interessierte das jedoch wenig. Dr. Theodor Lewald, der bekannte Vorsitzende des deutschen Olympischen Komitees, musste zurücktreten, weil sein Vater als Jude geboren und gerade mal 110 Jahre zuvor getauft worden war.[46] Die zahlreichen prominenten jüdischen »Rot-Weißen« verschwanden schnell, und für Prenn war es schon unangenehm, sich in seinem geliebten alten Club auch nur blicken zu lassen. Als König Gustav von Schweden in diesem Frühjahr Berlin besuchte, bestand er darauf, mit seinem alten Partner vor Zuschauern ein Doppel zu spielen. Aber diese edle Geste konnte nicht viel bewirken, ebenso wenig wie der Brief, den Bunny Austin und Fred Perry, Prenns unterlegene Gegner beim Daviscup-Triumph des Vorjahres, an die Londoner *Times* adressierten:

Wir haben mit großer Bestürzung die in der Presse veröffentlichte Mitteilung gelesen, der zufolge Dr. D. D. Prenn aufgrund seiner jüdischen Abstammung Deutschland im Daviscup nicht vertreten wird.

Uns ist noch in frischer Erinnerung, wie Dr. Prenn vor weniger als zwölf Monaten im Europazonen-Finale des Daviscups vor zahlreichen Zuschauern in Berlin Deutschland zum Sieg über Großbritannien verhalf und von spontanem und stürmischem Jubel begleitet aus der Arena getragen wurde. …

Jede Aktion, die dazu angetan ist, die Grundwerte internationaler Wettkämpfe im Innersten zu erschüttern, erfüllt uns mit größter Sorge.

Hochachtungsvoll

H. W. Austin

Fred Perry[47]

Bezeichnenderweise war das der einzige Protest, der aus der internationalen Tennisgemeinde zu vernehmen war. Die International Lawn Tennis Federation hatte nicht nur kein Problem damit, dass Mitgliedsländer Spieler aus rassistischen Gründen von ihrer Liste strichen, sondern bemühte sich sogar mit besonderem Eifer, diesen Ländern gefällig zu sein, indem sie nach dem Anschluss Österreichs und dem deutschen Einmarsch in die Tschechei eine neue Regelung beschloss, die es den Spielern aus annektierten Ländern ermöglichte, für die Erobererstaaten zu spielen.[48]

Prenn war schon einmal durch eine blutige Umwälzung seiner Heimat beraubt worden; vielleicht gehörte er deshalb zu den vorausahnenden Juden, die Deutschland verließen, solange sie es noch konnten. Ende des Jahres war sein Entschluss gefasst. Aber schon zu diesem Zeitpunkt gab es enorme Hürden. Viele Länder hatten für die Einwanderung von Juden Obergrenzen festgesetzt, und die Nazis erlaubten niemandem, sein Geld mit ins Ausland zu nehmen. Doch Prenn hatte in London einen Förderer. Der ebenfalls jüdische Simon Marks, schwerreicher Begründer der »Marks & Spencer«-Kaufhauskette und ein großer Tennisfan, hatte sich während Prenns Aufenthalten in Wimbledon mit diesem angefreundet und

ermöglichte ihm nun die Ausreise. Ohne seine Familie (die Eltern
und die jüngere Schwester lebten jetzt in Polen) floh Daniel Prenn
wieder einmal vor einem Pogrom und setzte mit Charlotte nach
England über.[49]

Gottfried von Cramm stand plötzlich an der Spitze der deutschen
Rangliste, was ihn mit großem Unbehagen erfüllt haben muss. Gewiss, im Sommer 1932 hatte er in Hamburg durch einen bequemen
Sieg über Roderich Menzel die deutschen Meisterschaften gewonnen und war anschließend der zweite Sportler und einzige Tennisspieler, der jemals zu einer Privataudienz bei Reichspräsident Hindenburg gebeten wurde.[50] Und gewiss hatte er auch, wie viele seiner
Fans, das sichere Gefühl, dass er 1933 zur unbestrittenen Nummer
eins in Deutschland werden könne, aber noch war er nicht so weit.
Im selben Sommer belegte Prenn auf der Weltrangliste den sechsten und Cramm den achten Platz. Unmittelbar vor der Daviscup-
Saison 1933 galten er und Prenn als eine aus zwei gleich starken Teilen bestehende Einheit, als eine durchschlagskräftige doppelläufige
Waffe, mit der Deutschland endlich den Pokal zu gewinnen hoffte.
    Und auf einmal, nur zwei Wochen vor dem ersten Match gegen
Ägypten, hatte Cramm seinen Partner verloren. Von den Ereignissen
überrumpelt, biss er sich durch die Saison, an seiner Seite eine Reihe
weitaus schwächerer Mitspieler, mit denen er die harmlosen Mannschaften Ägyptens und der Niederlande schlug, um in der darauffolgenden Runde gegen Japan mit wehenden Fahnen unterzugehen. Gustav Jaenecke, ein Eishockeystar und guter Bekannter Lisas,
spielte zwei Einzel, die er beide verlor, während Gottfried nur eines
seiner Einzel gewinnen konnte und zusammen mit einem weithin
unbekannten Partner im Doppel unterlag. Dem neuen Regime war
es offenbar lieber, mit Ariern zu verlieren, als mit Prenn zu gewinnen.
    Der erst dreiundzwanzigjährige Baron, der noch nie ein sonder-
lich großes Interesse an der Politik gezeigt hatte, musste ihren harten Fakten nun plötzlich ins Auge sehen. Sein enger Freund und
Tennispartner war aus der deutschen Sportgemeinde ausgeschlossen und zur Emigration gezwungen worden. Um ihn herum verschwanden offenbar täglich Freunde, die Juden waren oder den Na-

zis aus anderen Gründen als unliebsam galten. Haffner, der kaum älter als Cramm war, schrieb:

> Die Welt, in der ich gelebt hatte, löste sich auf, verschwand … Täglich fast konnte man feststellen, daß wieder ein Stück von ihr verschwunden und versunken war … Es war ähnlich, als ob der Boden, auf dem man steht, ständig und unaufhaltsam unter den Füßen wegrieselt – oder, besser noch: als würde die Atemluft von irgendwoher gleichmäßig und unaufhörlich weggesaugt.
>
> … Die Männer, deren Namen man im Munde geführt hatte, deren Bücher man gelesen, deren Reden man diskutiert hatte, verschwanden: in die Emigration oder in die Konzentrationslager; hin und wieder hörte man von einem, er habe »bei der Verhaftung Selbstmord begangen« oder sei »auf der Flucht erschossen«. … Der Rundfunkansager, dessen Stimme man täglich gehört hatte, und an den man wie an einen guten Bekannten gewöhnt war, war in einem Konzentrationslager verschwunden, und wehe, wenn man noch seinen Namen in den Mund nahm. … Die charmante Carola Neher war plötzlich eine ausgebürgerte Volksverräterin, der junge strahlende Hans Otto … lag eines Tages zerschmettert im Hof einer SS-Kaserne: Er habe sich nach seiner Verhaftung »in einem unbewachten Augenblick« aus dem Fenster des vierten Stocks gestürzt, hieß es. … Andere waren einfach weg, und man wußte nicht: waren sie tot, verhaftet, ausgewandert – sie waren verschollen.[51]

Was sollte man tun? Seine Meinung zu äußern kam einem Suizid gleich. Viele Juden, wie Prenn, wanderten schon aus. Aber die meisten zögerten noch, ihre Heimat und erst recht ihren Lebensunterhalt aufzugeben. Es herrschte die Meinung vor, dass dieses Regime schon bald der Vergangenheit angehören würde, wie vor ihm die in rascher Folge sich ablösenden Regierungen der Weimarer Republik. Lange würden die Leute in Deutschland eine solche Barbarei sicher nicht mehr dulden können.

Seit achthundert Jahren betrachteten die von Cramms das Hannoveraner Land als ihre Heimat. Sie dachten nicht daran, Amerikaner oder Engländer zu werden, nur weil ein übergeschnappter Österreicher in ihrem Land zeitweilig die Macht übernommen hatte. Auszuwandern war eine naheliegende und kluge Entscheidung für Daniel Prenn, aber für Gottfried von Cramm war es noch nicht einmal eine Option.

Doch wie konnte er zum Ruhm eines verbrecherischen Regimes weiterhin Tennis spielen? Paula von Reznicek – die, wie Gottfrieds Frau, einen jüdischen Großvater hatte – wurde gezwungen, ihre Tenniskarriere zu beenden. Aber ihr neuer Mann war Hans Stuck, Deutschlands größter Rennwagenfahrer und ein persönlicher Bekannter Hitlers, und so blieben ihr weitere Schwierigkeiten erspart. Auch Lisa und ihre Familie waren bis jetzt noch nicht von den Nazis behelligt worden. Woran lag das? Vielleicht daran, dass sie mit dem aufstrebenden Superstar des deutschen Tennis verheiratet war? Derlei Fragen müssen Gottfried beschäftigt haben.

Ebenso wird er gerätselt haben, ob seine sportlichen Errungenschaften vielleicht auch der Grund waren, wieso die Nazis ihn selbst noch nicht ob seiner verdächtigen Umtriebe ins Visier genommen hatten. Denn die Juden waren nicht die einzige Gruppe, auf die sie es abgesehen hatten. Sie machten keinen Hehl aus ihren seit langem bestehenden Plänen, Deutschland von seinen Kommunisten, seinen Zigeunern, seinen Zeugen Jehovas und seinen unangepassten Geistlichen zu befreien, ebenso wie von seinen Lahmen, Stummen und Epileptikern. Darüber hinaus bekundeten sie unverblümt, dass sie Deutschland zu »entlausen« gedächten, indem sie jene ausrotteten, die für die »Homosexuellenseuche« der »widernatürlichen Mannmännlichen Unzucht« verantwortlich seien.[52]

Überdies verknüpften sie ihren Antisemitismus häufig mit ihrer Homophobie. 1930 schrieb Hitlers *Völkischer Beobachter*:

Alle boshaften Triebe der Judenseele, den göttlichen Schöpfungsgedanken durch körperliche Beziehungen zu Tieren, Geschwistern und Gleichgeschlechtlichen zu durchkreuzen, werden wir in Kürze als das gesetzlich kennzeichnen, was sie sind, als ganz gemeine Abirrungen, als allerschwerste mit Strang oder Ausweisung zu ahndende Verbrechen.[53]

Die Verbissenheit, mit der die Nationalsozialisten die Homosexuellen verfolgten, beruhte – so zumindest die offizielle Begründung – auf dem Glauben, dass eine solche widernatürliche Neigung das deutsche Volk »entmännlicht« und seinen Kampfeswillen schwächt. Das Leben war ein Kampf; nur die Starken überlebten. Und die zügellose, freie Liebe, insbesondere die homosexuelle, schadete dem Volk. »Wer gar an Mann-männliche oder Weib-weibliche Liebe denkt«, ließ die Partei verlautbaren, »ist unser Feind.«[54]

Natürlich gab es auch unter den Nazis welche, die selber an »Mann-männliche Liebe« dachten. Ernst Röhm, Hitlers rechte Hand seit 1919 und Führer der Angst und Schrecken verbreitenden SA-Braunhemden, war ebenso wie einige seiner Stellvertreter bekanntermaßen schwul. Aber Hitler hatte die Affären seines Waffenbruders immer geduldet. Wenn sich andere Nazis über Röhms »unverfroren offenes homosexuelles Verhalten« beschwerten, schreckte Hitler nicht davor zurück, der Parteiideologie zu widersprechen, indem er erklärte, dass das Sexualleben eines SA-Offiziers »rein auf privatem Gebiet« liege und sein Privatleben nicht Gegenstand einer Überprüfung sein könne.[55]

Heinrich Himmler war weniger tolerant. Himmler, der unscheinbare Bürokrat mit dem Zwicker und dem Aussehen eines Buchhalters oder eines Volksschullehrers, organisierte später als Reichsführer-SS und Leiter der Gestapo den Massenmord an Millionen unschuldiger Menschen. Wie sein Führer hasste er Juden, Kommunisten und unzählige weitere Gruppen, die zu »Feinden« erklärt wurden. Aber eine besondere Abneigung hatte er gegen Homosexuelle. So blindwütig und manisch war seine Homophobie, dass sie einfach nur lächerlich erschiene, hätte sie nicht Leid und Tod über unzählige Menschen gebracht. Die alten Germanen hätten gewusst, was mit den Homosexuellen zu tun sei, wetterte er. »Der Homosexuelle wurde im Sumpf versenkt ... Das war nicht eine Strafe, sondern das war einfach das Auslöschen dieses anomalen Lebens.« Auch er werde eine solche Ausrottung durchführen, denn »wenn wir dieses Laster weiter in Deutschland haben, ohne es bekämpfen zu können, dann ist das das Ende Deutschlands, das Ende der germanischen Welt«.[56]

Unmittelbar nach der Machtübernahme schritten die Nazis zu ihrem Feldzug gegen die Homosexuellen. Am 23. Februar wurden alle Organisationen der Homosexuellenbewegung – und zugleich auch jede Form von Pornographie – verboten. Am 6. Mai stürmten Hunderte von Nazis das Institut für Sexualforschung, eine renommierte (und häufig geschmähte) wissenschaftliche Einrichtung, die 1919 vom jüdischen Homosexuellen Magnus Hirschfeld gegründet worden war. Im Lauf der Jahre wurde Hirschfeld, der sich für eine Reform der Sexualgesetzgebung einsetzte und zu allen Formen von Sexualität umfangreiche Studien durchführte, oft von faschistischen Schlägern angegriffen und verprügelt und in der rechten Presse diffamiert. Zum Glück hielt er sich gerade im Ausland auf, als sie schließlich kamen, um sein Institut zu zerstören. Die Plünderer stahlen und verbrannten seine einzigartige Sammlung von Zehntausenden von Büchern und Fotografien. Hirschfelds Mitarbeiter Kurt Hiller wurde festgenommen und in das neu errichtete KZ Oranienburg verschleppt, wo er monatelang gefoltert wurde, bevor er auf geheimnisvolle Weise wieder freikam.[57]

Den ganzen Sommer 1933 über randalierten Nazis, um ihrer tatsächlichen oder vermeintlichen Feinde habhaft zu werden, und die SA überfiel in ganz Deutschland Schwulenkneipen und machte die meisten von ihnen dicht. Schon im März war das Eldorado geschlossen und zu einem Parteilokal der NSDAP umgebaut worden. Im Herbst kamen die ersten größeren Gruppen von Homosexuellen nach Dachau. Aber noch war es für die Mehrheit der deutschen Schwulen, wie für viele Juden, unvorstellbar, dass sich eine derart radikale Regierung an der Macht halten oder dass aus Berlin – aus *ihrem* Berlin, dem Paradies für Schwule – über Nacht eine Hölle werden könnte. Tatsächlich traten viele, um nicht aufzufallen, in die Partei ein oder gingen, besser noch, zur Wehrmacht, die die Nationalsozialisten nie vollständig unter ihre Kontrolle bringen konnten. Die meisten lebten ihr Leben einfach weiter, einstweilen noch unbehelligt, aber immer auf der Hut.

Gottfried Cramm sah, wie in seinen Lokalen für immer die Lichter ausgingen, wie Menschen aus dem Nachtleben und aus seinem Tennisclub verschwanden, und er wird sich gefragt haben, was die

Gestapo wohl gegen ihn in der Hand hatte. Im Mai, in Paris, ließen ihn die deutschen Tennisfunktionäre nur in den Doppeln antreten, nicht in den Einzeln, obwohl Prenn natürlich überhaupt nicht nominiert war. War das ein unheilvolles Vorzeichen? In Wimbledon ließ man ihn auch die Einzel spielen. Er gewann die ersten beiden Begegnungen und scheiterte in der dritten recht unspektakulär an einem unbekannten Amerikaner, Cliff Sutter. Im Anschluss gratulierte ihm S. Willis Merrihew, der Verleger der Zeitschrift *American Lawn Tennis*, zu seinen Leistungen und fragte ihn, ob er zu den US-Meisterschaften nach New York kommen würde. Gottfried lächelte achselzuckend: »Das würde ich sehr gerne«, sagte er. »Aber ich glaube nicht, dass ich dafür schon gut genug bin.«[58] Vielleicht fragte er sich auch, ob er jetzt, wo das Daviscup-Team ohne Prenn auskommen musste, schon gut genug war, um wenigstens die eigene Haut zu retten.

Aber noch in derselben Woche durchliefen Cramm und Hilde Krahwinkel ohne Satzverlust alle Runden des gemischten Doppels und holten damit ziemlich unerwartet die insgesamt erst zweite Wimbledon-Trophäe für Deutschland. (Die erste hatte Cilly Aussem 1931 im Finale gegen ihre Landsmännin Krahwinkel gewonnen.) Ein Sieg im Mixed war natürlich nicht mit dem Triumph des Vorjahres vergleichbar, als England im Daviscup geschlagen worden war, aber Gottfried war trotzdem wieder einmal der Liebling der deutschen Tennisszene. Die Berliner Zeitungen priesen ihn als »unsere stärkste Waffe in der Schlacht um den Davispokal«, und die ausländische Presse nannte ihn anerkennend »einen zähen Kerl, der seine Bestform erreicht, wenn ein Match sich über fünf Sätze hinzieht«.[59]

Diese Zähigkeit stellte er ein Jahr später, im Mai 1934, bei den französischen Meisterschaften abermals unter Beweis. Das jahrelange disziplinierte Training zahlte sich aus: Während Paris unter einer Hitzewelle zu leiden hatte, gewann er vier Fünfsatzbegegnungen und konnte sich über seinen ersten großen Titel freuen. Sowohl im Viertel- als auch im Halbfinale führte er zunächst mit zwei Sätzen zu einem, verlor dann den vierten und konnte sich im fünften mühelos durchsetzen. Während die Gegner in der Hitze und

Feuchtigkeit ihre Kräfte schwinden sahen, wirkte Cramm frischer als jemals zuvor. Er sah aus, als könne er locker zehn Sätze und anschließend vielleicht noch das eine oder andere Doppel spielen.

Im Finale stand er dem großen Australier Jack Crawford gegenüber. Der stets wortkarge sechsundzwanzigjährige Crawford galt in der Presse als Griesgram, war bei seinen Kollegen aber sehr beliebt. Eins achtzig groß und 84 Kilo schwer, war er ein Mann von kräftiger Statur, aber zugleich sehr laufschnell und »ein [Tennis-]Genie, das sich auf seinen Instinkt verlassen konnte und jeden Schlag meisterhaft beherrschte«.[60] Im Jahr zuvor hätte er um ein Haar alle vier großen Meisterschaften gewonnen – und damit das geschafft, was man heute den Grand Slam nennt. Nachdem er schon in Australien, Frankreich und Wimbledon den Meistertitel errungen hatte, kam er nach Forest Hills, marschierte souverän ins Finale und traf dort auf Fred Perry. Den ersten Satz verlor er 3 : 6, den zweiten, einen Marathonzweikampf, konnte er mit 13 : 11 für sich entscheiden, ebenso wie den dritten mit 6 : 4. Doch dann, als ihm nur noch ein Satz fehlte, um zum Abräumer der Saison zu werden, erlebte Crawford im schwülen Queens einen Einbruch. Die einen machten sein Asthma dafür verantwortlich, die anderen die doch etwas zu großzügig bemessene Menge an Brandy, die er zwischen den Spielen zu sich nahm, um ebendiesem Asthma beizukommen. Jedenfalls war Crawford am Ende und verlor die letzten beiden Sätze 6 : 1 und 6 : 0.

Aber Crawford hatte sich 1933 an der Spitze der Weltrangliste halten können und war immer noch die Nummer eins, als er den Court Central in Roland Garros betrat, um gegen Cramm zu spielen. Wenig erfreut dürfte er über das Wetter gewesen sein, das genauso drückend war wie auf Long Island. An einem der heißesten Tage in der Geschichte der französischen Meisterschaften und nach den aufreibenden Begegnungen in den vorausgegangenen Runden zeigte sich Cramm so frisch und erholt wie ein junger Boxer in der ersten Runde; jeden Ball schlug er mit voller Wucht. Seine strotzende, überquellende Kraft trug ihn zu einem 6 : 4-Erfolg im ersten Satz, aber der Meister ließ sich nicht aus der Ruhe bringen, er holte auf, Satz zwei und drei gingen mit 9 : 7 beziehungsweise 6 : 3 an ihn. Er durchbrach dann im siebten Spiel des vierten Satzes Cramms

Aufschlag und kam, als er beim Stand von 5:4 selber aufschlug, zu einem Matchball.

Den ganzen Tag war Cramm ans Netz gestürmt und hatte mit ansehen müssen, wie der Australier ihn mit seinen herrlichen Lobs ein ums andere Mal zwang, einem Sisyphus gleich zur Grundlinie zurückzurennen. »Ich habe nie jemanden gesehen, der so perfekte Lobs schlagen konnte«, erinnerte sich Cramm später. Aber auch jetzt, beim Matchball, entschied sich Cramm für einen Angriff am Netz. Nach einem langen Grundlinienduell, bei dem sich die Gegner von einer Ecke in die andere jagten, stürzte sich Cramm mit seiner Vorhand auf einen zu kurz geratenen Ball, schlug ihn tief ins gegnerische Feld auf Crawfords Rückhand und preschte vor. Crawfords unverwechselbarer oben abgeflachter Schläger blitzte in der Sonne auf, schob sich unter den Ball und schlug einen weiteren langen Lob. Fest davon überzeugt, dass auch dieser Lob »perfekt« war und dass er seinen zweiten französischen Titel schon so gut wie gewonnen hatte, stieß Crawford zum Netz vor, um jedweden schwachen Ball abzufangen, den sein Gegner noch zurückschlagen mochte. Aber dieser Lob war nicht ganz so lang wie die anderen, und statt zurückzulaufen, um ihn noch zu erwischen, drehte sich Cramm einfach zur Seite, ging ein paar Schritte zurück, sprang hoch und schmetterte den Ball über Kopf zum Gegner hinüber. Der härteste Ball des Tages flog knapp überm Netz am verblüfften Crawford vorbei und schlug vor der Linie auf. Der Matchball war abgewehrt.

Wenn Crawford an diesem Tag keinen Brandy trank, dann hätte er es vielleicht besser tun sollen. Cramm gewann die nächsten drei Spiele und damit den Satz, sicherte sich auch den fünften souverän mit 6:3 und durfte sich Meister nennen. Der französische Titel war der prestigeträchtigste nach dem von Wimbledon, und es war das erste Mal, dass Deutschland in Roland Garros einen Pokal gewann.[61]

Die französischen Zuschauer, die bei diesem Endspiel zwischen zwei Ausländern unparteiisch gewesen waren, standen auf und jubelten: Mit seinem Stil, seinem Auftreten und seiner Unverzagtheit hatte der junge Deutsche sie ganz für sich gewonnen. »Soweit ich beobachten konnte, haben bislang erst zwei Ausländer die französischen Zuschauer in ihren Bann geschlagen«, schrieb John Tunis in der Zeitschrift *Collier's*. »Der eine war unser Bill Tilden. Der andere der deutsche Edelmann.« Noch am selben Abend stand im Bericht eines französischen Reporters, dass »Deutschland selbst bei eingehender Prüfung aller Landeskinder keinen würdigeren, französischeren Träger für den Titel Champion de France hätte finden können«.[62]

Einige Tage später in Berlin kreuzte eine »Rot-Weiße« am frühen Morgen mit ihrem kleinen Sohn im Club auf. Der Sand war noch feucht vom Tau. Alle Plätze waren leer, außer einem. Auf dem Centre Court stand neben einem einzelnen Clubangestellten, den er zum Bälleauflesen eingespannt hatte, Gottfried von Cramm und trainierte seinen Aufschlag.[63]

Er schien immer und jederzeit seinen Aufschlag zu trainieren. Er platzierte ein paar von den Pappschachteln, in denen die Bälle aufbewahrt werden, als »Zielscheiben« in das Aufschlagfeld, übte seinen Service, bis jede getroffen war, und begann wieder von vorn. Beim Tennis war er Perfektionist. Wenn seine Rückhand schwächelte, arbeitete er vier, fünf Stunden an diesem einen Schlag und verschliss dabei mehrere Übungspartner. Aber den Aufschlag zu üben ist eine einsame Betätigung und kann sogar etwas Meditatives haben; die immer gleichen Bewegungen bringen den Geist zur Ruhe, erlauben einem, den Spannungen des Alltags zu entkommen. Ball für Ball für Ball warf er nach oben, immer an den gleichen Punkt. Dann bog er seinen Rücken durch, sprang auf, riss den Ball aus der Luft und feuerte ihn wie ein Geschoss in die Ecken der Aufschlagfelder.

Es gab, obwohl er noch jung war, schon viele Dinge, denen es zu entkommen galt. Eine Ehe, die zur Farce geworden war. Das bedrückende Leben unter einem Schreckensregime, das ihn ebenso bedrohte wie seine Freunde, seine Liebhaber und seine Familie. Nicht zu vergessen die Zwänge des Liebeslebens an sich. Manasse Herbst hatte Deutschland im Februar 1933 verlassen; wie Daniel Prenn hatte er sofort erkannt, dass es notwendig war auszuwandern, je früher desto besser. Er und seine Eltern hatten es geschafft, ein Visum für Portugal zu bekommen, aber wovon sollten sie dort leben? Schon jetzt ging das NS-Regime mit aller Härte gegen den Geldtransfer ins Ausland vor. Kein Auswanderer durfte mehr als sieben Prozent seines Eigentums mitnehmen. Juden wurden besonders streng überwacht. Jedes Mal wenn sie einen größeren Betrag von ihrem Konto abhoben, wurden Nachforschungen angestellt. An den Grenzen mussten die Juden weitaus gründlichere Durchsuchungen über sich ergehen lassen als die Arier. Verstießen sie auch nur gegen eines der komplexen Devisengesetze, landeten sie im Gefängnis, während ihre kostbaren Visa verfielen und ihre Hoffnungen schwanden.[64]

Ein paar Tage bevor das Schiff der Herbsts ablegte, kreuzte Manasse leichenblass mit einer kleinen Tasche in Gottfrieds Wohnung auf. Der Beutel war prall gefüllt mit Reichsmarkscheinen. Er enthielt, so Manasse, die gesamten Ersparnisse seines Vaters. Es kam nicht in Frage, das Geld einfach mit aufs Schiff zu nehmen. Die Behörden würden es sofort finden und sie alle festnehmen. Wenn es aber jemanden gab, der sie an Bord schmuggeln konnte, dann Gottfried. Gewiss konnte der untadelige arische Adlige, der große Hoffnungsträger des deutschen Tennis, ein Schiff besteigen, ohne durchsucht zu werden. Es war nicht so viel Geld, dass man es nicht in mehreren über den ganzen Körper zu verteilenden Päckchen hätte verstecken können. Vor lauter Schreck sagte Gottfried zu.

Doch als er an dem fraglichen bitterkalten Wintertag auf dem Dampfer stand, um sich von Manasse zu verabschieden, waren die Taschen seines Mantels leer. Manasse war am Boden zerstört, aber Gottfried erklärte ihm, dass er das Risiko nicht eingehen konnte. Momentan durchsuchten sie jeden, und er war schließlich noch kein Weltmeister. Das Geld sei auf einer Bank sicherer, sagte er ihm. Er werde es ihnen zukommen lassen, nach und nach. Einen anderen Weg gebe es nicht. Während der Dampfer in See stach, nahm Gottfried den Zug zurück nach Berlin und spürte die Last all dieses Geldes, als trage er es tatsächlich um den Körper gebunden.[65]

Und dann kam die Nacht der langen Messer.

Ende Juni 1934 weilte Cramm, der frischgebackene französische Meister, in London, um am Wimbledon-Turnier teilzunehmen. Er war entschlossen, eines Tages diesen höchsten Gipfel des Tennis zu erklimmen, obwohl die englischen Rasenplätze wirklich nicht zu seinem Spiel passten. Er hatte die Grundschläge auf Sandplätzen wie denen in Roland Garros erlernt. Sandspezialisten, die an ein langsameres und verlässlicheres Abspringen gewöhnt waren, entwickelten weiter ausholende Bewegungen, die es ihnen erlaubten, dem Ball auf dem langsamen Feld mehr Druck und einen stärkeren Vorwärtsdrall zu geben. Aber auf dem Rasen rutschte der Ball flach und schnell und oft in unerwarteter Richtung weg, weshalb der Spieler sein Racket in einer kurzen Schleife durchschwingen musste, um schneller reagieren zu können. »Für die Verhältnisse auf dem Rasen ist meine Ausholschleife zu lang«, gestand Cramm. »Außerdem verliert der hoch wegspringende Twistaufschlag, wie er von mir und anderen Sandspielern bevorzugt wird, auf dem Rasen einen Großteil seiner Wirkung.« Auch plagte ihn, wie noch sechzig andere Spieler, in der feuchten Londoner Luft ein Virus. Er bekam ein Freilos und überstand einige Runden, aber in der vierten unterlag er dem Südafrikaner Vernon Kirby, den er in der Vergangenheit mühelos geschlagen hatte.[66]

Weitaus schlimmer jedoch waren die Meldungen von zu Hause. Man erfuhr gerade, dass Ernst Röhm und die übrigen SA-Führer liquidiert worden waren. Persönlich scheint sich Hitler nie an der sexuellen Orientierung seines Mitstreiters gestört zu haben, oder zumindest war er bereit gewesen, darüber hinwegzusehen. Aber in letzter Zeit hatten sich Röhms Neigungen in Anbetracht der harten Linie der Partei im Umgang mit der Homosexualität doch zu einem großen Ärgernis entwickelt. Außerdem war Röhm dem Führer mittlerweile noch aus anderen Gründen ein Dorn im Auge.

Röhm, der sich als alter Freund Hitlers etwas leichtfertig in Sicherheit wiegte, hatte diesen gedrängt, die alte Reichswehr in der »braunen Flut« seiner SA-Truppen aufgehen zu lassen. Immerhin war es die SA gewesen, die mit roher Gewalt und Straßenterror Hitler erst an die Macht gebracht hatte. Und Röhm hatte ihre Stärke von dreihunderttausend Mann Anfang 1933 auf inzwischen fast drei Millionen erhöhen können.

Aber Röhm hatte seine eigene Bedeutung überschätzt. Seine braunen Schläger, von unschätzbarem Wert, als Hitler in den frühen Jahren der nationalsozialistischen Bewegung versucht hatte, sich einen Namen zu machen und seine Gegner einzuschüchtern, waren inzwischen etwas lästig geworden. Jetzt, da alle Macht in seinen Händen war, brauchte Hitler eine professionellere Truppe, die es verstand, Folter und Gewalt hinter einer offiziellen Fassade von Ordnung und Korrektheit zu verbergen. Himmler hatte ihn davon überzeugt, dass diese Rolle seine eigene Elitegarde übernehmen sollte: die SS. Außerdem hatte Röhm nie verstanden, dass man sich die Gunst der Reichswehr bewahren musste; Hitler wusste, dass selbst er auf eine Armee angewiesen war, um die Stabilität seines Tausendjährigen Reiches zu sichern. Die Armee, die hinter Reichspräsident Hindenburg stand, hatte für den Fall, dass Hitler die SA nicht auflöste, sogar mit der Verhängung des Kriegsrechts und der Übernahme der Regierung gedroht.

Hitler wusste, was zu tun war, und Himmler und Göring lieferten ihm einen Vorwand dafür. Sie streuten das Gerücht, dass Röhm und die SA einen Putsch planten. Auf die »Meldungen« eines Aufstands »reagierte« Hitler, indem er am 28. Juni um zwei Uhr morgens nach München flog. Überall in Berlin und München wurden SA-Führer festgenommen. In einer Pension im bayerischen Bad Wiessee schliefen Röhm und andere dort einquartierte SA-Offiziere tief und fest, einige in den Armen anderer junger Männer. Im Morgengrauen stürmte Hitler mit Angehörigen der SS die Pension und riss sie alle aus ihren Betten. Edmund Heines, SA-Obergruppenführer von Schlesien, ein verurteilter Mörder mit Mädchengesicht und dem kräftigen Körper eines Klavierträgers, lag mit seinem jungen Chauffeur im Bett. Sie wurden abtransportiert und erschossen. Hitler nahm Röhm persönlich fest und ließ ihn ins Münchner Gefängnis Stadelheim bringen. Hunderte von SA-Männern wurden hingerichtet. Und wie schon beim Reichstagsbrand nutzten die Nazi-Oberen die Gelegenheit, sich verschiedenster Gegner zu entledigen. General Kurt von Schleicher, der letzte Reichskanzler vor Hit-

ler, wurde ebenso wie ein anderer General, Kurt von Bredow, von
SS-Männern erschossen, als er ihnen mitten in der Nacht die Woh-
nungstür öffnete. Gregor Strasser, ein früher Weggefährte Hitlers,
der sich inzwischen zu weit links positioniert hatte und sogar Schlei-
chers Regierung beigetreten war, wurde verhaftet und in seiner Ge-
fängniszelle niedergeschossen. Selbst ein alter politischer Gegner,
Gustav Ritter von Kahr, der an der Niederschlagung des Hitlerput-
sches beteiligt gewesen war, sich aber längst aus der Politik zurückgezogen hatte, wurde getötet. Seine mit Äxten verstümmelte Leiche
wurde in einem Moor gefunden. Hunderte wurden gefoltert und er-
mordet während dieser Nacht der langen Messer, die Hindenburg
als »persönliches Eingreifen Hitlers« bezeichnete, mit dem dieser
»alle hochverräterischen Umtriebe im Keim erstickt« und Deutschland vor großen Gefahren bewahrt habe.

Als kleine Gefälligkeit gegenüber seinem alten Waffenbruder
ordnete Hitler an, dass man Röhm in seiner Zelle eine Pistole zur
Verfügung stelle. Röhm höhnte: »Das soll Adolf selbst tun. Ich
werde ihm die Arbeit nicht abnehmen.« Adolf lehnte ab, aber wenig
später wurde Röhm mit vor der Brust aufgerissenem Hemd in seiner
Zelle erschossen.

Solange Röhm, Hitlers zuverlässiger alter Freund, mit dem Führer auf freundlichem Fuß stand, hatten die deutschen Homosexuellen trotz Himmlers Wahnreden einigen Grund zu glauben, dass sie
mit heiler Haut davonkommen könnten. Jetzt, wo Himmler und
Göring öffentlich gegen die vor kurzem niedergemetzelten »homosexuellen Schweine« der SA polterten, fing der letzte Strohhalm, an
den sich deutsche Schwule noch hatten klammern können, Feuer.
Nach den Röhm-Säuberungen war zweifelsfrei Himmler, der blut-
dürstige Schwulenhasser, Hitlers neue rechte Hand.[67]

Gottfried geht auf dem Centre Court ruhig zur Grundlinie zurück.
Er wird im zweiten Satz als Erster aufschlagen. Drei Jahre sind seit
der Nacht der langen Messer vergangen. Freunde und Bekannte
sind verschwunden. Er ist verfolgt und beobachtet worden – daran
besteht kein Zweifel. Was haben sie mit ihm vor? Die Frage beschäftigt ihn unentwegt. Außer auf dem Court. Hier weiß er, dass er

genau das Richtige tut, das, was jeder, Freund und Feind, von ihm erwartet. Der Tennisplatz ist inzwischen der einzige Ort, wo er ruhig ist, im Frieden mit sich selbst, auch wenn Tausende von Augenpaaren auf ihn gerichtet sind und jede seiner Bewegungen verfolgen. Hier, im Scheinwerferlicht, hat er seine Ruhe.

Den ersten Satz hat er für sich entschieden: 8:6. Er war so, wie seine Fans ihn kennen: körperlich überragend, mental tadellos. Selbst Gottfried muss sich fragen, wie lange er das noch durchhält, wie lange der Höhenflug noch andauert. Er lässt sich vom Balljungen zwei Bälle geben – jeder so geworfen, dass er einmal aufspringt und auf Brusthöhe ankommt, perfekte Ausführung, wie in Wimbledon üblich – und macht die paar Schritte zur Grundlinie, um aufzuschlagen. Ein vertrautes Wohlbefinden steigt in ihm auf. All die zahllosen Stunden allein auf dem Court, all die tausend Bälle, die er auf leere Schachteln gefeuert hat. Dieses 370 Gramm schwere Stück Holz in einer präzisen, nie abgewandelten Schleife erst hinter seinen Rücken und dann nach oben über seinen Kopf zu schwingen ist wie Laufen, Atmen, Essen. Und als er den ersten Ball des zweiten Satzes hochwirft, nur einen Sekundenbruchteil vor dem Kontakt mit dem Schläger, weiß er schon, dass die neue Könnerschaft, die er im Tennis erreicht hat, ihn nicht im Stich lassen wird, nicht heute.

Der Aufschlag ist perfekt.

Zu Beginn des zweiten Satzes gelingt es beiden Spielern, ihren Aufschlag durchzubringen, aber Cramm tut sich damit leichter als Budge. Der Deutsche wechselt zwischen flachen Kanonenaufschlägen Richtung Mittellinie und seinen berühmten Kick-Aufschlägen Richtung Seitenlinie, die Budge noch hinter den Doppelkorridor hinaustreiben, und wenn er keine Asse schlägt, zwingt er seinen Gegner zu schwachen Returns, mit denen er mühelos fertigwird. Cramms eigene Returns sind dagegen so gut, dass Budge kaum ans Netz vorrücken kann. Der Deutsche erzwingt ein langes Grundlinienduell, bis sich ihm die Gelegenheit bietet, einen seiner bevorzugten taktischen Kunstgriffe anzuwenden, einen Trick, den er von Tilden gelernt hat. Wie hat es Bill selbst ausgedrückt? »Es gibt eine List, zu der ich besonders gerne greife. Sie ist zwar riskant, sorgt

aber auch für Spannung, und wenn man damit Erfolg hat, kann man
dem Gegner eine Niederlage beibringen, die ihn noch lange beschäftigt. Sie besteht darin, gegen die Stärken des Gegners anzu-
spielen, bis sie keine mehr sind.«[68] Sobald ein Spieler merkt, dass er
noch nicht einmal mit seinen besten Schlägen punkten kann, ist er
so gut wie erledigt. Und so schlägt Cramm jeden zu kurz geratenen
Ball tief ins gegnerische Feld, und zwar auf Budges Rückhand, auf
seine berühmte, unschlagbare Rückhand, prescht dann ans Netz
und holt sich den Punkt durch einen Volley in die andere Ecke
oder – ein besonders denkwürdiger Moment – »durch einen erstaunlichen Stoppball aus der Mitte des Spielfeldes«. Wenn es
Budge ausnahmsweise gelingt, Cramm in die Defensive zu drängen
und selbst zum Netz vorzulaufen, wie er es so gerne macht, über-
trumpft ihn Cramm »durch unwahrscheinliche Passierschläge«
oder unretournierbare Lobs. Alles, was Budge tun kann, wenn der
Ball an ihm vorbeisegelt, ist ein bewunderndes »Oh Baby!« zu rufen, mit dem er unter den Zuschauern für Heiterkeit sorgt.[69]

Das britische Publikum schätzt Budges sportliche Reaktionen
fast ebenso wie Cramms glänzende Punktgewinne. Ein belustigtes
Kichern geht auch durch die Ränge, als die Kontrahenten nach
Cramms gewonnenem Aufschlagspiel zum 5 : 4 die Seiten wechseln.
Nachdem er graziös am Tee in seiner Porzellantasse genippt hat,
greift Budge urplötzlich nach dem für die Spieler bereitgestellten
Eiskübel und »begießt seinen Kopf wie Jeeter Lester«, der Pächter
aus Georgia in Erskine Caldwells neuem Roman *Die Tabakstraße*.[70]

Der junge Amerikaner schüttelt sein Haar trocken, als wollte er
bei der gleichen Gelegenheit auch seinen Frust abschütteln. Nach
außen gibt er sich sportlich, aber innerlich kocht er. »Man sagt, ich
wäre der Beste weltweit«, denkt er sich, »und ich spiele genauso gut
wie immer. Trotzdem liege ich einen Satz zurück und hab alle
Mühe, im zweiten halbwegs mitzuhalten. Je weniger Fehler ich mache, desto weniger macht auch er.«[71]

Don Budge war tatsächlich der inoffizielle Weltmeister. Und es war
erstaunlicherweise gerade einmal sieben Jahre her, dass er sein erstes
Jugendturnier gespielt hatte. Mit zweiundzwanzig Jahren war er im-

mer noch das dünne, sommersprossige Arbeiterkind aus Oakland, »dessen rote Haare selbst unter lauter Rothaarigen noch aufgefallen wären«. »Trotz seiner zahlreichen Erfolge«, schrieb ein Journalist, »erinnert Budge, wenn er einen Tennisplatz betritt, immer noch an einen unbeholfenen Anwalt vom Land, der mit seinem bescheidenen Talent einen brillanten Großstadtadvokaten herauszufordern gedenkt. … Eins fünfundachtzig groß und nur knapp dreiundsiebzig Kilo schwer, von schlaksiger Gestalt, die Haut von Natur aus milchweiß, in der Sonne rot und mit Sommersprossen übersät, ein fliehendes Kinn, ein kurzer Hals, dazu ein schlichtes Grinsen, das sein Gesicht verzerrt – nein, Budge schien, zumindest im Ruhezustand, mitnichten aus jenem Holz geschnitzt, aus dem man Weltmeister macht. Unter solchen Figuren wie dem mit seinen ebenmäßigen Gesichtszügen glänzenden Austin, dem verwegenen, vor Selbstbewusstsein berstenden Perry und dem ritterlichen von Cramm nimmt er sich aus wie ein Terrier unter menschlichen Löwen.«[72]

Die Herkunftsverhältnisse des Kaliforniers und des Barons auf der anderen Seite des Netzes hätten in der Tat kaum unterschiedlicher sein können. Budges Mutter war eine schottischstämmige Amerikanerin, die in San Francisco aufgewachsen war. Sein Vater Jack war in Wick groß geworden, der nördlichsten Stadt Schottlands. Der vielversprechende Nachwuchsfußballer Jack spielte als Neunzehnjähriger für die Glasgow Rangers, schon damals eine von Schottlands Spitzenmannschaften. Aber seine Karriere fand ein jähes Ende, als er sich einmal im Winter eine ernste Lungenentzündung und eine Bronchitis zuzog. Sein Arzt riet ihm, in ein für seine Lunge gesünderes Klima zu ziehen, und empfahl Kalifornien.

Jack kam 1905 in San Francisco an und fand einen Job in der Setzerei des *San Francisco Chronicle*. Doch er verließ die Zeitung schon bald, um stattdessen Wäschereifahrer zu werden. Die Luft in der Setzerei bekam seiner Lunge nicht. Sein dortiges Gastspiel blieb allerdings nicht ohne Folgen, denn er lernte die junge Miss Kincaid kennen, die an der Setzmaschine arbeitete. Damals hatte Pearl noch die flammend rote Haarpracht, die sie all ihren Kindern vererbte, aber der Familienlegende zufolge wurde ihr Haar mit einem Schlag weiß, als sie sich beim Erdbeben von 1906 voller Schreck an ihr Bett klammerte, das von einer Ecke des Zimmers in die andere geschleudert wurde.

Jack und Pearl heirateten bald und bekamen drei Kinder: Lloyd im Jahr 1909, Jean 1913 und John Donald am 13. Juni 1915, etwa einen Monat nachdem ein deutsches U-Boot den britischen Passagierdampfer Lusitania versenkt hatte, wodurch ein Kriegseintritt der USA ein ganzes Stück näher gerückt war. Die Budge-Kinder wuchsen in der sechzigsten Straße in Oakland auf, in einem Holzhaus mit zwei Bädern, drei Schlafzimmern und einer Veranda – kein Vergleich zu der stattlichen Villa in Philadelphia, in der Bill Tilden seine Kindheit verbracht hatte, oder gar zu den Schlössern derer von Cramm im Umland von Hannover. Aber es war eine sorgenfreie Mittelklassenexistenz, denn Jack Budge hatte sich im Wäschereigewerbe hochgearbeitet und es schließlich zum Geschäftsführer gebracht. Seine Branche gehörte offenbar zu denen, die von der Großen Depression nicht ernsthaft betroffen waren, denn sogar als die Löhne landesweit um sechzig Prozent stürzten und die Schlangen der Arbeits- und Obdachlosen vor den Suppenküchen um den ganzen Block reichten, ging Dons Leben und das seiner Geschwister mehr oder weniger unverändert weiter.[73]

Zwei Blöcke von Budges Haus entfernt lag der Bushrod-Park, ein Paradies für Kinder, mit Baseball- und Softballfeldern, Basketballplätzen, Schaukeln und Klettergerüsten sowie drei Asphalttenniscourts mit Kalkmarkierungen. Schon als Kind mochte Don alle Arten von Sport, vor allem Baseball und Basketball. Tennis mochte er vermutlich am wenigsten, aber seinen großen Bruder Lloyd, der später ein guter Collegespieler und ein erfolgreicher Berufstrainer wurde, hatte der Tennisbazillus schon früh befallen. Und da es im Bushrod-Park keine Schlagwand gab, schleppte Lloyd seinen kleinen Bruder, sobald dieser dreizehn war, mit zu den Tennisplätzen, gab ihm ein altes Racket und übte seine Schläge mit ihm. Don lernte, den Ball gleichmäßig zurückzuschlagen, wurde zu einer Art menschlicher Schlagwand, lief aber eigentlich immer noch viel lieber hoch fliegenden Baseball-Bällen hinterher.

Ein paar Jahre später versuchte ihn Lloyd eines Tages bei der Ehre zu packen. Beim Abendessen eröffnete er der Familie, dass

Don, wenn er nicht so faul wäre, vermutlich die bevorstehenden kalifornischen Tennismeisterschaften für unter Sechzehnjährige gewinnen könnte. Aber dazu, so fuhr er fort, werde es eben nie kommen, weil sein kleiner Bruder einfach nicht übe.

Der Junge nahm die Herausforderung an. Die zwei Wochen vor dem Turnier stand er jeden Tag von früh bis spät im Bushrod-Park und schlug Bälle mit jedem, den er auf den Tennisplatz locken konnte. Dieser Park war der Ort, wo er aus dem linkshändig ausgeführten Baseballschlag sein Rückhandspiel entwickelte, das immer seine große Stärke bleiben sollte. Alles, was er außer diesem einen Trumpf noch aufzubieten hatte, waren schnelle Füße und Entschlossenheit.

Zum Turnier erschien Budge in schmutzigen alten Turnschuhen, einem unscheinbaren weißen T-Shirt und hellbraunen Cordhosen – den tennistauglichsten Sachen, die seine Mutter im Schrank gefunden hatte. In der ersten Runde lief er – um es mit Budges eigenen Worten zu sagen – »wie ein Golden Retriever« einfach jedem noch halbwegs erreichbaren Ball hinterher, brachte ihn zurück ins Feld und gewann das Match ohne allzu große Mühe. Erst danach erfuhr er, dass er soeben gegen den an Nummer eins Gesetzten gespielt hatte. Die nächsten Runden waren für ihn ein Kinderspiel, und so durfte er sich am Ende des Turniers Kalifornischer Meister der unter Sechzehnjährigen nennen.

Von diesem Tag an war nicht mehr Baseball, sondern Tennis Don Budges Sport, und er begann zu Turnieren in ganz Kalifornien zu reisen. Dass er aus einfachen Verhältnissen stammte, konnte ihn nicht von seinem neuen Ziel abbringen, ein Spieler von Weltrang zu werden. Tennis galt zwar als Sport für exklusive Privatclubs, aber inzwischen gab es auch viele Meister, die auf öffentlichen Plätzen groß geworden waren. George Lott und Johnny Doeg zum Beispiel, und vor allem der wie Budge ebenfalls aus Kalifornien stammende Ellsworth Vines, der kurz davor stand, in Wimbledon Worldchampion zu werden.

Drei Jahre später, 1933, schickte die Northern California Tennis Association den jungen Budge zu den Nationalen Juniorenmeisterschaften in Culver im Bundesstaat Indiana. Mit achtzehn Jahren war er immer noch unter eins siebzig, immer noch der gleiche etwas schmächtige, rothaarige Retriever. Er hatte sich noch keinen Namen gemacht und war bei dem Turnier nicht gesetzt, aber er kämpfte sich durch, bis ins Finale, und traf dort auf den Topplatzierten: seinen Kumpel Gene Mako.

Mako, »der Sonnyboy des südkalifornischen Tennis«, war zwar sechs Monate jünger als Budge, dafür aber schon über eins achtzig und muskulös. Der Sohn eines ungarischen Künstlers hatte 1916 in Budapest das Licht der Welt erblickt. Nach dem Krieg waren seine Eltern erst nach Italien und dann nach Argentinien gezogen und hatten sich schließlich, als Gene sieben war, in Los Angeles niedergelassen. »Ich konnte noch kaum laufen, da versuchte ich mich schon in allen möglichen Sportarten«, erinnert er sich neunzig Jahre später.[74] Sein erstes Tennisturnier gewann er mit zwölf, vier Monate nachdem er zum ersten Mal auf einem öffentlichen Platz einen Ball geschlagen hatte. Als er um die fünfzehn war, spielte er bei Tischtennisturnieren im ganzen Land und gewann den Meistertitel. Nach seinen großen Jahren als Budges Doppelpartner wurde er Halbprofi im Basketball. Aber vorerst war er Amerikas vielversprechendster Junior im Tennis.

Mako und Budge hatten sich zwei Jahre zuvor, als beide sechzehn waren, kennengelernt und waren schnell enge Freunde geworden. Beide liebten Jazz und alles, was mit Sport zu tun hatte, und waren einander bald so vertraut wie zwei Brüder. Auf Anhieb verstanden sie sich auch als Doppelpartner, wobei Mako seinem Teamkollegen die ersten paar Jahre klar überlegen war. Bei ihrem ersten gemeinsamen Spiel zeigte Mako auf die Vorhandseite des Spielfeldes. »Du spielst dort«, sagte er, »und es ist mir egal, was du machst, aber verpass keinen Ball.«[75]

1933, als er achtzehn war, holte Budge endlich auf. Auf ihrer Tour durch die Oststaaten schlug ihn Mako zwar bei den Meisterschaften von Michigan, aber bei den National Junior Championships in Indiana bezwang Budge seinen Partner im Endspiel mit 6 : 2, 6 : 2, 1 : 6, 0 : 6 und 8 : 6. Im letzten Satz hatte Mako zeitweilig 5 : 3 geführt, und unterm Strich hatte er auch mehr Spiele (22 zu 21) und mehr Punkte (160 zu 150) aufzuweisen, aber der neue amerikanische Ju-

niorenmeister hieß Don Budge. Trotzdem fand der Retriever keine
Anerkennung: Der Champion war verärgert, als er ein paar Wochen
später lesen musste, was Big Bill Tilden, der Übervater und Hohe-
priester des Tennis, von sich gegeben hatte: »Die Zukunft des amerikanischen Tennis gehört Gene Mako, Frank Parker und vielleicht
noch Don Budge.«[76]

Nach seinem Erfolg bei den Juniorenmeisterschaften schrieb sich
Don Budge zum Studienjahr 1933/34 in Berkeley ein. Doch schon
im Frühjahr wurde er in die Ersatzmannschaft des amerikanischen
Daviscup-Teams berufen, und obwohl er die Absicht hatte, sein Studium im Herbst wiederaufzunehmen, wurde das Tennis von nun an
zum Dreh- und Angelpunkt seines Lebens. Im Sommer bekam er
endlich die Chance, bei den Rasenturnieren an der Ostküste anzutreten, ein absolutes Muss für alle amerikanischen Tennisspieler.
Mako und er reisten zusammen. Meist waren sie bei Gastfamilien
untergebracht, die sie auch mit Essen versorgten. Die USLTA gab
ihnen 1,50 Dollar für die Wäsche und noch einmal den gleichen Betrag als Taschengeld, und sie fühlten sich, als läge ihnen die Welt zu
Füßen.[77] Im Doppel konnten sie zwei Turniere gewinnen und erreichten bei den jährlich im Longwood Cricket Club nahe Boston
ausgetragenen Nationalen Meisterschaften das Viertelfinale. Und
im Einzel musste sich Budge bei den US-Meisterschaften in Forest
Hills erst in der vierten Runde geschlagen geben, als er in vier Sätzen gegen Vernon Kirby verlor, der ein paar Monate zuvor in Wimbledon auch Cramm aus dem Turnier geworfen hatte. Es bestand
kein Zweifel mehr: Budge hatte es geschafft, auch wenn er 1934
noch nicht zu den Top Zwanzig der Weltrangliste gehörte.

Eine seiner – wie sich herausstellen sollte – klügsten Entscheidungen traf Don Budge, als er das Angebot ausschlug, im Winter
mit einem amerikanischen Team durch Südamerika und die Mittelmeerländer zu touren, und stattdessen nach Oakland zurückkehrte,
um mit seinem Trainer Tom Stow an seinem Spiel zu arbeiten. Stow,
ehemaliger Champion der US-Collegemeisterschaften im Doppel
und inzwischen professioneller Tennislehrer in einem Privatclub,
hatte Don seine Dienste angeboten, nachdem dieser die US-Junio-
renmeisterschaften gewonnen hatte. Er wusste, dass ihn Don noch

nicht bezahlen konnte, aber er dachte, dass sein Schüler das Zeug
zum Meister hatte, und war bereit, ein Risiko einzugehen, das sich
später vielleicht auszahlte.

Stow war ein strenger, etwas grob auftretender Mann, ein verbis-
sener Perfektionist, der viele Leute abstieß. Aber wenn er an seinen
Schüler glaubte und dieser ihm vertraute, war er der beste Trainer,
den man finden konnte. Und jetzt widmete sich Stow den ganzen
Winter über seinem neuen Schützling Budge und arbeitete mit
ihm an seiner Vorhand. Wie viele Kalifornier, die das Tennisspielen
oft auf harten Plätzen lernen, bevorzugte auch Budge den Westerngriff, bestens geeignet, um die Bälle so anzuschneiden, dass sie auf
dem Asphalt hoch abspringen. Aber auf Rasen – dem Belag in Forest
Hills und auf anderen Turnierplätzen an der Ostküste sowie natürlich auch in Wimbledon – war der Westerngriff eher hinderlich.
Mit ihm war es schwer, die flach wegspringenden Bälle anzunehmen
oder einen Angriffsball als Slice zu schlagen, was auf Rasen besonders wirkungsvoll war.

Für Stow stand außer Frage, dass Budge sich den Easterngriff an-
eignen musste, wenn er zur Spitzenklasse gehören wollte. Auf Stows
Geheiß mussten den ganzen Winter über Tag für Tag verschiedene
Trainingspartner Bälle auf Dons Vorhand spielen. »Tom war da
sehr eigenwillig«, erinnerte sich einer dieser Partner. »Entweder
du lerntest, so zu spielen, wie er es wollte, oder du lerntest es gar
nicht. … Ich schlug stundenweise mit Budge Bälle, während Tom
ihn wegen seiner Vorhand anschrie.«[78]

Im Frühjahr 1935 war die Verwandlung vollzogen. Don Budge
war kein kleiner Retriever mehr. Seine Rückhand war sowieso schon
immer gut gewesen, und Stow hatte sich auch gar nicht weiter mit
ihr beschäftigt. Aber passend zu dieser Rückhand hatte er jetzt –
trotz seiner etwas schmächtigen Statur – noch einen druckvollen
Aufschlag und eine wuchtige Vorhand und spielte auch am Netz mit
mehr Biss. Bei jeder Gelegenheit preschte er vor, griff seinen Gegner an und ließ nicht locker.

Im vorausgegangenen Herbst hatte Walter Pate Reporter in Er-
staunen versetzt, als er ihnen mitteilte: »Budge muss noch an seiner Vorhand arbeiten, aber er ist der Kerl, den wir brauchen, um

uns den Daviscup zurückzuholen.« Budge selbst war nicht weniger überrascht als alle anderen. Als er nach seinem starken Auftritt in Forest Hills gefragt wurde, ob er hoffe, im Jahr danach ins Daviscup-Team berufen zu werden, erwiderte er mit gespielter Unschuld: »Ich wäre schon froh, wenn ich in die Mannschaft der Kanarischen Inseln käme. ... Sowieso würde ich lieber Basketball spielen als Tennis.« Aber ein paar Monate später wurde der beliebte siebenundfünfzigjährige Pate, ein New Yorker Anwalt, der es als Spieler in seiner Jugend auf die US-Rangliste geschafft hatte und seit ewigen Zeiten als USLTA-Funktionär tätig war, zum neuen Kapitän des Daviscup-Teams ernannt, für das er prompt Budge nominierte, obwohl dieser im nationalen Vergleich nur den neunten Rang belegte. »Wir werden diesen Pokal nicht über Nacht gewinnen«, erklärte Pate, »und in ein paar Jahren wird der junge Mann dafür bereit sein.«[79]

Budge und Mako kamen in den Vorrunden gegen China und Mexiko zum Einsatz, mussten sich aber mit einem Platz in der Reservemannschaft begnügen, als es nach Wimbledon ging, wo ein paar Wochen nach dem Meisterschaftsturnier das Interzonen-Finale gegen die Deutschen zu bestreiten war. Voller Freude über ihren bevorstehenden ersten Aufenthalt in Europa packten die kalifornischen Jungs Grammophon und Jazzplatten sowie Schläger und Tennissachen ein und schifften sich mit dem Team der Vereinigten Staaten nach England ein.

Fast hätten sie das Schiff verpasst. In letzter Minute flitzten sie »ohne Kopfbedeckung und in Hemdsärmeln« zusammen die Laufplanke hoch. Sie hatten vor dem Ablegen noch schnell ein paar Jazzplatten kaufen wollen. Was sie jetzt erwartete, war eine fünftägige Entspannungsreise. Es gab einen Atlantikdampfer mit einem Tennisfeld an Bord, und die große Helen Wills reiste gewöhnlich mit diesem Schiff, damit sie während der Überfahrt trainieren konnte, aber die USLTA hielt es für eine gute Idee, den Spielern ein paar tennisfreie Tage zu gönnen, womit alle einverstanden waren. Dafür spielten sie allerdings eine Menge Tischtennis, und zwar »zum größten Vergnügen der anderen Passagiere«, wie ein mitreisender Sportjournalist schrieb. »Mako ist ein wahres Tischtenniswunder.

Er spielt über zwei Meter hinter dem Tisch und verblüfft alle mit seinen spektakulären Schlägen, vor allem mit jenem Vorhandslice, den er mit übermäßigem Spin *unterhalb* der Tischplattenhöhe ausführt, so dass der verdutzte Gegner sich wundert, wo der Ball geblieben ist, bis dieser wie aus dem Nichts auf ihn zufliegt und im rechten Winkel vor ihm aufspringt.«[80]

Der noch nicht einmal zwanzigjährige Budge handelte sich auf seiner ersten Reise nach Übersee im Nu den Ruf ein, etwas naiv zu sein. Seine Mannschaftskameraden machten sich einen Spaß daraus, ihn immer wieder mit der Geschichte vom Zollbeamten aufzuziehen, der am Morgen ihrer Ankunft in England an Budges Kabinentür klopfte. Don hatte noch geschlafen und torkelte zur Tür. »Verzeihung, Sir«, sagte der Beamte, »kann ich bitte Ihr Visum sehen?« Budge dachte, der Mann beziehe sich auf den Augenschirm (englisch »visor«), mit dem er immer schlief, und fragte ihn, wozu um alles in der Welt er seinen »Visor« sehen wolle.[81]

Eine bekanntere Anekdote veranschaulicht, dass die englischen Zuschauer ihn ungerechtfertigterweise mit Vorliebe als amerikanischen Hinterwäldler wahrnahmen. Die Geschichte spielte sich ein paar Wochen später ab, während des Viertelfinales in Wimbledon. Der amerikanische Junge, der im eigenen Land nur den neunten Platz belegte, hatte die Fans mit seiner neuen kraftvollen Spielweise beeindruckt, die ihn erfolgreich durch die ersten vier Runden geführt hatte. Tatsächlich hatte er im Turnier bis jetzt erst einen Satz verloren, und zwar in der vierten Runde gegen den an Nummer acht gesetzten Christian Boussus.

Jetzt, im Viertelfinale, traf er auf Bunny Austin, den an Nummer vier gesetzten Liebling des englischen Publikums, den gut aussehenden Mann aus Cambridge, der die Tennisshorts erfunden hatte. Austin gewann den ersten Satz 6 : 3, und es hatte den Anschein, als ob das aufsehenerregende Debüt des Amerikaners im Viertelfinale ein würdiges Ende finden würde. Aber Budge gab nicht auf. Beim Stand von 8 : 8 im zweiten Satz hatte Austin gute Chancen, den Jungen abzufertigen, aber dann gewann doch Budge den Satz mit 10 : 8, und ehe die Zuschauer diese Entwicklung verdaut hatten und sich darauf einstellen konnten, dass ihr Favorit womöglich gegen den

Newcomer verlor, hatte Budge auch schon den dritten Satz mit 6 : 4 für sich entschieden. Und dann, mitten im vierten, als beide Spieler gleichauf lagen und Austin verzweifelt versuchte, einen fünften Satz zu erzwingen, während Budge den Sack endlich zumachen wollte, kam Queen Mary.

Es war das erste Mal, dass Budge eine Königin sah, aber er wusste genau, was jetzt zu tun war. Alle Spieler waren ausführlich darüber unterrichtet worden, dass sie beim Erscheinen der Queen das laufende Match – notfalls auch mitten im Ballwechsel – augenblicklich zu unterbrechen hätten, um Haltung anzunehmen, bis Ihre Hoheit in der königlichen Loge Platz zu nehmen geruht hatte. Zu diesem Brauch schrieb Al Laney damals in der *New York Herald Tribune*:

> Der König und die Königin besuchen auch andere Veranstaltungen, und auch dort erhebt man sich, wenn sie eintreten oder vorbeigehen, aber nirgends erlebt man in dieser Hinsicht etwas Ähnliches wie in Wimbledon. … Der Ball fliegt hin und her, und plötzlich, als habe man einem gedrillten Truppenverband einen Befehl erteilt, nehmen achtzehntausend Zuschauer ihre Kopfbedeckung ab, erheben sich und stehen still. Das Geräusch beim Aufstehen signalisiert den Spielern, dass sie den Ballwechsel abbrechen müssen. Sobald Ihre Hoheiten Platz genommen haben, scheint die Menge wieder zu atmen. Die Spieler, die auf beiden Seiten des Courts reglos dagestanden haben, rühren sich wieder, und das Spiel geht weiter.[82]

Im Match Budge gegen Austin war der königliche Tross zum Glück zwischen zwei Ballwechseln erschienen – der Amerikaner war es nicht gewohnt, einen Ball mitten im Spiel einfach aufzugeben. Sämtliche Zuschauer hatten sich sogleich wie ein Mann erhoben und waren in ehrfurchtsvoller Haltung erstarrt, so auch Austin, der von seiner Seite aus direkt auf die königliche Loge sah.

Auch Budge stand still, aber es hatte ein paar Sekunden länger gedauert als bei den anderen. Er hatte sich, wie er das auf dem Tennisplatz oft tat, mit einem Ärmel den Schweiß von der Stirn gewischt, bevor er die Arme angelegt hatte. Die Queen und ihr Gefolge setzten sich, die Spieler nahmen ihre jeweiligen Positionen für den nächsten Ballwechsel ein, und das Spiel wurde fortgesetzt. Budge machte sich keine weiteren Gedanken darüber, und niemand sprach ihn nach dem Match darauf an.

Ein englischer Journalist jedoch hatte mehr gesehen als ein schlichtes Über-die-Stirn-Wischen. Am nächsten Tag berichtete er mit diebischer Freude, der kecke Amerikaner habe der Königin zugewinkt. Die Geschichte wurde tausendfach kolportiert und von Mal zu Mal mit neuen Details ausgeschmückt. Jahre später schrieb ein renommierter Tennisexperte, Budge habe erst beim Seitenwechsel begriffen, was der Grund für die Spielunterbrechung gewesen sei, und als er sich nun direkt unter der Königsloge wiederfand, habe er gewinkt, auf dem plötzlich knallroten Gesicht ein verlegenes Grinsen. Laut dieser Version ereignete sich der Vorfall übrigens auch nicht im Viertel-, sondern erst im Halbfinale, im Match gegen den an Nummer zwei gesetzten Gottfried von Cramm, »den eleganten Weltmann und untadeligen Aristokraten, der nicht zum ersten Mal auf dem Centre Court spielte und mit den hiesigen Gepflogenheiten bestens vertraut war«. Als die Queen auf der Tribüne erschien, so heißt es weiter, »ließ Cramm den Ball vorbeifliegen, legte den Schläger ab, wandte sich zur Loge hin und nahm mit Klapp und Knall Haltung an. Budge dagegen sah nur dumm aus der Wäsche, nestelte an seinem Racket herum, scharrte mit den Füßen und schlurfte über den Platz … Nach dem Spiel wechselten sie die Seiten, und Budge sagte etwas zu Cramm. Als Cramm dann antwortete, lief Budges Kopf hochrot an.« Dann folgen das Grinsen und das Winken. Die vor Übertreibungen wimmelnde Version geht noch weiter:

Die Zuschauer hielten die Luft an. Was sich soeben ereignet hatte, war ein unerhörter Verstoß gegen die Etikette, und sicher würde ihnen nun der Himmel auf den Kopf fallen. Stumm vor Schreck setzten sich die Tausende wieder hin und harrten dem nahen Weltenende. …

Auch die Queen war erschrocken. Einen Augenblick lang blieb sie starr sitzen. Doch dann lächelte sie zu Budge hinüber, hob ein

wenig die Hand, wie zum Gruße, und verneigte sich feierlich, so
dass die Zuschauer ihren mit Blumen geschmückten grauen Hut
von oben betrachten konnten.

Das Eis war gebrochen. Auf der anderen Seite des Courts begann jemand zu kichern, und von den Rängen rief eine Stimme,
nicht laut, aber doch vernehmlich: »Gott schütze die Königin.«
Jemand applaudierte, und die Tribüne stimmte ein. Der Beifall
galt Budge, und er galt einer der liebenswürdigsten Gesten, deren
man je vonseiten einer königlichen Hoheit ansichtig geworden
war.[83]

Wie dem auch sei, nachdem Budge den vierten Satz gegen Austin
schließlich gewonnen hatte, erwartete ihn im Halbfinale tatsächlich
der vornehme von Cramm. Der nach allgemeinem Dafürhalten
mittlerweile zweitbeste Spieler der Welt hatte eben erst um Haares-
breite seinen zweiten französischen Meistertitel verpasst. In dem
hart umkämpften Finale in Roland Garros hatte er sich Fred Perry
geschlagen geben müssen, der inzwischen auf der Höhe seines Könnens angelangt war. Für Budge war das bevorstehende Spiel gegen
Cramm die größte Herausforderung seines bisherigen Sportler-
lebens. Die Großtaten des deutschen Champions kannte er nur aus
der Zeitung, denn Cramm hatte noch nie die Vereinigten Staaten
besucht, und für Budge war die Reise nach Wimbledon ohnehin der
erste Abstecher ins Ausland.

Nach dem Sieg über Austin sprach Budge mit einigen Reportern.
»Ich war von meinem jüngsten Erfolg noch ganz benommen«, erinnerte er sich später, »und vermutlich war er mir, wie man verstehen kann, auch etwas zu Kopf gestiegen, obwohl ich mir alle erdenkliche Mühe gab, auf dem Teppich zu bleiben und einen guten
ersten Eindruck zu hinterlassen.« Nach den Interviews nahm er in
der luxuriösen Umkleidekabine ein Bad, genoss im Stillen seinen
Triumph und zog Anzug und Krawatte an. Er wollte gerade los, um
mit Mako und den anderen Amerikanern zu Abend zu essen, und
machte sich schon einmal ein paar Gedanken darüber, wie er das
Halbfinale gegen Cramm angehen sollte, da kam ein schmucker
junger Mann auf ihn zu, der nur ein paar Jahre älter war als er selbst.

Auch er trug Anzug und Krawatte – allerdings weitaus edlere Kleider, so dass Don das Gefühl hatte, schäbig auszusehen – und sagte in geschliffenem Oxford-Englisch mit nur einem Hauch von Akzent: »Verzeihung, Don. Ich bin Gottfried Cramm.«[84]

Budge hatte bis dahin noch nicht einmal ein gutes Bild von ihm gesehen, er kannte nur die unscharfen Schnappschüsse aus den Fachzeitschriften. Er zuckte zusammen und gab ihm nervös die Hand, und Gottfried fragte, ob er nicht Lust hätte, ein bisschen mit ihm zu plaudern, »damit sie einander kennenlernen konnten«. Sie verließen das Stadion und setzten sich auf eine leere Bank an einem der äußeren Courts, die so spät im Turnier nicht mehr bespielt wurden. Don war nervös, aber Cramm wirkte ganz entspannt, und nach seinem glanzvollen Sieg dachte Don, er könne Eindruck schinden, indem er sich beim Gespräch über sein großes Spiel bescheiden gab.

Aber schon mit seinen ersten Worten brachte ihn Cramm völlig aus dem Konzept. »Weißt du, Don«, sagte er und sah ihm fest in die Augen, »ich habe heute dein Spiel gesehen, und ich muss leider sagen, dass ich dein Verhalten sehr unsportlich fand.«

Budge verschlug es die Sprache. Er war bestürzt und auch überrascht: Er hätte schwören können, dass er im Spiel gegen Austin eine geradezu vorbildliche Fairness an den Tag gelegt hatte.

Cramm sah, wie das Gesicht des jungen Mannes immer länger wurde, und setzte noch einmal an: »Sieh mal, Don, wir werden in zwei Tagen gegeneinander spielen, und ich glaube, dass wir in den kommenden Jahren noch sehr oft gegeneinander spielen werden. Ich war vielleicht etwas schroff, aber ich glaube, es ist gut, wenn wir von Anfang an versuchen, uns zu verstehen.«

Budge nickte nur. Er hatte immer noch keine Ahnung, worüber Cramm redete. Erst jetzt lieferte dieser eine Erklärung nach. Es war im dritten Satz gewesen, beim Stand von 1 : 1, als das Match noch völlig offen war. Während eines langen Ballwechsels hatte sich Budge ans Netz vorgekämpft, und Austin hatte einen druckvollen Passierschlag gespielt, der direkt an seinem Gegner vorbeisegelte und in der Nähe der Seitenlinie aufkam. Der Linienrichter entschied auf Aus, aber Budge war sich sicher, dass der Ball die Linie getroffen hatte. Austin schien es auch so gesehen zu haben, war aber

nach einem kurzen Blick auf die Stelle brav zur Grundlinie zurück-
gelaufen, um den nächsten Ball zu spielen.

Budge tat nun, was er bei einer Fehlentscheidung zulasten seines
Gegners für angemessen hielt. Austin schlug auf, und Budge spielte
den Ball demonstrativ mit voller Absicht ins Netz. Die Zuschauer
zollten ihm dafür Anerkennung, und das Spiel ging weiter.

»Ja, ich erinnere mich«, sagte Don. »Die Entscheidung des Linienrichters war unhaltbar. Da habe ich doch richtig gehandelt,
oder?«

»Ganz und gar nicht«, antwortete Gottfried. »Du hast einen großen Rummel veranstaltet, um allen zu zeigen, dass du einen Punkt
abgibst, weil du dachtest, dass die Entscheidung Bunny Unrecht tat.
Aber durftest du das? Du hast dich zum Richter aufgeschwungen,
obwohl du keiner bist, und indem du dir angemaßt hast, die Dinge
auf deine Art zurechtzurücken, hast du es geschafft, den armen Linienrichter vor achtzehntausend Zuschauern bloßzustellen.«

So hatte es Don noch nicht gesehen. Er war dem Vorbild des großen Tilden gefolgt, des Schauspielers unter den Tennisstars, der
keinem Linienrichter jemals einen Fehler durchgehen ließ. Wenn er
mit einer Entscheidung nicht einverstanden war, marschierte Big
Bill, die Hände in die Hüften gestemmt, zunächst zu dem Unparteiischen, der den dreisten Irrtum zu verantworten hatte, und fragte
ihn mit einem Blick, der nur als vernichtend beschrieben werden
kann: »Wollen Sie Ihre Entscheidung revidieren?« Wenn der Hilfs-
richter sich uneinsichtig zeigte, trat er vor den Schiedsrichter und
verkündete für alle hörbar: »Ich nehme diesen Punkt nicht an.«
Wenn nun auch die höhere Instanz die Entscheidung nicht kippte,
nahm Tilden die Sache selbst in die Hand und schlug den nächsten
Ball einfach auf spektakuläre Weise ins Aus. In mindestens einem
Match, bei dem die Leistungen eines Linienrichters einfach indis-
kutabel waren, verspielte er sogar einen ganzen Satz, bevor er seinen
Gegner dann in den folgenden Sätzen mit stoischer Ruhe abfer-
tigte – und das, wohlgemerkt, in der Herausforderungsrunde des
Daviscups. Schlimmer war jedoch, dass er das Gleiche auch von je-
dem anderen forderte. Wenn bei einem von Tildens Schlägen auf
Aus entschieden wurde, er aber dachte, dass der Ball gut war, dann

erwartete er, dass der Gegner den nächsten Punkt vergab. Es spielte keine Rolle, ob der Linienrichter, der Schiedsrichter, der Gegner und das gesamte Publikum sich darin einig waren, dass der Ball aus war. Wenn man den Punkt annahm, bekam man Tildens geballten Zorn zu spüren.[85]

Cramm hatte von Tilden viel über Tennis gelernt, aber seine selbstherrliche Einstellung gegenüber den gängigen Umgangsformen teilte er offenbar nicht. Und Budge war bereit, anzuerkennen, dass man in Fragen der Tennisetikette eher Cramm nacheifern sollte. Als ihr Gespräch endete, war der junge Amerikaner davon überzeugt, dass sie »die Punkte immer so akzeptieren sollten, wie sie gegeben wurden«.

Zwei Tage später trafen die beiden neuen Bekannten im Halbfinale auf dem Centre Court aufeinander. Wie es sich ergab, wurde im allerersten Spiel bei einem von Cramms Schlägen auf Aus entschieden, obschon der Ball die Linie wohl zumindest gestreift hatte. Budge blickte aus den Augenwinkeln zu ihm hinüber, aber Cramm schien schon gar nicht mehr an den Ball zu denken, sondern ging zu seiner Position zurück und wartete auf den nächsten Aufschlag. Budge schenkte seinem Gegner nichts und gewann das Spiel. Beim Seitenwechsel warf Gottfried ihm einen Blick zu, »deutete ein verschmitztes Lächeln an« und sagte: »Ich denke, du siehst die Dinge genau wie ich.«[86]

In diesem ersten Satz wurde Cramm von Budge überrascht, der 6:4 gewann, und die Zuschauer fragten sich schon, ob dieser Junge gerade dabei war, den zweitbesten Spieler der Welt zu bezwingen, und ob er womöglich auch noch ihren großen Fred Perry herausfordern würde. Aber der wie immer unerschütterliche Cramm setzte seine Lehrstunde in Sachen Sportlichkeit an dieser Stelle fort und demonstrierte eindrucksvoll, wie wichtig im Aufbau eines Matchs Beharrlichkeit und Krafteinteilung sind. Er entschied den zweiten Satz mit 6:4 für sich und gab in den beiden letzten das Heft nicht mehr aus der Hand: 6:3, 6:2. Als die Spieler den Platz verließen, merkte Gottfried, dass der Aufseher aus irgendeinem Grund die Tür zur Umkleide noch nicht geöffnet hatte. Also ging der »Gentleman von Wimbledon«, wie ihn das englische Publikum schon bald nennen sollte, ein paar Schritte voraus, öffnete die Tür und überließ seinem unterlegenem Gegenspieler den Vortritt. Dann verschwand er selbst unter dem Jubel des Publikums.[87]

Nach seinem Sieg über Budge war es nun an dem erfahrenen Deutschen, Neuland zu betreten: Er stand im Finale von Wimbledon. Er hatte endlich herausgefunden, wie er seine gemächliche Sandplatzspielweise den Verhältnissen auf dem englischen Rasen anpassen konnte. Die Lösung hieß Angriff, Angriff und nochmals Angriff. Wenn er am Netz spielte, brauchte er keine schnell und manchmal unberechenbar abspringenden Bälle zu fürchten, die er wegen seines weit ausholenden Rückschwungs oft nur schwer erreichte. Natürlich war auch sein Gegner Fred Perry ein Meister des Angriffsspiels auf Rasenplätzen, aber zumindest würde Cramm eine Chance haben, sich für die Schlappe zu revanchieren, die ihm Perry letzten Monat in Paris beschert hatte.

Im Finale der französischen Meisterschaften hatte Perry den Titelverteidiger Cramm vom Thron gestoßen. Auf seinem Lieblingsbelag hatte der Deutsche in vier Sätzen verloren. Jetzt wollte er seinerseits versuchen, im Revier des Briten zu wildern. Nur hatte er das Pech, dass Perry so fit war wie noch nie zuvor. Er war der vermutlich schnellste Spieler aller Zeiten, und dank dieser Schnelligkeit und einer mörderischen, aus dem Handgelenk gespielten Vorhand hatte er nicht nur die letzten beiden US-Meisterschaften gewonnen, sondern war 1934 auch Meister in Australien und Wimbledon geworden. Seine einzige Schwäche waren die Sandplätze, und diese Schwäche hatte ihn 1934, als er im Viertelfinale der französischen Meisterschaften ausgeschieden war, um den ersten Grand Slam der Tennisgeschichte gebracht. Nachdem er gezeigt hatte, dass er auch auf Sand erfolgreich sein konnte, sah er jetzt seinem zweiten Titelgewinn in Wimbledon entgegen. Wenn der Elan des feschen Briten, der maßgeschneiderte Tennissachen trug, das Publikum ins Spiel mit einbezog und zwischen den Ballwechseln mit Prominenten auf der Tribüne plauderte, nur noch von Cramm übertroffen wurde, so war umgekehrt Perry der Einzige, der Cramm auf dem Tennisplatz überlegen war. Und im Finale schlug er ihn deutlich mit 6 : 2, 6 : 4 und 6 : 4.

Trotzdem wird sich Cramm gute Chancen ausgerechnet haben, die begehrteste Trophäe des Tennissports schon in naher Zukunft in Händen zu halten. Er hatte recht mühelos das Finale erreicht, und das Ergebnis im Match gegen Perry hätte, wie ein amerikanischer Reporter schrieb, »täuschender nicht sein können. Was die vollendete Ausführung der Schläge, die schiere Schnelligkeit und den Wagemut angeht, sind wohl nur selten drei so hart umkämpfte Sätze gespielt worden.« Und nach Ansicht eines altgedienten britischen Tennisexperten »hatte das Spiel zwischen Perry und Cramm ein so ungemein hohes Niveau, dass viele Zuschauer gar nicht bemerkten, wie gut es war. Im Grunde führte jeder Fehler sogleich zum Punktverlust, und außer bei absolut sicheren Bällen wagte es keiner der beiden Männer, ans Netz vorzurücken.«[88]

Auf Wimbledon folgten die letzten Ausscheidungsrunden im Daviscup, und wie 1929 und 1932 hatten die deutschen Tennisfans auch 1935 allen Grund zur Annahme, dass ihr Team für den Kampf um dem Einzug in die Herausforderungsrunde gut gerüstet war. Ihr Spieler Cramm hatte sein Potenzial voll entfaltet und konnte an guten Tagen jeden besiegen. Und die Mannschaft schien endlich einen würdigen Ersatz für den ausgeschiedenen Prenn gefunden zu haben. Der neunzehnjährige »Rot-Weiße« Henner Henkel, Sohn eines Berliner Kaufmanns, hatte die Gesichtszüge eines Kämpfers, sorgfältig nach hinten pomadisiertes blondes Haar und einen kraftvollen ersten Aufschlag, der viel Aufsehen erregte. Er war trotz seiner lässigen Einstellung zum Training Cramms wichtigster Schützling bei »Rot-Weiß« geworden und bestritt nun neben ihm die Einzel im Daviscup. Der junge Henkel hatte in der zweiten Runde gegen Italien die einzige deutsche Niederlage erlitten, aber in der nächsten Runde gegen Australien hatte er sich als wahrer Glücksgriff erwiesen. Die Australier hatten mit Jack Crawford und Vivian McGrath zwei topplatzierte Spieler in ihrem Kader. Auf den Sandplätzen bei »Rot-Weiß« gelang es Cramm, beide zu schlagen, aber aus irgendeinem Grund war er nicht für das Doppel aufgestellt. Dieses wurde von dem recht unbekannten Duo Kai Lund und Hans Denker bestritten, die gegen Crawford und Adrian Quist den Kürzeren zogen. Henkel musste also eines seiner Spiele gewinnen, oder

Deutschland war aus dem Rennen. Und der unerfahrene Berliner, der bei den französischen Meisterschaften schon früh ausgeschieden war, gewann sogar beide. Am ersten Tag schlug er McGrath, der in Paris im Viertelfinale gestanden hatte, in vier Sätzen. Und nachdem Cramm am letzten Tag in seinem Match gegen McGrath schon alles klargemacht hatte, bezwang Henkel noch Crawford, die Nummer drei der Weltrangliste, mit einem 6:4 im fünften Satz.

Als nun das deutsche Team kurz nach dem Turnier in Wimbledon die Tschechoslowakei im Europazonen-Finale in Prag geschlagen hatte, kam es nach London zurück und machte sich große Hoffnungen auf einen Triumph gegen die Amerikaner im Interzonen-Finale. Immerhin hatte Cramm schon in Wimbledon einen relativ leichten Sieg über Budge errungen, und er ging nicht ohne Grund davon aus, dass ihm das auch im Match gegen Wilmer Allison gelingen könnte. Allison, ein früheres Mitglied der University of Texas Longhorns und derzeit die Nummer eins der amerikanischen Rangliste, war in Wimbledon an Nummer fünf gesetzt worden, hatte sich dann aber schon in der ersten Runde McGrath geschlagen geben müssen. Wenn Henkel mit einer weiteren Überraschung auftrumpfen konnte oder wenn sich Cramms Spielkunst als groß genug erweisen sollte, um in einem »Ein-Mann-Doppel« das eingespielte Team Allison/Van Ryn zu bezwingen, dann hätten die Deutschen eine Chance, zum ersten Mal in die Herausforderungsrunde einzuziehen.

Wieder einmal feierten die Berliner Zeitungen Cramm als den Retter des deutschen Tennis. Aber natürlich hatte sich Deutschland seit dem letzten Ausbruch des Daviscup-Fiebers im Jahr 1932 stark verändert. Zweieinhalb Jahre Naziherrschaft hatten die Wirtschaft wieder in Schwung gebracht, zugleich aber auch weite Teile der Bevölkerung, ob physisch oder psychisch, in Ketten gelegt.

Für diejenigen, die nicht verfolgt wurden und es sich leisten konnten wegzusehen, war 1935 ein ausgesprochen gutes Jahr. Es gab Arbeit, die Löhne waren hoch, und das kulturelle Leben blühte wie in Weimarer Zeiten. Wirtschaftlich hatte sich das Blatt seit den ersten unheilvollen Tagen der Krise komplett gewendet. Einerseits hatte Hitler Glück gehabt, dass er genau in dem Moment an die Macht kam, als gerade die Talsohle durchschritten wurde und es im

Grunde schon wieder aufwärtsging. Andererseits zeigte sich, dass sein Programm für die Binnenkonjunktur irgendwie funktionierte, obwohl die ökonomischen Grundannahmen, auf denen es beruhte, sofern überhaupt vorhanden, höchst abenteuerlich waren (für Ökonomen hatte Hitler nur Verachtung übrig). Wie die Regierungen der Weimarer Republik ließ auch er Geld drucken, um damit kostspielige Bauprojekte wie das nationale Autobahnnetz zu finanzieren. Doch im Gegensatz zu 1923, als die Reparationslast und andere Faktoren das Geld entwertet hatten, war der inzwischen bereits angelaufene Aufschwung stark genug, um den inflationären Effekt aufzufangen, und tatsächlich konnte Nazideutschland in den ersten Jahren sogar auf ein sinkendes Staatsdefizit verweisen.

Ein weiterer Grund für die wirtschaftliche Erholung war natürlich die geheim vorangetriebene deutsche Wiederaufrüstung. In einem eklatanten Verstoß gegen die Bestimmungen des Versailler Vertrages hatte Hitler vielfältige Vorbereitungen für den kommenden Krieg getroffen, und 1935 hielt er es nicht mehr für nötig, die entsprechenden Anstrengungen geheim zu halten. Über Göring ließ er einem Vertreter Großbritanniens mitteilen, dass Deutschland eine Luftwaffe habe und eine Reaktion aus London erwarte. Es gab keine. Eine Woche später, am 16. März, verkündete er ein Gesetz, das die Wiedereinführung der allgemeinen Wehrpflicht und den Aufbau eines Friedensheeres in einer Truppenstärke von fünfhunderttausend Mann vorsah. London protestierte zaghaft, ließ zugleich jedoch höflich nachfragen, ob Hitler noch bereit sei, den britischen Außenminister bei dessen bevorstehendem Besuch zu empfangen – eine Frage, die der Führer zu bejahen geruhte.[89]

Am nächsten Tag fanden überall in Deutschland große Feierlichkeiten statt. Die Schande und die Demütigung von Versailles waren Geschichte. Hitler hatte das neue Gesetz am Vorabend des Heldengedenktages verkündet, und dieses Jahr entwickelten sich die Paraden zu einer Demonstration militärischer Stärke, wie man sie seit 1914 nicht mehr gesehen hatte. In einer prunkvollen Zeremonie in der Berliner Oper sah man zahllose »junge Offiziere, die unbeweglich wie Marmorstandbilder die Kriegsflaggen des Reiches hielten«.[90]

Am 21. Mai, demselben Tag, an dem er das geheime Reichsver-
teidigungsgesetz erließ und sich selbst zum Obersten Befehlshaber der Wehrmacht erhob, hielt Hitler eine seiner geschicktesten
und scheinheiligsten Reden. Krieg sei sinnlos, erklärte er vor dem
Reichstag: »Unsere volkliche Lehre sieht daher in jedem Krieg zur
Unterjochung und Beherrschung eines fremden Volkes einen Vorgang, der früher oder später den Sieger innerlich verändert und
schwächt und damit in der Folge zum Besiegten macht. ... Nein!
Das nationalsozialistische Deutschland will den Frieden aus tiefin-
nersten weltanschaulichen Überzeugungen.«[91]
Die westlichen Demokratien schluckten es. Die *Times* schrieb:
»Wie man sieht, ist die Rede maßvoll, aufrichtig und umfassend. ...
Es ist zu hoffen, daß die Rede überall als eine aufrichtige und wohl-
erwogene Äußerung aufgenommen wird, die genau meint, was sie
besagt.«
Der Führer galt nun als »Symbol der unzerstörbaren Lebenskraft
der deutschen Nation, die in Adolf Hitler lebende Gestalt angenommen hat«.[92] Es herrschte großer Optimismus, die Menschen
vertrauten den Banken und der Regierung und investierten wieder.
Für den Durchschnittsbürger war es ein gutes Leben.
Für eine nicht unbeträchtliche Minderheit jedoch war das Leben
karg und bedrohlich geworden. Auch wenn Gottfried Berlin immer
noch liebte, so hasste er doch den Ungeist, der die Stadt regierte,
und im Allgemeinen war er jetzt am glücklichsten, wenn er außerhalb Deutschlands an einem Tennisturnier teilnahm. Zu Hause
gab es laufend Schwierigkeiten, vor allem wegen Manasse Herbst.
Herbst war nach Berlin zurückgekehrt, er suchte immer noch nach
einer Möglichkeit, die Ersparnisse seiner Eltern aus dem Land zu
schaffen. Zwar hatte ihm Gottfried, als er auf Turnieren in St. Mo-
ritz und Stockholm war, Geld nach Lissabon geschickt, aber er
machte sich Sorgen wegen der damit verbundenen Gefahren und
scheute sich, größere Beträge zu überweisen. In Berlin musste Gottfried Manasse praktisch aushalten – eine Situation, die wohl beide
belastete.[93] Ebenso wie es für beide belastend war, dass sich ihre
Stadt in eine Brutstätte des Hasses verwandelt hatte.
Wie andere suchten sie vermutlich etwas Erholung im Grune-

wald, wo sie zwischen Kiefern, verstreutem Gerümpel – hier ein
eisernes Bettgestell, dort eine ausgediente Schneiderbüste – und den
halbnackten Badegästen und Liebespaaren verschwinden konnten.
Möglicherweise liefen sie sogar den Nabokovs über den Weg, die
ihren kleinen Jungen in einem Kinderwagen vor sich herschoben;
vielleicht waren sich Vladimir und Gottfried schon bei »Rot-Weiß«
begegnet und erkannten einander wieder. Der Grunewald war, so
Nabokov, »von menschlichen Körpern in verschiednen Stadien der
Nacktheit und der Sonnenbräune übersät … widerwärtige Männer
mit Seehundstimmen hüpften in schlammigen Badehosen umher;
bemerkenswert hübschen, aber ungepflegten Mädchen, bestimmt,
ein paar Jahre später – Anfang 1946, um genau zu sein – eine unzei-
tige Brut von Kindern mit turkmenischem oder mongolischem Blut
in den unschuldigen Adern zur Welt zu bringen, lief man nach und
gab ihnen einen Klaps auf die Hinterpartie … Reihen junger Männer von betont nordischem Aussehen saßen mit geschlossenen Augen auf Bänken und setzten die Pickel auf Stirn und Brust der national anerkannten Wirkung der Sonne aus«. Gottfried und Manasse
mögen wie andere auch auf einer Grasfläche eine kleine Rast eingelegt haben, aber selbst auf den friedlichen Lichtungen unter strah-
lend blauem Himmel war kein Entkommen. Alle zehn Minuten kam
eine neue Schülergruppe in Begleitung ihres zwickertragenden
Lehrers vorbei und rief frohen Sinnes jedem, den sie antraf, ihren
neuen Schlachtruf »Juda verrecke!« entgegen.[94]
     Wenn sie in einem Café saßen, hörten sie die Blasmusik der
Marschkapellen. Draußen sahen sie in den Straßen eine Truppen-
kolonne nach der anderen an ihnen vorbeiziehen, und sie sahen die
zahllosen Hakenkreuzfahnen, die sich in der braunen See wie be-
drohliche Anemonen auf und ab bewegten. Wenn die Fahnen vor-
beidefilierten, streckten die Passanten beidseits der Straße den Arm
aus und riefen: »Heil Hitler!« Sie hatten keine Wahl; taten sie es
nicht, wurden sie zur Seite gezerrt und geschlagen. Wie jeder, den
der Anblick der Braunhemden eher anwiderte als begeisterte, lernten Gottfried und Manasse schnell, sich in eine Seitenstraße oder
einen Hauseingang zu schleichen, sobald sie die Musik und die Ge-
sänge näher kommen hörten. »Die Hakenkreuzfahnen überall«,

schrieb Sebastian Haffner, »die braunen Uniformen, denen man nirgends auskam: im Autobus, im Café, auf der Straße, im Tiergarten – überall machte es sich breit wie eine Besatzungsarmee. ... Die roten Plakate mit den Hinrichtungs-Bekanntmachungen an den Säulen, fast jeden Morgen, neben den Plakaten der Kinos und der Sommerrestaurants; ich sah sie schon gar nicht mehr.«[95]

Gottfried war froh, mit dem Daviscup-Team wieder nach London reisen zu können. Aber selbst in London war die Bedrohung durch Nazideutschland spürbar. Kaum waren die Feierlichkeiten anlässlich König Georgs fünfundzwanzigjährigem Thronjubiläum vorbei, da wurden die Londoner auch schon wieder an die unruhige internationale Lage erinnert. Obwohl die *Times* Hitler offenbar Glauben schenkte, wenn er seine Friedensabsichten bekundete und seine Unterstützung für die Appeasement-Politik beteuerte, hielten viele den Krieg mittlerweile für unausweichlich, zumal das Innenministerium jetzt auch damit begonnen hatte, einen Rundbrief mit Luftschutzanweisungen zu verteilen. Andererseits waren sich die meisten Menschen auch sicher, dass noch nicht einmal Hitler es wagen würde, wieder die Schrecken des Ersten Weltkriegs heraufzubeschwören. Deutsche Besucher waren in London immer noch gerngesehene Gäste, allen voran der beliebte Gottfried von Cramm.

Vor dem Hintergrund dieser angespannten politischen Lage muss man sich nun auch den Auftritt der jungen Amerikaner Budge und Mako vorstellen, die sich auf ihrer ersten Auslandsreise befanden, nur Jazz im Kopf hatten und vor allem ihren Spaß haben wollten. Sie gaben ein adrettes Duo ab, wenn sie Arm in Arm für die Fotografen posierten, beide in weißen Flanellhosen, weißen Hemden und dazu passenden weißen Pullovern mit schwarzen Knöpfen. Wenn sie morgens aufstanden und sich rasierten, hörten die Gäste in den Nachbarzimmern Benny Goodman und Tommy Dorsey durch die Wand swingen.[96]

»Budges rote Locken, seine leuchtenden Wangen und seine himmelblauen Augen erinnern an ein Modigliani-Porträt«, schrieb ein Beobachter. Andere Kommentare waren freilich weniger schmeichelhaft. Nach Ansicht des Nachrichtenmagazins *Time* ruhten die

Chancen des amerikanischen Daviscup-Teams »im Wesentlichen
auf seinem neusten, hässlichsten und jüngsten Mitglied …, auf dem
schlenkernd dahertrottenden, sommersprossigen, rothaarigen Zwanzigjährigen Donald Budge«.[97]

> Don Budge ist ein träger, sanfter Junge, so unansehnlich, dass
> selbst seine Mutter lächeln musste, als ein Freund [vermutlich
> Mako] meinte, ihr Sohn sei wenn nicht der beste, so doch sicher
> der hässlichste Tennisspieler der Welt. Er ist zweifelsfrei sympa-
> thisch, aber abseits des Tennisplatzes wirkt er recht unbedarft. Er
> hat erst vor einem Jahr die Highschool abgeschlossen, verbringt
> seine Freizeit damit, Bing Crosby oder den Mills Brothers nach-
> zueifern, und trinkt nichts, was stärker ist als Milch. Die Eigen-
> schaft, die sein Spiel auf dem Tennisplatz prägt, ist dieselbe, die
> ihm in anderen Bereichen manchmal völlig abzugehen scheint:
> Gewandtheit.[98]

Aber auf dem Court zählen gutes Aussehen und geschliffene Umgangsformen wenig, und plötzlich war der junge Amerikaner, nach
nur einem großartigen Turnier in Wimbledon, der Hoffnungsträger
des US-Teams. Obwohl er auf der amerikanischen Rangliste immer
noch den neunten Platz belegte, galt er vielen als zweitbester Spieler
des Landes, gleich nach Allison. Und tatsächlich hatte er in den
Trainingspartien des Teams sowohl Allison als auch Sydney Wood
besiegt. Wood selbst schlug daraufhin dem Kapitän vor, ihn doch
durch Budge zu ersetzen. Nachdem Budge in Wimbledon einen
Sieg über Austin errungen hatte, hielten es die Amerikaner nicht
mehr für unmöglich, das englische Team um Perry zu schlagen und
den Pokal nach Hause zu holen. Doch um überhaupt in die Herausforderungsrunde einzuziehen, mussten sie sich erst einmal gegen
Deutschland durchsetzen. Die meisten Experten waren sich einig,
dass Cramm seine beiden Einzel sehr wahrscheinlich gewinnen
würde, während man im Doppel und in der Begegnung zwischen
Wilmer Allison und dem jungen Henkel mit einem amerikanischen
Sieg rechnete. Alles hing demnach am Eröffnungsspiel zwischen
Budge und Henkel.

Da Budge auf denselben Tennisplätzen in Wimbledon vor ein paar Wochen eine weitaus bessere Leistung als Henkel geboten hatte, galt er als Favorit. Aber die Tatsache, dass er zum ersten Mal in einem Interzonen-Finale für sein Land antrat, dürfte einen großen Druck auf ihn ausgeübt haben, denn die ersten drei Sätze waren hart umkämpft: 7:5, 11:9, 6:8. Im vierten jedoch war er etwas entspannter. Er gab eine Kostprobe seines neuen Angriffsspiels, gewann den Satz 6:1 und damit auch das Match.

Wenn die Experten richtig lagen, konnte für die USA jetzt praktisch nichts mehr schiefgehen. Doch am zweiten Tag hatte das gefeierte Doppel Allison/Van Ryn mit Cramm und Kai Lund alle Hände voll zu tun. Lund war zwar eine Fehlbesetzung, aber Cramm spielte so überragend, dass Deutschland fast gewonnen hätte. Die dominierenden Faktoren des Matchs waren »Cramms verhexte Schläge und seine blitzschnellen Winkelzüge«,[99] und er holte für seine Mannschaft fünf Matchbälle heraus. Nur wollte es dem Team partout nicht gelingen, einen davon zu verwandeln, und dann kam der Augenblick, als Cramm nach einem vermeintlichen Punktgewinn durch Lund, der einen weiteren Matchball zur Folge gehabt hätte, den Schiedsrichter darauf aufmerksam machte, dass der Ball seinen Schläger gestreift hatte. Gottfried von Cramm machte sich einen Namen als Inbegriff des fairen Sportsmanns, aber Allison und Van Ryn gewannen das Spiel: 3:6, 6:3, 5:7, 9:7, 8:6. Und als Allison Henkel am dritten Tag erwartungsgemäß schlug, waren die USA weiter.

Nach der Partie Allison gegen Henkel betraten Budge und Cramm den Platz, um das letzte Spiel zu bestreiten, das im Daviscup auch dann noch gespielt wird, wenn die Runde schon entschieden ist. Im Wimbledon-Halbfinale vor ein paar Wochen hatte Cramm seine eindrucksvolle Leistung von Satz zu Satz gesteigert und das Match 4:6, 6:4, 6:3, 6:2 gewonnen. Daran knüpfte er jetzt an, im ersten Satz fügte er Budge eine 6:0-Schlappe zu. Im zweiten hatte er dann beim Stand von 5:3 einen Satzball, doch als Budge den Rückstand aufholte und es plötzlich 5:5 stand, »schien Cramm«, wie Budge später berichtete, »jegliches Interesse an der Sache zu verlieren«. Selbst jetzt, wo Budge voll aufgedreht hatte, war das

Match zwar immer noch eng, aber am Ende siegte doch der Amerikaner mit 0:6, 9:7, 8:6 und 6:3, und die meisten Beobachter stimmten darin überein, dass Cramms Spiel halbherzig gewesen war. Vielleicht war er entmutigt, weil seine Mannschaft schon wieder ein Interzonen-Finale gegen die Amerikaner verloren hatte. Oder er dachte schon an seine unmittelbar bevorstehende Rückkehr nach Berlin, an die allgegenwärtige Gestapo und an das Problem mit Manasses Geld.

Auf jeden Fall sollte der halbherzige Einsatz gegen Budge sich später noch rächen. Denn »kurz zuvor«, so Budge, »hatte er mich in Wimbledon souverän geschlagen, und ich hatte nicht die leiseste Hoffnung, das Spiel gegen ihn zu gewinnen. Er war es, der diese Hoffnung überhaupt erst in mir gedeihen ließ, denn wenn man jemanden einmal geschlagen hat, und sei es in einem glanzlosen Spiel, so ist es beim nächsten Mal viel einfacher, mit ihm fertigzuwerden. … Ein Match mag in der einen Hinsicht bedeutungslos sein, in einer ganz anderen jedoch umso wichtiger.«[100]

Das nächste Mal trafen die beiden Spieler im Wimbledon-Finale von 1937 aufeinander. Inzwischen war Budge nicht nur viel stärker geworden, sondern er wusste auch, dass er Cramm schon vor diesen Fortschritten bezwungen hatte. Er spielte ein Match, das viele als »perfektes Tennis« bezeichneten, und deklassierte Cramm, ohne einen Satz an ihn abgeben zu müssen.

Doch zwei Wochen später, im Interzonen-Finale von 1937, fühlt sich Don Budge in das Wimbledon-Spiel von 1935 zurückversetzt. Vor dem Spiel hat er noch geglaubt, dass Gottfried ihn nicht mehr ernsthaft gefährden könne, nachdem er ihn einige Wochen zuvor im Wimbledon-Endspiel so deutlich besiegt hatte, doch jetzt ist es der Deutsche, der wie ein Weltmeister spielt. War mein Triumph in Wimbledon vielleicht reines Glück?, muss Budge sich fragen. Habe ich Gottfried unterschätzt? Ich habe gedacht, er hätte den Gipfel seines Könnens schon vor ein paar Jahren erreicht, als er sechsundzwanzig war. Kann es sein, dass er auch mit achtundzwanzig immer noch besser wird?

Budges Kanonenaufschläge und sein Rückhandspiel bringen ihm

genug Punkte, um im Spiel zu bleiben, aber Cramm ist eindeutig im Vorteil. »Er griff unablässig an«, so Budge später, »jagte mich über den Platz und versuchte, meine sich plötzlich wieder bemerkbar machende Vorhandschwäche auszunutzen.« Als der Satz in seine Schlussphase geht – eine Phase, die sich theoretisch endlos ziehen kann –, »nimmt die Begeisterung der Zuschauer fast schon hysterische Züge an«.[101] Auf dem Höhepunkt eines besonders langen Ballwechsels zerreißt der Schrei einer Frau die spannungsvolle Stille über dem Centre Court. Bei jedem Punkt hört man die Menge kreischen, jubeln und stöhnen.

Beim Stand von 5:6 geht Budge zur Grundlinie, um aufzuschlagen. Die Bälle, die er bekommt, sind nagelneu, und er hält sie kurz hoch, um sie Cramm zu zeigen, eine auf dem Court übliche Höflichkeitsgeste. Nichts mag ein aufschlagstarker Spieler mehr als neue Tennisbälle, und nach noch nicht einmal einer Minute steht es für den Amerikaner schon 40:0. Es sieht ganz danach aus, als werde dieser zweite Satz in die »Verlängerung« gehen, was angesichts des hohen Spielniveaus auf beiden Seiten des Netzes auch niemanden wundern dürfte. Doch dann verfehlt Budge plötzlich mehrmals hintereinander seinen ersten Aufschlag. Beim zweiten Aufschlag rückt Cramm zweimal zum Netz vor und holt beide Male den Punkt mit einem genialen Volley. Als Budge dann seinerseits nach einem langen Grundlinienduell angreift, setzt ihn Cramm ganz gelassen mit einem Passierschlag außer Gefecht und gleicht aus. Beide Spieler erkämpfen sich immer wieder einen Vorteil und büßen ihn sogleich wieder ein, bis Budge bei einem weiteren Breakball erneut seinen ersten Aufschlag verfehlt. Cramm wittert seine Chance, rückt ein paar Zentimeter vor, nimmt den zweiten Aufschlag im Lauf an, returniert ihn mit einem langen Slice Richtung Grundlinie und rennt ans Netz. Budge antwortet mit einem gefährlich tiefen Passierschlag, aber Cramm wirft sich wie ein Tänzer in den Ball und schleudert ihn mit einem präzisen, druckvollen Volley zurück. Das Geschoss schwirrt am heranrückenden Budge vorbei und wirbelt beim Aufsprung die Kreide auf der linken Seitenlinie auf.[102]

Vierzehntausend Stimmen brechen in Jubel aus. »Furor teutonicus!«,[103] schreit Stanley Doust, ein australischer Spitzenspieler

aus den Jahren um 1910, der jetzt als BBC-Reporter tätig ist. Auf
der Pressetribüne fällt Wallis Myers vom *Daily Telegraph* schier die
Pfeife aus dem Mund, als er sagt: »Gottfried ist unnachahmlich!«
Irmgard Rost, eine junge deutsche Spielerin, die die ganze Zeit die
Daumen gedrückt hielt und in besonders kritischen Momenten die
geballten Fäuste an ihre Brust presste, »springt auf und stößt buchstäblich Freudenschreie aus«.[104] »Spiel und zweiter Satz Deutschland«, verkündet der Schiedsrichter, doch seine nächsten Worte –
»Deutschland führt zwei Sätze zu null« – gehen schon im Jubelge-
schrei und im ungläubigen Beifall der Menge unter.

Ein deutscher Fan auf der Tribüne bleibt ruhig und steht einfach
mit einem stolzen Grinsen im Gesicht auf. Als ihn ein amerikanischer Fan beglückwünscht und ihm sagt, dass Cramm wie kein
anderer spiele, nickt der Mann und erwidert: »Er spielt wie ein
Gott.«[105]

Dritter Satz

Kann sich das Blatt noch wenden?

Auch wenn er sich nichts anmerken lässt – Don Budge ist völlig aufgewühlt. »Ich war außer mir vor Wut, konnte kaum noch klar denken«, schrieb er später in seinen Lebenserinnerungen.[1] Ich bin gerade dabei, alles zu vermasseln, denkt er sich. Nicht nur meine Chance, die unbestrittene Nummer eins der Welt zu sein, sondern auch die Chancen auf die Daviscup-Trophäe für meine Teamkollegen und alle zu Hause. Wenn er die Matchstatistik sehen könnte, wäre er wohl noch frustrierter. Jeder Spieler hat exakt achtzig Punkte geholt, je 58 davon durch Winner. Und trotzdem liegt er zwei Sätze zurück und steht am Rand einer Niederlage. Der einzige Bereich der Statistik, in dem der Deutsche die Nase vorn hat, sind die Fehler: Er hat nur 25 gemacht, der Amerikaner dreißig.[2]

Daheim in den Staaten stöhnen die Tennisfans in ihren Büros, Wohnzimmern und Eckkneipen, als Cramms Flugball auf der Linie aufschlägt und der Jubel auf dem Centre Court aus ihren Lautsprechern dröhnt. »Als die Nachricht vom zweiten verlorenen Satz über den Atlantik kam«, so Alistair Cooke, »verschluckte sich manch einer an seinem Highball. Walter Pate muss in diesem Moment noch viel verzweifelter gewesen sein. Er entschied sich für die englische Form des Suizids: Er bestellte sich einen Tee.«[3]

Cramm seinerseits geht einfach zur Grundlinie zurück und lässt sich vom Balljungen Bälle zuwerfen. Dabei kann er es sich allerdings nicht verkneifen, kurz zu Henner Henkel hinaufzublicken, der auf

der Tribüne sitzt und »bis über beide Ohren grinst«.⁴ Wahrscheinlich grinsen alle Deutschen. Cramm macht aus dem wichtigsten
Match seines Lebens zugleich sein größtes.

Budge lässt von seiner Aufgewühltheit nichts nach außen dringen.
»Trotz des überragenden Spiels seines Gegenübers behielt Budge
die Nerven«, kommentiert ein Reporter. »Er zeigte sich völlig beherrscht, sprach während des Seitenwechsels kurz mit dem Kapitän
Pate und ließ sich nicht irremachen.«⁵ Er weiß, dass er gut spielt,
und wenn es einen geeigneten Zeitpunkt gibt, um Gottfried aus der
Deckung zu locken, dann jetzt. Zu den schwierigsten Aufgaben in
einem Tennismatch gehört es, auch dann noch mit vollem Einsatz
und unbändigem Siegeswillen anzugreifen, wenn man bereits mit
zwei Sätzen führt. Ein inspirierter Gegenangriff könnte ihn jetzt zurück ins Spiel bringen.

Tatsächlich sieht Cramm im ersten Spiel des dritten Satzes von
vernichtenden Netzattacken ab. Stattdessen klebt er an der Grundlinie und wagt sogar ein paar Stoppbälle, die Budge nicht weiter
in Bedrängnis bringen. Dagegen hat der Amerikaner seine Träg-
heit und seine Enttäuschung abgeschüttelt und stürmt bei jeder Gelegenheit ans Netz. Mit einem markenzeichenverdächtigen pfeil-
schnellen Rückhand-Cross durchbricht er Cramms Aufschlag. Schon
jetzt ist der Deutsche in der Defensive.⁶

Ein Match an so einem schwülwarmen Tag zehrt an den Kräften.
Es dauert schon über eine Stunde. In der damaligen Zeit, in der es
weder Fernsehübertragungen noch Werbeunterbrechungen gibt,
sind Tennisbegegnungen noch viel kürzer. In fast allen Begegnungen der Herren werden – wie auch heute im Match Cramm gegen
Budge – drei Gewinnsätze und somit maximal fünf Sätze gespielt,
aber selbst ohne das Tiebreak, das erst dreißig Jahre später eingeführt wird, dauert ein Dreisatzmatch gewöhnlich weniger als eine
Stunde, und eine Partie, die über zwei Stunden geht, gilt als Härte-
test. Trotzdem sind Fünfsätzer in den Dreißigern noch zermürben-
der als die vierstündigen Marathonduelle der Zukunft, denn es gibt
keine Pausen. »Ein Wettspiel darf vom Beginn bis zur Beendigung
ohne Grund nicht unterbrochen werden«, heißt es in den Tennis-
regeln, und wenn die Gegner nach zwei Spielen die Seiten wechseln,

wird ihnen höchstens zugestanden, sich kurz den Schweiß abzuwischen und schnell einen Schluck zu trinken.

Als Budge und Cramm beim Stand von 1:0 im dritten Satz die Seiten wechseln, nehmen sie sich allerdings etwas Zeit, um sich abzutrocknen, fast so, als spürten sie, dass sich das Spiel gerade dreht.[7] Pates Tee wird gebracht. Auf den Rängen herrscht Hochstimmung, nicht nur weil Deutschland an der Schwelle zum Sieg zu stehen scheint, sondern einfach wegen des außergewöhnlichen Spielniveaus. Überall im Stadion wenden die Zuschauer die Köpfe zu ihren Nachbarn und erklären, dass sie noch nie so gutes Tennis gesehen haben.

Natürlich stehen bei weitem nicht alle von ihnen hinter Cramm. In Amerika ist Budge »auf dem besten Wege, das beliebteste Tennisidol [seit den frühen Zwanzigern] zu werden«. Und auch in Wimbledon hat er sich in den letzten zwei Jahren zum Publikumsliebling entwickelt. Da war zunächst die Geschichte mit dem Winken in Richtung Königin, und dann hat es Budge bei seiner nächsten starken Vorstellung im Jahr 1936 und schließlich bei seinem Titelgewinn 1937 nie versäumt, sich als Sportler einfach, natürlich und bescheiden zu geben. »Das Publikum in Wimbledon bewundert ihn«, so Alistair Cooke, »aber es mag ihn auch, und zwar aus dem einfachen, aber guten Grund, weil er immer er selbst geblieben ist. Die von den Zuschauern bewunderten Amerikaner waren allesamt Vollblutamerikaner, die amerikanische Sachen sagten, ohne sich zu verkünsteln.« Budge sei ein Amerikaner vom Schlage Mark Twains, betont Cooke, und genau wie bei diesem Yankee-Helden stehe auch bei Budge zu erwarten, dass ihn die Engländer in ihr Herz schlössen.[8]

»Don Budge ist ein wirklich netter Junge, der sein unbeschwertes Leben genießt«, war diesen Monat im *Bystander* zu lesen. »Jimmy Dorsey ist sein Lieblingssaxofonist, Ray Bauduc sein Ideal eines echten Schlagzeugers und das Bob Crosby Orchestra seine Lieblingsband. Er mag Doppel lieber als Einzel, und lieber als beides mag er Swing. Er schwärmt für Spaghetti, Errol Flynn, Olivia de Havilland und Virginia Bruce« – in dieser Reihenfolge. Seine Stimme ist inzwischen so sanft und schleppend wie die seines Lieb-

lingssängers. »Gebt mir ein paar Platten von Bing Crosby und
Tommy Dorsey«, vertraute er augenzwinkernd dem Moderator
einer Radiosendung an, »und das Tennis kann mir gestohlen bleiben.«[9]

Sein Image hatte kurz nach seinem ersten Englandaufenthalt im
Jahr 1935 begonnen sich zu wandeln. »Bei seinem Triumph [im bedeutungslosen Daviscup-Match] über den schlaff und lustlos auf-
spielenden Cramm erreichte Budge den Gipfel seines Könnens«,
schrieb der amerikanische Dichter Conrad Aiken, der damals in der
englischen Kleinstadt Rye lebte und gelegentliche journalistische
Ausflüge nach London unternahm, um »der Langeweile, der Isola-
tion und Abschottung ... und der Einsamkeit« sowie seiner sich auf-
lösenden zweiten Ehe zu entkommen – und um seine Rechnungen
bezahlen zu können. »Wieder einmal wurde klar, dass sich Budge
niemals zu einer laschen Spielweise verleiten lassen darf; seine
schöne natürliche Schnelligkeit und die ihm eigene Angriffslust zu
opfern hieße, sich allzu großen Gefahren auszusetzen.«[10]
     Er war ein anderer Spieler, als er nach Hause kam; durch die Ra-
senturniere an der Ostküste rauschte er mit neuem Selbstvertrauen.
»Es dauert nicht mehr lange«, stellte James Thurber im *New Yorker*
fest, »und der schlanke junge Rotschopf wird seine amerikanischen
Gegner in gleicher Weise überragen wie vor ihm Ellsworth Vines.«
Das neugewonnene Selbstvertrauen offenbarte sich alsbald in den
»schnellen, flüssig geschlagenen, flach wegspringenden Bällen in
die Ecken« und in seinem entspannten Auftreten. An einem entscheidenden Punkt während des Finales in Newport, das Budge
nach einer Aufholjagd schließlich im fünften Satz gewann, drosch
sein Gegner, der charismatische Frank Shields, einen von Budges
Aufschlägen, der weit hinter der Linie aufgekommen war, versehentlich zurück. »Tut mir leid, Don«, rief Shields, denn der zu-
rückgeschlagene Ball war ein Verstoß gegen die Etikette, weil der
Aufschläger nun warten musste, bis das Spielfeld wieder frei war, um
den zweiten Ball eingeben zu können. »Mach zwei neue.« Budge
grinste nur leicht, als er den Schläger hob. »Einer wird reichen«,
sagte er. Und so war es auch.[11]

Obwohl sein Selbstvertrauen zunahm, war er immer noch ein zwanzigjähriger grüner Junge und noch nicht der Tennisroboter, der er später werden sollte. In Forest Hills scheiterte er einen Monat später im Viertelfinale an Bitsy Grant, dem kleinen Quirl aus Georgia, der alle Gegner an den Rand des Wahnsinns brachte und 1937 die Daviscup-Runde gegen die Deutschen als zweiter Einzelspieler neben Budge bestreiten sollte. In Forest Hills beantwortete er Budges druckvolles Angriffsspiel mit einem Sperrfeuer aus Slice-Schlägen, Lobs und beständigen Returns, wobei er, so James Thurber, auf dem von ihm übel geschundenen Rasen »mit seinen Sprints, Rutschern und Hechtsprüngen den Bällen nachjagte wie die Hirschlausfliege des Tennis (die Hirschlausfliege ist ein Insekt, das man kaum noch loswird, wenn es einmal angefangen hat, einen zu belästigen)«.[12] Doch dass sich eine Niederlage wie die gegen Grant wiederholen könnte, war schon bald völlig undenkbar, und sie konnte auch nicht verhindern, dass Budge Ende 1935 auf der US-Rangliste auf den zweiten Platz (hinter Wilmer Allison) vorrückte und auf der Weltrangliste, an deren Spitze Perry und Cramm standen, als Nummer sechs geführt wurde.

Don Budge hatte es geschafft. Aber den Zeitungen bereitete es immer noch großen Spaß, über seine Visage zu lästern; das Wort »hässlich« kam in ihren Berichten öfter vor als das Wort »Rückhand«. Während der US-Meisterschaften 1935 schloss der *New Yorker* eine Tenniskolumne mit der folgenden Anekdote:

In einem der Lichtspielhäuser von Forest Hills gab es ein Plakat zum Film *Der Rabe* mit Bela Lugosi und Boris Karloff. Eine Mutter hatte ihren kleinen Sohn bis zum Foyer gebracht, weigerte sich dann jedoch, mit dem Jungen in den Film zu gehen. »Ich habe Angst, dass diese Männer dich erschrecken und du heute Nacht nicht schlafen kannst«, sagte sie. »Ach was, Mama«, antwortete er, »die machen mir nicht mehr Angst als Donald Budge.«[13]

Budge verzichtete auf eine Karriere als Horrorschauspieler und kehrte kurz nach den Meisterschaften nach Oakland zurück, um das

im Vorjahr begonnene Programm für die Saisonpause fortzusetzen.
Ab Anfang Oktober rührte er sechs Wochen lang keinen Schläger
an. Nach den sich über Monate ziehenden Tennisreisen war es be-
freiend, keine Verpflichtungen auf dem Court zu haben. Wenn die
ersten Wochen vorbei waren, ließ er sich gelegentlich im Berkeley
Tennis Club blicken, um Freunde zu treffen, und schon beim Zu-
schauen reizte es ihn, selbst ein paar Bälle zu schlagen. Am Ende der
selbstverordneten Pause konnte er es schon morgens beim Aufwa-
chen kaum erwarten, sich ins Training zu stürzen, und sogar Tom
Stows aufreibender Drill machte ihm Spaß. Er fuhr die sechs Kilometer vom Haus seiner Eltern in Oakland zum Claremont Country
Club, wo er drei Stunden lang mit Stow übte. Sie arbeiteten an al-
len Aspekten seines Spiels, vor allem aber an jenem Schlag, der bei
Budge vergleichsweise schwach ausgeprägt war: an seiner Vorhand.
(»Wie viele Meister würden sich diese ›Schwäche‹ doch als stärkste
Waffe wünschen!«, schrieb Roderich Menzel.)[14]

Sie arbeiteten auch an der Verbesserung seiner Kondition, aber
Budge sollte schon bald merken, dass er in diesem Bereich noch er-
hebliche Defizite hatte. Die ersten großen Spiele im Jahr 1936 fanden Ende Mai statt, als die USA im Germantown Cricket Club in
Philadelphia das Interzonen-Finale gegen Australien bestritten. Der
drückende Sommer von Philadelphia war dieses Jahr schon früh gekommen, und als Crawford und Budge den Platz betraten, war die
Luftfeuchtigkeit sehr hoch, und die Temperaturen lagen bei über
38 Grad. Kein Trainingspensum in Nordkalifornien konnte auf dergleichen vorbereiten. Trotzdem dachte Budge, dass ihm das schwüle
Wetter in die Hände spielen würde, da Crawford Asthmatiker war
und bekanntlich unter solchen Witterungsverhältnissen zu leiden
hatte. Die gleichen Wetterbedingungen hatten ihn 1933 um den ersten Grand Slam der Tennisgeschichte gebracht.

Budge spielte in der Hitze stark auf und ging gegen den großen
Australier schnell mit zwei Sätzen zu null in Führung. Doch dann
spielte er zu defensiv, und Crawford holte zum Gegenschlag aus. Er
sicherte sich den dritten und den vierten Satz und erspielte sich im
fünften einen Vorsprung von 5 : 3 Spielen. Als er beim Stand von 5 : 4
aufschlug, hätte er das Match für sich entscheiden können. Doch

irgendwie gelang es Budge, seinen Service zu durchbrechen und somit auszugleichen. Dann begann der eigentliche Zermürbungskrieg. Crawford schien am Ende: »Er torkelte über den Platz, schwankte und fiel fast um; aber er gab die Schlacht nicht verloren.« Budge fühlte sich nicht viel besser, als Crawford aussah. Das ganze Match über hatte Crawford konsequent weite, langsame Slices geschlagen, die Budge zwangen, sich voll zu verausgaben. Die Anstrengung hatte ihren Tribut gefordert. Immer schwerfälliger bewegten sich beide zwischen den Ballwechseln, immer weniger schien Budge bereit oder fähig, die Kräfte für einen Angriff zu mobilisieren; beide brachten ihren Aufschlag durch und der fünfte Satz zog sich qualvoll bis zum Stand von 12:11. Dann konnte sich Budge endlich einen Breakball – zugleich ein Matchball – erspielen. Vom Backcourt schlug er einen Rückhandcross, um Crawford mattzusetzen. Doch dieser erwischte den Ball und spielte ihn entlang der Linie zurück. Budge streckte sich verzweifelt, aber er schwang daneben; der Ball zischte an ihm vorbei – und landete wenige Zentimeter hinter der Linie. Budge hatte gewonnen, 13:11 im fünften Satz.

Aber der Sieger lag am Boden. Sein Körper streikte, Beinkrämpfe plagten ihn, und er konnte nicht mehr aufstehen. Walter Pate, der wieder als Kapitän dabei war, nachdem er im Vorjahr ausgesetzt hatte, ging aufs Spielfeld und stützte ihn, als er sich mühsam erhob und für den Handschlag mit dem Gegner zum Netz schleppte. Aber Crawford stand nicht am Netz. Sobald sein letzter, schlecht platzierter Ball aufgesprungen war, »hatte er gewankt und war schließlich ohnmächtig umgekippt«.[15]

Budge erholte sich vor den noch ausstehenden Begegnungen, aber die Krämpfe waren ein böses Omen, aus dem er allerdings auch die nächsten Monate noch nichts lernen sollte. Außerdem reichte seine Erholung nicht, um den USA den erneuten Einzug in die Herausforderungsrunde gegen England zu ermöglichen. Wilmer Allison, der amtierende US-Meister und Weltranglistenvierte, der allerdings schon einunddreißig war und seine Tenniskarriere in ein paar Monaten beenden würde, verlor seine beiden Spiele, und Budge und Mako, die eigentlich als sichere Kandidaten für einen Sieg im Doppel galten, erlebten eine außergewöhnliche mentale Blockade. Die

beiden ersten Sätze gegen Crawford und Adrian Quist entschieden
sie mühelos für sich, doch ähnlich wie schon im Einzel zwischen
Budge und Crawford gingen die beiden nächsten ebenso schnell an
Australien. Diesmal jedoch zeigten die Amerikaner im fünften Satz
eine starke Leistung und gingen 4:1 in Führung, konnten danach
aber kein einziges Spiel mehr holen und machten alles in allem nur
noch sechs Punkte, während die Australier fünf Spiele in Folge gewannen und sich damit auch den Sieg sicherten. Diese Niederlage
ging Budge sein Leben lang nach, immerhin aber zeigte sie ihm
eines, wenn er es nicht schon wusste: 1:4 zurückzuliegen muss nicht
so entmutigend sein, wie es klingt.

Ein paar Wochen später zeigte Budge in Wimbledon abermals
eine starke Darbietung, konnte sich gegenüber 1935 aber nicht
steigern. Diesmal war es Perry, dem er im Halbfinale einen Satz
abnahm, bevor ihn dieser mit 5:7, 6:4, 6:3 und 6:4 zur Strecke
brachte. Im Vergleich zur kunstvollen Eleganz im anderen Halbfinale zwischen Cramm und Austin war dieses Match »ein Kampf auf
Leben und Tod, ein Bravourstück an Brutalität und das einzige
wahrhaft männliche Tennis, das im Verlauf des Turniers geboten
wurde«.[16] Der kultivierte, aber abgebrühte Engländer bezwang im
Finale dann den angeschlagenen Cramm und konnte die Wimbledon-Trophäe im Original einstecken. (Es war im Tennis Sitte, dem
Spieler, der ein Turnier dreimal gewonnen hatte, neben dem Dupli-
kat auch die Originaltrophäe zu überlassen, und für das darauffol-
gende Jahr eine neue anzuschaffen.)

Budges Niederlage war nicht dazu angetan, sein Selbstvertrauen
zu schmälern. Als die amerikanische Mannschaft nach New York
zurückkehrte, wurde sie auf dem Kai von einer Gruppe von Reportern in Empfang genommen. Zu seinem Match gegen Perry befragt,
sagte Budge, es gebe keinen Grund zur Besorgnis, in Forest Hills
werde er den Champ schon in die Knie zwingen. An diesem Punkt
schritt Kapitän Walter Pate ein, vielleicht aus Sorge, dass sein
Schützling Sachen versprach, die er nachher nicht halten konnte.
»Ich habe keinen Zweifel, dass Don mit Perry gleichzieht, aber
vielleicht noch nicht jetzt. Ich denke, wir werden das erst 1937 erleben.«

»Oh nein«, erwiderte Budge in aller Ruhe. »Wir werden es schon dieses Jahr erleben. Fred ist vermutlich gerade in der Form seines Lebens, und in Wimbledon hätte ich ihn fast gekriegt.«[17]

An einem feuchtheißen, nieseligen Tag in Queens war Budges Schnodderigkeit sicher berechtigt. In Forest Hills hatten er und Perry alle Gegner aus dem Feld geschlagen und waren ohne viel Mühe ins Finale eingezogen. Kaum ein ausländischer Spieler hatte die Reise über den Ozean auf sich genommen, um bei den US-Meisterschaften anzutreten; unter den neunzig Teilnehmern waren lediglich neun Ausländer, darunter drei Kanadier und vier Franzosen. Perry war der einzige Engländer, und selbstverständlich wollte sich aus dem starken australischen Team, das die USA in Philadelphia besiegt hatte, keiner auf eine weitere dreiwöchige Überfahrt in die Staaten einlassen, um das dortige Meisterschaftsturnier bestreiten zu können. Auch Deutschland hatte, wie schon seit Vorkriegszeiten üblich, niemanden nach Forest Hills geschickt, und so war Cramm, statt Perry herauszufordern, zu Hause in Berlin geblieben. Trotzdem bestand kein Anlass zur Klage, dass das Finale kein Spitzentennis geboten hätte: Der inoffizielle Weltmeister stand jenem Mann gegenüber, der sich nach allgemeiner Einschätzung anschickte, eines Tages sein Erbe anzutreten.

Die beiden Turnierwochen über logierten Budge und Mako bei Walter Pate und seiner Frau in Glen Cove auf Long Island, etwa dreißig Kilometer vom West Side Tennis Club entfernt, wo die Meisterschaften ausgetragen wurden. »Um abends die Stimmung etwas zu heben, klopften wir meist ein paar Runden Karten«, erinnerte sich Budge.[18] Dann, gegen halb elf oder elf, zogen Don und Gene gewöhnlich zur Drogerie an der Ecke und holten sich noch ein paar extradicke Schoko-Milkshakes als Betthupferl.

Dieses gemütliche Programm schien zu wirken, denn Budge verlor, genau wie Perry, in den ersten fünf Begegnungen nur zwei Sätze (derweil Mako die vierte Runde erreichte, um dann allerdings, was keine Schande war, von Perry demontiert zu werden). Aber noch vor dem Endspiel spürte Budge, dass ihm seine Essgewohnheiten zunehmend zu schaffen machten. Während einer Trainingseinheit mit Ellsworth Vines, dem amtierenden Worldchampion der Berufsspieler (der als Professional nicht für die Meisterschaften nominiert werden durfte), fühlte sich Budge plötzlich unwohl, und er schaffte es gerade noch in die Umkleide, wo er sich übergab. Nachdem er Frank Parker im Halbfinale ohne Satzverlust geschlagen hatte, wurde ihm in der Kabine schon wieder schlecht. Die Milkshakes waren nur die Spitze des Eisbergs. »Man hört, dass Budge vor einem großen Spiel gerne Limonade und Hotdogs zu sich nimmt, wie es Vines zu tun pflegte«, schrieb James Thurber im *New Yorker*. Die Gerüchte stimmten. Hinzu kamen noch »all die anderen Süßigkeiten, auf die ich nicht hatte verzichten wollen«.[19] Als das Endspiel vor der Tür stand, machte sich Budge nicht weniger Gedanken über sein Verdauungssystem als über seinen großen britischen Gegner.

Als Budge und Perry am Samstag, dem 12. September, nachmittags den Court betraten, war es dunkel und stürmisch. Man hatte den Eindruck, es sei schon Abend; über ganz New York hingen regenschwere Wolken. Da es im Stadion keine Scheinwerfer gab, herrschte während des Spiels eine trübe, unheimliche, gewittrige Stimmung. Das drohende Unwetter machte die Zuschauer nervös, sie verließen ihre Plätze sogar während der Ballwechsel. Perry, den es die ganze Woche schon »etwas gewurmt« hatte, dass seine komödiantischen Einlagen beim Publikum »nicht recht ankommen wollten«, wirkte verstört. (Sein Lieblingsgag bestand darin, »so lange auf die weit hinter der Linie liegende Aufschlagstelle eines gegnerischen Fehltreffers zu starren, bis der Linienrichter ›Aus‹ rief«.) Budge indes brauste wie ein Wirbelwind durch den ersten Satz und gewann ihn mit 6:2. Aber Perry kam zurück ins Spiel, knüpfte an seine diesjährige Wimbledon-Form an und entschied den zweiten Satz – trotz einer halbstündigen Regenunterbrechung beim Stand von 5:2 – mit dem gleichen Ergebnis für sich.

Im dritten Satz boten beide Spieler »einige der schönsten Bälle der Saison«. Perry versuchte, jeden Ball mit seiner berühmten Vorhand zu schlagen, während Budge alles mit seiner Rückhand spielen wollte. Dass sich die Kontrahenten auf ihre jeweiligen Stärken konzentrierten, führte zu einer »bemerkenswerten Taktiererei«, wie sich ein Zuschauer erinnerte, und tatsächlich »wurden viele Punkte von der Grundlinie aus erzielt, weil der Kerl auf der anderen Seite trickste«. Im vierzehnten Spiel gelang Perry schließlich ein Break, so dass er den Satz mit 8:6 für sich entscheiden konnte. Als er jedoch im vierten Satz ins Hintertreffen geriet, schien ihm – offenbar auch wegen des parteiischen Publikums – die Lust zu vergehen. Budge gewann 6:1, und ein fünfter Satz musste die Entscheidung bringen.

Während Perry im vierten Satz aber die Gelegenheit genutzt hatte, seine Kräfte zu schonen, hatte Budge rackern müssen, und im fünften verspürte er wieder die gleiche Übelkeit und Erschöpfung, die ihn schon die ganze Woche geplagt hatte. Trotzdem schaffte er es irgendwie, Perrys Aufschlag zu durchbrechen, und als er beim Stand von 5:3 nur noch den eigenen Aufschlag halten musste, um das Match zu gewinnen, »brach auf den Rängen ein niagaragleiches Tosen aus«. Doch dann war er mit seinen Kräften am Ende. »Als ich bei meinem Aufschlag die Hand ausstreckte, war ich so erschöpft, dass ich den Eindruck hatte, ich würde mich an den Ball anlehnen«, erinnerte er sich später. Er machte einen Doppelfehler und musste das Spiel abgeben, und obwohl es ihm noch dreimal gelang, den eigenen Aufschlag durchzubringen, fehlte ihm die Kraft, um einen Break zu wagen. Schließlich erlöste ihn Perry aus seinem Elend. »Vier schöne Treibschläge, zwei davon Passierschläge, brachten den ausgelaugten Budge um sein Aufschlagspiel, und der Meister beendete das Match mit einem Ass im achtzehnten Spiel«, schrieb die *New York Times.* 10:8 im fünften Satz: Perry hatte seinen dritten US-Titel geholt und Budge ein letztes Mal vor seinem Wechsel ins Profilager mattgesetzt.[20]

Ein paar Wochen später war es Budge übrigens doch noch vergönnt, Perry in einem seiner letzten Spiele als Amateur zu schlagen, aber das war beim Pacific Southwest Tournament, auf den Hartplätzen im Los Angeles Tennis Club, Budges Lieblingsbelag, auf dem allerdings keines der großen Turniere ausgetragen wurde. Der entscheidende Schritt in seiner Entwicklung zum weltbesten Tennisspieler kam erst danach, als er wieder in Oakland war. Auf der langen Zugreise Richtung Westen (»Ich glaube, Gene Mako und ich haben im Zug einen neuen Langschläferrekord aufgestellt«, witzelte er als Gast einer Radiosendung in Los Angeles[21]) schwor sich Budge, dass er nie mehr wegen mangelnder Fitness ein Match – oder gar ein wichtiges Turnier – verlieren würde. Und zu Hause begann er, noch bevor er das Training mit Stow wiederaufnahm, zum ersten Mal ernsthaft an seiner Kondition zu arbeiten.

Als Erstes strich er von seinem Speiseplan sofort alle Schokoriegel und frittierten Sachen, die er fast so sehr liebte wie den Jazz. Außerdem verordnete er sich ein Programm zur Stärkung seiner Ausdauer und seiner Bauchmuskeln, die ihm zuletzt beim Aufschlag in Forest Hills den Dienst versagt hatten. Jeden Morgen absolvierte er neben anderen Übungen einen Satz Sit-ups und Kniebeugen und ging dann laufen.[22]

Schon seit Jahren wurden Dons Schläger von der Firma Wilson Sporting Goods gestellt, und in den letzten Saisonpausen hatte er für die Firma in Teilzeit als Verpacker gearbeitet. Laut Reglement durften selbst die weltbesten Spieler, wenn sie weiterhin an wichtigen Turnieren wie Wimbledon teilnehmen wollten, keinen roten Heller mit einer tennisbezogenen Tätigkeit verdienen, und so war es üblich, dass Sportgerätehersteller sie formal für Arbeiterjobs wie diesen auf ihre Gehaltsliste setzten. Da er praktisch keine Ausgaben hatte – auf Turnierreisen wurden die Rechnungen von anderen bezahlt, in den Saisonpausen wohnte er bei seinen Eltern –, hatte Budge um die tausend Dollar ansparen können, die er jetzt in einen neuen Packard 120 Sedan umsetzte. Jeden Morgen fuhr er nach den Bauchmuskelübungen mit seinem neuen Wagen in die Hügel um Berkeley. Um acht Uhr stellte er das Auto in der Tunnel Road am Hang ab. Die ersten paar Wochen marschierte er gemächlich hinauf und begann oben zu laufen, wobei er den herrlichen Blick auf Oakland und Berkeley, die Bucht, San Francisco, an manchen Tagen sogar auf das Golden Gate und den Pazifik genießen konnte. Dann lief er auf der anderen Seite den Hügel wieder hinunter und marschierte zum Auto zurück. Später ging er dann dazu über, die ganze Strecke, bergab wie bergauf, im Laufschritt zu bewältigen. In den kommenden drei Jahren, also auch noch als er schon längst Berufsspieler geworden war, gab es höchstens ein halbes Dutzend Tage, an denen er sein Fitnesstraining nicht absolvierte.

Ende 1936 wechselte Perry wie allgemein erwartet ins Profilager, so dass nun Budge und Cramm die beiden besten Amateure der Welt waren. Seitdem er Tilden 1934 den Rang abgelaufen hatte, galt Ellsworth Vines, der Wimbledon- und US-Meister von 1932, als Nummer eins unter den Berufsspielern. Sein stärkster Herausforderer war jetzt Perry, und für das am 9. Januar 1937 in der Chicago Arena angesetzte dritte Match ihrer gemeinsamen Schaukampftournee durch die Staaten hatten die Veranstalter einen Gastschiedsrichter organisiert: den einundzwanzigjährigen Donald Budge.

Wie es sich ergab, war Vines an diesem Abend grippegeschwächt und hatte Perry nur wenig entgegenzusetzen, aber das tat Budges Freude keinen Abbruch.[23] Perry vom Schiedsrichterstuhl aus zu beobachten war etwas ganz anderes, als gegen ihn zu spielen, und für Budge kam es einer Offenbarung gleich. Plötzlich fiel es ihm wie Schuppen von den Augen, warum er sich bei seinen Spielen gegen Perry so oft wie ein Jo-Jo in dessen Fingern gefühlt hatte.

Als er noch auf Juniorenturnieren spielte, hatte Budge versucht, den Stil von Ellsworth Vines zu kopieren, der zwar klapperdürr sein mochte, aber die Bälle härter als jeder andere schlug und auf dem Platz nie viel umherzulaufen schien. »Ich mochte die Wucht seiner Schläge«, sagte Budge, »und ihre freie, leichte, rhythmische Ausführung. Ich fand es wunderbar, wie Ellsworth scheinbar gelangweilt über den Court schlich. Irgendwann war ich von dem Gedanken besessen, dass es genau das war, was ich machen musste.«[24]

Er hatte damit gerechnet, dass Vines Perry mit seinen kraftvollen Grundschlägen niederbügeln würde, aber stattdessen war es Perry, der seinen Gegner vor sich hertrieb und das Spiel an sich riss. Und auf einmal verstand Budge, warum. Während Vines wartete, bis der Ball eine bequeme Höhe erreicht hatte oder sich sogar schon wieder senkte, und ihn dann mit einer fast kreisrunden Ausholbewegung wegdonnerte, nahm Perry den Ball schon *kurz nach dem Aufsprung*. Wie ein Hase hetzte er über den Court und wuchtete den Ball mit einem schönen strammen Schlag aus einer Höhe von höchstens fünfzehn, zwanzig Zentimetern zurück. Das machte es ihm möglich, Vines' Kraft für sich selbst zu nutzen, den Ball früh zurückzuspielen, ans Netz vorzurücken und seinen weit hinter der Grundlinie stehenden Gegner von Ecke zu Ecke zu jagen. »Noch bevor das Match vorbei war«, so Budge, »hatte sich in meinem Kopf ein neuer Ansatz entwickelt: Man stelle sich einen Mann vor, der den Ball so hart wie Vines und so früh wie Perry schlägt. Wer könnte diesem Mann noch gefährlich werden?«[25]

Zurück in Oakland, begann Don Budge nach seiner selbst auferlegten sechswöchigen Tennispause, dem Vorbild Fred Perrys nachzueifern. Zusammen mit Tom Stow trainierte er täglich, wie man in kurzen Schritten über den Platz wetzt, den Ball kurz nach dem Absprung zurückschlägt und ans Netz vorprescht. In dem Maße, wie ihm Perrys Spielweise in Fleisch und Blut überging, begann er auch, zwischen den Bällen schneller zu laufen. Als er in diesem Sommer nach Wimbledon kam, trug er sogar die gleichen Hosen wie Perry: DAKS, ein Modell aus dem Londoner Modehaus Simpsons, das er sich in der Verkaufsfiliale am Piccadilly Circus besorgt hatte. Die schönen weißen Flanellhosen mit einem Stich ins Gelbe hatten den von Simpsons patentierten verstellbaren und mit Knöpfen versehenen Selbsthalterhosenbund (keine Hosenträger!). Perry, Cramm und Budge trugen alle drei DAKS – was in der Tenniswelt nicht unbemerkt blieb.[26]

Aber getreu seinem Chicagoer Erweckungserlebnis beließ es Budge nicht bei einer simplen Nachahmung Perrys. Er passte den Stil des Engländers seinem eigenen Spiel an, ohne auf seine kraftvollen Schläge zu verzichten. Zunächst war es schwer, beides zu kombinieren, ohne die Kontrolle über den Ball zu verlieren, und wochenlang war sein Spiel ein einziges Geballer, »bei dem wohl kein Tenniszaun in ganz Oakland heil blieb«.[27] Doch je mehr er übte, desto präziser wurden seine Schläge, und am Ende verfügte er über eine Angriffstechnik, die ihn unschlagbar machte.

Das zumindest war in den letzten Winterwochen des Jahres 1937 die Sichtweise im Claremont Country Club. Stow und Budge hatten ein klares Ziel: Nummer eins um jeden Preis. Jetzt, wo Perry nicht mehr mitmischte, stand nur noch Cramm im Weg, und Budge hatte den psychologischen Vorteil, dass er ihn bereits in der Daviscup-Begegnung von 1935 geschlagen hatte, mochte diese auch noch so bedeutungslos gewesen sein. Um ihn weiter zu stärken, brachte Stow seinem Schützling nun bei, sich immer und jederzeit als Nummer eins zu sehen. Bei ihrem Abschlusstraining vor Budges Aufbruch zu den Davispokal-Spielen und den Turnieren in Europa – ihrem letzten gemeinsamen Training überhaupt, wie sich herausstellen sollte – sagte ihm Stow: »Ich bin überzeugt, dass du der beste Spieler der Welt bist. Jetzt ziehst du los und beweist, dass ich Recht habe.«[28]

Der John Donald Budge, der im Juni 1937 in England vom Schiff stieg, hatte kaum noch etwas gemeinsam mit dem Hinterwäldler, der dem Land zwei Jahre zuvor seinen ersten Besuch abgestattet hatte. Wenn er in seiner neuen DAKS-Hose sowie seinem Hemd und seinem Jackett des US-Daviscup-Teams auf den Court trat, »sah er aus wie Mr. Tennis persönlich«, erinnerte sich ein Spieler. »Er gab einem das Gefühl, als könnte man auch sein Balljunge sein.«[29] Sogar durch seine Schläger setzte er sich von den anderen ab. Seit jeher bevorzugte er weiße Schläger, und kürzlich hatte Wilson speziell für ihn ein Modell entworfen. Da er Amateur war, konnten sie es nicht nach ihm benennen, also nannten sie es »Ghost«. Und Budges Ghost war eine beeindruckende Waffe, schwerer und mit einem dickeren Griff versehen als die Schläger aller anderen. Außerdem hatte er dieses Jahr beschlossen, auf das Ledergriffband zu verzichten, das die meisten Spieler schon seit längerem benutzten. Er vertrat die Ansicht, dass dieses Band reiner Schnickschnack sei, der es den Herstellern erlaube, einen Dollar mehr pro Schläger zu verlangen. Außerdem sauge es den Schweiß auf und werde dadurch glitschig. Der gerillte Lindengriff, den auch Tilden noch benutzte, gab seiner Meinung nach einen trockeneren, festeren Halt. Doch in den Augen der anderen Spieler gehörte diese Vorliebe für den blanken Griff mit zum geheimnisvollen Nimbus, der Budge mittlerweile umgab. »Er ließ mich einmal mit seinem Schläger spielen«, sagte Sydney Wood. »Nach einem Satz konnte ich ihn nicht mehr halten; er fiel mir aus der Hand. Alles an diesem Mann war übermenschlich.«[30]

Budges neue Aura beruhte allerdings nicht nur auf Showeffekten. Ihr eigentlicher Ursprung war sein neues Spiel, diese schier unschlagbare Kombination aus Kraft und Beständigkeit, die viele auch noch sieben Jahrzehnte später als einmalig betrachten. Schon sein

Aufschlag war außergewöhnlich; es war der beste der Welt. Er galt
als ebenso schnell wie der Tildens, und auch seine Präzision hätte
einem Tilden alle Ehre gemacht. Wie der Altmeister schien Budge
in der Lage, ein Ass zu schlagen, wann immer er eins brauchte. Und
auch wenn sein mit viel Drall versehener zweiter Aufschlag nicht in
gleichem Maße gelobt wurde wie der Gottfried von Cramms, so war
er doch meist verlässlich ausgeführt. »Wenn ich in einem Fünfsatzmatch mehr als zwei, drei Doppelfehler machte, hieß das für mich
immer, dass ich nicht gut aufschlug«, sagte er. »Selbst der penibelste
Fußfehlerrichter muss zugeben, dass Don die Grundlinie nie über-
schreitet«, schrieb ein Tennisreporter. »Trotzdem startet er fast wie
im Flug und ist blitzschnell am Netz, wenn er den Punkt für sich
entscheiden will.«[31]

Meist jedoch blieb Budge nach seinem Aufschlag lieber an der
Grundlinie und wartete, bis sich eine Gelegenheit ergab, mit seiner
Rückhand anzugreifen. »Es spielte keine Rolle, wie stark man ihn
unter Druck setzte«, schrieb ein Experte, »seine Rückhand war immer zum Gegenangriff bereit.« Seinen berühmtesten Schlag führte
Budge, so ein anderer Beobachter, »mit einem solchen Fingerspitzengefühl und einer solchen Beweglichkeit aus, dass jeder Spieler
vor Neid erblassen musste«. Selbst wenn er einen gegnerischen Aufschlag returnierte, glänzte er mit seiner Rückhand. Er stand beim
Return näher am Netz als jeder andere und nahm den Ball, genau
wie bei seinen Grundschlägen, kurz nach dem Aufsprung an. Auch
sein Vorhandreturn konnte sich sehen lassen. Selbst Jack Kramer,
der vielleicht beste Serve-and-Volley-Spieler aller Zeiten, wurde
mit Budges Returns nicht fertig, als beide in Schaukämpfen gegeneinander antraten. »Nein, mit Serve-and-Volley hatte ich gegen
Budge keine Chance«, gestand er, »ich musste mir etwas anderes
einfallen lassen.«[32]

Bei alledem sah Budges unbändiges Angriffsspiel auch noch mühelos aus. Wie jeder Ausnahmeathlet – und überhaupt jeder große
Künstler – erweckte er den Eindruck, alles ginge ihm leicht von
der Hand. »Er war ein fantastischer Sportler«, sagte Mako, »so ge-
schmeidig, wie man sich nur vorstellen kann. Es sah nie so aus, als ob
er irgendwas Besonderes machen würde.« Und ein Reporter stellte

fest: »Am Ende eines harten Matchs mag Budges kurzärmeliges Hemd vielleicht feucht sein, aber seine Hose kann er ungewaschen in den Koffer zurücklegen.«[33] Er war kein besonders schneller Läufer, aber aufgrund seiner Antizipationsfähigkeit und seines flinken Antritts deckte er das Feld so gut wie jeder andere ab. Niemand wusste das mehr zu schätzen als Robert Twynam, der Platzwart des All England Clubs, der später Oberplatzwart wurde und seinen Centre Court pflegte wie der pingeligste Gärtner in ganz England. Wenn Spieler ihre Zehenspitzen ins Gras rammten und dadurch seinen geliebten Rasen aufrissen, konnte er kaum hinsehen. Im Stillen hielt Twynam immer zu den Spielern, die nicht über den Rasen schleiften oder in ihre Schläge hineinrutschten. Er hielt immer zu Budge. »Alle rutschen irgendwie«, sagte er, »aber die *großen* Spieler rutschen kaum. Die wissen doch, wo der Ball hinfliegt, oder? Don Budge rutscht nie.«[34]

»Wenn er in Form ist«, schrieb Al Laney in diesem Sommer, »hat Budge keine Schwächen.« Und als Wimbledon anstand, war Budge in Bestform. Das Warm-up-Turnier im Londoner Queen's Club hatte er durchgezogen, ohne auch nur in einem Satz in Bedrängnis zu geraten, und ebenso mühelos war er mit Mako Turniersieger im Herrendoppel geworden. Die Funktionäre des All England Clubs waren beeindruckt und setzten ihn für das Einzel in Wimbledon an Nummer eins, obwohl auf den meisten Ranglisten Cramm den ersten Platz belegte. Im Doppel wurden Budge und Mako nur an Nummer zwei gesetzt, aber sie schienen entschlossen, an ihren Erfolg vom September des Vorjahres anzuknüpfen, als sie die US-Meisterschaften gewannen und damit ihren ersten wichtigen Titel holten. Und auch im Mixed waren Budge und seine Partnerin Alice Marble haushohe Favoriten und wurden an Position eins eingestuft.

Marble nahm zum ersten Mal – und mit dreijähriger Verspätung – an einem Londoner Turnier teil. Sie stammte genau wie der zwei Jahre jüngere Budge aus Nordkalifornien, war in San Francisco aufgewachsen und hatte das Tennisspiel ebenfalls auf öffentlichen Courts gelernt, genauer gesagt auf den Zementplätzen im Golden Gate Park. Im Alter von fünfzehn Jahren erlitt sie ein schweres

Trauma, als sie auf dem Nachhauseweg im Park überfallen und vergewaltigt wurde. Aber sie überstand die Seelenqualen und wurde zu einer der vielversprechendsten Juniorinnen des amerikanischen Tennissports. Doch auf ihrer ersten Auslandsreise, die sie als Mitglied des amerikanischen Wightman-Cup-Teams unternahm, brach sie während eines Spiels im Stade Roland Garros zusammen und wurde mit Verdacht auf Rippenfellentzündung und Tuberkulose nach Hause geschickt. Man prophezeite ihr, sie könne nie mehr auf hohem Niveau Tennis spielen, aber sie fand die Unterstützung der legendären Tennislehrerin Eleanor »Teach« Tennant, trainierte zwei Jahre lang hart und gewann 1936 die Meisterschaften in Forest Hills. Und nun stand sie endlich auf dem heiligen Rasen von Wimbledon. 1939 holte sie dort den Titel, zu dem sich insgesamt vier US-Titel gesellten. Ihr Privatleben verlief nicht weniger dramatisch. Sie hatte sowohl mit Männern als auch mit Frauen Liebesaffären und verlor im Zweiten Weltkrieg, nur wenige Tage nachdem sie infolge eines Autounfalls eine Fehlgeburt erlitten hatte, ihren ersten Ehemann, der als Kampfpilot abgeschossen wurde. Ihrer Autobiografie zufolge wurde sie auch vom Office of Strategic Services angeworben – dem »Amt für strategische Dienste«, einem militärischen Geheimdienst der USA – und als Spionin in die Schweiz geschickt, um dort wieder mit einer ihrer ehemaligen Affären, einem schwerreichen Bankier, anzubändeln, der den Nazis half, Geschäfte mit Raubgut abzuwickeln. Während ihres Einsatzes wurde sie von einem deutschen Agenten angeschossen. Das Office of Strategic Services rettete sie, und nach ihrer Genesung zog sie sich für den Rest ihres noch langen Lebens, in das endlich etwas Ruhe einkehrte, nach Kalifornien zurück.

Marble, eine attraktive, durchtrainierte Blondine, war eine phänomenale Allroundsportlerin. Im Teenageralter betätigte sie sich bei den San Francisco Seals, einem Baseballteam der »Minor Leagues«, als Ballhelferin und Maskottchen und spielte oft ein paar Bälle mit den Spielern. Joe diMaggio, damals auch bei den Seals, sagte, Alice sei die einzige Frau, der er je begegnet sei, die den Ball mit nur einem Aufsetzer aus dem hinteren Mittelfeld zurück zum Schlagmal habe werfen können. »Mit Alice zu spielen war wirklich ein

Riesenspaß«, erzählte Budge, der ihr schon 1934 bei Turnieren in Kalifornien als Doppelpartner zur Seite gestanden hatte. »Es gab zwischen uns keine Liebesgeschichte, es ging nur ums Tennis. Aber sie spielte männlicher als andere Frauen, ihre Überkopfbälle waren besser als die der meisten Männer. Und deshalb konnten wir die anderen Teams mit links schlagen.«[35]

Nach seinen Erfolgen bei den Einzeln und Doppeln im Queen's Club sah Budge nun einem Dreifachsieg in Wimbledon entgegen. Er hatte zwar nach wie vor keinen großen Titel vorzuweisen und belegte auf der Rangliste immer noch den zweiten Platz hinter Cramm, aber seine Chancen – so sahen es viele, nicht nur er selbst – standen sehr gut. Im größten Londoner Wettbüro lag die Gewinnquote für den »rothaarigen amerikanischen Daviscup-Star« bei fünfzig-fünfzig. An zweiter Stelle rangierte Cramm mit einer Quote von 2 : 1, und die beiden Nächsten lagen schon weit dahinter, Bunny Austin bei 6 : 1 und Henner Henkel bei 7 : 1.

Die Zuversicht Budges und der Buchmacher war berechtigt. Auf seinem Durchmarsch ins Finale verlor er einen einzigen Satz, und zwar im Halbfinale gegen Frank Parker. Dabei hatte er durchaus hochkarätige Gegner aus dem Feld zu schlagen. Mit 6:4, 6:2 und 6:2 setzte er sich zum Beispiel gegen Ladislav Hecht durch, einen slowakischen Juden, der zum vielleicht besten Spieler Europas avancieren sollte, bevor er 1939 vor den Nazis in die USA floh. Im Viertelfinale bezwang er mit 6:3, 6:1 und 6:4 den an Nummer sieben gesetzten Vivian McGrath. Und an Frank Parker, der siegreich aus dem Duell mit Henner Henkel hervorgegangen war, hatte er zwar einen Satz abgeben müssen, aber die nächsten drei entschied er 6:4, 6:4 und 6:1 für sich. Damit stand zwischen ihm und seinem ersten Wimbledon-Titel nur noch Gottfried von Cramm.

Dieser erfreute sich in Wimbledon mittlerweile einer großen Beliebtheit, nicht nur wegen seiner Eleganz, seiner Fairness und seiner individuellen Spielweise, sondern auch, weil er in den beiden letzten Jahren immer nur Zweiter geworden war. Natürlich hatte das Publikum bei den vorausgegangenen Endspielen wie ein Mann hinter Perry gestanden, da aber diesmal kein Brite ins Finale eingezogen war (wofür Cramm im Halbfinale mit einem knappen Sieg in vier

Sätzen über Bunny Austin gesorgt hatte), wünschten sich viele, dass nun endlich einmal der charismatische Deutsche die Trophäe gewinnen möge.

Als Cramm und Budge zu ihrem ersten Match seit zwei Jahren auf den Rasen traten, war der Kontrast für das Publikum nicht zu übersehen: auf der einen Seite der erfahrene, kampfgestählte Deutsche, der mit zwei französischen Meistertiteln auftrumpfen konnte, aber auch zwei enttäuschende Endspielniederlagen in Wimbledon zu verwinden hatte, auf der anderen der junge amerikanische Shootingstar, der sich selbst für den Besten hielt und auch so spielte. Auf der einen Seite der distinguierte europäische Adlige, auf der anderen der unreife rothaarige Arbeiterjunge. Denn auch wenn Budge in Sachen Kleidung und Auftreten große Fortschritte gemacht hatte, war er immer noch kein Baron. »Während Cramm vom Scheitel bis zur Sohle Eleganz ausstrahlt«, so Al Laney in seinem Notizbuch, »wirkt Budge linkisch. Es ist seltsam, dass sich so ein beeindruckender Spieler mit so einer bemerkenswerten Technik im Vergleich zu anderen Tennisgrößen immer noch so plump ausnimmt.«[36]

Die beiden Männer schritten unter dem Applaus der Zuschauer freundlich plaudernd über den Platz und legten ihre Ersatzschläger vorsichtig neben dem Schiedsrichterstuhl ab. So wie Budge dachte auch Cramm, dass nun der Augenblick gekommen war, auf den er hingearbeitet hatte: der Augenblick, in dem er Wimbledon-Champion werden konnte. Der Einzige, der ihm stets überlegen gewesen war, Perry, hatte das Feld geräumt; stand es ihm nicht gleichsam von Rechts wegen zu, ihn zu beerben? In ihrer einzigen wichtigen Begegnung vor zwei Jahren hatte er Budge mühelos abgefertigt. Nicht nur Don will diese Trophäe haben, wird er sich gedacht haben. Der Wimbledon-Titel ist mein Ziel, seit ich in Brüggen die ersten Bälle gegen eine Wand geschlagen habe. Er ist erst zweiundzwanzig, er wird noch oft genug seine Chance bekommen. Heute bin ich dran.

Als Budge später einmal sagte, dass man bei aller Zuversicht und allem Selbstvertrauen immer den Eindruck habe, in Cramms Schatten zu gehen, wenn man neben ihm den Court betrete, mag er an ebendieses Wimbledon-Finale gedacht haben. Er war so perfekt gekleidet und wirkte so gelassen. Ihm galt der Jubel, mit ihm wurde gehofft und gebangt, seinetwegen nahmen die Frauen eine geradere Sitzhaltung ein und vergaßen ihre Begleiter.

»Wenn Budge neben dem Schiedsrichterstuhl steht und für die Sportfotografen posiert, sieht er immer ein wenig wie ein Außenseiter aus«, berichtete das *New York Times Magazine* eine Woche später. »Dann geht er aufs Spielfeld und entfesselt die Zauberkräfte seines Schlägers: gezielte Degenstöße oder plötzliche Dynamitexplosionen.« Aber heute gab es für Budge-Fans eine nervenzerreißend lange Zeitspanne zwischen dem »Gang aufs Spielfeld« und der »Freisetzung der Zauberkräfte«. Nachdem er so hart an seinem Spiel gearbeitet hatte und sechs Runden lang sein ganzes Können aufgeboten hatte, um endlich ans Ziel seiner Träume zu gelangen, flatterten Budge die Nerven. Er gewann den Schlägerwurf, entschied sich für den Aufschlag und wurde prompt gebreakt. Über sein Unterbewusstsein legte sich der Aufschlagverlust wie ein großer, drohender Schatten. Trotz Tom Stows eindringlichen Ermahnungen drängte sich ihm beim Seitenwechsel unweigerlich das Bild der Niederlage auf.[37]

Gottfried hatte den Start erwischt, von dem er geträumt hatte, und »auf Anhieb ins Spiel gefunden«. Beim Stand von 3 : 2 schlug er auf; ein Punkt fehlte ihm noch, um den Vorsprung auf 4 : 2 zu erhöhen. Zweiter Aufschlag: Er warf den Ball hoch, bog seinen Rücken durch und donnerte den Ball mit seinem berühmten Twist auf die Rückhandseite des Gegners. Er konnte es kaum glauben, als er den Ausruf »Fußfehler!« durchs Stadion hallen hörte. Diesmal entschuldigte er sich nicht. Aber er protestierte auch nicht, zögerte nicht, sah noch nicht einmal zum Grundlinienrichter hinüber, sondern ging einfach zu seiner Ausgangsstellung zurück, um zum ersten Punkt nach dem Einstand aufzuschlagen. Doch bei diesem Spiel gelang es Budge, den Aufschlag zu durchbrechen und zum 3 : 3 auszugleichen. »Da hatte er sich einmal mehr offenbart: der unerschrockene, krisenerprobte Budge«, schrieb Wallis Myers.[38]

Der Rest des Satzes gehörte Budge. Er gewann 6 : 3. »Er spielte die Bälle länger und härter und nahm sie früher an, und Cramm war gezwungen, sie im Laufen zurückzuschlagen, während sein Gegner ans Netz vorrückte, um zu vollieren.« Der Amerikaner setzte seinen

Sturmangriff im zweiten Satz fort und führte nach einem Break schon mit 3 : 1. Bremsen konnte ihn nur seine alte Bekannte Queen Mary – mittlerweile, nach dem Tod ihres Gatten im Vorjahr, Königinmutter –, die in der Mitte des zweiten Satzes in der Königsloge erschien. Das Publikum, dem wohlbekannt war, dass der Amerikaner der Monarchin vor zwei Jahren zugewinkt haben sollte, nahm Haltung an und konnte kaum erwarten zu sehen, was der junge Mann nun wohl machen würde. »Ich muss sagen«, schrieb James Thurber, »dass Budge wie in seinem Spiel so auch in seinem Auftreten gegenüber den Mitgliedern des Königshauses große Fortschritte gemacht hat. Diesmal stand er still, die Arme am Körper angelegt, und verneigte sich vor Queen Mary auf eine durchaus passable, wenn auch recht ungewöhnliche Art und Weise. Dass Baron von Cramms Verneigung trotzdem viel besser war, versteht sich von selbst.«[39] Die Königinmutter war jedenfalls zufrieden, blieb, bis das Match zu Ende war, und sorgte sogar für Erheiterung. Dreimal stand sie auf und wechselte zu einem etwas tieferen Platz in ihrer Loge, um nicht von der sinkenden Sonne geblendet zu werden. Jedes Mal nahmen Publikum, Offizielle und Spieler sofort Haltung an. Beim dritten Mal ging ein Lachen durch die Menge, und die Königinmutter lächelte wohlwollend zurück.

Als er beim Stand von 3 : 2 aufschlug, beschlich den Amerikaner allerdings wieder eine gewisse Nervosität. »Ruhig Blut, Budge«, sagte er zu sich selbst, »du musst nur noch dreimal deinen Aufschlag durchbringen, und schon führst du im wichtigsten Meisterschaftsfinale der Welt mit zwei Sätzen zu null.«[40] Er wusste, dass das so ziemlich das Schlimmste war, was sich ein Spieler sagen konnte, aber der Gedanke ließ sich nicht vertreiben. Prompt schlug Cramm mit einem Rebreak zurück, glich zum 3 : 3 aus und hatte später sogar einen Spielball zum 5 : 4. Aber dann hielt Budge mit seinem druckvollen Spiel wieder dagegen. Er durchbrach Cramms Aufschlag, gewann den zweiten Satz und ging im dritten schnell in Führung. Er spielte mit Cramm Katz und Maus, hetzte ihn von Ecke zu Ecke, um nach Belieben vorzupreschen, oder lockte ihn selbst ans Netz, um ihn links oder rechts zu passieren. Der bildungsbeflissene Tenniskorrespondent der *Times* (der im Zusammenhang mit einem anderen Match geschrieben hatte: »Man würde die Rolle des finstern Jago nicht mit Henkel besetzen, aber die Worte ›Noch seid ihr wohlgestimmt! Doch dieses Einklangs Wirbel spann' ich ab, so wahr ich ehrlich bin‹ hätten ihm durchaus über die Lippen kommen können), wehklagte nun, dass »Cramms Volleystärke ihm letztlich genauso zum Verhängnis wurde wie Nostromo der Silberschatz«.[41]

Schließlich schlug Don Budge beim Stand vom 5:2 auf; zum Wimbledon-Titel fehlte ihm nur noch ein Spiel. »Ich bebte förmlich«, erzählte er später, »war schweißgebadet. Dass der Sieg zum Greifen nah war, hätte mich fast überwältigt.« Beim Stand von 40:15 ließ er Cramm noch einmal die Kontrolle übernehmen, und der Deutsche erreichte den Einstand mit zwei herrlichen Schlägen, »einer davon ein niedriger, knapp vor dem Aus auftreffender Vorhandvolley«.[42] Cramm hatte zwei Breakchancen, aber schließlich kam Budge zu seinem vierten Matchball und arbeitete sich ans Netz vor. Ein präziser Rückhandvolley machte ihn zum Wimbledon-Meister.

»Ich musste praktisch ans Netz kriechen, um Gottfried die Hand geben zu können«, erinnerte er sich. Anschließend wurden die beiden Finalgegner zur königlichen Loge geleitet und feierlich Queen Mary vorgestellt. »Wissen Sie, Mr. Budge«, eröffnete ihm bei dieser Gelegenheit die Königinmutter, »ich habe es nicht bemerkt, als Sie mir vor ein paar Jahren zugewinkt haben, aber hätte ich es bemerkt, dessen mögen Sie versichert sein, so hätte ich zurückgewinkt.«[43] Der neue Champion war zu perplex, um die Dinge richtigzustellen.

Don und Gottfried konnten sich erholen, während das erste Halbfinale im Herrendoppel ausgetragen wurde, aber zum zweiten mussten sie selbst wieder antreten. Es war ein Vorausblick auf das Daviscup-Doppel im Interzonen-Finale, das anstand, wenn es den Deutschen gelingen sollte, die Tschechoslowakei zu schlagen. Und Walter Pate erhoffte sich von der Partie, dass sie Budge und Mako einen ähnlichen psychologischen Vorteil gegenüber Cramm und Henkel verschaffen würde, wie ihn Budge jetzt schon gegenüber Cramm hatte.

Diese Hoffnungen schienen sich jedoch schon nach den ersten beiden Sätzen zu zerschlagen, die die Deutschen in nur vierzig Minuten mit jeweils 6:4 für sich entschieden hatten. Sowohl Cramm als auch Henkel, der frisch gekrönte französische Meister, der in Wimbledon an Nummer drei gesetzt war, schlugen durchgehend so stark auf, dass die Amerikaner einfach keine Chance zum Break hatten. Mako, dessen Glücksstern nach einer Schulterverletzung im vorigen Jahr im Sinken war, galt inzwischen als ein sehr schwaches Glied in der amerikanischen Mannschaft. Im Einzel hatte er schon in der zweiten Runde aufgeben müssen, und nun scheiterte er an Cramms und Henkels Kanonenaufschlägen, von denen er weniger als die Hälfte zurückschlagen konnte. Budge hatte sich geweigert, mit einem anderen zu spielen, aber als Mako im ersten Spiel des dritten Satzes bei eigenem Aufschlag mit 15:40 in Rückstand geriet, wird sich Pate gefragt haben, wie er wohl Budge dazu überreden könnte, sich für den Daviscup einen neuen Partner zu suchen.

Und dann raffte Gene Mako sich auf. Er war einfach nicht mehr bereit, sich weiter herumschubsen zu lassen. Die Amerikaner zogen gleich, und Mako entschied das Spiel mit zwei »herrlichen« Überkopfschmetterbällen. Sie brachten auch Budges Aufschlagspiel durch – trotz zwischenzeitlichem 0:30-Rückstand –, breakten zum 3:1 und blickten nur noch nach vorn. Den dritten Satz gewannen sie 6:2, den vierten 6:4, und im fünften erkämpften sie sich einen Vorsprung von 4:3. Dann durchbrach Mako Henkels Aufschlag mit einem schönen Lob, und Budge beendete das Match mit einem Ass. Es war ihr bis dahin größter Doppelsieg, und Walter Pate stieß einen Seufzer aus, der den Applaus auf dem Centre Court fast noch zu übertönen vermocht hätte.[44]

Das Doppelfinale tags darauf war unspektakulär, da Budge und Mako das britische Spitzenteam Pat Hughes und Raymond Tuckey in vier schnellen Sätzen abfertigten. Nach einer kurzen Verschnaufpause stand Budge dann schon wieder auf dem Centre Court, diesmal um das Finale im gemischten Doppel zu bestreiten, was freilich keine schweißtreibende Angelegenheit war: Sie schlugen die Franzosen Yvon Petra und Simone Mathieu souverän mit 6:4 und 6:1. Budge hatte – um es mit Thurber zu sagen – »wie ein Wolf in der Herde gewütet« und war nun der Erste, der je in einem Wimbledon-Turnier drei Titel gewonnen hatte. Und er hatte auch das britische Publikum für sich gewinnen können, auch wenn »sich die Ränge schnell leerten, als Budge binnen vierundzwanzig Stunden seine dritte Trophäe entgegennahm. Die Zuschauer hatten genug von diesem amerikanischen Rotschopf, der ihrer Meisterschaft den Wettkampfcharakter genommen hatte.«[45] Hingegen dürfte Walter Pate den Anblick genossen haben. Und Tom Stow wird übers ganze Gesicht gestrahlt haben, als er in dieser Woche die Zeitungen las.

Am Abend lud die Lawn Tennis Association zum Abschlussfest im Hotel Grosvenor House in der Park Lane. Eröffnet wurde der alljährliche Hausball traditionell durch die Sieger im Damen- und im Herreneinzel. Budges Glückssträhne hielt an, denn es war ihm vergönnt, die vergleichsweise grazile Dorothy Round übers Parkett zu führen, die sich im Finale denkbar knapp – 7:5 im dritten Satz – gegen die massige Polin Jadwiga Jedrzejowska durchgesetzt hatte. An den hundert Tischen im Festsaal dinierten etwa sechshundertfünfzig Gäste, und Don Budge konnte mit seiner Ansprache auch jene Tennisfans begeistern, die sein Siegeszug kaltgelassen hatte. »Ich weiß es zu schätzen«, sagte er in seinem monotonen, aber angenehmen Bing-Crosby-Tonfall, »dass Sie mir Gelegenheit geben, einen großmütigen Gentleman zu ehren. Denn wenn ich einmal verlieren werde, hoffe ich, dass ich dabei wenigstens halb so viel Größe, halb so viel Charakter und halb so viel edlen Sportsgeist an den Tag lege wie gestern Nachmittag Baron Gottfried von Cramm.«[46]

Er erntete stürmischen Beifall.

Siebzehn Tage später hat sich das Blatt gewendet, und Don Budge versucht, wieder Herr der Lage zu werden. Größe und Charakter zeigt Gottfried nicht nur in der Niederlage, sondern auch im Daviscup-Duell, in dem er mit 8:6 und 7:5 führt. Aber Don hat ihm gleich zu Beginn des dritten Satzes den Aufschlag abgenommen und das eigene Servicespiel zum 2:0 durchgebracht. Er steht kurz davor, durch einen weiteren Break auf 3:0 zu erhöhen, aber Gottfried bringt einen seiner sagenhaften Stoppbälle (»Was macht er da?«, scheint sich Budge mit ungläubigem Gesichtsausdruck zu fragen) und gewinnt sein Spiel mit einem Ass. Nur noch 2:1 für Budge.

Das ist in Ordnung, sagt er sich. Einmal habe ich ihn schließlich gebreakt, und meinen eigenen Aufschlag werde ich sicher nicht abgeben. Grimmig entschlossen steht er an der Grundlinie, wirft den Ball hoch und donnert einen seiner besten ersten Aufschläge herunter. Alles fühlt sich perfekt an: Die Kraft zieht in seinen durchgebogenen Rücken, überträgt sich auf den peitschenden Arm und vom Schläger auf den Ball. Eine Welle der Zufriedenheit durchströmt sein Nervensystem, als der Ball über das Netz fliegt und in die Ecke des Aufschlagfeldes kracht – selbst noch als Cramm wie ein Greifvogel hervorstürzt und den mit enormer Wucht geschlagenen Ball, praktisch ohne auszuholen, an seinem Schläger abprallen lässt, so dass er, für Budge unerreichbar, longline zurückfliegt. Don hat noch nicht einmal Zeit, sein übliches »Oh baby!« von sich zu geben. Na ja, so was kann passieren, selbst bei meinem Kanonenaufschlag, denkt er und geht zur Rückhandseite, um den nächsten Ball ins Spiel zu dreschen. Der Aufschlag fühlt sich genauso gut an wie der davor, und Cramms Return sieht wieder genauso gut aus. Budge kommt mit dem Ball gar nicht in Berührung. Ebenso wenig wie beim 0:30 und beim 0:40: perfekte Aufschläge, perfekte Returns. Die einzigen Bälle, die Budge in diesem Spiel erreicht, sind die, die er beim Aufschlag selbst hochwirft; und jetzt herrscht Gleichstand im dritten Satz: zwei Spiele beide.[47]

Die »vor Freude jauchzenden« deutschen Fans waren nicht die Einzigen, die von der Spannung, der Dramatik und der Schönheit des Spiels überwältigt waren. Mindestens ein Reporter war so aufgeregt, dass er aufs Sträflichste gegen das Gebot journalistischer Zurückhaltung verstieß. »Dieser Reporter war ich«, schrieb James Thurber vom *New Yorker*, »ich raufte mir die Haare und hielt mich am Knie der englischen Dame zu meiner Linken fest.«[48]
Der große amerikanische Humorist war dreiundvierzig Jahre alt und erlebte gerade »sowohl als Mann wie auch als Künstler« seine »goldenen Jahre« – eine freilich sehr kurze Zeit, in der es ihm gelang, »sich in dem Gewirr aus Männern, Frauen, Hunden, Spirituosen und Partygeschwätz zurechtzufinden, das das Leben ausmacht«.[49] Zwei Jahre zuvor hatte er einen Schlussstrich unter seine qualvoll dahinsiechende erste Ehe gezogen und seine zweite Frau

geheiratet, die um acht Jahre jüngere Zeitungsredakteurin Helen Wismer. Zusammen waren sie vor zwei Monaten zu einem einjährigen Aufenthalt in Europa aufgebrochen, dessen Anlass eine Ausstellung von Thurbers Zeichnungen in London war. Denn obwohl er seine berühmte Zusammenarbeit mit dem *New Yorker* 1927 als Redakteur und Autor begonnen hatte, war er mittlerweile ebenso bekannt für seine ironischen Strichzeichnungen, in denen er darstellte, was ihn beschäftigte: Männer, Frauen, Hunde, Spirituosen und Partygeschwätz.

Thurber war nicht aus einer Laune heraus zum Match Budge gegen Cramm gegangen. Er war ein eingefleischter Tennisfan, der seit dem Vorjahr unter dem Pseudonym Foot Fault – Fußfehler – in unregelmäßigen Abständen Texte für die *New Yorker*-Kolumne »Tennis Courts« schrieb. Ausgelöst wurde seine Faszination für den Weißen Sport 1926 durch jenes Spiel, das alle Welt als Jahrhundertmatch bezeichnete: die erste (und einzige) Begegnung zwischen der charismatischen, melodramatischen Tenniskönigin Suzanne Lenglen und der introvertierten, kühlen jungen US-Meisterin Helen Wills. Thurber lebte damals in Nizza und ging nach Cannes, um für die Riviera-Ausgabe der *Chicago Tribune* über das Match (das Lenglen mit 6:3 und 8:6 gewann) zu berichten.

Nach seiner Heimkehr spielte er, sooft er konnte, vor allem im Sommer auf den Privatplätzen von Freunden auf dem Land, und »sein dabei erlebter Misserfolg machte ihn schier wahnsinnig«. Denn er hatte zwar eine ausgezeichnete Auge-Hand-Koordinierung, aber der Rest des Körpers – »ein Meter sechsundachtzigeinhalb bei einem Gewicht von knapp siebzig Kilo in voller Wintermontur« – vermochte nicht recht mitzuhalten. »Sein Spiel war gerade mal so gut, dass er sich immer wieder darüber aufregen konnte«, sagte ein Freund. »Wenn man den Ball auf seine schwache Seite schlug [die Seite, wo ihm ein Auge fehlte], bekam er ihn nicht. Also versuchten wir, ihn auf die andere Seite zu spielen, aber wenn er den Verdacht hegte, dass man auf sein Handicap Rücksicht nahm, machte ihn das auch verrückt. … Er war ein verdammt schlechter Verlierer. James Thurber in irgendwas zu schlagen machte wirklich keinen Spaß.« Er allerdings hatte durchaus seinen Spaß an der eigenen Unfähigkeit. So schrieb er 1936 von den Bermuda-Inseln: »Ada hat einen Tennisplatz, auf dem wir in zwei Tagen zehn Sätze gespielt haben, und jeden zweiten meiner Bälle habe ich dabei verflucht. ... Wenn ich einen Rückhandschlag ausführe, sehe ich aus und benehme mich wie eine Frau, der gerade eine Biene unter den Rock geflogen ist. Ich werde das in den Griff kriegen. Ich muss es in den Griff kriegen.«[50]

Im Sommer 1937 verbrachten James und Helen viel Zeit im Kreise Londoner Literaten, zu denen auch der ungleich jüngere Alistair Cooke gehörte. Cooke, damals erst achtundzwanzig, arbeitete als Filmkritiker für die BBC und als Londoner Korrespondent für den amerikanischen Rundfunksender NBC. Einmal pro Woche verlas er mit kultivierter Stimme seinen fünfzehnminütigen *London Letter*, der in die Wohnzimmer der USA ausgestrahlt wurde. 1941 wurde Cooke US-Bürger, und sein *American Letter* (später *Letter from America*) sollte 58 Jahre lang eine feste Größe des BBC-Programms bleiben. Sein *London Letter* vom 4. August, in dem er seine Eindrücke vom heroischen Daviscup-Duell zwischen Budge und Cramm wiedergab, wurde etwa zur gleichen Zeit übertragen, als auch der Bericht seines neuen Freundes Thurber im *New Yorker* erschien. Bei ihrer ersten Begegnung erinnerte Thurber Cooke an »eine Heuschrecke im Ruhezustand. Er hatte eine spinnengleiche Körperhaltung ... und eine Brille so dick wie ein Fernglas, die ihm die Züge eines Marsmenschen verlieh.« Thurber und Frau kamen in der Londoner Künstlerszene sehr gut an und besuchten in Hampshire eine aus mehreren Paaren bestehende Gruppe von »Malern, Schriftstellern und Journalisten«, die dort ein Landhaus gemietet hatten, auf dessen Court er »den einzigen Satz seines Lebens gewann«.

»Ging für drei Tage nach Wimbledon«, schrieb er Freunden, »Viertelfinale, Halbfinale und Finale, und sah, wie Budge einem nach dem anderen das Licht ausblies. Uns hinzuschicken kostete den *New Yorker* drei Pfund pro Spiel.« In Wirklichkeit war sein Sitzplatz beim Halbfinale zwischen Budge und Parker gut zwanzig Kilometer vom Stadion entfernt, im Alexandra Palace Hotel. Im vorigen November war eine zweijährige »Testphase angelaufen«, in der

die BBC die neue Technologie der Fernsehübertragung erprobte.[51]
1937 galten die Krönungszeremonie und das Wimbledon-Turnier
als Höhepunkte des Testprogramms, und in London wurden mehr
als neuntausend Fernsehempfänger verkauft. Thurber war von der
BBC ins Studio im Alexandra Palace eingeladen worden, um vor
laufender Kamera seine berühmten Hunde- und Menschenfiguren
auf große Blätter zu zeichnen. Im Anschluss daran fläzte er sich wie
ein moderner Dauerglotzer vor den Fernseher und sah sich die Begegnung zwischen Budge und Parker an. »Es war ein bewölkter
Tag«, berichtete er,

> aber das kleine Wunder ließ sich trotzdem recht gut bestaunen.
> Budge, so groß wie ein Zeigefinger, gegen Parker, so groß wie ein
> kleiner Finger, dazu zwei Schläger im Streichholzformat, zwi-
> schen denen ein weißer Punkt hin- und herflog. Man hörte den
> Aufprall auf den Schlägern, die leiernden Spielstandsansagen des
> Schiedsrichters und das Bellen der Linienrichter. Man sah die
> winzigen, angespannten Gesichter auf den Rängen, die winzigen
> Köpfchen, die synchron dem unendlich kleinen Ball folgten. …
> Es kam einem vor, als erwache eine Fotografie in einem Album
> zum Leben. Hochinteressant, aber nicht ganz befriedigend, denn
> man vermisste das Gefühl, dabei zu sein.[52]

Ted Tinling erinnerte sich daran, dass »sich die Grundlinie auf dem
primitiven Bildschirm wie ein Regenbogen wölbte und es folglich
für jeden unmöglich schien, den Ball über die Linie hinauszuspie-
len«.[53] Gottfried von Cramm wird während der Meisterschaften zu
beschäftigt gewesen sein, um eine der Übertragungen zu sehen, aber
er könnte schon im Jahr zuvor in Berlin einen ersten Blick auf einen
Fernsehschirm geworfen haben. Damals waren insgesamt einhun-
dertfünfzigtausend Zuschauer in die achtundzwanzig über die ganze
Stadt verteilten Fernsehstuben gepilgert, um dort die Olympischen
Sommerspiele zu verfolgen. Goebbels pries diese Pionierleistung
als einen weiteren großen Erfolg seiner Olympiade, bei der die
Deutschen nicht nur die meisten Goldmedaillen errungen hätten,
sondern auch als in der neuen Technologie weltweit führend her-

vorgetreten seien. (Unerwähnt ließ er, dass die eingesetzten Kameras Fabrikate aus den USA waren.) Während des Wimbledon-Turniers 1937 diskutierten die Zeitungen über die Kontroverse, die schon das Wort »Television« ausgelöst hatte. »Das Wort ist halb Griechisch und halb Latein«, hieß es in einem Leitartikel. »Das verheißt nichts Gutes.« Durchaus möglich, dass Cramm dies las und dabei an zwei weitere griechisch-lateinische Mischwörter dachte: »Automobil« und »homosexuell«.[54] Da haben wir sie, mag er gelächelt haben, die drei großen Geißeln des 20. Jahrhunderts.

Den auf die Ausmaße eines bewegten Bildes geschrumpften Centre Court muss Thurber als eine Art Metapher für die eigene schwindende Sehkraft empfunden haben. Im Alter von sieben Jahren hatte er sein linkes Auge verloren, nachdem sein Bruder ihn versehentlich mit einem Spielzeugpfeil getroffen hatte. Als er vierunddreißig war, begann auch die zunehmend durch den Grauen Star getrübte Sicht auf dem anderen Auge nachzulassen. 1938, kurz nach seiner Rückkehr aus Europa, verschlechterte sich sein Zustand dramatisch; ein Jahr später unterzog er sich seinen ersten Augenoperationen und erblindete fast völlig. »Das Leben bedeutet mir nichts«, schrieb er seinem Augenarzt, »wenn ich nicht lesen, Schreibmaschine schreiben und zeichnen kann. Für dreizehn Cent würde ich es sofort verkaufen.« Eine entsprechende Gelegenheit blieb ihm allerdings versagt. Seine »Strafe«, wie er sein Leiden einmal nannte, führte zu Nervenzusammenbrüchen, Alkoholsucht und einem langen, düsteren Martyrium, das erst ein Ende fand, als er im Alter von sechsundsechzig Jahren einem Hirntumor erlag.[55]

Aber im Juli 1937, als er ein paar Wochen nach seinem Fernseherlebnis auf den Rängen um den Centre Court saß und Budge und Cramm jene Begegnung bestreiten sah, die er »das größte Tennismatch der Weltgeschichte« nannte,[56] war James Thurber glücklich. Wie die beiden jüngeren Männer, die unten auf dem Rasen herumsprangen, strotzte er vor Kraft. Für Thurber waren es halkyonische Tage vor dem langsamen, unaufhaltsamen Verfall.

»Ich habe Tennis mit Paul Lukas und Charlie Chaplin gespielt, ebenso mit den vier Marx Brothers«, sagte Don Budge Anfang 1936, eineinhalb Jahre vor seinem großen Spiel gegen Cramm, in einem Radio-Interview.[57] Einen Teil der turnierfreien Zeit verbrachte er in Los Angeles, wohin er bald übersiedeln sollte. Zunächst jedoch logierte er bei den Makos, und auf diesem oder jenem Privatcourt sah man Don und Gene oft mit den Hollywoodstars ein paar Bälle schlagen. Tennis war in deren Kreisen die angesagteste Sportart. Sie strömten in Scharen zum alljährlichen Pacific Southwest Tournament im L. A. Tennis Club. Alice Marble war regelmäßig beim Medien-Tycoon William Randolph Hearst zu Gast und freundete sich über das Tennis mit Carole Lombard und Clarke Gable an, und auch Budge und Mako gingen bei den Filmstars aus und ein.

»Die Filmleute schienen ebenso zu uns aufzusehen, wie wir zu ihnen aufsahen«, erzählte Budge viel später. »Nehmen wir zum Beispiel Errol Flynn – er war der Tenniscrack der Filmszene.«[58] Mehrere Spitzenspieler der damaligen Zeit erinnerten sich an das eine oder andere Match gegen Flynn, einen großartigen Sportler, der fast so viel Zeit auf dem Tennisplatz verbrachte wie in den Filmstudios oder in den Betten von Schauspielerinnen (Letzteres übrigens unbeschadet der Tatsache, dass er ab 1935 fast durchgängig verheiratet war, insgesamt dreimal).

Mako erinnerte sich an ein spontanes Doppel, das er mit Flynn gegen Budge und Frank Shields bestritten hatte. Shields, Daviscup-Stammspieler der frühen Dreißiger, Finalist 1930 in Forest Hills und 1931 in Wimbledon (sowie zukünftiger Großvater von Brooke Shields), hatte seine Tennisschuhe im Alter von sechsundzwanzig Jahren an den Nagel gehängt und war nach Hollywood gezogen, um sich zwischen 1935 und 1938 in sieben Filmen, die man allesamt getrost vergessen kann, als Schauspieler zu versuchen. Er und Flynn, sein bester Kumpel in Hollywood, hatten viel gemeinsam: die auf ihrem muskelstarrenden Erscheinungsbild beruhende Beliebtheit beim anderen Geschlecht, die extravagante Art, den Hang zum Alkohol und dass sie beide für »ihre filmreifen Faustkämpfe in Nachtclubs« berüchtigt waren. In besagtem Doppel, einem Freundschaftsspiel, das mit einer kleinen Wette einhergegangen sein mag, schafften es Mako und Flynn, den besten Spieler der Welt und einen früheren Top-Ten-Spieler in die Schranken zu weisen. Kein Wunder, dass sich Mako auch siebzig Jahre später noch lebhaft daran erinnerte. »Flynn war ein Wahnsinnssportler, und ich konnte meine Partner immer zu Höchstleistungen anspornen.« Mako wusste auch, wann es Zeit war aufzuhören. »Sie wollten noch einen Satz spielen. Aber ich sagte nur: ›Das könnt ihr vergessen. Keine Chance.‹«[59]

Einige von Budges und Makos Hollywood-Freunden waren 1937 sogar zu den Daviscup-Spielen nach Wimbledon gekommen. Als Budge seinem deutschen Gegner im dritten Satz die Stirn bot, feuerte ihn niemand lauter an als Jack Benny, Ed Sullivan und Paul Lukas. Der aus Ungarn stammende zweiundvierzigjährige Lukas hatte 1927 den Sprung nach Hollywood geschafft und war mittlerweile ein berühmter Schauspieler. Für seine Rolle im 1943 entstandenen Film *Die Wacht am Rhein* wurde er später in der Kategorie Bester Darsteller mit dem Oscar ausgezeichnet. In den Wochen vor der Runde gegen Deutschland war der Tennisnarr Lukas, wie Budge erzählte, »praktisch eine Art inoffizielles Mitglied unseres Teams geworden«.[60] Und bei den Daviscup-Begegnungen hatte er seine Freunde Benny und Sullivan im Schlepptau. Der 1894 geborene Benny, der sich noch als Mittdreißiger mehr oder weniger erfolglos am Broadway durchgeschlagen hatte, war durch sein *Jack Benny Program*, das seit 1932 auf NBC lief, zu einem landesweit bekannten Star geworden. Sullivan war damals noch Kolumnist, allerdings einer der beliebtesten. Angefangen hatte er als Sportjournalist in New York (wo er für die *Evening Mail* über die großen Tennisturniere berichtete), danach hatte er über die Skandale und Skandälchen am Broadway geschrieben und betreute nun seit kurzem eine ähnliche Klatschspalte in Hollywood. Niemand hätte sich besser für diesen Job eignen können als er; schon nach wenigen Wochen spielte er regelmäßig Golf mit Fred Astaire und unterhielt freundschaftliche Kontakte zu fast jedem. Und jetzt war er nach Wimbledon gepilgert, zusammen mit Lukas und Benny, über den er einmal geschrieben hatte, er sei »eine der verschlafensten Gestalten am Broadway. ... Er lädt zwanzig Gäste zu sich ein, rollt sich schon auf der Wohnzimmercouch zusammen und geht irgendwann schlafen. Er müsste nur noch lernen, im Stehen zu schlafen, dann gäbe er einen recht guten Schutzmann ab.«[61] Doch heute auf dem Centre Court nickte Benny nicht ein; so begeistert wie Lukas jubelten er und Sullivan bei jedem von Budges Assen und Passierschlägen. Benny verstand nicht viel von Tennis, ihm reichte es zu wissen, dass die USA gegen Deutschland spielten. Im Vorjahr hatte er als Zuschauer am Ring gesessen, als Joe Louis gegen Max Schmeling verlor. Sollte er schon wieder solch eine unvorstellbare Niederlage miterleben?

Die Anfeuerungsrufe der Stars verschmolzen mit dem gesitteten Applaus, der sie umgab. Der feine Ton der Tennisetikette galt in Wimbledon mehr als an irgendeinem anderen Ort; und selbst wenn die Zuschauer einen Favoriten hatten, klatschten sie auch bei guten Schlägen des Gegners. Auf der Tribüne waren sicher noch andere Amerikaner, die Budge unterstützten, und auch unter den Briten dürften einige mit ihm gezittert und gebangt haben. Aber im Allgemeinen herrschte wohl eine zufriedene Stimmung vor. Der Außenseiter, der charismatische Publikumsliebling, die einzige Hoffnung für das britische Team, schickte sich wider alle Erwartungen an, das Match zu gewinnen. Zwei Sätze zu null für Cramm, und Gleichstand im dritten.

In den Chor derer, die dem Deutschen kräftig zujubelten, mischte sich allerdings eine Stimme, die man hier kaum vermutet hätte. Big Bill Tilden, der berühmteste Tennisspieler der Welt und der größte aller Zeiten, der praktisch im Alleingang dafür gesorgt hatte, dass der Davispokal von 1921 bis 1926 durchgängig in den Vereinigten Staaten blieb, machte lautstark Stimmung gegen seine alte Mannschaft.

In gewisser Hinsicht war das nicht verwunderlich. Das US-Team unterstand offiziell der United States Lawn Tennis Association, und Big Bill und die USLTA bildeten schon seit zwanzig Jahren ein merkwürdiges Gespann. Über all die Jahre, in denen Tilden nicht nur Worldchampion, sondern auch gleichsam der rettende Engel des amerikanischen Teams gewesen war, hatte Mike Myrick, der allmächtige Präsident der USLTA, sich bemüht, ihm die Flügel zu stutzen. Und genauso beharrlich war Tilden immer wieder aufs Neue bis an die Grenzen der ihm zugestandenen Freiheiten gegangen.

Tennis war ein reiner Amateursport (Profis durften bis 1968 an keinem wichtigen Turnier teilnehmen, für den Daviscup galt die Regel sogar bis 1973), und in den Zwanzigern erfuhr der Amateurbegriff manchmal eine geradezu absurd strenge Auslegung. Myrick drohte Tilden wegen dessen journalistischer Tenniskolumnen mehrmals eine Sperre an, Tilden kroch jedes Mal reuig zu Kreuze und fing dann sofort wieder an zu schreiben. Zeitungsartikel von Starsportlern waren die Expertenkommentare der damaligen Zeit, und Tilden verdiente an den Produkten seiner Feder rund 25 000 Dollar pro Jahr (was in den Zwanzigern eine stattliche Summe war). Tatsächlich war »Journalist« seine offizielle Berufsbezeichnung, bis er zum Tennisstar aufstieg, und seine ganze Leidenschaft galt dem Stückeschreiben und der Schauspielerei.

Aber die USLTA konnte es sich schlechterdings nicht leisten, ihn zu sperren. Das Stadion in Forest Hills (das noch bis 1978 als Austragungsort der US-Open diente) war 1923 für eine Viertelmillion Dollar eigens gebaut worden, um den Zuschauermengen Platz zu bieten, die sich darum rissen, Big Bill spielen zu sehen. Aus einem Zeitvertreib für die Oberschicht hatte Tilden einen Zuschauersport der Sonderklasse gemacht, und da er als Amateur spielte, verdiente das Tennisestablishment an ihm ein Vermögen.

Doch obwohl die USLTA von Tilden abhängig war, wünschte sie heimlich, dass er verschwinden möge – und zwar nicht nur, weil er ihnen ein Stachel im Fleisch war. Myrick und seine Kumpane fürchteten, Tildens sexuelle Neigungen könnten ans Licht der Öffentlichkeit gezerrt und so »das von Tilden gebaute Haus« zum Einsturz gebracht werden.

Allerdings feuerte Tilden Deutschland 1937 beim Daviscup nicht aus reiner Bosheit an. Und er hatte auch nichts gegen Budge, mit dem er sich ebenso gut verstand wie mit Gene Mako. Aber Gottfried von Cramm war ein guter Freund geworden, sein mit Sicherheit wichtigster Gefährte bei seinen Besuchen in Deutschland.[62] Und nachdem er seit 1927 jeden Sommer dort viel Zeit verbracht hatte, war er vom DTB gefragt worden, ob er der deutschen Daviscup-Mannschaft unter die Arme greifen wolle. Nur zu gerne war er bereit gewesen, den deutschen Spielern im edlen »Rot-Weiß«-Club zu helfen. Und inzwischen war er inoffizieller bezahlter Trainer des Teams.

Der größte Tennisspieler, vielleicht der größte Sportler seiner Zeit hätte wahrscheinlich nie das Licht der Welt erblickt, wenn es 1884 nicht eine verheerende Diphtherie-Epidemie gegeben hätte. Tildens Vater, William Tatem Tilden Senior, hatte sich in einer Importfirma für Wolle in Philadelphia hochgearbeitet und dort schließlich einen verantwortungsvollen Posten übernommen. Der Geschäftsinhaber war von ihm so beeindruckt, dass er ihm die Hand seiner Tochter gab, und im November 1879 heiratete Tilden Selina Hey. Das Paar und das Geschäft gediehen, und schon 1883 liefen zwei kleine Mädchen und ein kleiner Junge um das dreistöckige Backsteinhaus im Nobelviertel Germantown herum.

Doch dann, Ende 1884, wütete in Philadelphia die Diphtherie. Diese Krankheit war damals eine verheerende Seuche, und es sollte noch ein Jahrzehnt dauern, bis das erste Antitoxin entwickelt wurde. Binnen zwei Wochen waren alle drei Kinder der Tildens tot.

Das Paar begann noch einmal von vorne und bekam zwei Jungen: Herbert im Jahr 1886 und William Tatem Tilden Junior, der am 10. Februar 1893 geboren wurde. Aber das Leben im Hause der Tildens war nicht mehr das gleiche. Die Fröhlichkeit einer glücklichen, unbeschwert lebenden Familie war verflogen. Overleigh, die riesige Villa in der McKean Avenue, wo die Tildens jetzt lebten, war »ein Haus, in dem kaum etwas von Liebe oder Frohsinn zeugte«. »Den Eindruck von Trauer vermittelten die Familienmitglieder durch flüchtige Blicke und ihr plötzliches Verstummen, wenn die Verzweiflung sie übermannte«, erinnerte sich Big Bills Nichte.[63]

Die Tildens waren als eine der einflussreichsten Familien der Umgebung bekannt – und jedermann wusste, dass man dort auf sehr großem Fuß lebte. In Overleigh gab es sogar eigene Ställe für die Pferde, die die Kutschen der Familie zogen. (Der kleine Herbert hatte ein eigenes Pferd nebst dazugehörigem Wagen.) Als in Philadelphia Automobile aufkamen, fuhr Bill senior das auffälligste von allen. Beide Jungs waren verwöhnt, aber bei »Junior«, wie alle den kleinen Bill nannten, steigerte sich die Verhätschelung und Bemut-

terung ins Maßlose. Als er im Alter von etwa sechs Jahren einmal
mitten in der Nacht aufwachte und nach einem Spielzeug schrie, das
er in einem Schaufenster gesehen hatte, wurde ein Diener losgeschickt, um den Ladenbesitzer zu wecken und das begehrte Objekt zu besorgen. Obwohl nichts darauf hinweist, dass er an ungewöhnlichen Krankheiten litt, befand seine Mutter unter dem
Eindruck der traumatisierenden Erfahrungen von 1884, dass er für
den Schulbesuch zu schwach sei, und ließ ihn stattdessen bis zum
Alter von dreizehn Jahren zu Hause unterrichten. Am Ende eines
jeden Nachmittags hallten durch die Nachbarschaft die Stimmen
der Hausbediensteten, die den kleinen Tilden mit »Herr Junior!
Herr Junior!« zurück ins Haus riefen, auf dass er sich am Abend
nicht verkühle. Noch Jahrzehnte nach seinem Tod wunderten sich
alte Bekannte aus seiner Kindheit, wie aus so einem »schwachen«
Kind einer der weltbesten Sportler werden konnte.

Einen Block vom Haus der Tildens entfernt befand sich der Germantown Cricket Club, dessen gepflegte Tennisrasen zu einem der
ersten Zentren des Weißen Sports in den USA wurden. Von 1921 bis
1923 wurden hier die US-Meisterschaften ausgetragen, und zur Verteidigung seines Titels brauchte Bill praktisch nur von zu Hause
über die Straße zu gehen. Im Gegensatz zu Don Budge lernte Tilden
das Tennisspiel in einem exklusiven Privatclub; aber genau wie nachher bei Budge war es ein älterer Bruder, der ihn dazu inspirierte. Der
um sieben Jahre ältere Herbert war Bills Vorbild. Hochgewachsen
und gut aussehend, extrovertiert und immer locker, wenn er mit anderen jungen Männern – und jungen Frauen – auf der Clubanlage
scherzte, war Herbert auch ein ausgezeichneter Tennisspieler, der
später die landesweiten Collegemeisterschaften im Doppel gewann.

Herbert – ein männlicher Typ, an der University of Pennsylvania
in jeder Hinsicht erfolgreich, schon während seines Studiums mit
einer schönen jungen Frau verlobt – wurde von seinem Vater eindeutig bevorzugt. Junior vergötterte seine Mutter und wurde auch
von ihr vergöttert. Eigentlich überließ ihn der Vater fast vollständig
der Fürsorge seiner Mutter, die ihn wie ihre verstorbenen Töchter
behandelte. Sie steckte ihn in Samtkleider, schenkte ihm zu Weihnachten »Puppen und anderen Mädchenkram«,[64] während sich

Herbert über Baseballschläger und Football-Bälle freuen durfte, und impfte ihm eine Angst vor Krankheiten ein, die durch engen Körperkontakt entstehen.

Und dann verließ sie ihn. 1908, als Junior fünfzehn war, erkrankte sie an einem Nierenleiden und verwandelte sich praktisch über Nacht von einer willensstarken, dynamischen Frau, die den riesigen Haushalt führte, in eine düstere Gestalt, die auf der Veranda regungslos in ihrem Rollstuhl saß und von einer Pflegerin umsorgt wurde. Indes wurde sein Vater stärker denn je von seinen Geschäften und seinen politischen Ambitionen (Kandidatur für das Bürgermeisteramt) in Beschlag genommen, und Herbert sollte bald die Hochschule abschließen, heiraten und nach Overleigh zurückkehren. Die Folge war, dass Junior nicht nur endlich auf eine Schule, nämlich auf die vornehme Germantown Academy, geschickt wurde, sondern auch bei seiner Tante Mary einzog, die gleich auf der anderen Seite des Cricket Clubs wohnte. Mary, die er »Auntie« nannte, hatte nie geheiratet und war ständig bei den Tildens gewesen, um ihrer Schwester bei der Erziehung ihres jüngsten Sprosses zur Hand zu gehen. Sie hatte auch ihre Nichte Selena aufgezogen, die immer noch bei ihr lebte und von Tilden den Spitznamen Twin, »Zwilling«, erhielt, weil sie genau wie er an einem 10. Februar geboren war – allerdings fünfzehn Jahr vor ihm. Twin und Auntie wurden bald zu seinen engsten Vertrauten innerhalb der Familie, und ihr Haus blieb fast ein Leben lang sein eigentliches Zuhause.

Tilden war an der Highschool nicht besonders beliebt; er galt als schräg, weil er seine Freunde eher unter den jüngeren Schülern suchte. Er spielte zwar in der Tennismannschaft, wurde aber erst in der Abschlussklasse die Nummer eins. Als er von der Schule abging, war er eins siebenundsiebzig und wog nur achtundfünfzig Kilo, und sein erklärtes Berufsziel war laut Schuljahrbuch »Clown«. Seinem Vater zuliebe schrieb er sich an der Wharton School of Business ein, aber sein Interesse an der Schule tendierte gegen null. Er war einsam und unglücklich, und kurze Zeit später konnten sich nur noch wenige aus seiner Jahrgangsstufe daran erinnern, dass er jemals ihr Kommilitone gewesen war.

Zum Teil lag das daran, dass er niemals einen Abschluss machte. Gegen Ende seines ersten Studienjahres erlitt seine Mutter plötzlich einen schweren Schlaganfall und lag im Sterben. Frank Deford schreibt:

> Am Ende, am 2. Mai 1911, saß er die ganze Nacht vor ihrer Tür in Overleigh und weinte sich die Seele aus dem Leib – »unter größtem Schock«, wie er selbst sagte. Ihr Tod erschütterte ihn so sehr, dass seine Nerven nicht mehr mitmachten. Der arme Junge wurde zittrig und zappelig und verlor jeden Halt. Ihm war nicht nur der Anker abhanden gekommen, den ihm seine angebetete Mutter geboten hatte, sondern er musste sich auch einer Schuldisziplin beugen, die er nicht ertrug; er musste weit weg von zu Hause leben; ihm dämmerte sicher schon, dass er homosexuell war; er hatte praktisch keine Freunde, einige Menschen fanden ihn regelrecht abstoßend; er war ein Nervenbündel, verzagt, verwirrt, verloren.[65]

Er nahm sich eine einjährige Auszeit; aus einem Jahr wurden zwei, dann drei, dann vier. Er jobbte als Reporter für den *Philadelphia Evening Ledger*. Er trainierte die Tennismannschaft seiner alten Schule. Der Schmerz ließ nach, und zu seinem einundzwanzigsten Geburtstag erfüllte ihm sein Vater den ungewöhnlichen Wunsch, ihm zu Ehren im Germantown Cricket Club einen Tanzabend auszurichten. Er spielte mit dem Gedanken, wieder ans College zu gehen. Doch dann brach alles über ihm zusammen.

Im Sommer 1915 bekam sein Vater plötzlich schwere Nierenprobleme, er starb am 29. Juli, seine beiden Söhne standen an seinem Sterbebett. Herbert litt unter diesem Tod genauso sehr, wie Junior unter dem Tod der Mutter gelitten hatte. Vor lauter Trauer betrank er sich den ganzen Sommer. Als er mit seiner Frau und ihren beiden Kindern ans Meer fuhr, holte er sich eine Erkältung, die sich zu einer Lungenentzündung auswuchs. Nur zwei Monate nachdem er seinen Vater sterben gesehen hatte, wachte Bill Tilden nun am Bett seines geliebten älteren Bruders und erlebte mit, wie auch er dahinging. Es erinnerte ihn an die Geschichten, die er aus dem Jahr 1884 gehört hatte. Alle waren weg. Er war zweiundzwanzig Jahre alt.

Er zog sich in sein Zimmer bei Auntie zurück und hörte sich immer und immer wieder durch die Hunderte von Schellackplatten, die er besaß. Monate vergingen. Und plötzlich ging Bill Tilden auf, was er zu tun hatte. Irgendwo aus seinem tiefsten Innern tauchte ein brennender Ehrgeiz auf. Sein Bruder war im College ein guter Tennisspieler gewesen, hatte den Sport aber aufgegeben, als er heiratete und als Führungskraft in der Firma seines Vaters zu arbeiten begann. Bill selbst war auf den Courts des Germantown Cricket Clubs groß geworden. Tennis war das Feld, auf dem er sich einen Namen machen konnte. Tennis würde seine Universität werden, seine »Tilden Wollimport GmbH«, seine Familie. »Er hatte sich plötzlich in den Kopf gesetzt, der allwaltende Herrscher des Rasentennis zu werden«, erinnerte sich Carl Fisher, ein Freund von damals.

Andere waren eher verwundert. Tilden belegte auf der US-Rangliste den siebzigsten Platz. Er war noch nicht einmal in das sechsköpfige Team der Pennsylvania University berufen worden. Zwar war er 1913 und 1914 im Philadelphia Cricket Club US-Meister im Mixed geworden, aber da hatte er das Glück gehabt, an der Seite der damaligen Landesmeisterin im Dameneinzel, Mary K. Browne, zu spielen, und die Konkurrenz war auch nicht allzu groß gewesen. Er galt sicher nicht als ein besonders vielversprechendes Talent. »Wenn Sie mich um 1915, 1916 gefragt hätten, ob Tilden jemals US-Meister werden würde, wäre ich gewiss erstaunt gewesen«, meinte Carl Fisher. »Ich hätte Ihnen wohl einfach nur geantwortet: ›Was um alles in der Welt bringt Sie dazu, mir solch eine törichte Frage zu stellen?‹«[66]

Tilden begann, wie ein besessener Ingenieur an seiner Spielweise zu arbeiten. Er nahm jedes Element seiner Technik einzeln unter die Lupe, feilte daran, vervollkommnete es. Immer und überall schlug er Tennisbälle: auf den zahllosen kleinen Turnieren im Nordosten, auf den Übungsplätzen in Germantown, allein vor einer Schlagwand und im Winter sogar in Squash-Hallen. Er begnügte sich nicht damit, an seinen Tenniskünsten zu arbeiten, er wollte das Spiel auch studieren und entwarf seine eigenen Theorien zu Spin, Technik und Strategie, die er später veröffentlichen sollte. Es ist möglich – und, da sich mit Tennisspielen kein Geld verdienen ließ, auch

durchaus verständlich –, dass sich bis dahin noch niemand so ernsthaft mit dem Spiel auseinandergesetzt hatte wie Tilden. »Die meisten Tennisspieler betrachten den Ball schlicht als etwas, wogegen
man schlagen kann«, schrieb er ein paar Jahre später. »Stellen wir
ihn uns stattdessen doch lieber einmal als Person vor. Er ist der
dritte Spieler. Wird er auf Ihrer Seite oder auf der Ihres Gegners
stehen? Die Entscheidung liegt bei Ihnen.«[67]
Zunächst war der Ball allerdings ein recht widerspenstiger Partner. Bei seiner ersten Teilnahme an der US-Meisterschaft, die 1916
zum zweiten Mal im West Side Tennis Club in Forest Hills ausgetragen wurde, schied er in der ersten Runde in glatten Sätzen gegen
einen gewissen Harold Throckmorton aus. Überrascht war niemand; einige Spieler nannten ihn hinter seinem Rücken sogar »Ein-
Runden-Tilden«. Das hielt ihn nicht davon ab, mit missionarischem
Eifer für seine neuen Tennistheorien zu werben. Als Vincent Richards Tilden zum ersten Mal sah, »hielt er Vorträge auf der Veranda des Merion Cricket Clubs. ... Es ist schwer, genau zu sagen,
warum Tilden von Anfang an immer im Mittelpunkt stand.«[68]
Im nächsten Jahr erreichte er das Viertelfinale, aber zu diesem
Zeitpunkt waren die Vereinigten Staaten schon in den Ersten Weltkrieg eingetreten, und die meisten Spieler blieben dem »Patrioti-
schen Turnier«, wie die Meisterschaften jetzt hießen, fern, weil sie
im Feld standen. Tilden selbst versah seinen Dienst bei der Fern-
meldetruppe und wurde, nachdem die Musterungsärzte ihm Platt-
füße attestiert hatten, in Pittsburgh stationiert, wo ihm ein tennis-
begeisterter Befehlshaber viel Zeit ließ, um zu trainieren und sogar
zu Wettkämpfen zu reisen. Im Sommer 1918, als das Land immer
noch Krieg führte, gewann er in Chicago bei den Meisterschaften
auf Sand seinen ersten US-Titel und stand in Forest Hills im Finale.
Er gehörte jetzt zu den anerkannten Spitzenspielern, stand aber immer noch nicht im Verdacht, ein Genie zu sein.
1919 waren die amerikanischen Soldaten aus dem Krieg zurückgekehrt, unter ihnen auch jener Mann, der gemeinhin als der größte
Tenniscrack des Landes galt, »als beliebtester Spieler, der jemals
einen Court betreten hat«[69]: Bill Johnston. Ein weiterer Nordkali-
fornier, der das Spiel auf den öffentlichen Plätzen San Franciscos

gelernt hatte, war Johnston 1915 im Alter von zwanzig Jahren US-Meister geworden. Die stärkste Waffe des nur eins zweiundsiebzig großen Johnston war seine kraftvolle Vorhand, die er mit einem konsequenten Westerngriff spielte. Diese Griffhaltung ermöglicht es normalerweise, dem Ball reichlich Topspin mitzugeben, aber Johnston zog es vor, ihn auf Schulterhöhe anzunehmen und fast völlig gerade zu spielen. Er setzte diesen stilprägenden Schlag vor allem bei Flugbällen ein, die er wegen seiner geringen Körpergröße nicht direkt am Netz, sondern von der Aufschlaglinie aus zu spielen pflegte. Während des Krieges war Johnston bei der Marine gewesen, aber jetzt bereiteten ihm die amerikanischen Fans einen begeisterten Empfang und hofften, dass es ihm gelingen würde, seinen Titel zurückzuerobern.

Das Finale in Forest Hills war das erste von vielen Duellen zwischen den beiden Bills. Der Gegensatz zwischen ihnen hätte größer nicht sein können, und das betraf nicht nur die Statur und die Spielweise, sondern auch Persönlichkeit und Beliebtheit. Denn Tildens hochmütiges Selbstvertrauen war noch vor seiner Spielweise zur vollen Reife gelangt, und so erntete er seitens der Presse und der Zuschauer nur Hohn und Spott, obwohl er noch nicht durch das Horten wichtiger Titel Neid und Missgunst hätte erregen können. »1919 schienen sich die Zuschauer und, wie gemunkelt wurde, auch die Spieler vor allem zu wünschen, dass Tilden um jeden Preis geschlagen wurde.« Als er Tilden das erste Mal sah, konnte Laney, damals ein junger Reporter, die Stimmung im Publikum nur zu gut verstehen. Am Tag vor Turnierbeginn trainierte Tilden gerade auf einem Nebenplatz, als einige Fotografen aufkreuzten:

Tilden hatte das Sagen und gab ihnen präzise Anweisungen, wie sie ihre Arbeit zu verrichten hätten. Bis er den Titel holte, sollte noch ein Jahr vergehen, aber schon jetzt benahm er sich wie ein Meister oder ein noch höher Stehender und gab sich dabei besonders arrogant. … Die hohlen Wangen und den weiten, schnurgeraden Mund über dem langen Hals kannte man von Bildern. Es waren Züge, die auf große Entschlossenheit hindeuteten, und einen Ausdruck von Demut konnte man sich auf diesem Gesicht beim besten Willen nicht vorstellen. Es glühte vor Begeisterung, und ein ausgeprägtes Überlegenheitsgefühl war nicht zu verkennen.[70]

Im Finale sahen die Zuschauer, die Little Bill so inbrünstig liebten, wie sie Tilden hassten, ihren sehnlichen Wunsch in Erfüllung gehen. Tilden hatte in den letzten drei Jahren enorme Fortschritte gemacht, aber dem kleinen Johnston konnte er noch nicht das Wasser reichen. Mit voller Wucht hagelten die Bälle von seiner Westerngriff-Vorhand auf Tildens Rückhand, die dem Angriff nichts weiter entgegenzusetzen hatte als einen zwar probaten, letztlich aber harmlosen Slice. Zum zweiten Mal in Folge hatte er das Finale in glatten Sätzen verloren. Deutlicher hätte die Lektion kaum ausfallen können.

Tildens Entschlossenheit tat das keinen Abbruch. Er hatte gründlich an der Perfektion seines Spiels gearbeitet, aber offensichtlich war das Werk noch nicht vollendet. Nie mehr, so schwor er sich, würde jemand auf diese Weise seine Rückhand angreifen.

Er hatte sich mit einem Mann namens Jones angefreundet, einem Tennisfan, der in Providence, Rhode Island, eine Versicherungsgesellschaft leitete und eine der wenigen Tennishallen des Landes besaß. Im Winter 1919/20 zog Tilden vorübergehend bei ihm ein und übernahm pro forma einen Job als Versicherungsvertreter. Tatsächlich aber trainierte er acht Stunden täglich auf einem von Jones' Plätzen Tennis, entweder mit dem Sohn der Familie – einem der besten sechzehnjährigen Spieler des Landes – oder allein vor einer Wand. Er änderte seinen Rückhandgriff, um offensiver spielen zu können, indem er mehr durch den Ball durchschlug als ihn von oben anzuschneiden, und übte das dann in einem fort, den ganzen Winter über. Auf diesem kalten, entlegenen, einsamen Court – den Frank Deford als die »Geburtsstätte des amerikanischen Tennis« bezeichnete – entwickelte Tilden die letzte Komponente seines Arsenals, das die Tenniswelt ein Jahrzehnt lang beherrschen sollte.[71]

Einige Monate später reiste Tilden erstmals nach Wimbledon und hatte dort gleich Gelegenheit, seine neue Spielkunst auszutesten. Mit seiner kraftvollen Rückhand – jenem Schlag, der es laut

New York Times unmöglich machte, Tilden für längere Zeit in die Defensive zu drängen, ... jenem Schlag, der ihn aus der Masse der zeitgenössischen Tennisspieler heraushob« – gelang ihm der Durchmarsch bis in die Herausforderungsrunde, wo er gegen den Titelverteidiger Gerald Patterson antreten durfte (das im Daviscup noch längere Zeit beibehaltene System, nach dem der Vorjahressieger erst im Finale spielt, hielt sich in Wimbledon bis 1922). Im Match gegen Patterson zeigte er dann »das klügste und durchdachteste Tennis, das man auf einem englischen Rasen je gesehen hat« und nahm den großen Australier in vier Sätzen buchstäblich auseinander.[72] Fünf Jahre nach dem Tod seines Bruders war Bill Tilden inoffizieller Weltmeister.

Hätte er 1916 Vertraute gehabt, die er in seine Pläne hätte einweihen können, so hätte ihm vermutlich keiner geglaubt. Aber jetzt hatte er es geschafft, und es sah aus, als erfülle sich ein Schicksal. Schon bevor er wichtige Trophäen gewonnen hatte, war er über den Rasen geschritten wie ein Monarch, der dem Publikum die Gnade erweist, es zu dulden. Jetzt, wo er als Wimbledon-Sieger nach Hause kam, übernahm er im amerikanischen Tennis endgültig die Macht.

Bill Johnston war auch in Wimbledon gewesen, aber Tilden hatte ihn nicht direkt geschlagen, und die meisten amerikanischen Tennisfans erwarteten, dass Johnstons berühmte Vorhand dem hochgewachsenen Parvenü in Forest Hills seine Grenzen aufzeigen würde. Big Bill und Little Bill, wie sie nun genannt wurden, schlugen bei den US-Meisterschaften alle Gegner aus dem Feld und trafen im Finale aufeinander. An einem grauen Tag im West Side Tennis Club drängten sich mehr als zehntausend Fans auf den Holztribünen vor dem Centre Court, um mitzuerleben, wie Little Bill seinem Kontrahenten Big Bill einen weiteren Denkzettel verpasste. Aber diese Tage waren vorbei. So wie acht Jahre später sein Schüler Cramm hatte auch Tilden keine schwache Rückhand mehr, die man hätte angreifen können – er hatte, um es genau zu sagen, überhaupt keine Schwäche mehr. Johnston bot seine ganze Zähigkeit und Erfahrung auf und machte das Match zu »einem der nervenaufreibendsten Kämpfe, die je auf einem Tennisplatz stattgefunden haben«, wie ein Journalist mit der schon damals üblichen Neigung zu Übertreibungen formulierte. Aber Tildens alles beherrschender Aufschlag (zwanzig Asse) und seine kaum zu parierenden Grundschläge brachen Johnston das Genick. Big Bill gewann 6:1, 1:6, 7:5, 5:7, 6:3 und war nun der unangefochtene Meister des Weißen Sports. Schon jetzt nannte ihn die *New York Times* »einen der vielleicht größten aller Zeiten«.[73]

In den folgenden sechs Jahren verlor Big Bill Tilden weder in einem der großen Turniere noch im Daviscup ein einziges Match. Eine Phase von solcher Dominanz wird im Tennis wahrscheinlich einmalig bleiben. 1924 scheint er, nach der Quellenlage zu urteilen, überhaupt kein Spiel verloren zu haben. Im Jahr danach stellte er einen Rekord auf, der an Joe DiMaggios Serie von sechsundfünfzig Baseballspielen mit mindestens einem »Hit« erinnert und vermutlich noch länger als diese Bestand haben wird. Er gewann – gegen die Topspieler seiner Zeit – siebenundfünfzig Spiele hintereinander. Das entspricht mehr als neun 6:0-Sätzen in Folge. »Er war ein Autokrat der Tennisplätze, wie es ihn seither nicht mehr gegeben hat«, schrieb 1963 Allison Danzig, der 1923 angefangen hatte, für die *New York Times* über Tennisbegegnungen zu berichten. »Er war der absolute Herrscher, als das amerikanische Tennis seine Blüte erlebte und alle Länder der Erde große Spieler hervorbrachten.«[74]

Der Wettstreit zwischen Tilden und Johnston dauerte die zwanziger Jahre über an, aber ab 1920 bildete er meist nur noch die Kulisse für Tildens große Auftritte. 1921, nachdem Tilden seinen Wimbledon-Titel erfolgreich verteidigt hatte, trafen die beiden im Viertelfinale der US-Meisterschaften aufeinander, die diesmal in Tildens Heimatclub, dem Germantown Cricket Club, ausgetragen wurden. (Setzlisten wurden erst ein Jahr später eingeführt.) Verärgert über das Gerücht, dass er Johnston im Vorjahr nur aufgrund seines Kanonenaufschlags bezwungen hätte, beschloss Tilden, auf diese Waffe zu verzichten. Er schlug keine Asse, setzte nur seine Grundschläge ein, brachte Johnston trotzdem eine vernichtende Niederlage bei und zog in die nächste und übernächste Runde, um seinen Titel zu verteidigen.

Im darauffolgenden Jahr traten sie, abermals in Germantown, im Finale gegeneinander an.[75] Obwohl Tilden die unumstrittene Nummer eins war, galt Johnston immer noch als ernst zu nehmender Konkurrent, da jeder der beiden den anderen insgesamt fünfmal besiegt hatte. Außerdem hatten jetzt beide, genau wie die Altmeister Dick Williams und Maurice McLoughlin, zwei US-Titel vorzuweisen. Seit auch die Titelverteidiger das ganze Turnier bestreiten mussten, war es niemandem mehr gelungen, einen dritten Sieg zu erringen, der es ihm erlaubt hätte, die Trophäe für immer einzustecken. Noch vor Turnierbeginn wurde die zu erwartende Begegnung zwischen Big Bill und Little Bill in der Presse zur Schlacht um den begehrtesten Titel der Tennisgeschichte und zum »Match für griechische Götter« stilisiert. Die Tribünen in Germantown, zu denen auch vier Reihen Stehplätze gehörten, waren brechend voll. Zwölftausend Zuschauer hatten den Weg hierher gefunden, und nur wenige feuerten den Jungen aus der Nachbarschaft an. Alle wollten, dass ihr geliebter Little Bill dem unverschämten Riesen endlich den Garaus machte.

Zwei Sätze lang sah es auch ganz danach aus: Johnston spielte bestes Tennis und gewann 6:4 und 6:3. Den dritten Satz entschied Tilden mit 6:2 mühelos für sich, aber als Little Bill im vierten flugs mit 3:0 in Führung ging, dachten alle, er hätte im Satz davor seine Kräfte geschont, um jetzt zum Sturmangriff überzugehen, damals eine gängige Taktik. Beim Seitenwechsel traf Tildens Blick den des USLTA-Häuptlings Mike Myrick. Myrick hasste Tilden wegen seiner effeminierter Art und seiner dreisten Forderungen, und die Abneigung beruhte auf Gegenseitigkeit. »Tja, Bill«, spöttelte Myrick, »das war ein großartiges Match.«

»Wirklich gut wird es erst noch«, gab Tilden zurück und lief zur Grundlinie. Johnston gewann in dem Satz noch sechs Punkte und kein einziges Spiel. Den fünften gewann Tilden mit 6:4.

Tilden erreichte gerade seinen Zenit, und nichts konnte ihn aufhalten, nicht einmal der Verlust eines halben Fingers. Bei einem Schaukampf in New Jersey riss er sich im Herbst 1922 den rechten Mittelfinger an der Umzäunung auf, als er einem weit geschlagenen Lob hinterherjagte. Es kam zu einer Staphylokokkeninfektion, und eine Woche später lag er im Krankenhaus von Germantown, wo die Ärzte ihm den ganzen Finger amputieren wollten. Das jedoch hätte das Ende seiner Tenniskarriere bedeutet; deswegen bat er darum, so viel wie möglich von seinem Finger zu retten, und letztlich wurde er nur bis zum zweiten Glied abgeschnitten. »Ich kann von Glück sagen, wenn ich 1923 unter die ersten zehn komme, und das meine ich wirklich so«, sagte er Reportern beim Verlassen des Krankenhauses. Alle Experten waren sich einig: Tilden hatte abgewirtschaftet.

Aber er trainierte, wie schon drei Jahre zuvor, den ganzen Winter über in einer Halle. Erstaunlicherweise musste er seine Griffhaltung nur leicht verändern. »Nach ein paar Schlägen rutschte mein Racket ab«, erklärte er später. »Deshalb gab ich meinen Bällen mehr Druck und schärfere Absprungwinkel. So konnte ich den anderen Kerl schneller aus der Reserve locken und die Ballwechsel abkürzen.«[76] Anfang 1923 stand fest, dass Tildens Spiel kaum gelitten hatte. Es war eher noch besser geworden. Soweit bekannt, verlor er in diesem Jahr nur ein einziges Match, und zwar das Finale der Meisterschaften von Illinois, in dem er gegen den großen Spanier Manuel Alonso angetreten war. Diese Niederlage scheint den zur alten Form auflaufenden Big Bill allerdings gewurmt zu haben, denn in Forest Hills spielte er Alonso im Viertelfinale mit 6:0, 6:0 und 6:2 in Grund und Boden, wobei er den letzten Satz einem Reporter zufolge »etwas lockerer angehen ließ«. Im West Side Tennis Club war für eine viertel Million Dollar ein neues Stadion aus dem Boden gestampft worden, um die Nachfrage zu befriedigen, die Superstar Tilden hervorrief. Und im ersten dort gespielten Meisterschaftsfinale demontierte Tilden seinen Rivalen Little Bill in weniger als einer Stunde.

1924 konnte er sich noch einmal steigern, er verlor überhaupt kein Match, obwohl er sich wegen seiner Tenniskolumnen eine Dauerfehde mit der USLTA lieferte. Außerdem verwandte er nun mehr und mehr Zeit auf das Schreiben und Schauspielern und nutzte sein Erbe, um seiner lebenslangen Leidenschaft für das Theater frönen zu können. Er beteuerte immer wieder, dass er das Tennis, sofern sich ihm die Chance dazu böte, jederzeit für eine Bühnenkarriere aufgeben würde. Doch zum Glück für die Tennisfans und Theaterliebhaber dieser Welt blieb ihm eine solche Chance immer verwehrt. Allerdings war es ihm unbenommen, bei mehreren Theateraufführungen in Germantown nicht nur als Sponsor, sondern auch als Schauspieler hervorzutreten, und trotz verheerender Kritiken war es ihm gelegentlich sogar vergönnt, bei Benefizvorstellungen am Broadway mitzuwirken.

Obwohl er seine Kräfte also aufteilen musste, blieb er auf dem Tennisplatz unschlagbar. Nach einem hart erkämpften Sieg über den jungen Vinnie Richards im Halbfinale von Forest Hills hieß es wieder, dass Tilden seinen anderen Betätigungen zu viel Aufmerksamkeit widme und dass Johnston den Meistertitel zurückerobern könne. Tilden antwortete im Finale mit einer Demonstration seines Könnens, die Little Bill »so hilflos wie ein Kleinkind aussehen ließ«: 6:1, 9:7 und 6:2. Wieder einmal hatte er ihn vorwiegend mit Grundlinienschlägen niedergerungen, als sich aber im letzten Spiel ein Gewitter über dem Stadion zusammenbraute, zog er es vor, nun lieber auf solche Albernheiten zu verzichten. Der Sportjournalist Grantland Rice schrieb: »Bill begutachtete kurz das Wetter, wandte sich wieder Johnston zu, donnerte vier Asse herunter und sicherte sich so noch kurz vor dem Regenguss Sieg und Titel.« Danach sagte der von Johnston im Halbfinale geschlagene Gerald Patterson: »Tilden ist weltweit der einzige Spieler. ... [Wir anderen] sind alle Zweitklässler.« Fast fünfzig Jahre später schrieb Al Laney: »Das war Tilden auf dem absoluten Höhepunkt seines Könnens; und danach habe ich dergleichen nie mehr gesehen.«

Tildens große Zeit fiel mit den »Roaring Twenties« zusammen, jenem Nachkriegsjahrzehnt, das sich durch Weltmüdigkeit, Ablehnung althergebrachter Sitten und marktschreierischen Reklamerummel auszeichnete. Tanzmarathon, Pfahlsitzen auf Fahnenstangen, Sechstagerennen, Mah-Jongg, Kreuzworträtsel, Minigolf, Charleston: Eine Modeerscheinung jagte die andere, und jede schlug die Nation in ihren Bann. Die Prohibition führte keineswegs zu einer gesellschaftlichen Ächtung des Alkohols, sondern rief eine völlig neue Trinkkultur hervor: Es waren nicht mehr nur die »alten Knaben vom Stammtisch«, die ihr Bier hinunterkippten. In den illegalen Kneipen verkehrten jetzt auch zunehmend junge Frauen, die harte Sachen tranken. Zum ersten Mal sah man anständige Mädchen mit Flachmann und Zigarette, die sich volllaufen ließen, um dann mitten in der Nacht mit jungen Männern eine kleine Spritztour in einem der neuen »geschlossenen« Automobile zu unternehmen, die ein konservativer Gesellschaftskritiker als »Freudenhäuser auf Rädern« bezeichnete. In *Diesseits vom Paradies* überraschte F. Scott Fitzgerald so manchen Leser mit seinem Bericht über die neue Generation junger Frauen, »die nachts um drei zum Abschluss eines Tanzabends in völlig unmöglichen Cafés eine Mahlzeit zu sich nahmen«. »Ich habe Dutzende von Männern geküsst«, sinniert eine weibliche Romanfigur in einer besonders schockierenden Zeile, »vermutlich werden weitere Dutzende dazukommen.«[77]

Tilden eiferte gegen die Trunksucht, vermied sexbezogene Kraftausdrücke, wie sie mittlerweile auch in gemischtgeschlechtlichen Runden gang und gäbe waren, und war eigentlich viel zu alt für diese freche neue Generation, trotzdem wurde er zu einem Helden der Zwanziger. Schon früh wurde das Jahrzehnt als das Goldene Zeitalter des Sports bezeichnet, und Tilden galt wie der Golfer Bobby Jones, der Baseballspieler Babe Ruth und der Boxer Gene Tunney als Symbolfigur seines Sports. Aber von allen Genannten hatte Big Bill die komplexeste, markanteste Persönlichkeit. Tilden »war nicht nur der größte und vielseitigste Spieler aller Zeiten«, schrieb Allison Danzig, »er gehörte auch zu den schillerndsten und umstrittensten Figuren, die die Welt des Sports jemals hervorgebracht hat.«[78] Noch bevor seine Homosexualität bekannt wurde, schmähten viele Fans seinen Hochmut, sein pedantisches Beharren auf der Allgemeingültigkeit seiner ganz speziellen Vorstellung von Sportlichkeit und seine Arroganz im Umgang mit Balljungen, Linienrichtern und Schiedsrichtern.

In dieser Hinsicht war er seiner Zeit wirklich weit voraus. Um seinen Erwartungen zu genügen, mussten ihm die Balljungen den Ball so zuwerfen, dass er einmal aufsprang und exakt auf Brusthöhe abgefangen werden konnte. Wenn ein Wurf nicht zielgenau war und Tilden schlechte Laune hatte, machte er einfach einen Schritt zur Seite, ließ den Ball vorbei und wartete auf eine saubere Eingabe. Ein

noch schwereres Los hatten aber die Linienrichter: Ein Unparteiischer, der auf Aus entschied, obwohl Tilden den Ball für gut hielt,
war wirklich zu bemitleiden. Big Bill ging langsam zu ihm hinüber,
stemmte die Hände in die Hüften, und starrte ihn eine endlose Minute lang unverwandt an. Oder er warf die Hände hoch und hob den
Blick gen Himmel, als ob er von dort ein gerechteres Urteil erwartete. »Er erhob [die Einschüchterung der Linienrichter] zu einer
Kunstform«, wie sein Freund und Doppelpartner Vincent Richards
schrieb. »Er durchbohrte den pfuschenden Linienrichter mit seinem
Blick, reckte den Hals, wenn er zu ihm hinübersah, und manchmal –
das schmerzte am meisten – hatte er nur ein müdes Lächeln für ihn
übrig.« Die Mehrzahl der Unparteiischen sah keine andere Möglichkeit, als die Demütigungen einfach stumm zu erdulden. Aber
einige lehnten es von vornherein ab, ein Match zu leiten, an dem Tilden teilnahm, und mindestens einer »ging einmal mit Fäusten auf
ihn los«. Bei diesem Vorfall vergab Tilden, nachdem der Mann von
seinem Angriff abgehalten worden war, absichtlich den nächsten
Punkt und forderte dafür erfolgreich den Beifall des Publikums ein.[79]
   Ein solcher Erfolg war ihm jedoch nicht immer beschieden. Sein
»rechthaberisches Nörgeln brachte die Zuschauer mehr als einmal
gegen ihn auf«, schrieb Danzig. Ohnehin waren sie meist von Anfang an gegen ihn, weil sein schlechter Ruf ihm vorauseilte. Tilden
focht das nicht an. Genau wie sein guter Bekannter Ty Cobb (der
»Wer ist denn diese Schwuchtel?« gerufen haben soll, als er Tilden
zum ersten Mal spielen sah) liebte er das »Spiel« mit einem nicht
gewogenen Publikum. Tildens Tenniskollegen wussten alle ihre
Lieblingsgeschichte über ihn zu erzählen. John Olliff erinnerte sich
daran, dass Tilden oft mitten im Ballwechsel zu spielen aufhörte, um
das Publikum zu tadeln, weil es bei einem beifallsunwürdigen Schlag
applaudiert hatte. Ted Tinling schilderte, wie Big Bill in Wimbledon einmal ein Match unterbrach, um sich über eine Frau auf
der Tribüne zu beschweren, die sich mithilfe eines Taschenspiegels nachschminkte. Er behauptete, von der Lichtreflexion auf dem
Spiegel geblendet zu werden, aber jeder wusste, was der eigentliche
Grund für sein Gejammer war: Bill Tilden ertrug keine unaufmerksamen Zuschauer.[80]

Seltsamerweise betrachtete sich dieser Peiniger von Balljungen und Linienrichtern, der nie davor zurückschreckte, sich einen psychologischen Vorteil gegenüber seinen Kontrahenten zu verschaffen, als Paradebeispiel eines fairen Sportlers. Und auf seine Art war er das auch. Wenn ein Gegner einen Punkt machte, hörte man ihn oft ein anerkennendes »Spitze!« rufen. Wenn er verlor, zeigte er sich von seiner vornehmsten Seite und zollte dem Gegner seinen uneingeschränkten Respekt. Aber bei alledem ging es ihm mehr um Gerechtigkeit als um Etikette. »Ich habe nie erlebt, dass er einen Punkt annahm, der ihm seiner Meinung nach nicht zustand«, erzählte George Lott, sein Mannschaftskollege aus dem Daviscup-Team. Wenn seine zornigen Blicke und sein Protest den Schiedsrichter nicht dazu brachten, seine Entscheidung rückgängig zu machen, nahm er die Dinge selbst in die Hand und vergab ein oder zwei Punkte, manchmal auch einen ganzen Satz. (Von einigen wurde er dafür bewundert, aber selbst sein Freund Gottfried von Cramm sah, dass Tilden ein nur vordergründig bestechendes Verständnis von Fairness hatte, und überzeugte auch Budge davon.) »Wenn ich Punkte vergebe, dann mache ich das nicht für das Publikum«, sagte Big Bill einmal, »ich mache es aus innerster Überzeugung.« Bei anderer Gelegenheit erklärte er: »Einen offenkundigen Fehler muss ich einfach korrigieren«, und dann lächelte er: »Zumal ich den Kerl ja ohnehin schlagen werde.«[81]

Dennoch sah sich Tilden ohne Zweifel vor allem als Schauspieler, sowohl auf der Bühne als auch auf dem Tennisplatz. Selbst beim Aufwärmen gab er eine kleine Kostprobe seiner besten Schläge, während sein Gegner mit Mühe und Not versuchte, sich einzuschlagen. Abschließend rief Big Bill dann mit bühnentauglicher Stimme: »Erschöpft genug, Sportsfreund? Ich wär so weit.«[82] Sobald er, ein Dutzend Schläger unter dem Arm, in seinem Lieblingsnicki oder vielleicht in einem Kamelhaarmantel mit Schal über seinem berühmten »Tilden«-Pullover mit V-Ausschnitt den Court betrat, war er Regisseur, Zeremonienmeister und Star in Personalunion.

Tatsächlich hatte Tilden, nachdem er seine Ziele im Tennis erreicht hatte, keinen sehnlicheren Wunsch, als zu schauspielern und Stücke zu schreiben, und seine Possen auf dem Tennisplatz erinnerten an die Melodramen, die er später zu Papier bringen sollte. Um sich die Gunst eines Publikums zu erschleichen, das immer bevorzugt den Außenseiter anfeuert, baute er sein Spiel nach einer bestimmten Dramaturgie auf: Er brachte sich selbst in eine vermeintlich ausweglose Lage, holte dann zum Gegenschlag aus und gewann das Match. Als er 1925 im Finale der Meisterschaften von Illinois gegen einen weitaus schwächeren Gegner antrat, entschied Tilden die beiden ersten Sätze für sich, verlor aus unerklärlichen Gründen die beiden nächsten und geriet im fünften mit 2 : 5 ins Hintertreffen. Unter diesen optimalen Voraussetzungen konnte Tilden nun zum Höhepunkt seiner Inszenierung schreiten. Er leerte einen Eiskübel über seinem Kopf, forderte einen Balljungen in herrischem Ton auf, ihm ein Tuch zu bringen, und nahm dann den Nebenrollendarsteller nach allen Regeln der Kunst auseinander. Das Drehbuch endete mit einem 8 : 6 im fünften Satz für Tilden.

Als er bei einem anderen Match den Eindruck hatte, viel zu leicht zu gewinnen, gab er dem Gegner nicht nur die Chance, zurück ins Spiel zu finden, sondern begann auch, mit dem Schiedsrichter, dem hoch angesehenen H. Levan Richards, zu rechten. »Nach Entscheidungen, die jeder Mensch als richtig betrachten würde, warf er den Linienrichtern zornige Blicke zu, stürmte über den Platz und rief den Himmel an, auf dass er Zeuge der hier vorliegenden Ungerechtigkeit werde. Einmal blieb er mitten auf dem Platz stehen, stemmte die Hände in die Hüften und rief für alle hörbar in Richtung Schiedsrichterstuhl: ›Um Gottes willen, Lev! Bist du blind?‹«

»Spiel weiter, Tilden!« Von den Rängen hagelte es Schreie und Buhrufe. Aber Tilden gab immer noch den missverstandenen Kreuzritter, der nobel umherstolzierte, als müsse er sich der ganzen Welt erwehren. Nachdem er letzten Endes völlig souverän gewonnen hatte, gab er dem Schiedsrichter die Hand und sagte: »Es tut mir leid, Lev. Ich möchte mich entschuldigen. Aber sie hatten doch wirklich eine kleine Show verdient, oder nicht?«[83]

Manchmal war sein Ärger allerdings echt. Und wie John McEnroe fünfzig Jahre später merkte er, dass man diesen Ärger, statt ihn zu unterdrücken, für sich nutzbar machen konnte: Man musste ihn herauslassen, ihn dabei aber auf ein bestimmtes Ziel ausrichten, wie wenn man eine Rakete zündet. Und wehe, wenn ein Spieler ihn auf dem falschen Fuß erwischt hatte. Sofort verwandelte sich die zimperliche, wild gestikulierende Primadonna in eine unerbittliche Kampfmaschine, die ein Angriffstennis von selten gesehener Kraft entfaltete. George Lott machte einmal den Fehler, gegen Tilden aufzuschlagen, als dieser noch nicht bereit war, um so in einem auf zwei Gewinnsätze angelegten Spiel schneller zum Matchball zu kommen. Vor Wut schäumend startete Tilden eine vernichtende Konterattacke und gewann das Match. In einem anderen Match, in dem er ebenfalls führte, war sich Lott seiner Sache etwas zu sicher. »Auf jetzt, Tillie«, stichelte er, als Tilden auf der anderen Seite des Netzes trödelte.[84] Lott gewann in dem Match kein einziges Spiel mehr.

Wenn man Tilden zur Weißglut gebracht hatte oder wenn er in Theaterlaune war, wartete er mit seinem Fünf-Ball-Trick auf. Bei seinem Aufschlagspiel zum Sieg nahm er fünf Bälle in die linke Hand, warf einen hoch und holte mit seinem Kanonenaufschlag ein Ass. Das wiederholte er dreimal. Nach dem vierten Ass warf er den letzten Ball in die Zuschauerränge und trottete zum Netz, um seinem Gegner die Hand zu geben. Kein Wunder, dass ein Autor »die erhabene, geradezu königliche Art« hervorhob, »mit der Tilden seine Gegner abzufertigen pflegt«.[85]

Seit 1920 war Tilden tatsächlich der König des Tennis, und dass er darauf beharrte, auch wie ein solcher behandelt zu werden, verschärfte seinen Konflikt mit der USLTA. Bis zur Einführung des offenen Tennis und der »Open«-Turniere ab dem Jahr 1968 war der Weiße Sport zum größten Teil eine Amateurdomäne. Mit anderen Worten: Es wurden keine Preisgelder gezahlt. Tatsächlich jedoch hielten sich viele Spieler mit unter der Hand gezahlten Garantien, aufgebauschten »Spesen« und erklecklichen Vergünstigungen schadlos. Don Budge beteuerte stets, nie etwas anderes erhalten zu haben als bescheidene Kostenpauschalen. Wenn das stimmt, gehörte er zu den wenigen Champions, die nicht aus dem Scheinamateursystem des *shamateurism* herausholten, was herauszuholen war. George Lott zum Beispiel gab unumwunden zu, dass er für

Spesen gewöhnlich das Doppelte seiner tatsächlichen Ausgaben berechnete. Außerdem habe er bei einem bestimmten Turnier seine Spielzusage erst erteilt, nachdem ihm zur Finanzierung eines Zugfahrscheins, der nur fünfzig Dollar gekostet habe, eine Summe von dreihundertfünfzig Dollar plus Unterkunft und Verpflegung geboten worden sei. Bobby Riggs erinnerte sich daran, dass ihm 1937 für seine Teilnahme an einem kleinen Turnier in Wisconsin fünfhundert Dollar in bar plus Spesen gezahlt wurden. Wenn Spesen nicht zu rechtfertigen waren, wettete ein Turnierleiter mit einem Spieler um hundert Dollar, dass dieser es nicht schaffe, über das Netz zu springen. Und selbst Budge war ja bei Wilson als Verpacker angestellt, und man darf davon ausgehen, dass er nicht allzu viele Stunden an seinem Arbeitsplatz verbringen musste. L. B. Iceley, der Chef von Wilson (und später Budges Trauzeuge), gab auch Riggs einen Job. Wie Riggs berichtete, bekam er zweihundert Dollar die Woche dafür, dass er »theoretisch arbeitete«.[86]

Aber keiner hat es mit den Spesen so bunt getrieben wie Big Bill Tilden. Wenn die Wettkampfveranstalter den besten Spieler der Welt haben wollten, dann mussten sie blechen. Neben der Unterbringung in den besten Hotels und einer fürstlichen Beköstigung forderte er auch exorbitante Summen für andere »Spesen«. Außerdem mussten Turnierleiter oft auf ihren Setzlisten Platz für einige von Tildens Schützlingen schaffen.

Angefangen hatte alles 1921, ein Jahr nachdem Tilden Wimbledon-Champion geworden war und den Daviscup in die Vereinigten Staaten zurückgeholt hatte. Im Frühjahr bot ihm die USLTA eintausend Dollar für die Unkosten, die ihm bei seiner Reise nach Europa entstanden. Tilden konnte nur lachen: tausend Dollar für drei Wochen Paris und vier Wochen London, und dann auch noch die Überfahrt? Nicht mit ihm. »Meiner Meinung nach ist es der Vereinigten Staaten unwürdig, wenn ihrem Champion keine Reise erster Güte zugestanden wird«, schrieb er.[87] Das hieß, dass er sowohl in Paris als auch in London eine Suite in einem Edelhotel erwartete. Bei einem Schaukampf im Weißen Haus hatte Tilden keine Skrupel, Präsident Harding sein Anliegen vorzutragen. Kurze Zeit später beugten sich die USLTA-Bonzen Tildens Forderungen.

Was hätten sie auch sonst tun können? Sie brauchten Tilden, deswegen bekam er in der Regel, was er wollte. Schon jetzt standen sie in seiner Schuld, weil er den Davispokal nach sieben Jahren in der Fremde wieder nach Hause gebracht hatte, und Jahr für Jahr verdoppelte sich diese Schuld. Da im Daviscup diejenige Mannschaft weiterkommt, die in fünf Begegnungen dreimal siegt, kann ein Spieler die Runde fast alleine entscheiden, indem er seine beiden Einzel und das Doppel gewinnt. Dadurch lastet auf dieser Stütze natürlich ein enormer Druck, gestand Tilden. Dessen ungeachtet war Tilden von 1920 bis 1926 einfach unschlagbar. Er dominierte die Herausforderungsrunden und sorgte dafür, dass der Pott in den Staaten blieb.

1925 kamen die vier französischen Musketiere – Henri Cochet, René Lacoste, Jean Borotra und Jacques Brugnon – nach Philadelphia, um Big Bill niederzuringen und den Pokal zu holen. Im ersten Match stand Tilden, der an einer Eiweißvergiftung erkrankt war und unter der glühenden Hitze litt, kurz vor einer Niederlage gegen Borotra, der beim Spielstand von 6:4, 0:6, 6:2 und 6:5 zum Sieg aufschlug. Tilden goss sich ein Kanne Eiswasser über den Kopf, gewann den Satz mit 9:7 und zwang den erschöpften Borotra mit einem Feuerwerk von Stoppbällen und Lobs in die Knie – 6:4 im fünften Satz. In einem langen Fünfsätzer schlug Tilden auch Lacoste, »le Crocodile«, den athletischen und brillanten Sohn eines der mächtigsten französischen Automobilbosse, der später als Modeschöpfer noch bekannter wurde denn als Tennisspieler. Doch trotz dieser beiden Siege war klar, dass die jungen Franzosen über Jahre hinweg eine ernst zu nehmende Konkurrenz darstellen würden.

Auch im darauffolgenden Jahr mussten sich die Franzosen den Amerikanern geschlagen geben, aber im letzten Match behielt Lacoste gegen Tilden die Oberhand. Die Herausforderungsrunde war schon entschieden, und Tilden konnte wegen einer nicht ausgeheilten Knieverletzung kaum laufen – er hätte wirklich nicht antreten sollen. Trotzdem brauchte Lacoste, um mit ihm fertigzuwerden, vier Sätze, von denen er zwei mit 8:6 gewann. Aber die Franzosen hatten ihn endlich geschlagen: Sein Thron war angesägt! Sie feierten, als hätten sie den Pokal gewonnen.[88] Dann, 1927, kamen sie nach Philadelphia, um sich zu rächen – und sie hatten einen Plan, wie sie den vierunddreißigjährigen Monarchen absetzen konnten.

Amerikaner wie Franzosen wussten, dass Tilden seine drei Matchs gewinnen musste, da Johnston seine besten Jahre schon lange hinter sich hatte und vielleicht schon mit dem Lungenleiden zu kämpfen hatte, an dem er im Alter von einundfünfzig Jahren sterben würde. Sie wussten auch, dass Tilden seine Kräfte in der brütenden Hitze gut einteilen musste. Wie die Lanzenreiter in der Stierkampfarena setzten sie daher alles daran, ihn zur Erschöpfung zu treiben. Cochet, der kleine, wendige »Stilist höchsten Ranges«[89] aus Lyon, der in den nächsten Jahren zusammen mit Lacoste den Tennissport beherrschen sollte, streckte das erste Match gegen Big Bill auf vier zähe Sätze. Am nächsten Tag setzten ihm Borotra und Brugnon gnadenlos mit ihren Lobs zu, lockten ihn ans Netz und zwangen ihn zur Grundlinie zurück. Das Doppel ging über fünf aufreibende Sätze, und Big Bill hatte den Löwenanteil des Laufpensums zu bewältigen. Tilden und sein Partner Frank Hunter gewannen, aber die Lanzenreiter hatten ihre Aufgabe erledigt: Am letzten Tag war Tilden völlig entkräftet. Ein erholter, dreiundzwanzig Jahre junger Lacoste erlief jeden Ball, um ihn zurück ins Spiel zu bringen, und trieb den älteren Gegner vor sich her; in vier Sätzen war alles vorbei. Die fünfzehntausend Zuschauer, die auf den vollgepackten Holztribünen in Germantown stehen mussten, waren überrascht. Selbst in seinem Heimatclub hatten sie Tilden nie wirklich gemocht, aber sie hatten sich an sein Siegerlächeln gewöhnt. Jetzt, wo er verloren hatte, ehrten sie ihn, wie er es zu Hause noch nie erlebt hatte. Sie blieben stehen und jubelten ihm zu, als er gesenkten Hauptes den Platz verließ. Tilden sah auf und schien für einen Augenblick nicht zu wissen, wie er reagieren sollte. Dann nahm er seltsamerweise die Hände über dem Kopf zusammen, wie Boxmeister es tun, und löste einen weiteren Beifallssturm aus.[90]

Als Cochet im letzten Match Johnston schlug und seinen Schläger zehn Meter hoch in die Luft warf, gaben sich Tilden und Lacoste, die das Match zusammen verfolgt hatten, nur kurz die Hand. Drei Jahre und die geballte Kraft der vier Musketiere waren nötig gewesen, um Tilden den Pokal zu entreißen, aber zu guter Letzt hatten sie es geschafft. Noch im März hatte Präsident Calvin Coolidge höchstpersönlich die Auslosung der Turnierbegegnungen für das Jahr 1927 vorgenommen, indem er die Ländernamen aus der geheiligten Trophäe herausfischte. Aber jetzt nahmen die Franzosen den Pott mit nach Hause. Cochets Frau konnte mit dem Jubeln gar nicht aufhören, in Paris füllten sich die Straßen mit Menschen, die »Victoire!« schrien; im Louvre wurde eigens ein Raum ausgesucht, in dem der Pokal ausgestellt werden konnte. »Wie ist es uns gelungen, Tilden schließlich doch zu schlagen?«, sinnierte Cochet viele Jahre später. »Wir waren jünger, und, na ja – wir hatten Tilden, von dem wir lernen konnten.«

Big Bill war nun vierunddreißig – ein Alter, in dem sich die meisten Tennisspieler längst zurückgezogen hatten und schon seit Jahren ihren »richtigen« Berufen als Aktienhändler, Anwälte oder Geschäftsleute nachgingen. Aber Tilden war immer noch der beste Spieler weltweit. Schon viele hatten versucht, ihn ins Profilager zu locken; im Jahr zuvor hatte ihm ein Unternehmen in Florida ein monatliches Gehalt von fünftausend Dollar für Tennisunterricht und Schaukämpfe geboten, aber es hatte ihn nicht interessiert. Für ihn rangierten professionelle Tennislehrer in der sozialen Hierarchie noch unter den Berufsspielern. Und Profitourneen gab es noch nicht. Veranstalter versuchten zwar, dergleichen auf die Beine zu stellen, aber sie brauchten Tilden, um daraus auch ein einträgliches Geschäft zu machen, und Tilden versicherte in Interviews, dass er nie und nimmer ins Lager der Professionals wechseln würde.

In der letzten Zeit schien sein Interesse am Tennis allerdings nachzulassen. »Es ist doch albern, wenn eine große Zuschauermenge gebannt zusieht, wie sich zwei Männer Tennisbälle zuspielen«, hatte er einem Reporter etwas leichtfertig anvertraut. »Es stört meinen Gleichgewichtssinn. Da wird mir schlecht. Meine Stellung in der Welt des Sports bedeutet mir sehr wenig.« Am meisten hatte ihm immer die Kunst bedeutet – vor allem das Theater und die Literatur. Sein Zimmer im New Yorker Algonquin Hotel quoll über von dem üblichen Plunder eines Schriftstellers: Bücher, Notizhefte,

Manuskripte, Schreibstifte und Zigaretten. Sein »treuster Gefährte« war Samuel Merwin, ein anerkannter Autor, dessen Bücher sich allerdings kaum verkauften. (»Es widert mich an, wenn Leute auf mich zustürmen, um mich zu begrüßen, und nicht wissen, wer Sam ist. Ich würde die letzte Saite aus meinem Lieblingsschläger hergeben, wenn ich eine einzige Kurzgeschichte schreiben könnte, die so gut wäre wie eine von denen, die Sam dutzendweise produziert hat!«)[91]

Auch unter den Hollywoodstars suchte er Freunde: Zu seinen Bekannten zählten Douglas Fairbanks und Mary Pickford, Charlie Chaplin, Greta Garbo und vor allem Tallulah Bankhead, seine Lieblingsbegleiterin im Londoner Nachtleben. Ten Tinling erinnerte sich daran, dass »die Bankhead«, wie Tilden sie zu nennen beliebte, 1928 in Wimbledon »eine hellrote Rose bis zu den Dornen abkaute«, als sie Tilden einen nervenzerreißenden Fünfsätzer bestreiten sah. Im selben Sommer stand sie auch mit Tildens Doppelpartner Frank Hunter »›auf vertrautem Fuß‹, um es mal sehr dezent auszudrücken« – was Tilden auf die Palme brachte, da er der Ansicht war, Hunter sollte einen größeren Teil seiner Freizeit auf dem Tennisplatz verbringen. Er rollte die Augen und krähte: »Dieses Mädchen würde auch mit einem *Schwan* schlafen.« Zugleich deutete Tilden ständig Beziehungen zu Schauspielerinnen wie Peggy Wood und Marjorie Daw an, aber es schien sich nie etwas Ernstes daraus zu entwickeln. Er mochte diese Frauen wirklich, seine eigentliche Liebe galt aber dem Theater.[92]

1926 hatte Tilden keine Mühen und Kosten gescheut, um seinen ersten Auftritt am Broadway zu ergattern. Er hatte eine Rolle in einem wenig aufsehenerregenden Melodram, das den Kritikern mehr Spaß bereitete als den Zuschauern. »Tilden hält am Amateurstatus fest«, witzelte der Pfiffigste dieser Zeitungsmenschen. Das Feuilleton einer anderen Zeitung überschrieb seine Rezension: TILDEN BLEIBT TENNISMEISTER. Das Stück war ein Flop, und zum ersten Mal seit 1919 schien Tilden auch auf dem Tennisplatz Fehler zu machen. Im Winter verlor er mehrere Matchs, er unterlag im erwähnten bedeutungslosen Daviscup-Spiel gegen Lacoste und scheiterte, bis dahin völlig unvorstellbar, dann auch noch in Forest Hills. Man sprach vom »Schwarzen Donnerstag«, als sich Tilden, Johnston und der große Tennisveteran Dick Williams im Viertelfinale den französischen Musketieren Cochet, Borotra und Lacoste geschlagen geben mussten. Gewiss, Tilden plagte immer noch sein Knie, aber selbst wenn das Publikum das gewusst hätte, wäre es erschrocken gewesen, als Tilden den fünften Satz 6:8 an Cochet verlor. Big Bills Serie von sechs US-Titeln in Folge war beendet, und zum ersten Mal seit 1917 hatte er den Einzug ins Finale verpasst.

Aber noch in der Woche vor diesem Fiasko zeigte Tilden im Gespräch mit einem Journalisten viel mehr Begeisterung für seine bevorstehende Rückkehr an den Broadway. Diesmal hatte er eine Rolle in einer Komödie – die *New York Times* sprach von »Grundschulunterhaltung« –, in der er »eine ganze Reihe von Posen einnimmt und in jedem zweiten Auftritt direkt zum Publikum spricht«.[93] Man kann sich gut vorstellen, wie Tilden in Richtung Zuschauer grinst, wenn der von ihm dargestellte Charakter – ein reicher Erbe in der Rolle eines Chauffeurs, der in die Rolle eines Schriftstellers schlüpft – gefragt wird, ob er nicht vielleicht Lust auf eine Partie Tennis hätte.

Auch dieses Stück entpuppte sich als ein katastrophaler Flop, jedoch erst nachdem Tilden einen Großteil seines Privatvermögens in den Sand gesetzt hatte, um es am Laufen zu halten. Und auf dem Tennisplatz erwiesen sich die Niederlagen gegen Lacoste und Cochet für Tilden als der Anfang vom Ende. In den drei Jahren von 1926 bis 1928 konnte er kein einziges bedeutendes Turnier mehr gewinnen. Dennoch blieb er Big Bill, die größte Nummer der Tenniswelt, auch wenn er nun nicht länger Worldchampion war. Und wiewohl ihm die Franzosen 1927 schließlich den Daviscup entrissen und ihn in allen drei großen Turnieren schlugen, an denen er in diesem Jahr teilnahm, fanden sich unter diesen Niederlagen doch so manche seiner denkwürdigsten Spiele überhaupt.

Im Halbfinale der französischen Meisterschaften im Mai revanchierte er sich mit einem Dreisatzsieg an Cochet, unterlag dann aber in einem qualvollen Endspiel gegen Lacoste. In Wimbledon verlor er aus unerfindlichen Gründen im Halbfinale gegen Cochet, nachdem er bereits 6:2, 6:4, 5:1 geführt hatte. Manche, die den Tilden von früher in guter Erinnerung hatten, mutmaßten, dass er beim Stand von 5:1 im dritten Satz bemerkte, wie der König von Spanien die königliche Loge betrat, und ihm nun eine gute Show bieten wollte, nach dem Satzverlust aber nicht mehr zu seiner Form finden konnte. Wenn dem so war, dann musste Tilden nun auf die schmerzliche Art lernen, dass die Tage des Katz-und-Maus-Spiels mit seinen Gegnern vorbei waren. George Lott jedenfalls betrachtete diese Niederlage als einen Wendepunkt in Tildens Karriere: »Sein Glaube an die eigene Unbesiegbarkeit war schwer erschüttert.«[94] Der Mythos Tilden begann immer mehr Risse zu zeigen. Wenige Monate später gelang es den Musketieren, den vierunddreißigjährigen Big Bill bei den Daviscup-Spielen in Germantown niederzuringen, und eine Woche danach zwang ihn der junge Lacoste im Forest-Hills-Endspiel mit 11:9, 6:3, 11:9 in die Knie. Rückblickend bezeichnete Tilden diese Begegnung bisweilen als sein größtes Spiel überhaupt, und in der Tat hatte er in diesem Jahr vielfach sein bestes Tennis gespielt, am Ende aber stets verloren. Ein paar Monate später entschieden dann Mike Myrick und die USLTA, dass sie seiner nun endgültig nicht mehr bedurften. Im folgenden Sommer, kurz vor den Davispokal-Spielen des Jahres 1928 in Paris, wurde Big Bill Tilden aus dem Amateurtennis ausgeschlossen.

Seit Jahren waren sie darauf aus gewesen, es ihm heimzuzahlen. Schon als er in den Jahren vor seinen großen Triumphen für den *Evening Ledger* über Tennis schrieb, hatte er das Tennisestablishment permanent kritisiert, und sobald er einmal der Champion war, wurde er vollends unausstehlich. Er erschien ungeladen auf den Jahresversammlungen der USLTA und dozierte darüber, wie sie die Spieler in der Rangliste einzustufen und wie sie die Regeln zu ändern hätten. Erst im Februar dieses Jahres war er auf eigene Kosten zum Jahrestreffen nach Chicago gefahren, um seine Einwände gegen eine geplante neue Regel zu erheben, die es verbieten sollte, den Unparteiischen auf dem Spielfeld mit bösen Blicken zu drohen. »Tilden erhob sich, ließ einige deftige Bemerkungen vom Stapel

und warf sehr beeindruckende, zornfunkelnde Basiliskenblicke in
die Runde«, berichtete die *New York Times*,»und das geplante Verbot der ›bösen Blicke‹ fand keine Mehrheit.«[95] Aber der hauptsäch-
liche Stein des Anstoßes waren über die Jahre hinweg nicht Tildens
Mienenspiel oder seine Einmischung in Funktionärsangelegenhei-
ten gewesen, sondern seine journalistischen Aktivitäten.
Gegen Geld über Sport zu schreiben passte aus irgendeinem
Grund nicht in das Bild vom Amateurspieler, das der USLTA vor-
schwebte. Tilden hatte bereits als Tennisjournalist gearbeitet, bevor
er ein Spitzenspieler wurde, und als Superstar verlangte er von den
Zeitungen und Zeitschriften auch Spitzenhonorare. Die United
States Lawn Tennis Association hatte sein Treiben über Jahre hinweg mit wachsendem Unbehagen verfolgt, aber 1924 entschloss sie
sich schließlich, ein Machtwort zu sprechen, und verfügte, dass Tennisspieler nicht gegen Honorar über Tennis schreiben durften.
Trotzig verkündete Tilden:»Ich kann nicht meinen Beruf aufgeben.« Und da das Regelkomitee ihn als einen schlechten Einfluss
hingestellt hatte, fügte er hinzu:»Ich kann es auch nicht mit meiner
Selbstachtung vereinbaren, dieses Land im Daviscup-Team oder im
Olympia-Kader zu vertreten.« (Tennis hatte seit den ersten Olympischen Spielen der Neuzeit im Jahr 1896 zu den olympischen Dis-
ziplinen gehört, wurde aber nach den Spielen von 1924 aus dem
Programm gestrichen und erst 1988 wieder aufgenommen.) An
der Olympiade in Paris nahm er tatsächlich nicht teil; als aber im
September die Daviscup-Spiele anstanden, hatten der öffentliche
Druck und die Rückendeckung, die Tilden durch andere Spieler,
durch die Presse und durch die neugegründete Bill Tilden Fair Play
Society erfahren hatte, die USLTA zu einer Regeländerung zu bewegen vermocht. Von nun an war nur noch die Berichterstattung
über ein aktuelles Sportereignis, an dem der Spieler selbst teilnahm,
verboten. Tilden konnte diese Einschränkungen mühelos umgehen,
indem er lange Kolumnen schrieb, die, von Anführungszeichen um-
schlossen, den Zeitungslesern als »Interviews« präsentiert wurden.
Die USLTA war von diesen Tricksereien nicht sehr angetan
und ermahnte Tilden, sie in Zukunft bleibenzulassen, was der wiederum ungerührt ignorierte. Und sie ließen ihn in Frieden – bis er

vier Jahre später den Nimbus der Unbezwingbarkeit verloren hatte und der Daviscup ohnehin an die Franzosen gegangen war.

Im Juli 1928 war Tilden als Kapitän der Daviscup-Mannschaft und wichtigster Spieler in Paris bestrebt, den Franzosen den Pokal wieder abzujagen. Gerade als die Begegnungen für das Interzonen-Finale gegen Italien ausgelost werden sollten, verkündete der Vorsitzende des Daviscup-Komitees, Joseph Wear, dass er auf seinem Schiff ein Funktelegramm aus New York erhalten habe. Zu seinem großen Bedauern, seiner nicht geringen Beschämung und entgegen seinem Wunsch und Rat hatte die USLTA Tilden aus dem Amateurtennis ausgeschlossen, weil er die Regeln für schreibende Amateure verletzt hatte: Einer seiner diesjährigen Artikel über Wimbledon, den er an Dutzende von Zeitungen verkauft hatte, war in einem dieser Blätter bereits erschienen, bevor die vorgeschriebenen achtundvierzig Stunden nach Tildens Ausscheiden aus dem Turnier verstrichen waren.

Die Entscheidung sorgte auf der anderen Seite des Atlantiks für mächtige Aufregung. Extra um den anlässlich der ersten Verteidigung des Pokals erwarteten Publikumsansturm zu bewältigen, hatten die Franzosen gerade ein brandneues Stadion erbaut, das sie nach ihrem Fliegerass aus dem Ersten Weltkrieg, Roland Garros, benannten. Die gespannte Erwartung der Ankunft von »Biieg Biiel« hatte dafür gesorgt, dass alle Begegnungen der Herausforderungsrunde seit langem ausverkauft waren. Sobald Tildens Sperre bekanntgegeben wurde, kamen die Rückerstattungsforderungen zu Tausenden. Lacoste verkündete, dass er seinen US-Titel nicht verteidigen würde, und äußerte sogar, dass es völlig witzlos sei, den Pokal zu verteidigen, wenn Tilden nicht spiele. In den Vereinigten Staaten füllte die Neuigkeit die Titelseiten der Zeitungen, und Presse wie Öffentlichkeit machten der USLTA die Hölle heiß. Schließlich schaltete sich der amerikanische Botschafter in Frankreich ein. Myron Herrick (nicht zu verwechseln mit Mike Myrick von der USLTA) war in Frankreich sehr beliebt, weil er sich geweigert hatte, Paris zu verlassen, als sich die Deutschen 1914 der Stadt näherten. James Thurber zufolge – der wie Herrick aus Ohio stammte – »hatte er sich die Liebenswürdigkeit wie eine bunte Kokarde ans Revers geheftet«

und »sein Händedruck war einer der wirkungsvollsten in der Geschichte Ohios«. Und nun also erhob er, im Namen der französisch-
amerikanischen Beziehungen, mit sehr deutlichen Worten Ein-
spruch. Möglicherweise hat es auch noch einen Telefonanruf von
Präsident Coolidge persönlich gegeben.[96] Die USLTA gab nach. Die Mannschaft der Vereinigten Staaten
hatte sich inzwischen gegen die italienische durchgesetzt, und »im
Interesse des guten internationalen Einvernehmens« war Tilden am
Tag vor Beginn der Challenge Round wieder ins US-Team aufgenommen worden. Während dieser gesamten nervenaufreibenden
Zeit hatte er die Kontroverse beherrscht wie ein zum Märtyrer ge-
machter Kaiser. Er hatte zahllose Pressekonferenzen gegeben und
einmal sogar »leidenschaftlich geweint« und gerufen: »Ich werde
alle Anschuldigungen Lügen strafen! Wir werden den Daviscup
noch erobern! Ich bewerbe mich hiermit um den Trainerposten, um
die Spieler der amerikanischen Daviscup-Mannschaft auf die mörderischen Begegnungen vorzubereiten, die vor uns liegen.« Nach
seiner Wiedereinsetzung ins Spielerteam trainierte er zum ersten
Mal seit Tagen wieder, um dann am nächsten Nachmittag auf den
Platz hinauszutreten, wo Lacoste auf ihn wartete, der ihn dreimal
hintereinander geschlagen hatte. Lacoste, gerade vierundzwanzig
geworden, war der unumstrittene Weltchampion, und er spielte vor
eigenem Publikum auf seinem Lieblingsbelag. Tilden war ein abge-
halfterter Fünfunddreißigjähriger; niemand gab ihm den Hauch einer Chance.

Doch dieses Mal gelang es dem Alten, den Jungspund auszutrick-
sen. Tilden zog sein ganzes Arsenal von Sliceбällen und Bällen mit
Top- und Sidespin aus dem Hut, schnitt die Bälle auf jede irgend erdenkliche Weise an. Und dann plötzlich überraschte er sein Gegenüber mit einem in die Ecken gehämmerten flachen Ball oder streute
einen Lob oder einen kurzen Stoppball ein. Er spielte alles andere
als sein gewohntes Spiel und tat stets, was Lacoste am wenigsten erwartete. Damit führte er genau das vor, was er in seinem drei Jahre
zuvor erschienenen *Match Play and the Spin of the Ball* gepredigt
hatte – ein Buch, das über die nächsten fünfzig Jahre hinweg die
Bibel des Tennissports bleiben sollte: »Meine Liebe zum Studium

des Tennisspiels hat mich dahin geführt, dass ich niemals einen Ball schlage, ohne ihm entweder ganz bewusst Effet zu geben oder mit Bedacht darauf zu verzichten.«[97] Lacoste hatte das Buch sicher gelesen, und dennoch fiel er aus allen Wolken: »Ich konnte nie wissen, wie der Ball abspringen würde, er verdeckte seine Schläge so gut«, jammerte der Franzose hinterher. Am Ende triumphierte der Veteran Tilden mit 6 : 3 im fünften Satz. In den Augen vieler sollte es sein größter Sieg überhaupt bleiben. Selbst das französische Publikum brachte dem Amerikaner Standing Ovations dar, eine im Daviscup noch nie dagewesene Huldigung.

Vielleicht ahnten sie, dass der Pokal sowieso im Louvre bleiben würde und dass die Tage vorbei waren, wo Big Bill das Kind im Alleingang schaukelte. Wenn er auch über Lacoste die Oberhand hatte behalten können, war nun sein Pulver doch weitestgehend verschossen. Er und Frank Hunter scheiterten im Doppel nach fünf Sätzen, und am letzten Tag gab ihm Cochet in drei knappen Sätzen den Rest. Tilden hatte das Daviscup-Debüt des Stade Roland Garros zu einem unvergesslichen Ereignis gemacht – und zu einer wahren Goldgrube für die Franzosen –, doch der Pokal blieb in der Fremde.

Einige Wochen später, als der Daviscup vorbei und abgehakt war, schlugen Mike Myrick und die USLTA erneut zu. Nach einem sechsstündigen »Gerichtsverfahren«, das der Angeklagte diesmal nicht zu einem triumphalen Befreiungsschlag umzuinszenieren vermochte, wurde Tilden »auf unbestimmte Zeit« für sämtliche Spiele im Amateurtennis gesperrt. Anscheinend wollten sie diesen Elefanten in ihrem Porzellanladen nun ein für alle Mal loswerden.

Für Tilden schien offensichtlich die Zeit gekommen, Professional zu werden. Vermutlich war es auch genau das, was sie wollten, er aber weigerte sich kategorisch. Er hob hervor, dass er mehr als zweitausend Dollar von seinem eigenen Geld ausgegeben hatte, um als Kapitän mit der Daviscup-Mannschaft zu reisen, und beteuerte: »Ich bin viel stärker vom wahren Amateurgeist beseelt als so mancher von denen, die über Jahre hinweg Tennisveranstaltungen organisiert und dabei mit dem einen Auge auf die Einnahmen geschielt haben, während sie mich zu ihrem eigenen Vorteil ausbeuteten. ... Ich habe mit dem professionellen Tennis nichts am Hut. So gut

sollte man mich wirklich kennen, hoffe ich doch.« Statt in die Riege
der Profis zu wechseln, saß er demonstrativ seine Sperre aus, wie
eine »Jeanne d'Arc, die gleich auf dem Scheiterhaufen verbrannt
werden soll«.[98] Nicht in Forest Hills antreten zu dürfen, während er
wusste, dass ihm nur noch wenige Chancen zum Gewinn großer
Titel verblieben, muss ihn sehr gewurmt haben. Er brachte die Zeit
des Wartens immerhin recht angenehm zu – im Theater, im wogen-
den Nachtleben und auf seiner Suite im Algonquin, wo er seinen
einzigen Roman *Ruhm* (*Glory's Net*) niederschrieb. Auch wenn er nie
beim Algonquin Round Table zu Gast war – jenem legendären Zirkel von Schriftstellern, Schauspielern und Humoristen, der damals
allerdings bereits in Auflösung begriffen war –, mag die Nähe solcher Geistesgrößen durchaus eine inspirierende Wirkung auf ihn
ausgeübt haben. Leider war Tilden als Romanschreiber nicht besser
denn als Schauspieler. *Ruhm* war so kitschig und schablonenhaft wie
seine Kurzgeschichten. Es gelang ihm aber, seine Seitenhiebe gegen
die USLTA und das scheinheilige Pseudo-Amateurtum loszuwerden. David Cooper, der größte Tennisspieler der Welt, wird durch
die Liebe einer guten Frau vor der Schande bewahrt, ein »Tennis-
Gigolo« zu werden, der als Amateur spielt, während er durch eine
Scheinbeschäftigung ein ansehnliches Einkommen verdient:

> Du bist ein Künstler auf deinem Gebiet. Jeder Künstler gehört
> seinem Land und der Welt. ... Siehst du, David, jetzt wirst du als
> dein eigner Herr spielen. Du bist nun nicht mehr in einer Lebens-
> lage, wo deine ganze Verdienstmöglichkeit vom Tennis abhängt
> und wo dein Arbeitgeber deine Berühmtheit für seine eignen
> Zwecke ausnützt. Jetzt bist du ein Mann, der auf seinen eignen
> Füßen steht, der spielt, wann und wo es ihm möglich ist, der aus
> eignem freien Willen spielt zum besten seines Landes und des
> Spiels selbst.[99]

Bei der USLTA war man offenbar der Ansicht, dass ein verpasstes
Forest-Hills-Turnier Strafe genug war – außerdem zeichnete sich
ab, dass Zerknirschung und Bußgänge von Tilden wohl auch für-
derhin nicht zu erwarten waren –, und so wurde Tildens Sperre im

Februar 1929 aufgehoben. Alle Beteiligten hatten sich offenbar untereinander ausgesöhnt. Besonders kurios war die Ankündigung, dass Tilden eine Artikelserie für *Tennis* schreiben würde, die Verbandszeitschrift der USLTA, wo man, wie Tilden später frotzelte, »offenbar findet, dass meine Texte *deren* Amateurstatus nichts anhaben können – ein zweifelhaftes Kompliment für meine literarischen Fähigkeiten«.[100]

Wie auch immer, Bill Tilden war jedenfalls auf die Bühne des Amateurtennis zurückgekehrt. Er unterlag Lacoste in Paris und Cochet in Wimbledon, doch bei seiner Rückkehr nach Forest Hills im September holte er sich im Endspiel in fünf Sätzen den Titel von Frank Hunter zurück. (Die französischen Musketiere waren 1929 nicht über den Atlantik gereist.) Dieser Sieg scheint seinen alten Beinen neue Kräfte verliehen zu haben, denn im Frühling 1930 fegte er wie der Hurrikan alter Zeiten durch Europa und gewann alle Turniere, an denen er teilnahm: an der Riviera, in Italien, Deutschland, Österreich. Nachdem er achtzehn Wochen am Stück Turniere gespielt hatte (»Endlich einmal hat sich Tilden seinen Herzenswunsch erfüllen können – Tennis in Überfülle«, schrieb der Sportreporter John Tunis), fiel er in Paris ein, wo »seine Persönlichkeit die gesamte Veranstaltung beherrschte. Die Franzosen wünschten sich sogar, dass er gewann.« Aber das sollte ihm nicht vergönnt sein; er unterlag Cochet im Finale. In Wimbledon jedoch konnte er seine Größe ein letztes Mal unter Beweis stellen. Lacoste war krank und Cochet verlor im Viertelfinale gegen Wilmer Allison, und so stand Tilden nur noch ein Franzose im Weg. Und im Halbfinale schlug er den an Nummer drei gesetzten Jean Borotra in seinem letzten großen Triumph, 7:5 im fünften Satz. »Es war fürwahr eine Schlacht der Giganten«, schrieb *The New Yorker*, »und der größte Gigant aller Zeiten hat gewonnen.«[101] Das Endspiel war leichter: In glatten Sätzen räumte Tilden seinen Landsmann Wilmer Allison aus dem Weg und errang im Alter von siebenunddreißig Jahren zum dritten Mal die Wimbledon-Krone.

Doch trotz seines Sieges machte sich die Last der Jahre mehr und mehr bemerkbar. Tildens Niedergang war freilich mehr psychischer als körperlicher Natur. Es waren weniger seine Gelenke und Seh-

nen, die sich abnutzten, vielmehr zeigte er charakterliche Ver-
schleißerscheinungen, verlor an Würde und Zurückhaltung. All die
Jahre hindurch hatte er seine Homosexualität in ein enges Korsett
der Unterdrückung gepresst, doch nun begann dieses Korsett fa-
denscheinig zu werden und seine effeminierten Manierismen traten
immer stärker hervor. Bei den Rasenturnieren an der Ostküste im
Vorfeld von Forest Hills war sein Gebaren primadonnenhafter denn
je. Als er einmal beim Doppel seinem Gegenüber mit dem Finger
gedroht hatte und dessen Partner ihn daraufhin nachäffte und seinerseits Tildens Partner mit dem Finger drohte, stampfte Big Bill
vom Platz und spielte nicht mehr weiter. Beim Turnier in Orange,
New Jersey, geriet er angesichts der unbefriedigenden Platzverhält-
nisse derart in Rage, dass er den Schiedsrichter anbrüllte, »er sei es
nicht gewohnt, auf einer Viehweide Tennis zu spielen«. In der Folgewoche, bei den Eastern Grass-Court Championships in Rye im
Bundesstaat New York, kämpfte er sich trotz einer Muskelzerrung
im Bein heldenmütig weiter (so zumindest seine Sicht der Dinge),
um dann aber im Viertelfinale unterzugehen. Die miserable Qualität des gebotenen Tennis und Tildens unentwegtes Gezanke mit den
Offiziellen ließen das Publikum unruhig werden; schließlich schrie
eine Frau: »Spiel Tennis!«[102]
    Diesen Schmähruf hatte er schon Hunderte Male zuvor gehört,
ob in Omaha, Cleveland oder Forest Hills. Für gewöhnlich hatte er
ihn nur als Herausforderung betrachtet, die Menge für sich zu gewinnen. Aber heute war er all dessen überdrüssig. »Ich glaube, ich
habe wirklich genug von diesem Publikum«, verkündete Tilden,
nahm seine Schläger und ging.
    Als er am Ende des Sommers in Forest Hills eintraf, wusste er,
dass es sein letztes Mal war. 1928 hatte ihn die USLTA um den möglichen Sieg gebracht, doch nun hatte er noch eine letzte Chance, seinen achten US-Meisterschaftstitel zu gewinnen und damit Richard
Sears und William Larned auf die Plätze zu verweisen (beide hatten
in den alten Tagen, als der Champion nur in der Herausforderungsrunde hatte antreten müssen, ebenfalls sieben Titel errungen). Im
Halbfinale jedoch traf Tilden auf Johnny Doeg, den hochgewachsenen Linkshänder mit dem stärksten Aufschlag der Tenniswelt. Und

an diesem Tag lief bei Doeg auch alles andere wie geschmiert. Er landete achtundzwanzig Asse, und in neun der letzten sechzehn Spiele gewann er seinen Aufschlag zu null. Big Bill wirkte entmutigt, besonders nachdem er sich bei einem Sturz im zweiten Satz das Bein aufgeschürft hatte. »Von da an humpelte er mit finsterem Blick über den Platz«, schrieb das *Time*-Magazin, »und ließ bisweilen kleine Kostproben jenes brillanten Spiels aufblitzen, mit dem er sich vormals durchweg hatte auszeichnen können.« Verdrießlich wartete er, bis sich die Zuschauer nach Doegs Punktgewinnen beruhigt hatten, und stritt sich mit dem Schiedsrichter und den Linienrichtern. Die beiden ersten Sätze gab er 10:8 und 6:3 ab, und auch nachdem er den dritten für sich hatte entscheiden können, schlich er schlecht gelaunt über den Court. Nach einer weiteren heftigen Szene mit den Unparteiischen platzte dem einundzwanzigjährigen Doeg schließlich der Kragen: »Mensch Bill, lass uns verdammt nochmal Tennis spielen!« Man konnte richtig sehen, wie Tildens Schultern herabfielen. »Der Kampfgeist schien ihn verlassen zu haben«, erinnerte sich ein alter Freund Tildens.[103] Es gelang ihm, weiterhin seinen Aufschlag durchzubringen, was ihm jedoch beträchtlich mehr Schwierigkeiten bereitete als seinem Gegner, und beim Stand von 11:10 gelang Doeg endlich ein Break, und der Satz und das Match gingen an ihn.

Jene Welt, die Tilden einst erobert hatte, löste sich mehr und mehr auf. Elf Monate zuvor war der US-Aktienmarkt zusammengebrochen, und die ausgelassene Party der Zwanziger, über die er als König der Courts residierte, nahm ein Ende. Die große Dürre vom Sommer 1930 trug zusätzlich zur Misere der amerikanischen Arbeiterschicht bei. Die Aktienkurse sanken immer tiefer in den Keller, über tausend Banken gingen pleite, und sechs Millionen Menschen waren ohne Arbeit. Little Bill Johnston hatte sich gerade in ein Sanatorium einliefern lassen, um seine Tuberkulose zu kurieren, an der er schließlich sterben sollte. Auch Frank Hunter war jüngst krank gewesen und wandte sich mehr und mehr vom Tennis ab, um im Geschäftsleben Karriere zu machen.[104] Selbst René Lacoste, Tildens junger Bezwinger, hatte aus gesundheitlichen Gründen seine Sportlerlaufbahn mit fünfundzwanzig Jahren beendet, und binnen ein oder zwei Jahren sollten sich die anderen Musketiere ebenfalls aus dem Amateurtennis verabschieden.

Für Tilden gab es keine großen Ziele mehr zu erreichen, und er war den ewigen Kleinkrieg mit der USLTA leid. Nachdem er anderthalb Jahre zuvor noch getönt hatte: »Ich habe mit dem professionellen Tennis nichts am Hut. So gut sollte man mich wirklich kennen, hoffe ich doch«, gab er an Silvester 1930 bekannt, den Vertrag zu einer Mann-gegen-Mann-Schaukampftournee gegen den aktuellen Profimeister Karel Kozeluh unterzeichnet zu haben.[105]

Als Big Bill Tilden ein Jahrzehnt nach seinem ersten Meisterschaftsgewinn ins Profilager überwechselte, hatte er das Amateurtennis für alle Zeiten verändert. Als er zum ersten Mal in Forest Hills und bei anderen großen Turnieren antrat, war Tennis ein höfliches Spiel vornehmer Damen und Herren, das auf den Rasen der Gesellschaftsclubs auf dem Land gespielt wurde. Gut, es gab eine (inoffizielle) Weltmeisterschaft – Wimbledon –, aber auch diese fand »in einem ländlichen Idyll« statt und erinnerte mehr an »ein vergnügliches Kaffeekränzchen im Pfarrhausgarten«. Tilden selbst schrieb über das Tennisspiel seiner Jugendzeit: »Sie spielten mit einer betonten Eleganz – einer charakteristischen vornehmen Anmut, die dem Spiel die Spannung zu nehmen schien. … Es fehlte irgendwie das Menschliche, und das ärgerte mich. … Ich fand, das Spiel verdiente es, mit etwas Elementarerem und Vitalerem erfüllt zu werden.«[106]

Und genau das hat er getan.

Mit seinem druckvollen Spiel, seinem ungestümen Gebaren und seinen Schriften begründete Tilden eine neue Wissenschaft und Philosophie des Tennis, die ganz und gar auf den *Sieg* ausgerichtet war. »Wenn zwei Spieler ein Match beginnen, so ist es immer ein Kampf, bei dem es darum geht, wer wohl das Match beherrschen wird und wer vom anderen herumgescheucht wird«, schrieb er 1950, als er siebenundfünfzig war und noch immer die eine oder andere Profibegegnung gewann. »Einem der beiden wird es schließlich gelingen, dem anderen seine Tennispersönlichkeit aufzuprägen. Und ebendieser Spieler wird gewinnen, denn er zwingt seinen Gegner, die drohende Niederlage anzuerkennen.«[107]

Oft genug hatten seine Gegner die drohende Niederlage am Horizont auftauchen und immer düsterer heraufdräuen sehen. Und Berufsspieler sollte noch einige weitere Jahre dasselbe Schicksal ereilen. Allein – Big Bill Tilden hatte sich zuletzt von jenem Amateursport abgewandt, den er geliebt und jahrelang dominiert hatte. Nun, da er sich nicht mehr hinter dem »Netz des Ruhms« verbergen konnte, musste er sich mehr und mehr sich selbst stellen.

Sechs Jahre später, 1937, – genau zehn Jahre nachdem Big Bill den Daviscup nach Frankreich hatte abgeben müssen – läuft Don Budge Gefahr, sich als ein neuer Name unter die zahllosen Amerikaner einzureihen, die daran scheiterten, den Pokal von den Europäern zurückzuholen. Es steht 8:6, 7:5 für Cramm und 2:2 im dritten Satz. Zu Beginn des Satzes ist Budge heftig mit sich selbst ins Gericht gegangen: »Es sieht ganz so aus, als würden die Amerikaner alle Jahre wieder herüberkommen, ein großartiges Wimbledon spielen, und dann den Daviscup vermasseln – Shields, Wood, Allison, 1932 und 1933 Elly Vines. Selbst dem alten Tilden ist es einst so ergangen, als er 1930 sein letztes Wimbledon gewann. Junge, du musst jetzt dafür sorgen, dass das nicht nochmal passiert!«[108]
Er hat mit Walter Pate kein Wort getauscht, als sie beim Stand von 2:1 im dritten Satz die Seiten wechselten. Wiewohl es ihn sehr dazu drängte, wusste Pate seinerseits, dass es besser war, Budge jetzt nicht anzusprechen. Er kannte niemanden, in dem das Feuer des Siegeswillens stärker brannte als in Don, und nun konnte er es in seinen Augen lodern sehen. Als Budge auf seinem Weg ans andere Ende quasi im Vorübergehen kurz nach seinem Handtuch griff, nippte Pate also nur stumm an seinem Tee. Aber jetzt, wo Cramm mit seinen vier erstaunlichen Returns zu breaken vermocht hat, fragt sich Pate, ob die Aufholjagd seines Jungen vielleicht schon wieder ein Ende gefunden haben könnte.
Doch er braucht nicht lange zu rätseln. Cramms blitzschneller Break scheint Budge nicht minder verblüfft zu haben als ihn, und der Amerikaner antwortet mit einer raschen Folge offensiver Service-Rückschläge, so dass ihm ein Rebreak gelingt, ohne einen einzigen Punkt abzugeben. Und nach einem weiteren Seitenwechsel,

bei dem zwischen Spieler und Kapitän nicht mehr als ein zuversichtliches Nicken getauscht wird, wartet Budge mit seinem bisher stärksten Servicespiel auf. Drei 40:0-Spiele in Folge, eins für Cramm und zwei für Budge, und jetzt führt der Kalifornier 4:2 im dritten Satz. Von nun an gewinnt jeder seinen Aufschlag, und der Satz ist schnell vorbei. Als Budge das zehnte Spiel mit einem Ass für sich entscheidet, geht der dritte Satz 6:4 an ihn. Hat es eben noch ausgesehen, als hätte Deutschland den Überraschungssieg bereits in der Tasche, so ist nun alles wieder offen. »Den dritten Satz zu verlieren, nachdem er die beiden ersten gewonnen hat, ist für von Cramm typisch«, kritzelt der *Times*-Reporter in seinen Notizblock;[109] doch handelt es sich heute nicht um ein routinemäßiges Viersatzspiel in der zweiten Runde. Hier startet gerade der Meister von Wimbledon seine Gegenoffensive: Hat der Baron einen schlafenden Tiger geweckt?

Als die Spieler und ihre Kapitäne für die übliche zehnminütige Pause zwischen dem dritten und dem vierten Satz den Platz verließen (eine solche Unterbrechung war zu jener Zeit allgemein Standard, außer bei den Wimbledon-Meisterschaften), kam Bewegung in die Massen. Die Florentiner Hüte der Damen und die Homburger der Männer wogten auf, als sich das Publikum in rauschendem Beifall erhob. Es war, als sei Tennis zuvor noch nie auf einem solchen Niveau gespielt worden. Im Allgemeinen ist jeder Spieler froh, wenn er in einem Match mehr Winner schlägt, als Fehler macht, und es kommt nur selten vor, dass dies beiden Spielern gelingt. In dieser Partie jedoch hatten sowohl Budge wie Cramm sogar doppelt so viele Winner wie Fehler zu verzeichnen. Die Anhänger der Amerikaner befanden sich natürlich im Freudentaumel. Offensichtlich war noch längst nicht alles verloren. Aber selbst die Briten, die doch hofften, dass es Cramm irgendwie gelingen möge, die Amerikaner aus dem Rennen zu werfen, stellten mit freudiger Erregung fest, dass sich hier eine ganz große Schlacht entspann. Als Budge im dritten Satz seine Auferstehung erkämpfte, vergaßen die Zuschauer ihre bisherige Parteilichkeit, und eine Welle des beifälligen Wohlwollens brauste durchs Stadion.

Die Londoner wussten, dass sie – nun ohne Fred Perry – in der Folgewoche wohl wenig zu jubeln haben würden, ganz egal ob ihre Mannschaft gegen Deutschland oder gegen die Vereinigten Staaten antrat. Und in den letzten Jahren hatte es allgemein kaum Anlässe zur Heiterkeit gegeben. Die Weltwirtschaftskrise hatte Großbritannien nicht weniger getroffen als die USA: Im Vorjahr waren die Arbeitslosenzahlen auf astronomische 2,2 Millionen gestiegen. In London war die Talsohle zwar mittlerweile durchschritten, aber in weiten Teilen des Landes gestalteten sich die Verhältnisse noch immer alles andere als rosig, und die wirtschaftliche Erholung Südenglands war weitestgehend der Wiederaufrüstung zu verdanken. Hitler hatte die allgemeine Wehrpflicht wieder eingeführt und war ins Rheinland einmarschiert, und Italien war in Abessinien eingefallen, was Außenminister Anthony Eden zu seinem Kassandraruf veranlasste: »Achtzehn Jahre nach Kriegsende sehen wir uns den alten Problemen gegenüber, die in ihrer Grundkonstellation und ihrem mahnenden Vorzeichencharakter denen von 1914 auf erschreckende Weise ähneln.«[110] Die neue konservative Regierung reagierte, indem sie eine massive Erhöhung der Rüstungsausgaben beschloss, und in den Fabriken wurde rund um die Uhr gearbeitet, um neue Kriegsschiffe, Zerstörer, U-Boote und Kampfflugzeuge bereitzustellen. Es wurden genug Gasmasken für alle britischen Bürger produziert und an strategischen Punkten gelagert, um vorbereitet zu sein, wenn feindliche Flugzeuge, wie sie Italien in Afrika eingesetzt hatte, mit Senfgasbomben angriffen.

Der Krieg lag in der Luft, doch während die Aufrüstung dem ökonomischen Aufschwung der Hauptstadt zusätzlichen Auftrieb gegeben hatte, blieb doch in England jener kampfbegeisterte nationalistische Enthusiasmus aus, der 1914 noch fröhliche Urständ gefeiert hatte und nun auch in Deutschland allenthalben neu in Erscheinung trat. Ein Historiker schrieb später: »Die außenpolitische Blöße der Regierung war nun offenbar geworden. Der Völkerbund war ein Scherbenhaufen, die Sicherheitsgemeinschaft der Staaten war zerbrochen, Frankreich weitgehend handlungsunfähig, die Freundschaft zwischen Frankreich und Großbritannien brüchig, die Aggressoren frohlockten. [Der Öffentlichkeit wurde] gleichzeitig eine Behandlung mit Beruhigungsmitteln und eine Schocktherapie verabreicht, und so wurde sie passiv, ergab sich stillschweigend in ein Schicksal von Scheitern und Hoffnungslosigkeit.«[111]

Auf der anderen Seite des Atlantiks fühlte man sich weniger durch Hitler bedroht als durch die Große Depression. Der Börsencrash von 1929 hatte Millionäre an den Bettelstab gebracht, und die Dominowelle von Bankenschließungen im Jahr 1931 hatte viele ganz normale Familien ruiniert, deren Ersparnisse sich einfach in Luft auflösten. Schlimme Trockenperioden im Mittleren Westen, den Great Plains und im Süden der USA verliehen »der allgemeinen Wirtschaftsmisere geradezu den Charakter einer biblischen Plage«.[112] Wenngleich sich das Gefühl der drohenden Katastrophe in den letzten drei Jahren abgeschwächt hatte, bestand »die Krise«, wie man es nannte, doch fort; man hatte sich in den Vereinigten Staaten geradezu daran gewöhnt, dass zehn Millionen noch immer ohne Arbeit waren. Und auch wenn die unheildrohende Situation in Europa eine gewisse Aufmerksamkeit auf sich zog, war man doch allgemein der Überzeugung, dass sich die USA nicht noch einmal in einen europäischen Krieg hineinziehen lassen sollten.

Da war Millionen US-Bürgern in dieser Zeit der Amerikanische Bürgerkrieg wesentlich näher, war doch *Vom Winde verweht* der mit Abstand größte Bestseller der Jahre 1936 und 1937. Und wenn sie nicht gerade darüber debattierten, wer in der anstehenden Verfilmung die Scarlett O'Hara spielen sollte, schwoften die Amerikaner zu den Klängen von Benny Goodman, dem »King« des neusten Schreis der Tanzmusik – Swing –, und seiner minder bedeutenden Prinzen und Herzöge, wie etwa der Gebrüder Dorsey, der Lieblingsjazzer Don Budges. Nach einem äußerst erbittert geführten Wahlkampf war Präsident Roosevelt gleichwohl erdrutschartig wiedergewählt worden, und während des langen Wahlkampfs hatten die internationalen Beziehungen und das Gespenst des Krieges kaum irgendeine Rolle gespielt. Das Bestreben um einen ausgeglichenen Haushalt und eine stabile Währung, die Frage nach der Unantastbarkeit des Obersten Bundesgerichts (das gegen viele von Roosevelts New-Deal-Reformen sein kategorisches Veto eingelegt hatte) und andere innenpolitische Themen beherrschten die öffentliche Diskussion.

Die Feinde Roosevelts – und es gab Millionen von ihnen – fanden sich überwiegend unter den relativ Wohlhabenden. Wie in Großbritannien war auch in den USA die Oberschicht gegenüber Nazideutschland tendenziell am nachsichtigsten. Man bestaunte das wirtschaftliche Wunder, das Hitler da offenbar zu zaubern vermocht hatte, und vor bedenklichen »internen Angelegenheiten«, wie der Verfolgung der Juden und anderer unerwünschter Gruppen, verschloss man lieber die Augen. Die amerikanische Geisteselite hatte sich während der dreißiger Jahre von eurozentrischen Positionen hin zu einem Amerika-Zentrismus bewegt, und als sich Europa nun mehr und mehr in eine schäumende, säbelrasselnde Kriegsbereitschaft hineinsteigerte, mehrten sich am anderen Atlantikufer die Stimmen, die isolationistische Standpunkte vertraten. In ihrem Bemühen, die Vereinigten Staaten aus dem sich anbahnenden europäischen Krieg herauszuhalten, stießen deutschlandfreundliche Gruppierungen wie der Amerikadeutsche Bund, rechtsgerichtete Politiker und Geschäftsleute, aber auch linke Pazifisten ins gleiche Horn. Als der exponierteste dieser Isolationisten tat sich bald der damals berühmteste Amerikaner überhaupt hervor: Charles Lindbergh.

Lindbergh unternahm seinen ersten Besuch in Hitlerdeutschland im Juli 1936. In einem geliehenen »Miles Whitney Straight«-Flugzeug flogen er und seine Frau Anne von ihrem neuen Zuhause in England aus nach Berlin, um der US-Regierung über die Entwicklung der deutschen Luftfahrt Bericht zu erstatten. Am Militärflugplatz Staaken wurden die Lindberghs von fünfzehn deutschen Bombern und »einer Phalanx die Hacken zusammenschlagender Offiziere« begrüßt. Nach Beendigung seiner geführten Besichtigungstour durch Berlin und verschiedene Einrichtungen der Luftwaffe (sowie dem Besuch der Eröffnungsfeier der Olympischen Spiele) berichtete Lindbergh, er habe in Deutschland einen Geist vorgefunden, »wie ich ihn in noch keinem anderen Land erlebt habe. Die Leistungskraft ist zweifellos enorm, und mir scheint wohl doch eine intelligentere Führerschaft dahinterzustecken, als allgemein angenommen wird. … [Hitler] muss in viel stärkerem Maße ein Mensch von Charakter und der Visionen sein, als ich es vermutet hätte. … Er ist zweifellos ein großer Mann, und ich glaube, er hat viel für das deutsche Volk geleistet.«[113]

Lindbergh wird kaum der einzige Amerikaner gewesen sein, der den Nazis mit einigem Wohlwollen gegenüberstand, allerdings war er ohne Frage der prominenteste. Doch von den Kreisen der britischen Oberschicht um sie herum werden sich er und seine Frau mit ihren Sympathien nicht sonderlich abgehoben haben. Ende 1935 hatten sie sich den Morddrohungen in Amerika und dem allzu großen Rummel um die Berühmtheit Lindbergh durch den Sprung über den Großen Teich entzogen, um nun in Südengland ein vergleichsweise ruhiges Landleben zu führen. Als die Welt am 20. Mai 1937 den zehnten Jahrestag seines historischen Flugs feierte und die USA zwei Monate später in Wimbledon gegen Deutschland die Schlacht um den Daviscup ausfochten, ließen es sich die Lindberghs in ihrem Landhaus in Kent gutgehen.

Am letzten Tag jenes Wettstreits saß ein weiterer Held vergangener Tage, Big Bill Tilden, auf seinem Platz in einer der vordersten Reihen des Centre Courts und feuerte seinen deutschen Freund Gottfried an, drückte ihm die Daumen für einen Sieg gegen die neuste amerikanische Tennissensation Budge. Don kommt immer besser ins Spiel, dachte er, aber Gottfried führt noch immer zwei zu eins. Wir stehen ganz gut da.

Ob ihn die Tatsache, dass er ein anderes Land für den Sieg gegen sein Vaterland trainierte, mit zwiespältigen Gefühlen erfüllte? Vermutlich schon. Aber er wird sich sicherlich gesagt haben, dass das der USLTA ganz recht geschah. Gewiss, sie hatten ihm »allen Erfolg« gewünscht, als er seinen Wechsel ins Profigeschäft bekanntgab, und er hatte zurückgekabelt, dass er »dem Amateurtennis und der United States Lawn Tennis Association für die Zukunft allen Erfolg« wünsche »und für die vielen mir erwiesenen Liebenswürdigkeiten« danke.[114] Doch die Feindseligkeit war geblieben. Als die Vereinigten Staaten 1933 Wimbledon-Meister Ellsworth Vines und Wilmer Allison nach Paris entsandten, um im sechsten Jahr in

Folge zu versuchen, den Franzosen den Davispokal aus den Händen zu reißen, hatte Tilden angeboten, die US-Mannschaft zu trainieren – und zwar ganz umsonst. Doch Mike Myrick und seine Spießgesellen von der USLTA schlugen sein Angebot aus und wählten stattdessen Mercer Beasley, der in seinem ganzen Leben noch nie auf dem schweren französischen Sandbelag gespielt hatte. Und im Interzonen-Finale in Roland Garros wurden Vines und Co. von den Engländern Perry und Austin 4 : 1 abserviert.

Womöglich, so grübelte Tilden, hatte Myrick Angst gehabt, dass es irgendeine Art von Skandal um ihn und einen US-Spieler geben könne: Die USLTA hatte es zehn Jahre lang ohne Zwischenfälle geschafft, eine Schwuchtel als ihren Star und Retter zu haben, und vielleicht wollten Myrick und Konsorten ihr Glück besser nicht überstrapazieren. Auch gut – er würde ihnen gewiss nicht wieder mit einem neuen Angebot zur Last fallen. Unwillkürlich musste er lächeln. Kaum jemand war bekannt, dass er mit den Deutschen trainierte, und über seine wahre sexuelle Orientierung wussten sogar noch weniger Menschen Bescheid, jedenfalls außerhalb der Tenniszirkel. Und praktisch niemand hatte mitbekommen, dass Gottfried dieselbe Vorliebe hegte. Was hätten all die Leute, die heute die Tribünen von Wimbledon füllten, oder die Millionen Zuhörer der Rundfunkübertragung wohl gesagt, wenn sie das größte Geheimnis hinter diesem Match gekannt hätten? Dass nämlich die für das Dritte Reich spielende Mannschaft, die doch die höchsten Ideale arischer Sportlichkeit und Männlichkeit repräsentieren sollte, einen Schwulen als Star hatte und einen anderen – noch dazu einen Amerikaner – als Trainer.

Vierter Satz

Wenn du Triumph und Niederlage trotzt

Tilden erhob und streckte sich, beschloss, für ein paar Minuten auf dem Gelände umherzustreifen. Falls er in Erwägung gezogen hatte, zu Gottfried in die Kabine zu gehen und ihm Ratschläge zu geben, überlegte er es sich nun anders. Seine Trainertätigkeit musste eine inoffizielle bleiben, und man konnte nie wissen, wer da sonst noch mit im Raum sein würde. Auch hatte er keinerlei Interesse daran, die amerikanischen Jungs gegen sich aufzubringen. Er kannte sie alle, hatte mit den meisten persönlich trainiert. Besonders Mako mochte er gern; der Kerl war ein unfassbar guter Bridgespieler. Er hatte auch nichts gegen Walter Pate – wenn er auch lieber selbst der Kapitän gewesen wäre.

Dann hätten sie zugleich auch einen Trainer gehabt. Verdammt, er könnte noch immer die Nummer zwei im Einzel sein, wenn er er Amateur geblieben wäre. Hatte er nicht gerade erst mehrmals Fred Perry bezwungen, als sie auf Schaukampftournee durch die Staaten reisten? Sicher, bei den ersten paar Spielen hatte ihn Fred förmlich vom Platz gejagt, aber der alte Tilden war noch nicht am Ende. Er war wieder zurückgekommen und hatte Perry in den beiden letzten Partien geschlagen. Und Fred hatte eingeräumt, dass er ein sogar noch härterer Gegner gewesen sei als Elly Vines. Auch Gottfried hatte er bei so manchen ihrer Trainingskämpfe ganz schön zu schaffen gemacht. In jenem Freundschaftsspiel bei »Rot-Weiß« vor vier Jahren hatte er ihn sogar besiegt. Gut, er war nun vierundvierzig und von mehr als zwanzig Jahren ständigen Tennisspiels ein wenig angeschlagen, aber die Schulteroperation vor sechs Monaten schien ihm wirklich gut bekommen zu sein.[1] Und insgesamt fühlte er sich körperlich so fit wie je. Die Jahre waren nicht spurlos an ihm vorübergegangen, gewiss, und er konnte nicht mehr Tag für Tag in Topform spielen, doch wenn man ihm ein wenig Erholung gönnte, konnte er noch immer jeden Crack in Schwierigkeiten bringen. Leuten wie Parker und Grant vermochte er ohne Frage nach wie vor Paroli zu bieten.

Aber nein, im Amateurgeschäft würde er jetzt nicht mehr herumtändeln wollen. Es war viel besser gewesen, die letzten sieben Jahre lang anständig bezahlt zu werden. Außerdem – würde er nun für die Amerikaner spielen oder sie trainieren, hätte er Gottfried nicht helfen können. Und wie sehr wünschte er sich, dass Gottfried dieses Spiel gewann!

Es sah gut aus. Ein verlorener Satz war kein Grund zur Panik. Budge war im Moment so gut, dass ein glatter Sieg ohnehin nicht im Bereich des Möglichen schien. Und selbst er, Tilden, hatte sogar in seinen besten Tagen oft einzelne Sätze aus der Hand gegeben. Manchmal nur um dem Publikum eine gute Show zu bieten, dachte er lächelnd. Aber manchmal hatte er auch einfach einen Durchhänger gehabt; das war nur zu menschlich. Nein, heute war Gottfrieds Tag, und er spielte traumhaft. Es gab so Tage, da konnte man einfach nicht verlieren.

Er war nun draußen vorm Stadion, traf dort zufällig auf einen Reporter, den er kannte. Nach seinem bisherigen Eindruck gefragt, antwortete Tilden: »Ich habe es noch nie erlebt, dass zwei Männer mit einer derartigen Leidenschaft zur Sache gehen. Es ist das beste Daviscup-Match, das ich je gesehen habe.«[2] Dann ging er weiter, schlenderte den Fußgängerweg neben dem »Tea Lawn« entlang. Hier mischten sich die Glücklichen, die einen Tribünenplatz ergattert hatten und sich in der Pause nur mal kurz die Beine vertreten wollten, mit jenen, die bloß Karten für das Außengelände besaßen und das Spiel auf der elektrischen Anzeigetafel verfolgten; von drinnen hatten sie lediglich die Beifallsrufe herüberschallen hören. Mindestens jeder Zweite, an dem er vorüberging, erkannte ihn. Die Leute blickten ihn freudig an, oder sie stupsten ihre Begleiter, um sie auf den berühmten Passanten aufmerksam zu machen. Tilden genoss jede Sekunde, streute sein Lächeln wie Blumenblätter in die Menge. Warum sollten sie auch nicht glotzen? Er war der Beste, den es je gegeben hatte, die Weltsensation im Tennissport. Wäre jetzt Mike Myrick vorbeigekommen, er hätte selbst ihm ein gütiges Lächeln zugeworfen. Er hatte sein »eigenes schönes Spielchen gespielt« und es allen gezeigt.[3] Im Augenwinkel nahm er einen weiteren Fan wahr, der zu ihm aufstarrte. Weil er sich ein wenig von den anderen unterschied, mochte er Big Bills Aufmerksamkeit geweckt haben: Es war ein junger Schwarzer mit Krawatte in einem sauberen, jedoch abgetragenen Jackett, der ihn da mit einem leisen Lächeln ansah. Tilden wird wohl nickend zurückgelächelt haben. Es passte schon in den Staaten nicht ins Bild, bei einem Tennisspiel einem Neger zu begegnen; noch viel ungewöhnlicher war es in Wimbledon. Bei den Turnieren der United States Lawn Tennis Association durften Schwarze nicht einmal antreten. 1929 hatten sich zwei junge Spieler aus New York, der eine vom City College, der andere von einer Highschool der Stadt, für die amerikanischen Junioren-Hallenmeisterschaften beworben, waren aber abgelehnt worden. In der Begründung der USLTA hatte es geheißen: »Unsere Position in dieser Frage wendet sich nicht gegen die farbige Rasse, doch glauben wir, dass die gegenwärtige Einrichtung von getrennten Verbänden zur Verwaltung der Angelegenheiten und zur Austragung der Meisterschaften der farbigen und der weißen Spieler als eine durchaus zweckmäßige beibehalten werden sollte.«[4] Wieder so eine typische Fadenscheinigkeit der USLTA. Man durfte ein Riesengeschäft mit Aufwandsvergütungen und unter der Hand gezahlten Abfindungen machen, doch man durfte sich seinen Lebensunterhalt nicht als Journalist verdienen. Das zog das Spiel in den Schmutz.

Der junge Mann im Dreiteiler hatte recht helle Haut und ein breites, hübsches Gesicht. Messerscharfe Intelligenz funkelte in seinen Augen; viel mehr als nur seine Hautfarbe hob ihn aus dem Menschengewühl im Stadionbereich heraus. All dies mag Tilden in dem kurzen Moment, da sich ihre Augen trafen, durch den Kopf gegangen sein. Dann schlenderte er weiter, zurück zu seinem Sitz in einer der vorderen Reihen des Centre-Court-Stadions.

Ralph Bunche hatte Big Bill Tilden sofort erkannt und einfach lächeln müssen. In seinem Tagebucheintrag heute Abend würde er diesen Augenblick gewiss nicht übergehen. Der dreiunddreißigjährige Bunche lehrte Politikwissenschaften an der Howard University in Washington, und bereits jetzt machte er als ein brillanter Denker und Autor zu Rassenfragen und zum Imperialismusproblem auf sich aufmerksam. Gemeinsam mit seiner Frau und seinen Kindern hielt er sich nun seit Februar in London auf und studierte Kulturanthropologie an der London School of Economics, um sich auf ein Studienjahr in Afrika vorzubereiten, wo er den Einfluss der Kolonialherrschaft und der westlichen Kultur untersuchen wollte.

Bunche verbrachte eine schöne Zeit in London, besuchte Seminare, lernte Suaheli und bewegte sich in einem rührigen Kreis revolutionär gesinnter junger Afrikaner. Er war auch viel mit Paul Robeson zusammen, der damals im Zenit seines Ruhms als Schauspieler und Sänger stand. Auch wenn Robeson in einem herrschaftlichen Haus wohnte und einen eigenen Chauffeur hatte, teilte er doch die Ansichten der radikalen Afrikaner in London. Bunche lernte ihn damals als einen glühenden Marxisten kennen, wie er selbst einer war – »gegen die Weißen und ganz aufseiten der UdSSR«.

Dennoch hatte Bunche so seine Vorbehalte gegenüber »dieser spießigen, tristen, abweisenden, aber stets ›höflichen‹ kleinen Insel«.[5] Klar war man höflich, aber unter der Oberfläche war der Geruch von Rassismus allgegenwärtig, ganz wie zu Hause. Im Kino waren die Wochenschaubeiträge zu Joe Louis' K.-o.-Sieg vom 22. Juni über den »Cinderella Man« James Braddock zu sehen gewesen, und irgendwer in den Reihen hinter Bunche hatte Louis fortwährend als »der Neger da« tituliert, bis sich Bunche schließlich ruckartig zu ihm umdrehte. »He, immerhin hat ›der Neger da‹, wie Sie ihn nennen, Braddock eine gesalzene Abreibung verpasst, nicht wahr?«[6]

Bunche war auch Tennisfan, wiewohl er sich durchaus bewusst war, welcher Rassismus die maßgeblichen Gremien dieses Spiels bestimmte. (Im Jahr 1959 – Bunche war mittlerweile Untersekretär der Vereinten Nationen und Friedensnobelpreisträger – sprach er mit dem Präsidenten des West Side Tennis Clubs von Forest Hills,

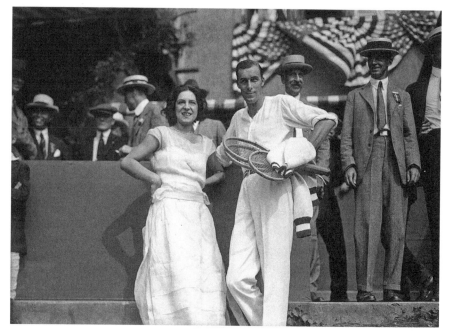

Suzanne Lenglen und Bill Tilden, die ersten großen Tennisidole, im Jahr 1920. 1922 wurde am heutigen Standort in Wimbledon eine neue Anlage mit Centre Court fertiggestellt, um der von diesen beiden Superstars hervorgerufenen Nachfrage gerecht zu werden. *(Library of Congress)*

In seinen besten Jahren war Tilden der Inbegriff des Tennis; zwischen 1920 und 1926 verlor er kaum ein Match. Das Bild von 1922 zeigt ihn bei einer Begegnung im Daviscup, den die USA in diesem Jahr zum dritten Mal in Folge gewannen. *(Library of Congress)*

Tilden beteuerte stets, dass er das Tennis jederzeit für eine
Bühnenkarriere aufgeben würde. Sein Lieblingstennisplatz
war Charlie Chaplins Privatcourt in den Hügeln von
Hollywood, und Chaplin *(in horizontaler Stellung)* sollte
einer der wenigen sein, die in Tildens letzten Jahren noch
zu ihm hielten. Rechts sieht man Douglas Fairbanks, einen
weiteren engen Freund und Tennisnarren, sowie daneben
den spanischen Champion Manuel Alonso.

Porträt Gottfried von Cramms. »Wie ein
Komet fiel ein neuer Stern vom Tennishimmel«, schrieb eine französische Zeitung. Ein
weibliches Mitglied seines Tennisclubs soll
über ihn gesagt haben: »Wenn der ebensogut
Tennis spielt, wie er ausschaut, wird er Weltmeister.« *(The Granger Collection, New York)*

1930 heiratete Gottfried seine Freundin aus Kindertagen, Lisa
von Dobeneck; sie waren bald die Stars von Berlin. Auf dem Bild
posiert das Paar für die Titelseite des Wochenblatts *Berliner
Illustrirte Zeitung*. Zumindest in der Öffentlichkeit schienen sie
eine glückliche Ehe zu führen. *(The Granger Collection, New York)*

Transvestiten im Szenelokal Eldorado. Seit dem 18. Jahrhundert war Berlin eine Fluchtburg für Homosexuelle gewesen, und im Berlin der Weimarer Republik war das Eldorado ein beliebter Treff für alle möglichen Nachtschwärmer. Cramms Beziehung zu einem jüdischen Schauspieler, den er hier kennengelernt hatte, sollte den Tennisstar später in Bedrängnis bringen. *(The Granger Collection, New York)*

Daniel Prenn, ein jüdischer Flüchtling aus Russland, war in den frühen dreißiger Jahren die Nummer eins im deutschen Tennis. Als Einzelspieler sowie als Doppelteam hätten er und Cramm es 1932 fast geschafft, den Daviscup nach Deutschland zu holen. Hitlers Machtergreifung im Folgejahr bereitete Prenns Tenniskarriere jedoch ein jähes Ende, und er musste nach England emigrieren. *(The Granger Collection, New York)*

Der amerikanische Rotschopf: ein Bild des neunzehnjährigen Don Budge aus dem Jahr 1934. Im Gegensatz zu Tilden und Cramm wuchs Budge in bescheidenen Verhältnissen in Oakland auf und lernte das Tennisspiel auf den Hartplätzen eines öffentlichen Parks. 1935 eroberte er die Tenniswelt im Sturm, als er auf Anhieb in Wimbledon das Halbfinale erreichte und die USA im Daviscup in die Herausforderungsrunde führte. *(Jeff Budge)*

Seit ihrem siebzehnten Lebensjahr waren Budge und Gene Mako beste Freunde und Doppelpartner. 1935, bei ihrer ersten Auslandsreise mit dem Daviscup-Team, fielen sie nicht nur durch ihr Tennisspiel auf, sondern auch durch ihre Unbefangenheit und ihre mitwandernde Jazzplattensammlung. »Kein Duo hat je mit mehr echtem Rhythmus gespielt.« *(Jeff Budge)*

1933 musste Cramm bei der Begrüßung des Führers gute Miene zum bösen Spiel machen. Der Aufstieg der Nationalsozialisten brachte ihn in eine schwierige Lage. Tausende, darunter auch nahe Bekannte, verschwanden in Konzentrationslagern. Doch wenn er wie Prenn emigriert wäre oder es abgelehnt hätte, für das verbrecherische Regime zu spielen, hätte er womöglich seine Familie gefährdet, vor allem seine Frau, die als »Vierteljüdin« galt. *(The Granger Collection, New York)*

Die amerikanische Daviscup-Mannschaft mit ihrem Buick 1937 in London. Kapitän Walter Pate hatte die Mannschaft wie eine Familie in einer Mietwohnung untergebracht. *Von links nach rechts:* Bitsy Grant, Pate, Frank Parker, Budge, Mako, Wayne Sabin. (*Jeff Budge*)

1937 trafen Cramm und Budge zwei Wochen vor dem Daviscup im Kampf um die Wimbledon-Trophäe aufeinander, die bis dahin noch keiner der beiden gewonnen hatte. Die beiden untadeligen Sportler gaben sich nach dem Spiel am Netz die Hand. (*The Granger Collection, New York*)

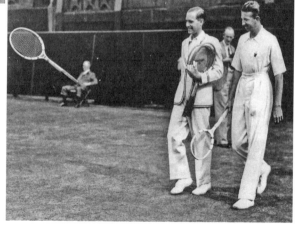

Zwei Wochen später traten die beiden erneut auf den Centre Court, um das Entscheidungsmatch im Daviscup zu bestreiten. Wie bei einem Freundschaftsspiel schlenderten die zwei Freunde Richtung Netz und warfen den Schläger, um zu bestimmen, wer als Erster aufschlagen würde. (*The Granger Collection, New York*)

Vom ersten Ballwechsel an war Budge klar, dass ihm heute ein ganz anderer Cramm gegenüberstand als im Wimbledon-Finale. Cramm schien wild entschlossen, sich für die letzten Schlappen in Wimbledon und im Daviscup zu revanchieren. Ein befreundeter Spieler sagte, dass »Gottfried manchmal das großartigste Tennis spielte, das man sich vorstellen kann«. *(The Granger Collection, New York)*

Das britische Publikum, dem die Wirtschaftskrise und die wachsende Kriegsbedrohung aufs Gemüt schlugen, feuerte den Deutschen leidenschaftlich an – nicht nur wegen seines Charismas, seines untadeligen Auftretens und der erlittenen Niederlagen, sondern auch weil ein deutscher Sieg die einzige Hoffnung für das englische Team war, das gegen den heutigen Gewinner um den Pokal kämpfen musste. Soeben schlägt Budge einen großartigen Return. Das Publikum ist begeistert. Es steht 5 : 5 und 30 beide im ersten Satz. Der Deutsche hat eine Chance! *(AP/Wide World Photos)*

Budge hatte hart an der Verbesserung seiner Kondition gearbeitet, aber Cramm war für seine Ausdauer bekannt. Als klar wurde, dass nun ein fünfter Satz die Entscheidung bringen musste, schien Cramm im Vorteil. »Fünfte Sätze gehören mir«, davon war er überzeugt. Doch heute ging es für ihn um sehr viel mehr als nur um Tennis, und das wusste er. *(The Granger Collection, New York)*

Nach seinem Wechsel ins Profilager erlebte Budge goldene Jahre, nicht nur in finanzieller Hinsicht. Die Klatschspalten brachten den »Romeo des Tennis« mit allen möglichen illustren Damen in Verbindung, und die größte Prominenz darunter war (ob an den Gerüchten nun etwas dran war oder nicht) sicherlich Filmstar Olivia de Havilland. *(Jeff Budge)*

Nachdem er 1940 in einem Benefizmatch für den Finnish Relief Fund gegen Budge verloren hatte, schlüpfte der siebenundvierzigjährige Tilden in die Rolle des gebrechlichen Alten. Aber im darauffolgenden Jahr schlug der Altmeister den Worldchampion in vierundfünfzig Begegnungen immerhin siebenmal. *(AP/Wide World Photos)*

1949 kam Tilden zum zweiten Mal wegen Sittlichkeitsvergehen in Haft. Kurz nach seiner Entlassung am Ende des Jahres wählte ihn die Presse fast einstimmig zum größten Tennisspieler der ersten Hälfte des Jahrhunderts. Dennoch war er in den Tennisclubs von Los Angeles nicht länger erwünscht und musste sich mit Unterricht auf öffentlichen Plätzen durchschlagen. *(AP/Wide Worlde Photos)*

Cramm entging nur knapp dem Schicksal, das die meisten deutschen Homosexuellen erleiden mussten. Häftlinge mit dem rosa Winkel wie hier in Sachsenhausen wurden für die erniedrigendsten und brutalsten Strafen aus der Masse der Gefangenen herausgegriffen. *(The Granger Collection, New York)*

Tote deutsche Soldaten im russischen Schnee. An der Ostfront fielen mehr als vier Millionen deutsche und zehn Millionen russische Soldaten. Cramm wurde mit Erfrierungen ausgeflogen. Von den hundertzwanzig Mann seiner Kompanie überlebten nur neunzehn. *(The Granger Collection, New York)*

Nach dem Krieg nahm Cramm als die Nummer eins der BRD wieder am Daviscup teil. 1951, im Alter von zweiundvierzig Jahren, trat er zum letzten Mal in Wimbledon an und sorgte wegen seiner Begleitung Barbara Hutton für Schlagzeilen. 1955 bekam sie endlich »ihren Tennisspieler«, aber die Ehe hielt nicht. Die unglückliche Millionenerbin gehörte zu den wenigen Freunden, denen Cramm letzten Endes nicht helfen konnte. *(The Granger Collection, New York)*

dem Austragungsort der US-Meisterschaften, über eine mögliche Mitgliedschaft seines Sohnes. Ihm wurde daraufhin höflich mitgeteilt, dass ein Beitritt von Juden und Negern nicht »erbeten« sei. Bunche nahm dies genauso wenig klaglos hin wie die rassistische Verunglimpfung im Londoner Kino, und innerhalb von wenigen Tagen prangte die Story auf den Titelseiten. Der Clubpräsident musste zurücktreten, und Bunche Vater und Sohn wurde eine Mitgliedschaft angeboten. Sie lehnten dankend ab.)[7] Zu den Wimbledon-Spielen hatte es Bunche 1937 zwar nicht geschafft, dafür hatte er sich Eintrittskarten für alle drei Tage der Daviscup-Runde zwischen den USA und Deutschland sichern können. Er hatte jede Sekunde genossen, doch ganz besonders gefiel ihm heute das fantastische Match zwischen Budge und Cramm. Und jetzt war ihm plötzlich auch noch die ganz große Tennislegende über den Weg gelaufen.

Das also war Tilden. »Menschentrauben umlagern die Eingänge, um die Spieler hereinkommen zu sehen – Anbeter von Idolen«, hatte Bunche nach dem ersten Tag der Spiele in sein Tagebuch notiert. Er selbst freilich betete keinen Menschen an, und ganz bestimmt keinen überprivilegierten Weißen aus Germantown. Dennoch umgibt jeden, der – ganz gleich in welchem Metier – solch schwindelnde Höhen erklommen hat, fraglos eine Aura des Besonderen. In diesem Fall jedoch begegnete ihm einer, der die höchsten Gipfel längst hinter sich hatte. Was Bunche sah, war einfach ein Mensch, obendrein ein etwas gezauster, in einem billigen Anzug, der aussah, als sei er seit geraumer Zeit nicht mehr gereinigt worden. Das dürfte Bunche überrascht haben; hatte er doch stets von Tildens so gepflegtem Erscheinungsbild auf dem Court gelesen. Und er trug keinen Hut – so ziemlich der Einzige ringsum ohne Hut, als solle nur ja jeder den großen Bill erkennen können. Womöglich überkam Bunche ein Anflug von Melancholie, eine Vorahnung des dem alten Meister bevorstehenden Niedergangs, des unweigerlichen Niedergangs aller Menschen. Er schüttelte den Kopf und ging weiter, zurück ins Stadion, zum großen Finale dessen, was er noch am Abend als »den aufregendsten sportlichen Wettkampf, den ich je gesehen habe« charakterisieren sollte.[8]

Nach Ende der Pause kehren Budge und Cramm gemeinsam auf den Centre Court zurück. Abends um halb sieben scheint die Mittsommersonne nach wie vor hell genug, doch fallen ihre Strahlen aus einem immer schrägeren Winkel ein, was die Dramatik der Schlussphasen noch unterstreicht. Die Zahlen auf der elektrischen Anzeigetafel leuchten in abendlicher Glut – 8:6, 7:5, 4:6. Noch immer hat der Deutsche Oberwasser. Im Publikum ist die Stimmung eher noch gespannter als zu Beginn der Begegnung. Nun wissen alle, dass es hier keine Wiederholung des raschen Dreisatzsieges im Wimbledon-Finale geben wird. Entweder wird Cramm sein meisterliches Spiel erfolgreich zu Ende bringen, oder Budge wird seine Aufholjagd fortsetzen, und alle können sich auf einen großen Fünfsatz-Klassiker gefasst machen.

Recht schnell wird klar, in welche Richtung sich das Match entwickeln wird. Kaum haben die Zuschauer wieder ihre Plätze eingenommen, da gibt Budge gleich deutlich zu verstehen, dass der dritte Satz mitnichten ein bloßer Ausreißer war. Mit vier tollen Returns holt er sich vier schnelle Punkte, und schon hat er Cramm im ersten Spiel des vierten Satzes den Aufschlag abgenommen. Sie wechseln die Seiten, er gewinnt prompt sein Aufschlagspiel, dann gelingt ihm ein zweiter Break. Erneuter Seitenwechsel, erneuter Aufschlaggewinn. Budge fliegt förmlich von Punkt zu Punkt, als könnte er es gar nicht erwarten, den Ball gleich wieder ins Spiel zu bringen. In unglaublichen fünf Minuten geht der Amerikaner 4:0 in Führung und verliert dabei nur fünf Punkte.[9] Zum ersten Mal an diesem Nachmittag herrscht, nach den kurzen Beifallsausbrüchen bei jedem Punktgewinn Budges, verwundertes Staunen. Nun scheint genau das eingetroffen, was man im Publikum vor Spielbeginn befürchtet hat: erneut ein alles niederwälzender Durchmarsch des Amerikaners. Kann Cramm innerlich wirklich so ruhig sein, wie er sich gibt? Man könnte glauben, er würde soeben bei einem bloßem Übungskampf in Grund und Boden gespielt.

In einem Winkel der Haupttribüne hatte ein Mann im Verlauf des Matchs immer lauter und lauter geklatscht. Dabei wusste er kaum, welchem der beiden Kontrahenten sein Beifall galt. An diesem Tag dürfte Daniel Prenn seine Arbeit zeitig verlassen haben, um in Kentish Town die U-Bahn zu nehmen und, mit zweimaligem Umsteigen, nach Wimbledon hinauszufahren. Das erste Spiel wird ihm relativ gleichgültig gewesen sein; gar keine Frage, dass Henner Bitsy auseinandernehmen würde. Als dann aber Gottfried gegen Budge antrat, war er mit Sicherheit rechtzeitig da. Das wollte er sich nicht entgehen lassen.[10] Natürlich hätte eigentlich er selbst auf dem Platz stehen müssen. Wenn auch nicht mehr als die Nummer eins: Gottfried war wirklich in erstaunlicher Form und er bereits in seinen Dreißigern. Henkel jedoch, so fand er, hätte er auch jetzt noch ausgestochen, wäre es ihm in den letzten Jahren nur vergönnt gewesen, sich weiterhin ganz aufs Tennisspielen zu konzentrieren. Gottfried und er, noch immer vereint, das wäre das richtige Team, um den Davispokal nach Hause in ein demokratisches Deutschland zu bringen; in jenes Deutschland, das ihn vor der Sowjetunion errettet hatte. Ach was, von wegen nach Hause bringen – *verteidigen* würden sie den Pokal, denn 1933 hätten sie ihn ganz gewiss gewonnen, nachdem sie dem Ziel im Vorjahr doch schon so nahegekommen waren und nun beide in der Blüte ihrer Kraft standen. Und dann, mit dem Vorteil im Rücken, den Pokal nun Jahr für Jahr auf dem roten Sand von »Rot-Weiß« verteidigen zu können – dem Idealbelag sowohl für ihn wie für Gottfried –, hätten sie wohl selbst England mit einem Perry in Bestform zu trotzen vermocht. Stattdessen ...

Nicht, dass er derlei Gedanken oft nachhing. Immerhin hatte er noch Glück gehabt. Er und Charlotte hatten in Kensington Fuß gefasst, nur acht Kilometer nördlich vom Centre Court. Und mit einem Darlehen von Simon Marks, dem tennisverrückten Einzelhandelsmagnaten, hatte er seine eigene Firma aufgezogen: Truvox Engineering. Er stellte nun seine eigenen Lautsprechermodelle her; das Geschäft lief recht gut, er hatte bereits fünf Angestellte. Und inzwischen war auch Nachwuchs unterwegs – in zwei Monaten schon war es so weit.

Viel Zeit zum Tennisspielen war ihm da nicht geblieben. Bisweilen trainierte er mit den englischen Spielern, und Marks leistete er seine Schuldigkeit, indem er stets für private Doppel zur Verfügung stand, so dass der ältere Mann mit seinem neuen Pferd im Stall protzen konnte. Aber die Anforderungen seines Unternehmens und seines neuen Lebens machten es ihm unmöglich, das hohe Spielniveau von einst beizubehalten. Gleich in seinem ersten Jahr in England, 1934, hatte er am Wimbledon-Turnier teilgenommen, doch bereits in der ersten Runde eine herbe Niederlage gegen Frank Shields erlitten, den er 1932 im Davispokal noch vernichtend geschlagen hatte. Der »man without a country«, wie ihn die britische Presse betitelte,[11] trat auch weiterhin jedes Jahr in Wimbledon an – aufgrund seines Ruhms aus alten Tagen gestattete man ihm freundlicherweise die Teilnahme –, und in diesem Jahr, 1937, hatte er wieder viel von seiner alten Form zurückgewonnen. Er setzte sich gegen einen Amerikaner und zwei britische Spieler durch, bevor er im Achtelfinale an Frank Parker scheiterte. Im gemischten Doppel spielte er mit der jungen Engländerin Evelyn Dearman, und sie schafften es bis ins Halbfinale, wo sie mit 6:2, 9:7 knapp gegen ein französisches Team verloren. Doch Prenn wusste, dass seine besten Tennistage weit hinter ihm lagen. Er war mittlerweile ein englischer Geschäftsmann, der bald Vater und schließlich britischer Staatsbürger werden sollte.

Seinem alten Freund und Teampartner zuzusehen, wie er nahe dran war, den Wimbledon-Meister zu schlagen und den Pokal nach Deutschland zu bringen, muss Prenn mit sehr gemischten Gefühlen erfüllt haben. Nichts wäre bitterer für ihn, als den Davispokal in Berlin unterm Hakenkreuz zur Schau gestellt zu wissen. Andererseits hegte er die wärmsten Gefühle für Gottfried, der ja die Nazis nicht minder verabscheute als er und einfach ein großartiger Mensch war. Es war schwer, ihm nicht die Daumen zu drücken. Er wusste auch um Gottfrieds sexuelle Neigungen und fragte sich, wie lange Himmler und seine Meute ihn wohl noch unbehelligt lassen würden. Vielleicht könnte der Daviscup-Gewinn seinen Freund vor einem schlimmen Schicksal bewahren.

Wie mittlerweile die Mehrheit der Zuschauer feuerte Prenn unwillkürlich beide Spieler an und gab sich ganz der graziösen Schönheit des Wettkampfs hin.

Auch eine seiner Schwestern hatte emigrieren können und wohnte nun in London, ganz in der Nähe von Daniel und Charlotte.

Seine Eltern lebten noch immer friedlich in Warschau, und seine jüngere Schwester war in Prag verheiratet. Glücklicherweise waren sie nicht in Deutschland. Doch mit dem Glück sollte es in ein, zwei Jahren vorbei sein.

In Deutschland wurde das Leben der Juden von Tag zu Tag freudloser und unsicherer. Es hatte direkt nach der nationalsozialistischen Machtergreifung begonnen, noch bevor er das Land verließ. Zu jenem Erlass, der Prenns Tenniskarriere ein Ende setzte, gesellten sich mit der Zeit zahlreiche weitere, die Juden von öffentlichen Ämtern und vom Staatsdienst ausschlossen, ihnen Tätigkeiten im Journalismus, der Landwirtschaft, der Lehre, in Film und Theater verboten. 1934 wurden die Juden von der Börse verbannt, jüdische Ärzte und Anwälte mit Terror aus ihren Praxen und Kanzleien getrieben. Und im September 1935 folgten dann die Nürnberger Gesetze, die den Juden offiziell die Reichsbürgerschaft aberkannten und ihnen verboten, Arier zu heiraten oder sexuelle Beziehungen zu ihnen zu unterhalten.

Die neuen Gesetze lieferten nur die formelle Bestätigung für die alptraumhafte Situation der in Deutschland verbliebenen Juden. Schon zuvor verkauften ihnen viele Lebensmittelgeschäfte keine Nahrungsmittel und Apotheken keine Medikamente mehr. Überall im Land wurden sie von Schildern wie den folgenden empfangen:»In dieser Stadt ist Juden der Zutritt streng verboten«, »Juden betreten diesen Ort auf eigene Gefahr«, oder sogar:»Vorsicht! Scharfe Kurve! Juden 100 km/h.«[12]

Doch obgleich manche ausländischen Reporter von diesen und anderen Gräueln berichteten, blieb das nationalsozialistische Deutschland in den Augen vieler nach wie vor ein einigermaßen achtbarer Staat. Im Zuge der Olympischen Spiele 1936 in Berlin organisierte Propagandaminister Joseph Goebbels eine seiner größten Kampagnen, um ein entsprechendes Erscheinungsbild Deutschlands zu verbreiten. Zuvor hatte das Land erst ein einziges Mal die Chance gehabt, olympischer Gastgeber zu werden: Das war 1916, doch da wurden die Spiele kriegsbedingt abgesagt. Den Zuschlag für die Olympiade von 1936 hatte Deutschland bereits 1931, vor der Machtergreifung, erhalten, und als die Spiele herannahten, nutzte

Goebbels diese Gelegenheit, der Welt das neue Deutschland vorzuführen.

Am Stadtrand in Charlottenburg waren die Arbeiten an dem
42 Millionen Reichsmark teuren und 130 Hektar großen Olympia-
komplex einschließlich des gigantischen Olympiastadions aus Na-
turstein mit seinen 110000 Plätzen in vollem Gange, als internationale Kontroversen die Berliner Olympiade beinahe noch scheitern
ließen. Der deutsche Sport war mittlerweile von nichtarischen Athleten gesäubert worden, und die Vereinigten Staaten, die gewöhnlich die meisten Sportler stellten und die meisten Medaillen gewannen, drohten damit, die Spiele zu boykottieren. Einer Erklärung der
Amateur Athletic Union (AAU) zufolge bedeutete eine Teilnahme
der USA, dass »Amerika Nazideutschland moralische und finanzielle
Unterstützung gewährt, einem Regime, das allem, was den Amerikanern lieb und teuer ist, ablehnend gegenübersteht«.[13] In ihrer
Forderung nach einem Boykott wurde die AAU von jüdischen und
afroamerikanischen Gruppen, religiösen Oberhäuptern, 41 College-
Rektoren sowie zahlreichen Politikern unterstützt.

Falls sich die USA zu einem Boykott entschlössen, würde Großbritannien wahrscheinlich nachziehen, und dann womöglich auch Italien und Frankreich. Das finanziell klamme Dritte Reich gierte nach
den ausländischen Devisen, die die Olympiade ins Land schwem-
men sollte; ein Boykott wäre ein wirtschaftliches Desaster und eine
politische Blamage. »Die deutsche Regierung hat einfach Angst«,
vermeldete die britische Botschaft in Berlin, »dass jüdischer Druck
die US-Regierung dazu bewegen könnte, ihre Mannschaft nicht antreten zu lassen und so die Spiele zum Scheitern zu bringen, deren
materieller und propagandistischer Wert aus deutscher Sicht kaum
überschätzt werden kann.«[14]

Reichssportführer Hans von Tschammer und Osten lud Avery
Brundage, den Vorsitzenden des Amerikanischen Olympischen Komitees, nach Berlin ein, behandelte ihn besonders zuvorkommend
und zeigte ihm sogar spezielle Trainingseinrichtungen, die angeblich allein Juden vorbehalten seien. Brundage, ein erbitterter Gegner des Boykottvorhabens, für das er die »vereinten Anstrengungen
von Kommunisten … und Juden« verantwortlich machte, schrieb

nach Hause, dass ihm Tschammer »sehr sympathisch« sei, und äußerte gegenüber den NS-Funktionären scherzend, dass auch sein eigener Herrenclub zu Hause in Chicago keine Juden aufnehme. Charles Sherrill, ein amerikanisches Mitglied des Internationalen Olympischen Komitees, wurde von Hitler persönlich empfangen. Bei diesem Anlass warnte er den Führer davor, dass es »dem Juden LaGuardia« und anderen amerikanischen Juden gelingen könne, die USA zu einem Boykott zu bewegen.[15] Er schlug auch vor, dass Deutschland, um die Juden in Amerika zu beschwichtigen, einen »Alibijuden« in die eigene Mannschaft aufnehmen solle – in der Tradition des amerikanischen »Alibinegers«. Schließlich verkündete Tschammer, dass Juden aus anderen Ländern die Teilnahme erlaubt sei; außerdem wurde die frühere Goldmedaillengewinnerin Helene Mayer, die teils jüdischer Abstammung (jedoch, wie Prenn, alles andere als ein praktizierendes Mitglied der jüdischen Glaubensgemeinschaft) war, wieder in den deutschen Fechterkader aufgenommen. Auch Theodor Lewald, der wegen der jüdischen Herkunft seines Vaters ersetzte vormalige Präsident des Deutschen Olympischen Komitees, wurde wieder in sein Amt eingesetzt. Letztlich war er allerdings nicht mehr als ein kriecherischer Vasall Hitlers, der bald nach den Spielen zwangsweise in den Ruhestand treten musste.

Für George Messersmith, den amerikanischen Generalkonsul in Berlin, war es »unbegreiflich«, dass die Vereinigten Staaten an der Nazi-Olympiade teilnehmen sollten. Er schrieb: »Viele kluge und gut informierte Beobachter in Europa sind der Ansicht, dass dem Stattfinden oder Nichtstattfinden der Olympischen Spiele in Berlin 1936 eine wichtige Rolle für die zukünftige politische Entwicklung in Europa zukommt.« Außenminister Cordell Hull jedoch, entschlossen, gute deutsch-amerikanische Beziehungen zu demonstrieren, ignorierte Messersmiths Plädoyer für einen Boykott. Dessen Befürworter setzten ihre Hoffnungen nun auf Präsident Roosevelt, der für seinen Einsatz für die Juden und die Menschenrechte bekannt war. Aber Roosevelts Kritikern galt der Präsident ohnehin schon als allzu »judenfreundlich«, und seine Berater überzeugten ihn davon, dass es politisch für ihn am sichersten sei, keine Position zu beziehen.

Als am 8. Dezember 1935 schließlich die Abstimmung der AAU stattfand, fiel sie denkbar knapp zugunsten einer Teilnahme aus. Ein schwedischer IOC-Kollege Brundages beglückwünschte ihn telegrafisch, die Pläne der »niederträchtigen Juden und Politiker« durchkreuzt zu haben. Die anderen Staaten schlossen sich dem US-Votum bald an, und die Berliner Spiele konnten stattfinden.

Unter Goebbels' Leitung wurde der Reichshauptstadt mit großem Aufwand eine täuschend schöne Fassade verpasst. Unerwünschte Elemente verschwanden von den Straßen und wurden in Internierungslager verbracht. (Das bekannteste dieser Lager war das neu eingerichtete Konzentrationslager Sachsenhausen, nur dreißig Kilometer nördlich des Stadtzentrums in einem Ortsteil des Vororts Oranienburg gelegen; für viele deutsche Homosexuelle sollte es bald zur Endstation werden.) All die »Juden unerwünscht«- und »Kauft nicht bei Juden«-Schilder wurden abgehängt und durch zahllose Olympia- und Hakenkreuzbanner ersetzt. (»Was wäre wohl, wenn die nächste Olympiade in Atlanta, Georgia, oder in irgendeinem anderen der Südstaaten stattfände?«, fragte die afroamerikanische *New York World*. »Ob unsere Herren Politiker die Schilder mit der Aufschrift ›Weiße hier, Farbige dort‹ dann auch aus den Bahnhöfen entfernen ließen?«) Das vehement antisemitische Blatt *Der Stürmer* verschwand aus den Zeitungsständen, und die Braunhemden der SA bekamen Order, einige Wochen lang keine Juden zu attackieren oder festzusetzen und zu jedermann freundlich und höflich zu sein – was jene Auslandskorrespondenten, die es besser wussten, sehr amüsierte. (Doch während die Nazischergen lächelten, summten sie jene Melodie, die in den SA-Kasernen die Runde machte: »Wenn die Olympiade vorbei, schlagen wir die Juden zu Brei.«)[16]

Die Behörden ließen auch etwa siebentausend aus der Hauptstadt verwiesene Prostituierte nach Berlin zurückkommen, so dass 25000 Damen bereitstanden, um die Bedürfnisse der Olympiadenbesucher zu befriedigen. Selbst einigen Schwulenbars wurde vorübergehend die Wiedereröffnung gestattet – als betrachtete die Weltmeinung derartige Etablissements mit Wohlwollen –, und die Berliner Polizei erhielt Anweisung, Homosexuelle, vor allem ausländische Besucher, einstweilig in Ruhe zu lassen. Interessanterweise war die große deutsche Hoffnung im Hochsprung der Damen, Dora Ratjen, ein männlicher Transvestit – wie ähnlich übrigens auch die intersexuelle polnische Silbermedaillengewinnerin im Hundertmeterlauf der Damen, Stanisława Walasiewicz. Ratjen jedoch gelang kein Medaillenerfolg, und nachdem er 1938 die Leichtathletik-Europameisterschaften gewonnen hatte, wurde sein wahres Geschlecht entdeckt und er fiel in Ungnade (überlebte aber die NS-Herrschaft).[17]

Alle Olympiaveranstaltungen waren ausverkauft. Es gab nicht nur keinen Boykott; der Kartenverkauf im Ausland lief sogar ausgesprochen gut, und nach der deutschen Besetzung des Rheinlands im März 1936 waren die Absatzzahlen sogar noch gestiegen. Die von Hitler so hoch geschätzte Filmregisseurin Leni Riefenstahl, die den Nationalsozialismus in ihrem filmisch brillanten, heute berüchtigten *Triumph des Willens* verherrlicht hatte, bannte praktisch jede Sekunde der Olympiade auf Film. Aus all dem Material schnitt sie dann den vierstündigen Film *Olympia*, der 1938 in den Kinos rund um die Welt (außer in Großbritannien und den Vereinigten Staaten) ein wirkungsvolles Propagandawerkzeug für Hitlerdeutschland werden sollte. Und wenn es auch heißt, dass Jesse Owens' vier Goldmedaillen Hitlers Traum von der Unterbeweisstellung der arischen Überlegenheit zerstört hätten, waren doch Goebbels' Olympische Spiele in der Tat ein großer Erfolg. Deutschland gewann mit Abstand die meisten Medaillen und ließ den üblichen Gewinner USA mit 89 zu 56 Medaillen weit hinter sich. »Deutschland steht mit 33 Goldmedaillen weitaus an der Spitze«, schrieb Goebbels am Ende der Spiele in sein Tagebuch. »Die erste Sportnation. Das ist herrlich.«[18] Und statt sich vom dramatisch in der Ferne dröhnenden Artilleriefeuer während der Schlussfeier beunruhigen zu lassen, gingen die Besucher arglos mit einem Bild von Nazideutschland als einer der dynamischsten, gastfreundlichsten und vitalsten Nationen weltweit nach Hause.

Was nun die berühmte Geschichte angeht, dass Owens nach seinen Triumphen von Hitler herabsetzend behandelt worden sei, so verhält es sich vielmehr so, dass sich der Naziführer, vor die Wahl gestellt, entweder allen Medaillengewinnern persönlich zu gratulieren – einschließlich Juden und Schwarzen – oder keinem, für die zweite Option entschied. Owens fühlte sich nie beleidigt und erzählte gern die (historisch wohl falsche) Geschichte, dass ihm Hitler von seiner Loge anerkennend zugewinkt habe. Wieder zurück in den Staaten, wo er eine viel schlimmere Ächtung zu gewärtigen hatte, als in Deutschland je erlebt, ergriff er noch im gleichen Jahr im Wahlkampf Partei für den Republikaner Alf Landon und gegen Roosevelt; er nannte Hitler »einen großen Mann« und schmähte Roosevelt als »einen Sozialisten«.[19]

Jeden Tag waren die Besucher der Spiele an einer Statue von Max Schmeling vorbeidefiliert. Zur Feier seines verblüffenden K.-o.-Siegs über Joe Louis am 16. Juni im New Yorker Yankee Stadium war sie in aller Eile angefertigt und auf dem Reichssportfeld aufgestellt worden. Cramms alter Bekannter aus der Roxy-Sportbar war, seit er 1930 den Weltmeistertitel im Schwergewicht geholt hatte, in Deutschland zu einem echten Superstar geworden. Jenen Sieg hatte er freilich durch die Disqualifikation seines Gegners Jack Sharkey erlangt, als er selbst nach einem unerlaubten Tiefschlag in Schmerzen zu Boden gegangen war. Schmeling konnte seinen Titel einmal erfolgreich verteidigen, verlor ihn aber 1932 nach einer umstrittenen, nicht einstimmig gefällten Entscheidung an Sharkey. (Man habe Schmeling den Titel geraubt, rief daraufhin bekanntlich sein Manager Joe Jacobs: »We was robbed!«) Seither war der Deutsche eine Schwergewichtsgröße geblieben, doch 1936 glaubte man allgemein, dass er seine besten Tage längst hinter sich habe und von Glück sagen könne, überhaupt gegen den aufstrebenden jungen Amerikaner Louis antreten zu dürfen.

Schmeling mit seinen »hervorstehenden Wangenknochen eines Indianers« und seiner »fast neandertalerhaft niedrigen Stirn« entsprach wohl kaum dem arischen Idealtypus.[20] Auch dass er darauf bestand, Jacobs – ein grober Ellbogenmensch und gewissermaßen das gestaltgewordene Klischee vom New Yorker Juden – für seine vielen Kämpfe auf amerikanischem Boden als Manager zu behalten, setzte die Nationalsozialisten in Verlegenheit. Doch der Sohn eines

Steuermanns, der mit vielen Künstlern und Intellektuellen befreundet war, wusste sich geschickt seiner jeweiligen Umgebung anzupassen. Wenn er sich in Amerika aufhielt, war er viel mit Jacobs und anderen prominenten Juden zusammen und begleitete seinen Manager sogar zur Synagoge. Auf der anderen Seite gelang es ihm aber auch, die Nazis zu beschwichtigen und sogar zum Günstling von Goebbels und Hitler zu avancieren. Er erschien auf Nazikundgebungen, präsentierte, wenn nötig, prompt den Hitlergruß, trat aber nie in die Partei ein. Offenbar akzeptierten die deutschen Machthaber Schmelings Verbindung mit Jacobs als ein notwendiges Übel – der zu zahlende Preis, damit er all die vielen amerikanischen Dollars mit nach Hause bringen konnte.

Der aktuelle Schwergewichtsweltmeister war James Braddock, doch im öffentlichen Bewusstsein wurde er von Joe Louis völlig in den Schatten gestellt. Der zweiundzwanzigjährige Louis war in 26 Profikämpfen ungeschlagen, und viele hielten ihn bereits für den größten Boxer aller Zeiten. Für das schwarze Amerika war er ein Riesenidol; 1935 war sein Einkommen auf vierhunderttausend Dollar gestiegen, und er wurde immer noch besser. Das weiße Publikum buhte, wo immer er auftauchte, und selbst jetzt, als ihm der Mann für Nazideutschland gegenüberstand, drückten viele Amerikaner lieber Schmeling die Daumen. Die jüdische Gemeinschaft jedoch versuchte einen Boykott des Kampfes zuwege zu bringen; man wollte den Nazis kein amerikanisches Geld in die Taschen stopfen. Dem widersprach die schwarze *Amsterdam News*: »Während wir Hitler verurteilen, sollten wir doch nicht vergessen, dass er heute nichts mit den Juden macht, was die Vereinigten Staaten nicht schon viel länger, in größerem Umfang und auf brutalere Weise mit ihren schwarzen Bürgern gemacht hätten.« Auch Ralph Bunche schrieb in jenem Jahr über die Parallelen zwischen der faschistischen Politik Deutschlands und dem Rassismus in den USA. Letzteren nannte er »die große Erblast Amerikas. ... Rassenkonflikte bedrohen nicht nur die Zukunft der Vereinigten Staaten, sondern den Weltfrieden.«[21]

Hitler mag kein großer Sportenthusiast gewesen sein, aber Boxen mochte er, und er betrachtete es als das perfekte Training für seine jungen Nazirecken. In *Mein Kampf* schrieb er: »Es gibt keinen Sport, der wie dieser den Angriffsgeist in gleichem Maße fördert, blitzschnelle Entschlußkraft verlangt, den Körper zu stählerner Geschmeidigkeit erzieht.«[22] Boxen war denn auch zum beliebtesten Sport Deutschlands geworden, und der Kampf Schmeling gegen Louis war *das* sportliche Ereignis des Jahres 1936. Er wurde im ganzen Land frühmorgens um drei live im Radio übertragen, und Hitler hatte angeordnet, dass sein Radiogerät einwandfrei funktionieren müsse, so dass er auf dem Weg nach München in seinem privaten Eisenbahnwagen zuhören konnte. Schmelings Frau, der Filmstar Anny Ondra, saß zusammen mit Joseph und Gemahlin Magda (sowie Reportern und Fotografen) bei Goebbels' zu Hause vorm Apparat. »Es ist die Pflicht eines jeden Deutschen, heute Nacht aufzubleiben«, wiederholte ein Radiosprecher am Abend des 16. Juni immerfort. »Max kämpft in Übersee mit einem Neger um die Vorrangstellung der weißen Rasse!«[23]

Und doch hätte fast niemand, weder in Deutschland noch sonst wo, mit Schmelings Sieg gerechnet. Er hatte seine beste Zeit schon hinter sich, und der »braune Bomber« war nicht zu stoppen. Amerikanische Journalisten gaben Schmeling den Rat, schon mal das Zu-Boden-Gehen zu üben, und selbst deutsche Zeitungen, die Louis als faul und ohne Ehrgefühl beschrieben, gaben Schmeling kaum eine Chance.

Aber Schmeling hatte Louis' Achillesferse entdeckt: ein gewohnheitsmäßiges Fallenlassen der linken Hand, das ihn für wiederholte rechte Cross-Attacken verwundbar machte. Und vor einer tobenden Menge im Yankee Stadium und einem weltweiten Radiopublikum von vielen Millionen sorgte er dafür, dass sich seine Beobachtung auszahlte. Zwar konnte Louis die ersten Runden gewinnen, doch drosch Schmeling unentwegt weiter mit seiner Rechten auf ihn ein, und in der zwölften Runde hatte er den Bomber in einen blinden, blutigen Haufen Elend verwandelt. Schließlich ging Louis zu Boden und kam nicht mehr hoch.

Louis bekam seine Revanche: Als die beiden 1938 wieder aufeinandertrafen, schlug er Schmeling in der ersten Runde k. o. Doch erst einmal waren die Deutschen und der deutsche Sport Welt-

spitze. In der Umkleidekabine erhielt Schmeling Glückwunschtele-
gramme von Hitler, Göring und Goebbels. Goebbels schrieb:»Ich
weiß, dass Sie für Deutschland gekämpft haben. Ihr Sieg ist ein
deutscher Sieg. Wir sind stolz auf Sie.« Stilvoll schwebte Schmeling
auf dem Zeppelin Hindenburg nach Hause und wurde in Berlin vom
Führer persönlich empfangen. Zusammen schauten sie den Film
vom Kampf, und Hitler klatschte sich jedes Mal voll Vergnügen auf
die Schenkel, wenn ein rechter Cross des Deutschen dem Amerikaner ins Gesicht schmetterte.[24] Zwei Monate später wurde während
der gesamten Olympiade der Film *Max Schmelings Sieg – ein deutscher Sieg* auch in englischer Fassung in den Berliner Lichtspiel-
häusern gezeigt.

Im Sommer 1936 war Max Schmeling zweifellos»der berühmteste
und beliebteste Sportler der modernen deutschen Geschichte«,[25]
doch kam Gottfried von Cramm nicht weit hinter ihm. Seit er 1934
die Meisterschaften von Frankreich gewonnen hatte, galt er als der
beste deutsche Tennisspieler aller Zeiten. 1935 hätte er sein Land
um ein Haar bis in die Herausforderungsrunde des Daviscups gebracht, und wenn sie auch gegen die USA verloren, so festigte
Cramm mit seinem berühmten Eingeständnis, den Ball im entscheidenden Doppel mit dem Schläger berührt zu haben, seine Reputation als »der Gentleman von Wimbledon«. Dann, im Frühjahr
1936, als ein möglicher Sieg im Kampf Schmeling gegen Louis noch
nichts weiter als ein zartblasser Hoffnungsschimmer der deutschen
Fans war, gewann Cramm zum zweiten Mal in Roland Garros.
Im Vorjahr war er von Perry im Endspiel in vier Sätzen entthront
worden. Perrys Regentschaft über die Tenniswelt hatte 1934 mit
seinen Siegen in den australischen und den US-Meisterschaften sowie in Wimbledon begonnen, und als er im Folgejahr gegen Cramm
triumphierte, fügte er seiner Erfolgsbilanz seinen einzigen Gewinn
des französischen Meistertitels hinzu. 1936 bot sich Cramm die
Möglichkeit zur Revanche, als er und Perry ohne sonderliche Mühe
bis ins Finale durchmarschierten.
An einem ungewöhnlich kühlen Pariser Nachmittag kämpften die
beiden Titelanwärter über vier Sätze hinweg auf Augenhöhe. Doch

wie schon so oft schien Cramm im fünften Satz neu aufzuleben und zu erstarken. Als er zwei Jahre zuvor an gleicher Stelle gegen Crawford im Finale stand, hatte er von den letzten zwölf Spielen der Partie neun für sich entschieden, nachdem sein Gegner im vierten Satz bereits einen Matchball gehabt hatte, und 1935, im Halbfinale gegen Bunny Austin, hatte er den fünften Satz völlig dominiert und 6:0 gewonnen. Nun zahlte sich Cramms unermüdliches Training ein weiteres Mal aus – sogar gegen einen der größten Spieler aller Zeiten, der gerade in der Bestform seines Lebens war. »Indem er eine vernichtende Salve von Schlägen abfeuerte, die die anwesenden Berichterstatter als geradezu perfekt bezeichneten« und bei jeder sich bietenden Gelegenheit ans Netz stürmte, gewann er rasch sechs Spiele in Folge, um mit 6:0 im fünften Satz erneut Internationaler Meister von Frankreich zu werden.[26]

Als er nach der Siegerehrung den Umkleideraum betrat, die entgegengestreckten Hände von Kleinschroth und Henkel schüttelte und ihre Glückwunschrufe entgegennahm, wurde ihm ein Telegramm überreicht: »Herzliche Glückwünsche zum Sieg gegen stärkste europäische Klasse. Lade Sie nunmehr ein, Deutschlands Farben in Amerika zu vertreten. Reichssportführer von Tschammer und Osten.«[27]

Damit hatte ein im persönlichen Bereich sehr bewegtes Frühjahr immerhin einen freudigen Abschluss gefunden. Am 15. März hatte Manasse Herbst Deutschland endgültig den Rücken gekehrt. Es war einfach zu riskant geworden, nach Berlin zurückzukehren, Gottfried zu treffen und zu versuchen, die Ersparnisse seiner Familie zu retten. Gottfried hatte abermals versprochen, ihm wann immer möglich auch weiterhin geringe Beträge aus dem anvertrauten Vermögen zu übersenden. Neben den kleineren Summen, die er während seiner Turnieraufenthalte in anderen Ländern versandte, hatte er auch seinem Schwager Hans von Meister Geld nach London geschickt und Manasse angewiesen, es dort abzuholen. Aber solche Aktionen wurden zunehmend gefährlich. Hitler hatte kürzlich seinen Vierjahresplan verkündet, der darauf ausgerichtet war, das Land wirtschaftlich auf den Krieg vorzubereiten. Ein zentraler Punkt bestand darin, die Geldabwanderung zu stoppen. »Alles, was irgend-

wie mit Devisen zu tun hat, ist verboten«, schrieb ein juristischer
Sachverständiger,»und man stößt auf die bizarrsten Schwierigkeiten. ... Selbst die Richterschaft ist verwirrt durch die unzähligen Be-
schränkungen, Gesetze, Verordnungen und Erlasse im Devisenbe-
reich.« Auch Sportgrößen hatten sich dem zu fügen: Jüngst hatte
selbst der bedeutendste deutsche Boxer eine Sondererlaubnis bean-
tragen müssen, um eine Summe, die etwa zehn britischen Pfund
entsprach, ins Ausland mitnehmen zu dürfen.[28]
        Zwei Tage nachdem Manasse Berlin für immer verlassen hatte,
war Gottfrieds Vater gestorben. Im Februar war Cramm wie üblich
bei den Frühjahrsturnieren an der Riviera gewesen, danach reiste
er nach Ägypten weiter, um zum ersten Mal an den Turnieren von
Kairo und Alexandria teilzunehmen. Dort erreichte ihn ein Telegramm. Das Krebsleiden seines Vaters habe sich plötzlich ver-
schlimmert, Gottfried solle sofort zurückkehren. Baron Burghard
von Cramm starb am 17. März in einem Krankenhaus in Hannover.
Er war zweiundsechzig Jahre alt geworden.
        Gottfried hatte bisher im Wesentlichen ein geborgenes Leben
geführt, aber nun, mit sechsundzwanzig, häuften sich die Probleme,
und die ersten tiefen Betrübnisse rissen ihn aus seiner wohlbehüte-
ten Existenz. Politische Repressalien, die Trennung von geliebten
Menschen, der erste Tod eines Nahestehenden. Alles schien auf einmal auf ihn einzustürzen – als sei selbst der Verlust seines Vaters die
Folge davon, dass der Faschismus seine Schlingen immer enger um
sein Heimatland legte.
        Sechs Wochen später, Ende April, war Cramm zur ersten Runde
des Davispokals gegen Spanien mit der deutschen Mannschaft in
Barcelona. Herbst traf sich dort mit ihm, und sie konnten einige gemeinsame Nächte in Gottfrieds Hotel verbringen.[29] Man rechnete
nicht damit, dass die Spanier dem deutschen Team große Schwierigkeiten bereiten würden. Der einzige Höhepunkt, den sie zu bieten
hatten, war der letzte Daviscup-Auftritt ihres größten Spielers überhaupt, des vierzigjährigen Manuel Alonso. Und in der Tat gewannen
die Deutschen die ersten drei Partien auf dem roten Sand des Real
Club del Tenis de Turo mühelos und sicherten sich den Gesamtsieg.
Doch als sie in der Nacht nach dem Doppelspiel ihren bescheidenen

Erfolg feierten, erhielt Gottfried erneut ein Telegramm. Es kam von Lisa; sie bat um seine Einwilligung in die Scheidung.[30] Er wird wohl nicht sehr überrascht gewesen sein. Sie kannte seine wahren Neigungen, und auch wenn sie einander sehr mochten, wussten doch beide, dass ihre Ehe bloß eine Fassade war. Er wusste auch, dass sie sich in den berühmten Eishockeyspieler Gustav Jaenecke verliebt hatte. Jaenecke war zwar auch ein Tenniscrack und wurde 1933 in der Daviscup-Mannschaft eingesetzt, doch auf dem Eis war er ein absoluter Star. »Dort schoß er aus allen Richtungen und war mit seinen Schlittschuhen verwachsen wie der Bismarck mit dem Denkmalsockel.«[31] Lisa stand also im Begriff, das größte Tennisass Deutschlands um des führenden Eishockeyspielers willen zu verlassen. Auf Gottfrieds Seite bestand kein Anlass zur Verbitterung. Er mochte auch Gustav und wünschte den beiden das Beste. Dennoch erfüllte ihn die Trennung mit Schmerz. Er liebte Lisa wirklich und wünschte, er hätte ihr mehr sein können. Die Scheidung bedeutete zudem neuen Kummer für seine um ihren Gatten trauernde Mutter. Und nun, da die schützende Fassade des glücklich verheirateten heterosexuellen Mannes wegbrach, würden ihn Himmler und seine Schergen noch sorgsamer im Auge haben.

Am nächsten Tag musste er wieder auf den Platz, um das nun bedeutungslose Match gegen Enrique Maier, die aktuelle spanische Nummer eins, zu absolvieren. Maier, ein Barceloner deutscher Abstammung, war ein guter Freund von Gottfried, mit dem er schon viele Doppel bestritten hatte. Doch noch nie hatte er gegen Maier verloren. Heute jedoch unterlag er ihm in drei kurzen Sätzen – die einzige deutsche Niederlage; ja Cramms einzige Schlappe in einem Daviscup-Einzel in diesem Jahr überhaupt. Vom Ende seiner Ehe inmitten des bittersüßen Wiedersehens mit Manasse zu erfahren – wer wusste schon, wann und ob sie sich wiederbegegnen würden –, und alles so kurz nach dem Verlust seines Vaters … Das war zu viel auf einmal. Auf dem Platz zeigte er keinerlei Gemütsregung. Kein erklärendes Wort gegenüber den Reportern. Er verlor einfach.

Einen Monat später jedoch hatte er besser gelernt, mit seinem Unglück zu leben, und sich einigermaßen mit seiner neuen, gefährdeteren Existenz arrangiert. Im Stade Roland Garros spielte er bes-

ser denn je und verzeichnete seinen verblüffenden 6:0-Gewinn des
fünften Satzes im Endspiel gegen Perry. Und dann war es Zeit für
Wimbledon, wo er an zweiter Stelle gesetzt war und hoffte, endlich
seinen Kindheitstraum vom »World Tennis Champion« verwirk-
lichen zu können. Nur Perry hatte ihn im Vorjahr zu stoppen vermocht, und nun hatte er den Engländer endlich geschlagen und
damit eine wichtige Hürde genommen.

Cramm nutzte die Gelegenheit zu einer herzhaften Revanche gegen Maier im Achtelfinale, schlug im Viertelfinale mühelos Jack
Crawford, der seine besten Tage hinter sich hatte, und bezwang in
einer Routinebegegnung im Halbfinale Bunny Austin in vier Sätzen. Perry, trotz seiner Pariser Niederlage gegen Cramm noch immer die unangefochtene Nummer eins der Tenniswelt, verlor bei
seinem Durchmarsch ins Endspiel nur einen einzigen Satz: den ersten in seinem erwähnten »Bravourstück an Brutalität«, dem Halbfinale gegen den aufstrebenden jungen Don Budge.

Am 3. Juli 1936, dem Morgen seines zweiten Wimbledon-End-
spiels, erwachte Gottfried in seinem prunkvollen Zimmer im Savoy,
einem der luxuriösesten Hotels Londons, wo auch Tilden gerne logierte. Im Raum nebenan war seine Frau Lisa, nach wie vor seine
Freundin und willens, vor der Öffentlichkeit die heile Fassade zu
wahren, bis die Scheidung durch war. Sie frühstückten zusammen in
seinem Zimmer; und vielleicht schob sie ihm, lachend auf eine Stelle
deutend, den heutigen *Daily Telegraph* zu: »Auch ist der Umstand zu
beachten, dass Perry, wo es um zweifelhafte Entscheidungen geht,
kein gleichmütiger Philosoph ist wie der Deutsche. Sein demokratisches Wesen rebelliert innerlich gegen jedes Gefühl der Ungerechtigkeit, selbst wenn der Linienrichter in Wirklichkeit gar keinen Fehler gemacht haben mag.«[32]

Ganz wie Bill. Perry schien sich in der Tat manche von Tildens
Tennisplatz-Manierismen anzueignen, insbesondere seine zornigen Blicke in Richtung Unparteiische, die Hände in die Hüfte gestemmt. Wie Tilden wusste auch er mit dem Publikum umzugehen:
Er winkte berühmten Bekannten auf den Rängen, scherzte mit den
Balljungen, und wenn er führte, plauderte er sogar mit den Leuten
in den Logensitzen.[33] Aber wie Big Bill konnte er die Jovialität,

wenn nötig, schnell ablegen und sein ehrfurchtgebietendes Spiel sprechen lassen.

Es war schon beinahe Mittag – ein kühler und feuchter Spätvormittag nach einer regnerischen Nacht –, als Lisa und Gottfried die vom All England Club bereitgestellte Limousine bestiegen. Das Wetter verhieß ihm Gutes: Wie ihm der *Telegraph* in Erinnerung gerufen hatte, würde der feuchte Rasen nicht nur den Platz etwas langsamer machen, er würde ihm darüber hinaus auch erlauben, »seiner kontinentaleuropäischen Gewohnheit zu frönen, in die letzte kostbare Fußlänge hineinzurutschen«[34], wie er es vom Sandplatz her gewohnt war. (Auch wenn Platzwart Robert Twynam anderes behauptete: Sandplatzspieler – auch die großen! – lieben es zu rutschen.) Und vielleicht würde das nasse Gras auch die Schnellzuglokomotive Perry etwas verlangsamen – der spielte am liebsten auf einem schön trockenen Rasenplatz.

Gottfried wird durch die Tröpfchen auf dem Seitenfenster hindurchgeblickt und sich solcherlei Gedanken hingegeben haben, während der Bentley die Strand-Straße Richtung Trafalgar Square hinabrollte. Plötzlich raste, ohne anzuhalten, ein schwarzes Taxi vor ihnen auf die Straße. Der Fahrer der Cramms wich nach links aus und stieg in die Bremsen, vermied einen Zusammenprall und kam am Bordstein zum Halten. Gottfried und Lisa wurden gegen den Vordersitz geschleudert. Sie blieben unverletzt, doch war dies natürlich nicht gerade die Art von Schreck, die man auf dem Weg zum Wimbledon-Endspiel erleben will. Besonders Lisa war völlig außer Fassung und benötigte den Rest der Fahrt, um sich wieder zu beruhigen.[35]

Perry war bereits in der Kabine, als Cramm schließlich eintraf. Gottfried sagte Hallo und erzählte vom Beinahe-Unfall; vielleicht scherzte er darüber, dass seine Frau mal wieder einen Weg gefunden habe, alle Aufmerksamkeit auf sich zu ziehen, selbst wenn er im Wimbledon-Finale stand. Doch ihre Scherzreden wurden von einem plötzlichen Aufschrei Cramms unterbrochen: ein schlimmer Krampf im rechten Schenkel. Dergleichen erlitten gewöhnlich an sengend heißen Tagen seine Gegner im fünften Satz, ihm selbst jedoch war es noch nie passiert, und mit Sicherheit nicht vor Spielbeginn im Umkleideraum. Na ja, das kalte Wetter vielleicht, die jüngsten Anspannungen … Womöglich hatte er auch nicht richtig gegessen. Wie auch immer: Da lag er nun, vor dem größten Spiel seines Lebens, wand sich auf dem Boden, versuchte, sein Bein zu strecken. Perry bemühte sich um Hilfe, und dann kam ein Betreuer durch die Umkleide gerannt, streckte den Muskel aus und massierte ihn einige Minuten lang. Schließlich signalisierte Gottfried, es sei jetzt alles wieder okay, und genau nach Plan, um zwei Uhr nachmittags, schritten er und Perry hinter Ted Tinling unter dem berühmten Kipling-Zitat hindurch, das über dem Spielereingang zum Centre Court prangt: »If you can meet with triumph and disaster / And treat those two impostors just the same …« (Wenn du Triumph und Niederlage trotzt / Und beiden Blendern gleich begegnest …)

Die Tore des Stadions waren seit zwei Stunden geschlossen. Für das, was »nach allgemeiner Erwartung das am heißesten umkämpfte Endspiel in der Geschichte der Wimbledon-Turniere« werden sollte, waren die Tribünen bis zum letzten Zentimeter Stehplatz vollgepfercht.[36] Und im allerersten Spiel des Matchs hatte es auch ganz den Anschein, als würden die hohen Erwartungen eingelöst. Beide Spieler attackierten den Ball mit voller Wucht, schmetterten ihn rechts und links in die Ecken und warteten auf einen kurzen Rückschlag, um ans Netz stürmen zu können. Die über Stunden aufgestaute Euphorie des Publikums brach sich nun Bahn, und der Schiedsrichter musste zwischen den Punktgewinnen wiederholt um Ruhe bitten. Noch nie war es Perry so schwergemacht worden, seinen Aufschlag durchzubringen. Neunmal hieß es wieder »Deuce«, bis der Brite, mit dem vierundzwanzigsten Ball, das Spiel schließlich durch einen Netzroller gewann, der mit viel Glück auf die andere Seite kullerte. Die Menge applaudierte stehend, während die Kontrahenten die Seiten wechselten.

Doch dann, gleich in seinem ersten Aufschlagspiel der Begegnung, fühlte Cramm, als er sich zu seinem berühmten American Twist zurückbeugte, ein Ziehen im Schenkel. Der Muskel, der sich in der Kabine verkrampft hatte und dann im beschwerlichen ersten Spiel auf jede erdenkliche Weise gedehnt worden war, versagte ihm nun den Dienst. Der »Krampf« von vorhin dürfte in Wirklichkeit

wohl eher eine beim Zwischenfall im Auto zugezogene Muskelzerrung gewesen sein, und die Ausschüttung von Adrenalin und anderen Hormonen hatte den Schmerz zunächst überdeckt.[37] Dann
kam die Aufregung, zum Wimbledon-Finale auf den Centre Court
hinauszutreten, und mit ihr ein weiterer betäubender Hormonaus-
stoß, der ihn den Schmerz ignorieren ließ; er war nach Leibeskräf-
ten dem Ball nachgerannt und hatte sich nun einen Muskelfaserriss
zugezogen. Es gelang ihm noch, seinen Aufschlag über die Runden
zu bringen, doch der Schmerz wurde schlimmer. Mit jedem Ball
wurde es für Cramm schwerer, Perrys Schläge zu erreichen. Der
Brite entschied den ersten Satz 6 : 1 für sich.

Jeder im Stadion konnte sehen, dass mit Cramm etwas nicht
stimmte. Er vermied auch den leisesten Anschein eines Humpelns,
aber er war bleich, und im zweiten Satz rannte er kaum noch. Perry
fragte ihn beim Seitenwechsel sogar, was ihm fehle, doch Cramm
lächelte nur und meinte, es sei alles in Ordnung. Unfug, sagte Perry.
Du bist offensichtlich verletzt. Bitte, lass dich behandeln. Kein
Problem für mich. Nein, nein, Cramm winkte ab. Sie sollten weiterspielen. Ein Spiel soll »vom Beginn bis zur Beendigung« kontinu-
ierlich durchlaufen, besagen die Regeln, und so wollte er auch spielen. Mehrmals drang Perry in ihn, doch zu unterbrechen und sich
behandeln zu lassen, doch Cramm lehnte ab.

Perry wollte sein drittes Wimbledon nicht gegen einen verletzten
Gegner gewinnen, aber er wollte das Match auch nicht einfach auf
die leichte Schulter nehmen. Er wusste, dass es für jeden Spieler von
Format – und mit absoluter Sicherheit für Gottfried von Cramm –
eine Beleidigung war, auf dem Platz geschont und gehätschelt zu
werden. Er feuerte den Ball weiterhin von Ecke zu Ecke, und der
Deutsche lächelte nur und bekundete Anerkennung für die meister-
haften Schläge. Das Publikum saß schweigend, in bestürzter Enttäuschung, klatschte höflich nach jedem Punktgewinn. Als die Begegnung nach fünfundvierzig Minuten 6 : 1, 6 : 1; 6 : 0 zu Ende war,
erhoben sie sich zum ersten Mal seit dem Auftaktspiel und bejubel-
ten ihren Landsmann für seinen dritten Wimbledon-Titel in Folge.

Auf seinem Sitz am Spielfeldrand wurde der schwer angeschla-
gene Deutsche von mehreren Offiziellen umringt; einer von ihnen

sagte ein paar Worte zum Schiedsrichter, der daraufhin sein Mikrofon ergriff:»Meine Damen und Herren. Baron von Cramm hat sich bei seinem ersten Aufschlagspiel des heutigen Matchs einen Schenkelmuskel gezerrt. Er möchte Ihnen mitteilen, dass es ihm leid tut, dass er nicht besser spielen konnte.«[38] Als sie vom Platz gingen, wirkte Perry genauso enttäuscht wie die Zuschauer, was Cramm nicht entging.»Leider gab es für mich im Match heute nur ein Spiel«, berichtete er einem Reporter in der Kabine.»Aber es tut mir mehr um Perry und das Publikum leid als um mich.« (Perry jedoch bedauerte nichts.»Es war stets mein Prinzip, meinen Gegner richtig zu zermalmen, wenn ich erst einmal Oberwasser hatte … Wenn ich ihn statt sechs zu null ›sechs zu minus eins‹ hätte schlagen können, dann hätte ich das getan.«)

Ein paar Wochen später war Cramm, wieder völlig hergestellt, erneut in Wimbledon, um die Interzonen-Endrunde 1936 im Daviscup zu bestreiten, diesmal gegen Australien. Nun war zwar er fit, doch Henkel hatte leider die Woche zuvor mit Grippe im Bett gelegen und konnte nicht viel leisten. Nach zwei Sätzen gegen Crawford musste er zurückziehen; das Doppel gegen Crawford und McGrath verloren Cramm und er in vier Sätzen, und dann unterlag Henkel im turnierentscheidenden Spiel gegen McGrath ebenfalls in vier Sätzen. Am ersten Spieltag jedoch hatte Cramm eine seiner größten Leistungen überhaupt abgeliefert, für die er in England lange in Erinnerung bleiben sollte.

Sein Gegenüber war diesmal Adrian Quist. Im Alter von dreiundzwanzig war der junge Südaustralier in diesem Jahr australischer Meister geworden, und in Wimbledon war er direkt hinter Cramm als Dritter gesetzt gewesen. Am heutigen Tag fegten Sturmböen durchs Stadion, und diese widrigen Wetterbedingungen dürften ihren Teil dazu beigetragen haben, dass Henkel in seinem ersten Spiel vorzeitig die Waffen strecken musste. Doch Cramm und Quist passten sich»den unberechenbaren Launen des Windes erstaunlich gut an«, und»während sie der aufwirbelnde Staub bisweilen fast blind machte« lieferten sie sich eine wahrhaft»homerische Schlacht« – ein»mitreißender Tenniskrimi erster Güte«, der sich über drei Stunden, sechzig Spiele und vierzehn Matchbälle hinstreckte.[39]

Nachdem er den ersten Satz 6:4 gewonnen hatte, verstauchte sich Quist zu Beginn des zweiten den Knöchel, und es hatte den Anschein, als könne er nicht weiterspielen. Aber Cramm war zur Stelle, kam auf die andere Netzseite herüber, um sich um seinen gefallenen Gegenspieler zu kümmern, und dieses Mal war es der Deutsche, der eine Unterbrechung anbot, um die Verletzung behandeln zu lassen. Zur großen Erleichterung der Zuschauer nahm der Australier das Angebot an, und nach nicht allzu langer Zeit konnte Quist weiterspielen. Zwei Stunden später war der fünfte Satz in vollem Gang. Cramm hatte acht Matchbälle gehabt, Quist fünf, aber keiner schaffte es, den Sack zuzumachen. Bei seinem neunten schließlich schlug Cramm einen Twistaufschlag, den der Wind unreturnierbar machte, und das Spiel war vorbei: 4:6, 6:4, 4:6, 6:4, 11:9.»Die Zuschauer standen auf ihren Sitzen – sie befanden sich vor Aufregung und Spannung fast im Delirium.«⁴⁰ Der Gentleman von Wimbledon hatte sie abermals für sich gewonnen. Ein deutscher Reporter verkündete bewegt:»Sein Auftreten ist so sympathisch und sein Spiel so gut, daß man, wenn Perry einmal seinen Titel abgeben muss, [in England] am liebsten von Cramm als seinen Nachfolger sehen würde … wenn er nicht Wimbledonsieger werden sollte, so wird er doch den Preis für die besten Tennismanieren erhalten. Und damit erweist er seinem Lande und sich einen größeren Dienst, als wenn er nur Perry die Tenniskrone vom Haupt reißen würde …«

Wieder zu Hause fragte sich Gottfried, ob wohl die deutschen Machthaber die Dinge genauso sahen. Zwei klare Dreisatzniederlagen im Wimbledon-Finale, zwei Jahre in der Interzonen-Endrunde den Kürzeren gezogen. Wann war der Punkt erreicht, wo seine Nützlichkeit als Propagandawerkzeug von seiner Gefährlichkeit als subversives Element aufgewogen wurde? Auch wenn er – zumindest in den Augen der Obrigkeit – stets weiterhin das Regime repräsentiert hatte, war er doch auch offener Aufsässigkeit bedenklich nahegekommen. Bei mehreren Gelegenheiten hatte er ausländischen Reportern gegenüber spitze Bemerkungen darüber gemacht, welchen Schaden doch der Verlust Prenns für die deutsche Davispokal-Mannschaft bedeute. Und er hatte es wiederholt abgelehnt, der Partei beizutreten. Besonders Göring, ein leidenschaftlicher Tennisspieler und (zumindest seit 1933) ein einflussreiches Mitglied des LTTC »Rot-Weiß«, hatte ihn beschworen, durch einen Parteieintritt seinen Patriotismus klar herauszustellen, wobei er recht deutlich zu verstehen gab, dass eine solche Geste viel zu seiner eigenen Sicherheit beitragen könne. Cramms prinzipientreue Hartnäckigkeit in der Ablehnung bot den Stoff für eine zweifelhafte Geschichte, die in späteren Jahren oft wiederholt und gedruckt werden sollte: Göring habe ihm die Hypotheken jüdischer Banken präsentiert, mit denen verschiedene Güter der Cramms belastet waren, und sie zerrissen. »Nun sind Sie frei«, eröffnete er dem Baron. »Wenn die Nationalsozialisten so ihre Geschäfte erledigen«, soll Cramm angeblich geantwortet haben, »werde ich *niemals* der Partei beitreten. Und wenn ich die Nazis überlebe, will ich, so gut ich kann, versuchen, diese Schulden zu begleichen.«[41]

Er tat sein Bestes, um sein Privatleben im Verborgenen zu halten; bemühte sich um Unauffälligkeit. Er »bittet immer wieder: ›Keine Interviews, keine Artikel, keine Broschüren und kein Aufsehen irgendwelcher Art mit meiner Person!‹«, schrieb Paula Stuck von Reznicek 1949 in ihrem Büchlein über Cramm.[42] Andererseits machte es ihm seine Höflichkeit schwer, Journalisten abzuweisen. Und das unbedachte Gerede anderer zu unterbinden war praktisch unmöglich. Es sollte sich noch rächen, dass Peter Herbinger anderen erzählt hatte, er und Gottfried seien Liebhaber – Peter, der gertenschlanke blonde Junge aus Barthels Tennisclub.[43] Hans Barthel, einer der Berufstrainer von »Rot-Weiß«, hatte hinter seinem Wohnblock in der Zähringerstraße nahe am Ku'damm auch einen kleinen privaten Tennisclub mit zwei schnieken Rotsandplätzen. Einmal hatte er Gottfried dorthin mitgebracht. Peter und sein älterer Bruder spielten dort oft, und Peter chauffierte Gottfried nach Hause. In seinem MG surrte er mit ihm durch Charlottenburg, sein Schal hinter ihm herflatternd, als sei er ein Pilot im Ersten Weltkrieg. Er erzählte dem Tennisstar, dass er »der feste Freund« des Modedesigners Hans Gehringer sei. Hm … Peter – einer von uns, und dann noch Halbjude. Was würde wohl aus ihm werden?

In Anbetracht all der homophoben Ausschreitungen der Nationalsozialisten seit der Machtergreifung war es erstaunlich, dass sie Bill
Tilden überhaupt in Deutschland spielen ließen, ja ihm sogar ge-
statteten, die deutsche Mannschaft zu trainieren. Zwischen seinen
Profiturnieren im Juli und August 1936 in England und Frankreich
arbeitete Tilden mit der deutschen Daviscup-Mannschaft und ihrem offiziellem Trainer Hans Nüsslein. Seit seinem Wechsel ins Lager der Professionals Anfang 1931 war sein Leben ein einziger un-
aufhörlicher, weltweiter Tenniszirkus gewesen. Er schien praktisch
immer irgendwo zu spielen – in der Wintersonne von Miami und im
Nieselregen des Mobile Country Club, im Madison Square Garden
und drüben in Europa. Überall in den Vereinigten Staaten lösten
sich die Ersparnisse aus jahrzehntelanger Arbeit in Luft auf, als Banken kollabierten; die Arbeitergehälter sanken ins Bodenlose, und die
Schlangen derer, die um einen Teller Suppe anstanden, stauten sich
um ganze Häuserblocks herum. Selbst der Baseballspieler Babe
Ruth musste eine Gehaltskürzung von zehntausend Dollar schlu-
cken. Doch Tilden verdiente so viel wie ein Filmstar – und schaffte
es irgendwie, es genauso schnell auch wieder auszugeben.

Berufstennis gab es überhaupt erst, seit Suzanne Lenglen 1926
einen Vertrag über fünfzigtausend Dollar für eine Schaukampftournee gegen Mary K. Browne, Tildens alte Mixed-Partnerin und US-
Meisterin von 1912 bis 1914, unterzeichnet hatte. Tilden selbst
jedoch lehnte die ganzen Zwanziger hindurch jedes noch so exorbitante Angebot ab. Erst als schließlich auch er Professional wurde,
fand das Profitennis der Männer einen Weg in die Schlagzeilen.

Er begann damit, dass er den bisherigen Profichampion Karel
Kozeluh in ihrer Mann-gegen-Mann-Tournee gründlich demontierte. Fast vierzehntausend versammelten sich im Februar 1931 im
Madison Square Garden, um zuzusehen, wie es der siebenunddrei-
ßigjährige Big Bill mit dem verspielten kleinen Tschechen aufnahm,
der mit seinem makellosen Grundlinienspiel seine Gegenspieler zur
Raserei brachte und es liebte, mit witzigen Sprüchen und pantomi-
mischen Einlagen »sein Publikum ins Vertrauen zu ziehen«.[44] Doch
Big Bill, so gut wie eh und je, überrannte ihn – hier und immer wieder, in sechzehn Spielen hintereinander von Boston über Youngs-

town, Chicago und Omaha bis nach Los Angeles. Am Ende gewann
er dreiundsechzig von sechsundsiebzig Schaukämpfen, und dann
setzten sie das Ganze in Europa fort, wo sie in Paris, Brüssel, Amsterdam und Berlin vor großem Publikum gegeneinander antraten.
Seine alten Kumpel Frank Hunter und Vinnie Richards waren
mittlerweile ebenfalls Professionals, doch Tilden spielte auch sie in
Grund und Boden. Die meisten Beobachter fanden, dass Tilden
besser war denn je und dass seine alten Beine, die einst hundert
Yards (einundneunzig Meter) in zehn Sekunden gelaufen waren,
noch immer die schnellsten im Tennis waren.[45] »Dieser unglaub-
liche Athlet ... scheint einen zweiten Frühling zu erleben, seit er Berufsspieler wurde«, berichtete *The New Yorker* über das US-Profi-
turnier in Forest Hills, »er hat nie besser gespielt als diesen
Sommer.« Und auch wenn er nicht selbst auf dem Platz stand, präsentierte er sich in Topform:

> Wie gewöhnlich, wenn er nicht spielte, fegte Tilden geschäftig
> über die Tennisplätze und durch die Clubhäuser, schaute im Pres-
> sezelt vorbei, um schnell irgendeinen Textentwurf oder ein Tele-
> gramm zu Papier zu bringen, führte Ferngespräche, nahm einen
> seiner Schützlinge mit auf einen Nebencourt, um mit ihm zu trai-
> nieren, oder machte an der Loge der Sportfunktionäre Halt, um
> die Offiziellen auf seine altbewährte Weise zu piesacken, einfach
> so zum Zeitvertreib.[46]

In seinen ersten sechs Monaten als Berufsspieler verdiente Tilden
über hunderttausend Dollar, in Zeiten der Wirtschaftskrise ein Rie-
senvermögen. Zusätzlich zu all den Schecks, die er als Sieger ein-
strich, drehte er Lehrfilme in Hollywood und warb für Tennisschuhe von Spalding (drei Dollar fünfzig im Spalding-Laden in
der Nassau Street, New York), für die »Tilden Championship«-
Tennissaiten und andere Produkte. Bald wurde der »Spalding Top-
Flite«-Schläger (15 Dollar bespannt), den er in den letzten Jahren
verwendet hatte, zum »Tilden Top-Flite«.
    Aber das Geld hielt nie lange vor. Da war zum Beispiel seine Suite
im Algonquin, die er permanent belegte, obwohl er höchstens einen

Monat im Jahr dort war. Und seine auf Reisen hinzukommenden Hotelrechnungen waren, Vinnie Richards zufolge, »schwindelerregend«:

Eine Stunde nach dem Einchecken hat er durch Anrufe in New York, Kalifornien, manchmal auch Europa, gewöhnlich Telefonrechnungen von fünfzig bis hundert Dollar angehäuft. Er genehmigt sich und allen, die er dazu einlädt, ein Frühstück für drei Dollar. Er schreibt bändeweise Telegramme. Und dann verliert er abends fünfundsiebzig Dollar beim Bridge.[47]

Er gründete eine eigene Firma, Tilden Tennis Tours Incorporated, und zog mit einer Truppe von Tennisspielern in jeden Winkel des Landes, doch blieb sein Geschäftssinn immer weit hinter seinen Tennisfähigkeiten zurück. Er besaß nie ein Girokonto und bezahlte Spieler, Schiedsrichter, Sekretäre und die anderen Veranstalter in bar. Und er war stets gewissenhaft, zahlte jeden Cent, selbst wenn die Besucherzahlen enttäuschend waren. Ende 1931 war er nahezu pleite.

Aber was machte das schon. »Er war immer pleite«, erinnerte sich Richards, »doch seine Quellen, um neues Geld aufzutun, schienen unerschöpflich.«

Bill machte einfach unaufhörlich weiter, spielte Tennis, schrieb Artikel, spielte Bridge, raste in schnellen Autos durchs Land und pflegte den Lebensstil, den er gewohnt war. ... Wenn Tilden auf Reisen durchs Land zieht ist, ist er am glücklichsten. Er hat seine Truppe. Er ist Star und Impresario zugleich. Er ist der Boss und der temperamentvolle Anführer. Probespielen um Punkt zehn und bring zwei Schläger mit.[48]

1932 ging er mit dem besten deutschen Berufsspieler Nüsslein auf Tournee. Hans »Hanne« Nüsslein, erst zweiundzwanzig Jahre alt und einer der internationalen Top-Profis, hätte Mitte der dreißiger Jahre zu den weltweit besten Amateurspielern gehören und ein starker Daviscup-Teamkollege Cramms sein können. Aber mit sech-

zehn hatte sich der Jungstar seines Clubs in Nürnberg »ein paar
Groschen« dazuverdient, indem er einigen Clubmitgliedern inoffizielle Stunden gab. Jemand aus einem konkurrierenden Nach-
barverein informierte den DTB, und Nüsslein wurde ohne viel Fe-
derlesens auf Lebenszeit aus dem Amateurtennis ausgeschlossen.
Nachdem nun sein Traum von Wimbledon und dem Davispokal dahin war, wurde er Trainer und Profispieler. Als ein stets zuverlässiger und äußerst stabiler Spieler – laut Tilden »eine Maschine
mit Hirn und einer der besten Tennisspieler, denen ich je begegnet
bin« – gewann Nüsslein die französischen, englischen und die US-
Profimeisterschaften.[49] Doch 1932 war er für Tilden kein härterer
Brocken als Kozeluh. 1933 überredete Tilden den Franzosen Henri
Cochet, ins Profilager zu wechseln, und begab sich sogleich nach
Paris, um ihn in weniger als einer Stunde mit 6:3, 6:4, 6:2 abzuser-
vieren. In Berlin besiegte er dann Cramm souverän in einem Schaukampf bei »Rot-Weiß«, nur wenige Monate vor Cramms erstem Ti-
telgewinn in Frankreich. Es war, als würde er seine großen Jahre als
Amateur noch einmal erleben.

1934 unterzeichnete Ellsworth Vines einen Vertrag zu einer
Schaukampftournee gegen Tilden, und man war allgemein der Ansicht, dass der Meister nun endlich vom Thron gestürzt würde.
Schließlich stand er kurz vor seinem einundvierzigsten Geburtstag,
und Vines war zweiundzwanzig und kam gerade in seine besten
Jahre. Am 10. Januar versammelte sich das größte Tennispublikum
in der Geschichte der Vereinigten Staaten im Madison Square Garden: Sechzehntausend Zuschauer füllten die Sitze und Gänge, um
den ersten Kampf der beiden zu sehen. Laut *New York Times* war
Vines' Leistung »weit besser als das, was er als Amateur gezeigt
hatte«.[50] Tilden gewann 8:6, 6:3, 6:2.

Bei einem anderen Spiel, in Buffalo, schlug er Vines in fünf langen Sätzen, darunter ein 17:15-Kampf. Vines schaffte es kaum noch
zurück in sein Hotelzimmer, wo er nur noch ins Bett sank.

Da kommt Bill hereingeplatzt, frisch und gepflegt, als sei er gerade dem Friseursstuhl entstiegen. Er war unter der Dusche …,
ist fertig herausgeputzt in seinem langen Polomantel, einen Sta-

pel Schläger unterm Arm. Er macht sich schon mal auf den Weg
nach Cincinnati – morgens um eins –, eine acht Stunden lange
Autofahrt liegt vor ihm. Er sagt noch mahnend:»Sieh zu, dass du
rechtzeitig da bist, Junge! Wir werden's denen in Cincinnati zeigen!« ... und weg war er.[51]

Die aufreibende Tournee mit dreiundsiebzig Spielen an genauso
vielen Spielstätten laugte den alten Mann schließlich aus, und Vines
führte am Ende mit 47 zu 26 gewonnenen Kämpfen, aber an einem
guten Abend, wenn er frisch und erholt den Platz betrat, war der
»miracle man of tennis«[52] noch immer der Beste der Welt.

Tilden war die ganzen dreißiger Jahre hindurch auf Achse, auf der
Flucht vor dem Trauma des Verlusts seiner Eltern, des Verlusts
seines Bruders, rannte vor seinem unterdrückten Begehren davon;
Nacht um Nacht, Monat für Monat, in Zügen und auf Schiffen,
während er Autobahnen und Seitensträßchen hinabfuhr, beständig
neue Tourneen organisierte, beständig Tennis spielte. Auch wenn
er seit 1934 nie mehr Tourneesieger wurde, blieb er doch stets der
größte Publikumsmagnet. Jedes Jahr wurden neue Top-Amateure
unter Vertrag genommen, um gegen ihn oder Vines anzutreten,
aber Big Bill war der, den man sehen wollte.»Das Problem dieses
Konzepts liegt in der traurigen Tatsache, dass Tilden eines Tages
vielleicht nicht mehr in der Lage sein wird, auf den Tennisplatz
hinauszuhumpeln«, schrieb ein Kommentator.»Er könnte sogar
sterben. Dennoch dreht sich das ganze Karussell des professionellen
Tennis im Moment allein um ihn, und ich glaube nicht, dass der
Garden ohne seine gefeierte Gegenwart auch nur halbvoll gewesen
wäre – ohne die so eigenwillig spektakuläre und in meinen Augen
feminine Perfektion seines Spiels.«[53]

Im Lauf der Jahre sollten durchaus auch neue Kassenschlager wie
Perry und Budge die Reihen der Profispieler verstärken. Doch noch
als der Mittvierziger in den Weltranglisten immer tiefer hinab-
rutschte, blieb Tilden der größte Star von allen. Al Laney schrieb in
der *Herald Tribune*:»Sie können ihn zwar schlagen. Aber sie können
ihm nie ebenbürtig sein.«[54]

»Ich bin der glühendste Verehrer des deutschen Volkes«, verkündete Tilden noch 1938. »Ich spiele lieber in Berlin als in jeder anderen Stadt der Welt.«[55] Die deutschen Tennisfans erwiderten diese Verehrung, besonders nachdem er zusammen mit ihrer geliebten Cilly Aussem, der hübschen und temperamentvollen deutschen Meisterin, bei den französischen Meisterschaften 1930 im gemischten Doppel gewonnen hatte. (Selbst damals noch waren internationale Paarungen im Mixed nichts Ungewöhnliches.) Nach seinem Wechsel ins Profilager wurde er noch im gleichen Jahr Aussems Trainer und führte sie 1931 zu ihren Triumphen im Einzel bei den französischen Meisterschaften und in Wimbledon. Und Ende 1935 half Tilden zum ersten Mal beim Training der deutschen Davispokal-Mannschaft aus. Gottfried von Cramm war glücklich, dass nun sein Freund und Mentor mit dem deutschen Team arbeitete, und Bill hatte sich in Deutschland immer wohlgefühlt, schon weil ihn dort überall, wo er auftauchte, Menschenmassen umringten und er eine Anerkennung, ja eine Art Heldenverehrung genoss, wie sie ihm in Amerika nie vergönnt war.

Bis vor kurzem hatte er sich auch an der in Deutschland toleranteren Gesellschaft der Weimarer Zeiten erfreuen dürfen, und er und Gottfried hatten gemeinsam viel Zeit damit verbracht, das Berliner Nachtleben auszukundschaften. Cramm erinnerte sich viele Jahre später, wie sie sich 1928 kennengelernt hatten. »Ich wurde sofort als zugehöriges Mitglied seiner Berliner Entourage akzeptiert – er, der König, versammelte in allen Tenniszentren der Welt seinen Hofstaat um sich.«[56] Als in den frühen Jahren ihrer Freundschaft einmal das amerikanische Daviscup-Team in Berlin weilte, nahmen Bill und Gottfried die Spieler Johnny Van Ryn und Wilmer Allison, die bald zum berühmtesten Doppel Amerikas werden sollten, in einen ihrer Lieblingsclubs zum Abendessen mit. Van Ryn und Allison waren vierundzwanzigjährige College-Absolventen und erfahrene Reisende im Tenniszirkus der Welt, gleichwohl hatten sie »noch nie etwas dergleichen gesehen«, wie sich Van Ryn erinnerte. »Da gab es lauter so Tische, und jeder hatte ein Telefon, so dass man jemanden an einem anderen Tisch anrufen konnte … Da saßen Typen mit geschminkten Lippen, riefen sich gegenseitig an und machten ›Halli, Hallo!‹ Wir waren schockiert.«[57]

»Bill liebte Berlin«, erinnerte sich von Cramm lächelnd. »Selbst nach der Machtergreifung durch die Nationalsozialisten blieb die Stadt noch einige Jahre einzigartig, weltoffen und tolerant – ihr dynamischer Schwung konnte nicht mit einem Schlag gestoppt werden. Und Bill sonnte sich in einer Verehrung, die hier viel größer war als in allen anderen Tennishochburgen.«[58]

Ihre Abende begannen stets in der Dachbar von Tildens Hotel, dem kosmopolitischen Eden. Wiewohl ein eiserner Abstinenzler, war Tilden doch das Herz der Party. Während seine Freunde Cocktails kippten, spülte er sein erstes Steak des Abends (bis zum Morgengrauen konnten es gut drei werden) mit einer Kanne Kaffee hinunter, und kettenrauchend ergötzte er die Gesellschaft mit seinem unerschütterlichen Urteil über alles und jedes, von moderner Kunst bis zum neusten Klatsch und, natürlich, den Tennisoffiziellen.

Von dort aus lustwandelten sie dann von dem einen Bistro oder Nachtclub zum nächsten, und auch wenn Tilden nur Eiswasser nippte (1927 in Paris begann man Wasser zu bestellen, indem man sagte: »Für mich bitte ein Tilden«), genossen er und die anderen doch »die grenzenlose Vielfalt der Attraktionen«, wie es Cramm taktvoll formulierte, »was einem unersättlichen Schlemmer wie ihm sehr zusagte«. Wieder zurück im Eden unterhielt Tilden die letzten Übriggebliebenen der nächtlichen Party. Am nächsten Morgen jedoch war er stets der Erste auf dem Platz, bereit für ein Freundschaftsspiel oder ein paar Stunden Training. »Jeder glaubte, dass Bill schlicht keinen Schlaf brauchte.«[59]

Im Berlin der Weimarer Republik hatte sich Tilden zum ersten Mal wirklich entspannen und ein wenig gehenlassen können, hatte eine halbwegs offen homosexuelle Lebensart kennengelernt. Bis 1936 jedoch hatten die Nationalsozialisten die meisten Schwulen und Lesbenclubs geschlossen, auch wenn sich Berlin noch immer eines rauschenden Nachtlebens rühmen konnte und einige wenige Vorposten der »Girlkultur«, vor allem das Resi und das Haus Vaterland, geöffnet geblieben waren.

Die Machthaber waren entschlossen, das Dritte Reich vom – wie

sie es nannten – »sexuellen Bolschewismus« zu befreien (die Sowjets
nannten es natürlich umgekehrt die »faschistische Perversion«, und
unter Stalin standen auf alle homosexuellen Akte hohe Gefäng-
nisstrafen).[60] Seit dem Mord an Ernst Röhm war den deutschen
Schwulen bewusst, dass die Nazis sie im Visier hatten. Nur wenige
Monate später, im Oktober 1934, verschickte Himmlers Gestapo
einen Brief an Polizeipräsidien im ganzen Land und verlangte Listen von allen »irgendwie sich homosexuell Betätigenden« sowie Informationen über ihre politische Zugehörigkeit. Politische Gegner
waren zunächst die Hauptzielscheiben, und falls sie auf derlei Listen
nicht auftauchten, konnte jederzeit ein Strichjunge bestochen werden, um gegen sie auszusagen. Seit Erlass des »Heimtückegesetzes«
im Dezember 1934 wurden überdies die Bürger ironischerweise
ermutigt, andere als Homosexuelle (oder politisch unliebsame Elemente) zu denunzieren. Weitere neue Gesetze erlaubten der Polizei
bald, jeden, den man für einen Staatsfeind hielt, für eine unbe-
grenzte Zeitspanne in Schutzhaft zu nehmen, einschließlich »volks-
gemeinschaftsschädlicher« Personen, die das »moralische Rückgrat« der deutschen Jugend bedrohten.[61]

1936 triumphierte Himmler in einer seiner seltenen öffentlichen
Reden: »Wir haben die Berechtigung dazu, und zwar als Nationalsozialisten … weil wir uns nicht scheuen, gegen diese Pest … auch in
unseren eigenen Reihen vorzugehen … Wie wir heute in der Frage
der Mischehe zwischen artfremden Rassen, so müssen wir auch in
der Beurteilung der rassevernichtenden Entartungserscheinungen
der Homosexualität zurückkehren zu dem nordischen Leitgedanken
der Ausmerzung der Entarteten.«[62] Im Jahr zuvor war der Paragraf
175, das aus dem Jahr 1871 stammende Gesetz gegen Homosexualität, verschärft worden. Zuvor war nur ein »dem natürlichen Bei-
schlaf ähnlicher Vorgang« strafbar gewesen, doch nun konnte alles
von wechselseitiger Onanie bis zum bloßen Kuss von den Gerichten
als strafbare »widernatürliche Unzucht, welche zwischen Personen
männlichen Geschlechts … begangen wird« interpretiert und mit
Haft geahndet werden. Und 1936 richtete die Gestapo die Reichs-
zentrale zur Bekämpfung der Homosexualität und der Abtreibung
ein. Gottfried und seine Freunde verfolgten mit Schrecken, wie eine

wachsende Zahl von Schwulen – oder jedenfalls als homosexuell Denunzierten – von den Straßen in die Gefängnisse und immer öfter in Konzentrationslager verschwanden: neunhundert waren es 1934, mehr als zweitausend 1935, vielleicht neuntausend 1936[63] ... Als die Hexenjagd ihren Höhepunkt erreichte, kamen die Denunziationen zuhauf. Strichjungen wurden angeworben, um über ihre Kunden Bericht zu erstatten und aktiv an bekannten Schwulentreffpunkten wie dem Bahnhof Alexanderplatz herumzuspionieren. Doch unzählige andere Denunziationen kamen unaufgefordert. Unter den Tausenden ganz normaler Deutscher, die sich den staatlichen Terror zunutze machten, um private Rechnungen zu begleichen, waren eifersüchtige Freundinnen, verfeindete Nachbarn oder Geschäftskonkurrenten. »Beweise« fanden sich schnell. Ein Arzt wurde zu einer Gefängnisstrafe verurteilt, nachdem ein Nachbar berichtet hatte, er habe »eine jugendliche männliche Person in seine Wohnung eingelassen« und dann »die Fenstervorhänge zu seinem Schlafzimmer zugezogen«. Ein langgedienter Angestellter bei Siemens wurde von einem Laufjungen beschuldigt, mit ihm geflirtet zu haben; er kam wegen »versuchter Verführung« ins Gefängnis und wurde dann in ein Konzentrationslager überstellt, wo er starb.[64] Ein anonymer Hinweis an die Gestapo reichte, um sich eines Rivalen zu entledigen. Und Himmlers Schergen freuten sich stets, einen neuen Namen auf ihre immer länger werdenden Listen setzen zu können.

Noch hatten sie Gottfried unbehelligt gelassen. Abermals musste er sich fragen, ob er es vielleicht nur seinen Erfolgen auf dem Tennisplatz zu verdanken hatte, dass er bisher verschont geblieben war: Zwei französische Meistertitel in drei Jahren, und in den letzten beiden Jahren waren er und seine Mannschaftskollegen ganz nahe dran gewesen, endlich auch den Davispokal zu holen. Ohne Frage hatten sie den Sieg vor Augen.

Ihm war zu Ohren gekommen, Göring persönlich schütze ihn vor Verfolgung. In der Tat war dieser lächerliche, runde, eitle Fatzke, jene »primitive, aufgeblähte Kreatur mit der unersättlichen Gier des echten Emporkömmlings«,[65] stets gern bereit, seine persönlichen Vorlieben über die NS-Ideologie zu stellen, ob er sich nun in unverschämt teuren Anzügen herausputzte oder in luxuriösen Genüssen schwelgte, von denen selbst Fürsten nur träumen konnten. Nehmen wir nur das Beispiel des großen Schauspielers Gustaf Gründgens, der ein alter Freund von Görings Frau, der Schauspielerin Emmy Sonnemann, war. Durch sie war Gründgens zu Görings Günstling geworden, sozusagen sein verhätschelter Hof- und Lieblingsmime. Mit dem Ergebnis, dass Gründgens, dessen zahlreiche Männeraffären ein offenes Geheimnis waren, nun über dem Gesetz zu stehen schien; Göring hatte ihn sogar zum Generalintendanten des Preußischen Staatstheaters ernannt. (Klaus Mann hatte gerade seinen Roman *Mephisto* veröffentlicht, ein kaum verhülltes Porträt seines früheren Schwagers und Kollegen Gründgens. Thomas Manns Sohn, ein Halbjude und homosexuell, war 1933 nach Amsterdam ins Exil geflüchtet und 1934 ausgebürgert worden, 1938 emigrierte er in die Vereinigten Staaten.) Es war allgemein bekannt, dass die Gestapo ohne das persönliche Einverständnis Himmlers keine Homosexuellen aus dem Bereich von Theater oder Kunst verhaften sollte, was wohl eine Konzession an Göring darstellte.[66]

Die Sportler lagen Göring ganz ähnlich am Herzen, vor allem war er ein Tennisfan, und so hatte es mit den Gerüchten womöglich seine Richtigkeit. Doch wie lange würde Göring Cramms Weigerung zum Parteieintritt noch hinnehmen? Wenn er nicht Wimbledon oder den Davispokal gewann, könnte Göring rasch das Interesse an ihm verlieren. Und an Himmlers Interesse konnte Cramm nicht gelegen sein. Der Reichsführer-SS hasste die Aristokraten kaum minder als die Schwulen; er träumte davon, sie alle exekutieren zu lassen und sie durch einen »neuen Adelsstand« zu ersetzen, der sich aus der Elite seiner SS-Garden rekrutierte. Fürsten seien nicht besser als Juden, sagte er. Er würde die Königsfamilien von Preußen und Bayern vor jubelnden Arbeiterscharen vorm Berliner Schloss aufknüpfen lassen. Es wäre leicht, sie unter alle möglichen Anklagen zu stellen: Spionage und Hochverrat, wenn nicht gar sexuelle Perversion.[67] Ohne Zweifel waren die meisten von ihnen sowieso schuldig. Und dass auch Hitler den Adel verachtete und fürchtete, war allseits bekannt. »Die von Cramm waren getreue Hannoveraner ... und Monarchisten«, schrieb eine gute Bekannte

der Cramm-Brüder. »Sie verkörperten so ziemlich alles, was die
Nazis am meisten hassten«[68] – Gottfrieds sexuelle Orientierung und
das Faktum, dass er eine Halbjüdin geheiratet hatte, noch gar nicht
mal mit eingerechnet.

Nun gut, wenn Göring ihn beschützen wollte, dann war das seine
Sache. Zumindest würde Gottfried nie werden wie Gründgens und
für das Privileg und den Fluch, zum inneren Nazikreis zu gehören,
seine Seele verkaufen. Es war schon schlimm genug, mit anzusehen,
wie sich der feiste Trottel als Herr über seinen geliebten LTTC
»Rot-Weiß« aufspielte, schlimm genug, ihn mit ausgestrecktem
Arm und »Heil Hitler!« begrüßen zu müssen, wie er es auch gegenüber dem Diktator selbst hatte tun müssen, als er dem Führer vor
ein paar Jahren vorgestellt wurde. Doch niemals würde er Görings
verhätschelter Tennisspieler sein.

Im April 1937 vernahm von Cramm schließlich ein Klopfen an
seiner Tür. Zwei Gestapoleute holten ihn ab und nahmen ihn mit in
ihr berüchtigtes Hauptquartier in der Prinz-Albrecht-Straße. Dort
wurde er stundenlang verhört. Es lag eine Denunziation gegen ihn
vor. Ein Strichjunge aus Hannover hatte eine Erklärung unterzeichnet und angegeben, dass er dem Tennisstar zu Hause in der Umgebung von Hannover oft dabei geholfen habe, einen passenden jungen Mann zu finden.

Cramm wies die Anschuldigungen sehr entschieden zurück und
forderte die Genugtuung, seinem Beschuldiger direkt gegenüberge-
stellt zu werden. Dies sei nicht vonnöten, wurde ihm mitgeteilt. In
jedem Fall wären da auch noch eine ganze Reihe weiterer »Beweis-
stücke« in seiner Akte. Bestimmt könne er sie nicht alle zurückwei-
sen. Was das denn für Beweise seien, fragte er; doch keine Antwort.
Dies ist das erste Mal, dass ich von irgendwelchen »Denunziationen« höre, sagte er. Die beiden Gestapobeamten blickten einander
an. Einer verließ den Raum und kam kurz darauf zurück, flüsterte
dem anderen etwas zu. Nun gut, meinte er, offenbar sind Sie das
erste Mal hier bei uns zu Besuch. Ich hätte gedacht, dass sich das
anders verhält. Wie auch immer, Sie können vorerst gehen, Herr
Baron.[69]

Ohne Frage wusste Gottfried nun, wie es um ihn stand – wenn er es nicht zuvor schon gewusst hatte. Einen Monat darauf bestimmte der Deutsche Tennis Bund, dass er bei den Meisterschaften in Paris, jenem Turnier, das ihm den meisten Ruhm eingebracht hatte, nur im Doppel antreten solle. Wie es hieß, um ihm etwas Erholung zu gönnen, doch war es fraglich, ob diese Entscheidung wirklich vom DTB kam. Die Strategie im Umgang mit den deutschen Sportlern wurde auf den höchsten Ebenen der NS-Hierarchie abgesprochen. Im gleichen Frühling 1937 schipperte Max Schmeling nach New York, um auf seinen K.o.-Sieg gegen Joe Louis den Titelkampf gegen Schwergewichtsweltmeister James Braddock folgen zu lassen. Doch obwohl sich Braddock zum Kampf gegen Schmeling einverstanden erklärt hatte, wollte er lieber gegen Joe Louis antreten. Als der amtierende Meister dann nicht zu jener später als »der Phantomkampf« etikettierten Begegnung erschien, waren die Deutschen ergrimmt. »Beim Führer Mittag«, schrieb Goebbels in sein Tagebuch, als deutlich wurde, dass Braddock dem Kampf fernzubleiben drohte. »Frage, ob wir Schmeling, wenn Braddock kneift, von uns aus einfach zum Weltmeister ernennen sollen. Ich bejahe das. Die Amerikaner sind das korrupteste Volk der Erde.«[70] Ob nun Goebbels bei den deutschen Tennisfunktionären im Hintergrund die Strippen zog oder nicht – der eigentliche Titelverteidiger der französischen Meisterschaften saß in Paris jedenfalls auf der Tribüne und sah zu, wie sein Doppelpartner Henkel im Einzel gewann. Auch ein Champion konnte verzichtbar sein.

Cramm fügte sich in die Anordnung, beschwerte sich nicht. Das Scheidungsverfahren durchlief gerade die letzten gerichtlichen Instanzen, und nach Ende des Turniers war er offiziell wieder ein alleinstehender Mann.[71] In gewisser Hinsicht sicher eine Erleichterung; doch die endgültige rechtliche Trennung von Lisa sorgte auch für reichlich Belastungen, so dass er womöglich fast froh war, nicht im Einzel anzutreten. Immerhin spielte er mit Henkel die Doppel, und sie gewannen die Meisterschaften. Im Juni schlugen sie dann im Daviscup mühelos die Italiener in Mailand und die Belgier zu Hause und erreichten die Endrunde der europäischen Zone. Dann war es Zeit für Wimbledon.

Wie immer war es für Cramm eine Erleichterung, zurück in London zu sein. Nicht, dass Großbritannien für Homosexuelle ein schützender Hort gewesen wäre – genauso wie in den Vereinigten Staaten existierten auch dort eigene Verbotsgesetze –, doch zumindest lauerten nicht an jeder Ecke Spione und Denunzianten. Und Gottfried hatte hier gute Freunde und wurde behandelt, wie es ein Champion verdient. In den Lokalen der Stadt speiste er mit den deutschen Sportlern und oft auch mit Spielern anderer Länder, und natürlich war auch Bill Tilden in der Stadt und scheinbar allgegenwärtig. Cramm war bei offiziellen Anlässen des All England Clubs und selbst bei Staatsempfängen zu sehen. Eines Abends kam es in der deutschen Botschaft zu einer peinlichen Szene, die ihn im Nachhinein amüsiert haben muss: Im Plausch mit Cramm, Botschafter Ribbentrop und einigen anderen rühmte ein prominenter Engländer Gottfried vergnügt als »den besten Botschafter Deutschlands«.[72]

Doch trotz all des regen gesellschaftlichen Lebens und der Belastungen durch die Scheidung und die zunehmende Gefahr einer Verhaftung gelang es Cramm, sich voll und ganz aufs Tennisspielen zu konzentrieren, sobald die zwei Wochen von Wimbledon einmal begonnen hatten. Er präsentierte mit das beste Tennis seines Lebens und fegte auf seinem Weg ins Finale alle vom Platz. Genau wie im Vorjahr schaltete er im Viertelfinale Crawford und im Halbfinale Austin aus. Crawford, der nach allgemeiner Ansicht seinen Zenit längst überschritten hatte, kam mit Furor zurück und gewann die Sätze drei und vier; doch fünfte Sätze waren nun mal Cramms Domäne, und er machte mit dem Australier kurzen Prozess. Das britische Publikum war das gesamte Turnier über aufseiten Cramms gewesen, und selbst im Halbfinale gegen Austin jubelten sie ihm zu, sobald klar wurde, dass der Engländer keine Chance hatte. Man hoffte, dass der Gentleman von Wimbledon in diesem Jahr nun endlich gewinnen würde.

Und auch von amerikanischer Seite gab es Anfeuerungsrufe. Die kamen nicht nur von Tilden – daneben war da zumindest noch eine weitere Person: Barbara Hutton, die vierundzwanzigjährige Woolworth-Erbin und Königin der Klatschpresse, war die ganze Woche über in Wimbledon und besuchte das Endspiel zusammen mit Graf

Kurt von Haugwitz-Hardenberg-Reventlow, dem zweiten ihrer zuletzt sieben Ehemänner. Reventlow, ein in Deutschland geborener dänischer Adliger, der im Ersten Weltkrieg für Deutschland gekämpft hatte, war wie Cramm groß und hübsch, mit scharf geschnittenen Gesichtszügen. Er sprach fünf Sprachen fließend und war ein begabter Sportler (ein ausgezeichneter Skifahrer und Bergsteiger). 1935 war Hutton von ihm völlig hin und weg gewesen, mittlerweile jedoch hatte er ihre Gunst verloren, und einer seiner zahlreichen Mängel bestand darin, dass er in ihren Augen niemals mit den Reizen Gottfried von Cramms mithalten konnte.

Gottfried und Barbara hatten sich im Frühjahr des gleichen Jahres im Gezirah Sporting Club in Kairo kennengelernt. In ihren jungen Jahren war Hutton »total tennisverrückt«, und auch wenn sie nie sonderlich gut werden sollte, hatte sie als Einundzwanzigjährige einen kleinen Teil ihres 50-Millionen-Dollar-Erbes daran verwendet, jeden Tag mit Profis zu trainieren. Als sie 1937 Cramm begegnete und ihn spielen sah, vernarrte sie sich in einfach alles an ihm: sein elegantes Spiel, seine kultivierte Schönheit, seine ritterliche Liebenswürdigkeit. »Ich liebe Dich, seit ich zum ersten Mal Dein Gesicht erblickte«, schrieb sie ihm kurze Zeit später.[73] Natürlich war sie verheiratet, und – ob sie dessen nun gewahr wurde oder nicht – Gottfried konnte ihre Liebe nicht auf die gleiche Weise erwidern, dennoch entspann sich eine Art Romanze zwischen den beiden, zuerst in Briefen und im Sommer schließlich auch auf Partygesellschaften in Huttons herrschaftlichem Londoner Haus, wo er ihr Ehrengast wurde.

Fast jedes Mal, wenn Gottfried im Endspiel gegen Budge einen Punkt erzielte, vor allem aber nach seinen graziöseren Stoppbällen und den fordernden Passierschlägen, brach Barbara in stürmisches Klatschen aus, was die Blicke der Umsitzenden auf sie lenkte und Reventlow zum Kochen brachte. Äußerlich wahrte er die Ruhe, bis beide nach Spielende sicher in ihrem Rolls-Royce saßen, dann jedoch ging er heftig mit ihr ins Gericht, und seine Tirade hielt an, bis sie zu Hause waren.[74] Im Folgejahr ließen sich die beiden scheiden; doch an den Mann, den Hutton »meinen Tennisspieler« nannte, sollte sie sich noch zwanzig Jahre lang klammern.

In diesem Wimbledon-Endspiel stand Cramm freilich der neue Don Budge des Jahres 1937 gegenüber, und dessen Spiel schien mittlerweile in jeder Hinsicht unaufhaltsam. Cramm legte zwar einen großartigen Start hin und knallte wahre »Balljuwelen« in die Ecken, aber Budge gab ihm druckvoll Kontra und gewann klar in drei Sätzen: 6:3, 6:4, 6:2. Auch wenn beide »Bälle mit unfassbarer Geschwindigkeit schlugen und eine ungeheure Variationsbreite ausspielten« und obwohl Cramm im dritten Satz mit einer Serie von »fantastischen Schlägen« beinahe die Aufholjagd glückte, stand das Ergebnis doch niemals ernsthaft in Frage: Zum dritten Mal in Folge war der Deutsche nun Zweiter, und der neue Wimbledon-Meister hieß Donald Budge.[75]

Als er Budge am Netz gratulierte, ließ Cramm unter seinem freundlichen Lächeln keinerlei Enttäuschung erkennen. Dieses Mal hatte er im Finale endlich den Erwartungen entsprechend gespielt, doch alles, was er am Ende vorzuweisen hatte, war die dritte Dreisatzniederlage in drei Jahren. Gleichwohl weigerte er sich, in die Rolle des tragischen Verlierers zu schlüpfen: »Ich war mit meiner Form heute eigentlich recht zufrieden«, berichtete er einem Reporter. »Aber was kann man gegen ein derart perfektes Tennis schon ausrichten?«[76]

Seinen Freund Manasse Herbst hatte Gottfried seit ihrem Treffen vor einem Jahr in Barcelona nicht mehr gesehen. In London verbrachte er nun viel Zeit mit einem anderen jungen Schauspieler. Vermutlich über Teddy Tinling – dessen Modedesigner-Unternehmen während der Depressionszeit den großen West-End-Produktionen mit ihrer steten Kostümnachfrage »fast schon sein Überleben verdankte« – hatte er den zwanzigjährigen Geoffrey Nares kennengelernt, einen »elfengleichen« aufstrebenden Schauspieler und Bühnenbildner mit einem perfekt geformten Kindergesicht und »dunklen, schmelzenden« braunen Augen.[77] Geoffrey war der Sohn von Owen Nares, einem der beliebtesten Bühnen- und Filmschauspieler Englands, und er hatte gerade eine Spielzeit im Globe Theatre absolviert, wo er und sein Vater in Dodie Smiths *Call It a Day* die Rollen von Vater und Sohn übernommen hatten.

Für Owen Nares war es sicherlich eine Freude gewesen, dass einer seiner beiden Söhne in seine Fußstapfen trat – gerade Geoffrey, der doch stets so »traurig, suchend und orientierungslos« gewirkt hatte. Größer als jeder väterliche Stolz ob seines theaterspielenden Sohns war allerdings sein heftiger Zorn über Geoffreys »unmännliche« Lebensart. Im Theater umgehende Witzeleien über Geoffrey und »seinen Tennischampion« müssen den berühmten Mimen verärgert haben. Er machte seinem Sohn warnende Vorhaltungen, sprach von der Ehre der Familie und dergleichen, doch Geoffrey schlug seine Worte in den Wind, und sobald die ältere Generation sich zur Nachtruhe zurückgezogen hatte, fuhr er davon, um sich wieder mit Gottfried zu treffen.

Über Freunde – vielleicht auch von Christopher Isherwood selbst, der wieder in London war – könnten sie vom Prozess gegen Isherwoods langjährigen deutschen Geliebten Heinz Neddermeyer gehört haben. Als das Urteil gesprochen wurde, stand Wimbledon gerade vor der Tür. Seit Hitlers Machtergreifung waren Christopher und Heinz in Europa umhergeirrt, und Christopher hatte sich verzweifelt bemüht, den Freund durch die tückischen Emigrationsnetze der Nazis zu bugsieren. Heinz müsse wohl oder übel einen kurzen Abstecher auf die andere Seite der Grenze machen, um sich in Trier die nötigen Auswanderungspapiere zu besorgen, hatte ihnen ein belgischer Anwalt mitgeteilt. Doch als Heinz und der Anwalt mit den nötigen Papieren in der Hand das Trierer Visabüro verließen, stand auch schon die Gestapo da und nahm Heinz mit. Das war im Mai gewesen. Nur einen Monat später war Heinz der »wechselseitigen Onanie« mit »dem englischen Bürger Ischervood« [sic], der leider nicht seiner gerechten Strafe zugeführt werden könne, für schuldig befunden worden. In seinen Tagebuchaufzeichnungen ließ Christopher seiner Trauer freien Lauf – Heinz hatte sich von seinem Anwalt dazu bewegen lassen, ein gegenüber dem tatsächlichen Geschlechtsverkehr weniger schweres Vergehen zuzugeben: »»Eine ausgesprochene Sucht zur wechselseitigen Onanie.‹ Unter dieser Bezeichnung musste sich ihre Liebe verbergen, damit sie vorm Angesicht ihrer Feinde genannt werden durfte!«[78] Isherwood hatte Heinz einen guten deutschen Anwalt verschafft, und er kam vergleichsweise glimpflich davon: sechs Monate Gefängnis, gefolgt von einem Jahr Reichsarbeitsdienst und zwei Jahren Wehrdienst. Eine Verhaftung bedeutete also zumindest nicht den sicheren Tod im KZ – zumindest jetzt noch nicht, jedenfalls wenn man die richtigen Verbindungen hatte. Gottfried muss es kalt den Rücken hinuntergelaufen sein, wenn er an seine in der Verhörstube der Gestapo zugebrachten Stunden im April zurückdachte. Man hatte sich überrascht gezeigt, dass er das erste Mal dort war. Sicher wollten sie ihn wieder dorthin zurückbringen.

Und dann klingelte im Umkleideraum von Wimbledon, direkt vorm entscheidenden fünften Daviscup-Spiel Cramm gegen Budge, möglicherweise ein Telefon. Gut möglich, dass es auch nicht klingelte, wir werden es nie mit Sicherheit wissen. Gerne erzählte Budge in seinen späteren Jahren die Geschichte: Wie er und Gottfried von Teddy Tinling, dem vor allem daran gelegen war, sie möglichst schnell draußen zu haben, um die Royals nicht warten zu lassen, von den Umkleidekabinen Richtung Centre Court geführt wurden. Und als sie so mit Tinling unterwegs waren, klingelte irgendwo ein Telefon. Sie achteten nicht darauf, doch in dem Moment, da sie unter dem Kipling-Vers hindurch auf den Platz treten wollten, kam ihnen ein Aufseher aus dem Umkleidebereich nachgestürzt. »Mister von Cramm, ein Ferngespräch für Sie, Sir.« Tinling, der beide Männer rechts und links am Arm hielt, wollte davon nichts hören. »Kommen Sie, weiter. Sie können Queen Mary nicht warten lassen.«

»Aber es könnte ein Notfall sein«, sagte Cramm. Warum wohl sonst würde ihn jemand genau in dem Moment anrufen, da das wichtigste Spiel seines Lebens beginnen sollte? Tinling ließ ihn murrend gehen, und Cramm begab sich zum Telefon. »Ja, hallo, hier spricht Gottfried Cramm.« Dann, nach ein paar Sekunden: »Ja, mein Führer.« Eine erneute Pause, und wieder: »Ja, mein Führer.« Und dasselbe dann noch ein weiteres Mal. Er sprach mit fester Stimme und respektvoller Höflichkeit, jedoch emotionslos, und sagte fast nichts außer diesen drei Worten. Nach wenigen Minuten war er wieder bei Tinling und Budge an der Tür. »Entschuldigung,

meine Herren«, sagte er.»Es war Hitler. Er wollte mir viel Glück
wünschen.« Tinling reichte ihm seinen Stapel von Schlägern zurück, öffnete die Tür, und umtost von den aufbrandenen Jubelrufen
der vierzehntausend traten sie hinaus auf den Centre Court.
Cramm hat diese Geschichte stets abgestritten, nannte sie »ein
Märchen«. Auch Historiker halten den Anruf, für den es keinerlei
Beweise gibt, für extrem unwahrscheinlich.[79] Und spielte es für
Gottfried denn eine Rolle? Ob wahr oder nicht wahr, seine Lage
blieb doch dieselbe. Dem deutschen Tennisautor Ulrich Kaiser zufolge machte man Cramm nach seiner Niederlage im Wimbledon-
Endspiel von 1937 »sehr eindrücklich klar, dass seine letzte Chance
nun der Davis Pokal sei«.[80] Selbst wenn Hitler Cramm wirklich angerufen hätte, wäre es wie ein Traum gewesen, nur eine Sequenz
dieses farblos-grauen Alptraums – kein Märchen –, in den sich sein
Leben seit vier Jahren aufzulösen drohte. Hitler rief keine Sportler
an, gewiss, aber konnten denn brave deutsche Bürger, die sich nicht
das Geringste hatten zuschulden kommen lassen, einfach im Nichts
verschwinden? Es konnte doch nicht wahr sein, dass so viele der besten und hellsten Köpfe des Vaterlands von den gemeinsten und
niedrigsten kriminellen Elementen vertrieben wurden! Die vergangenen vier Jahre konnten doch nicht wirklich stattgefunden haben,
oder?

Auf dem Tennisplatz aber blieb das Leben dasselbe. Innerhalb des
verlässlichen weißen Rechtecks hatte alles seinen Sinn. Da ist es also
wieder, das perfekte Tennisspiel von Don Budge. Gottfried von
Cramm liegt im vierten Satz des entscheidenden Spiels der Interzonen-Endrunde 4 : 0 zurück, nachdem der Sieg doch förmlich schon
mit Händen zu greifen war. Was kann man gegen ein solches Tennis ausrichten? Höchstens selbst ein perfektes Tennis spielen, und
genau das hat er in den beiden ersten Sätzen auch gemacht und
mit Ach und Krach gewonnen – 8 : 6, 7 : 5. Dann aber hat er den
nahen Sieg im dritten Satz aus der Hand gegeben, und nun rollt
die Dampframme Budge mit unaufhaltsamer Gewalt. Unmöglich,
Budge dreimal in einem Satz zu breaken, das weiß er, doch genau
das müsste er tun, um das Ruder im vierten Satz noch herumzurei-

ßen. Er beschließt, sich seine Kräfte für den fünften zu bewahren. Den nächsten beiden Aufschlagspielen Budges setzt er nur wenig entgegen, bringt seinen eigenen Service ohne allzu große Anstrengungen durch und gibt den Satz 6:2 ab.

Walter Pate hat seit Beginn des dritten Satzes Tee genippt. Und als nun Budge den vierten gewinnt und damit den Spielstand ausgleicht, beginnt ihm der Tee auch zu schmecken, wie Alistair Cooke feststellt.[81] Bestimmt glauben jetzt Pate und sein US-Team sowie die Mehrzahl der Leute auf den Rängen und der Zuhörer an den Radioempfängern, dass der Deutsche so gut wie erledigt ist. Budge hat sich wieder zu seiner Wimbledon-Form aufgeschwungen, da kann ihn niemand auf Erden aufhalten. Zudem *wirkt* der Baron auch geschlagen. Gegen Ende des Satzes hat er sich kaum noch bewegt, um an Bälle zu kommen.

Doch Budge weiß es besser. Cramm trainiert härter als jeder andere, und das hat sich in Fünfsatzspielen wieder und wieder auch ausgezahlt. Einmal hat er Budge sogar erzählt, dass es ihm immer so vorkommt, als habe er einen Drei-zu-eins-Vorteil, sobald ein Match in den fünften Satz geht.[82] Statt sich bequem zurückzulehnen und sich seinen eigenen Tee schmecken zu lassen, stählt sich Budge lieber für Cramms unausbleibliche Schlussoffensive im fünften Satz.

Bill Tilden auf seinem Tribünensitz sorgt sich indessen. Er fragt sich, ob die vom Freund an den Tag gelegte Lethargie nicht doch mehr ist als nur ausgebuffte Taktik. Seit Monaten hat Gottfried dünn und abgespannt gewirkt, findet Tilden, hat Anzeichen einer großen inneren Belastung zu erkennen gegeben. Tilden weiß natürlich um die Scheidung, aber er weiß auch, dass die Ehegeschichte noch Gottfrieds geringste Sorge ist. In Paris hat er Tilden von der geplanten achtmonatigen Reise im Anschluss an die Turniere von Roland Garros und Wimbledon und die Davispokal-Spiele erzählt, von seinem Vorhaben, an den Meisterschaften in den USA und Australien sowie an vielen weiteren Turnieren teilzunehmen, und Tilden hatte mit erhobener Stimme erwidert: »Du solltest dieses Jahr nicht derart viel Tennis spielen, Gottfried. Du brauchst eine Pause. Klink dich nach dem Daviscup für ein halbes Jahr aus.«

Cramm jedoch blickte ihn nur an – »mit einem sehr seltsamen

Ausdruck in den Augen«. »Du verstehst das nicht, Bill«, sagte er. »Ich spiele um mein Leben.«

Tilden stutzte und lächelte dann. Sein Freund beliebte zu scherzen. »Ich meine das ernst«, sagte Gottfried. »Die Nazis wissen, was ich von ihnen halte. Und sie wissen von *mir*.« Er warf Tilden einen raschen Blick zu. »Sie werden mich in Frieden lassen, solange ich die deutsche Nummer eins bin und gewinne. Aber ich muss gewinnen. Ich darf nicht verlieren und ich darf nicht aufhören.«[83]

Fünfter Satz

Kein Mensch, der je auf Erden gelebt ...

Als sich die Daviscup-Mannschaft der USA am 6. Juni 1937, sechs Wochen vor dem großen Drama Budge gegen Cramm, zur Überfahrt nach England auf der SS Columbus einschiffte, reihte Walter Pate seine Jungs für die Fotografen und Wochenschaukameras an Deck auf. Alle trugen Jackett und Krawatte, außer Mako in seinem offenen Hemd, mit diversen Jazzplatten unterm Arm. Gerade eine Woche zuvor hatte das Team die Endrunde der Amerikazone mit einer 5:0-Revanche gegen Australien für sich entschieden. (Australien, das aus organisatorischen Gründen zur amerikanischen Zone gerechnet wurde, hatte im Vorjahr die Pokalhoffnungen der Vereinigten Staaten durch einen 3:2-Sieg zunichte gemacht.) Pate gab bekannt, dass seine Spieler vor der Interzonen-Schlussrunde auch im Vorbereitungsturnier des Queen's Club und dann natürlich bei den Wimbledon-Meisterschaften antreten würden. Indes machte er klar: »Die Zielsetzung unserer Fahrt ist es, den Pokal wieder zurückzubringen. Alles andere ist zweitrangig. Es wäre sicher schön, wenn einer unserer Jungs die britischen Meisterschaften gewinnen könnte, aber sobald ich den Eindruck habe, dass irgendeiner von ihnen durch sein Antreten im Wimbledon-Turnier unsere Chancen auf den Pokalgewinn gefährdet, dass die Belastung ihn über Gebühr strapaziert, werde ich darauf drängen, dass er es seinlässt.«[1]

Fünf Tage später bezog das amerikanische Aufgebot – Budge, Mako, Frank Parker, Bitsy Grant, Wayne Sabin sowie Pate – sein Quartier auf der anderen Seite des Atlantiks: eine Mietwohnung in

Fulham mit Blick auf die Themse, nur knappe fünf Kilometer vom
All England Club entfernt. Hier sollten sie alle nun sechs Wochen
lang wohnen. Das war etwas Neues, eine Idee von Pate. Er glaubte,
dass es den Teamgeist stärken könne, wenn sie als enge Gruppe zusammen sein würden, fast wie eine Familie.»Wir lebten zusammen,
aßen zusammen und planten zusammen«, erinnerte sich Pate später.
»Dahinter steckte ein einziger Gedanke: uns durch nichts in unse-
rem Trainingsprogramm stören zu lassen.« Sie machten sogar um
die Theater und Kinos einen großen Bogen. Jeden Abend nach dem
Essen und bevor sie in ihre Wohnung zurückkehrten, machten sie
Halt am langgestreckten und gewellten 18-Loch-Golfplatz des nahe
gelegenen Hurlingham Clubs.»Golf wurde für uns ganz genauso
ein Teil des Tagesablaufs wie das Essen, und wir ließen kaum mal
einen Abend aus.«[2]

In den Jahren zuvor, als die Teams in Londoner Hotels untergebracht waren, hatten die Mannschaftskapitäne mitunter das Problem
gehabt, dass Spieler über die Stränge schlugen – allzu leicht hatten
sie sich nach einem ausgedehnten Abstecher ins Londoner Nachtleben in den frühen Morgenstunden wieder in ihre Quartiere
zurückstehlen können. Ein früherer Spieler hatte seine Mannschaftskameraden immer wieder zu den Londoner Hunderennen
mitgeschleppt, und Frank Shields »blieb oft die ganze Nacht auf
und trank und jagte den Miezen hinterher«. Shields war nun in Hollywood, und der lausbubenhafte notorische Glücksspieler Bobby
Riggs, der in den Staaten noch gemeinsam mit der Mannschaft trainiert hatte, war nicht für den Kader der Englandreisenden nominiert worden.[3] Der neunzehnjährige Riggs hatte das Jahr 1937 als
die Nummer vier der USA begonnen und sollte am Ende des Sommers Platz zwei einnehmen, doch stand er bei Perry Jones, dem
Zaren des südkalifornischen Tennis, in sehr geringem Ansehen.
Der etwas effeminierte, pingelige und offenkundig völlig humor-
lose Jones konnte mit dem Spaßvogel und respektlosen Nonkonfor-
misten Riggs nichts anfangen, und Jones hatte einen enormen
Rückhalt in der United States Lawn Tennis Association.

Obwohl Riggs in den Übungsspielen des Daviscup-Kaders sowohl Parker als auch Grant geschlagen hatte und weit über Sabin

rangierte, spielte er nun also zu Hause in den Staaten und machte
unter der Hand dicke Kohle, statt in London seinen Mannschaftskameraden zur potenziellen Gefahr zu werden. Doch auch ohne ihn
war Pate darauf bedacht, auf Nummer sicher zu gehen, wiewohl er
sich wirklich nicht um etwaige außerplanmäßige Aktivitäten seines
diesjährigen Teams, einschließlich seines Stars, zu sorgen brauchte.
Don Budge hatte in der Heimat zwar schon das eine oder andere
Tête-à-tête mit jungen Frauen gehabt, aber das war alles nichts
Ernstes, und er war nicht sonderlich daran interessiert, »den Miezen hinterherzujagen«. »Ich widmete mich lieber dem Tennis«,
sagte er. »Ich wollte der beste Spieler der Welt sein, und so wurde
mein ganzes Tun durch die Frage bestimmt: ›Ist es gut für dein Tennisspiel?‹« Sicher, Mako und er gingen gern aus und hörten Jazz,
doch selbst wenn Pate nicht über sie gewacht hätte, wären sie nicht
so lange ausgeblieben, dass es ihren Trainingsplan durcheinander-
gebracht hätte. »1937 verbrachte Don sein Leben mit mir«, berichtete Mako. Die meiste Zeit des Jahres lebten sie zusammen, trafen
sich gemeinsam mit Mädchen, besuchten gemeinsam Jazzclubs und
spielten jede Menge Zwei-gegen-zwei-Basketball. (»Wir traten gegen zwei der besten Cracks im Land an und schlugen sie«, sagte
Mako, der später halbprofessioneller Basketballer werden sollte.) In
London jedoch stand nur Tennis auf dem Programm.

Nachdem Budge Gottfried von Cramm im Wimbledon-Endspiel
abserviert hatte, setzten die Amerikaner, die zu Hause bereits ihre
Daviscup-Zonenausscheidung gewonnen hatten, ihr ruhiges, häus-
liches Leben in Fulham fort. Das deutsche Team jedoch machte sich
sogleich auf den Weg zum Zug und zur Fähre und zurück zu »Rot-
Weiß« nach Berlin, um die Europazonen-Schlussrunde gegen die
Tschechoslowakei zu bestreiten. Dort erwartete sie wieder ihr alter
Rivale Roderich Menzel, zusammen mit dem slowakischen Juden
Ladislav Hecht. Im Folgejahr entging Hecht nur knapp der deutschen Invasion, indem er drei Tage zuvor die Tschechoslowakei verließ und in die Vereinigten Staaten floh. Doch nun, 1937, begab er
sich in todesmutiger Mission wacker in die Höhle des Löwen, um
dem starken deutschen Tennisduo Einhalt zu gebieten. Als er am

ersten Tag gegen den Sieger von Roland Garros, Henkel, antrat,
konnte es seiner Aufmerksamkeit nicht entgehen, dass sich unter die
hellen Farben der Sommerkleider und Hüte immer wieder ominöse
bunte Flecken in Grün, Braun und Schwarz mischten – die Uniformen der verschiedenen militärischen Einheiten in Bereitschafts-
dienst.[4] Vor dem größten Berliner Tennispublikum seit dem Interzonen-Endspiel von 1929 gegen Tildens US-Team erwies sich
Henkel als zu stark für Hecht. Der Slowake hatte beim Stand von
5:4 im zweiten Satz Aufschlag und lag im dritten 5:1 vorne, doch
Henkel mit seinem druckvollen Grundlinienspiel kam jedes Mal
furios zurück und gewann 6:1, 7:5, 7:5.

Die Menge erhob sich und jubelte, als ihr Champion Gottfried
von Cramm zum mit größerer Spannung erwarteten zweiten Spiel
des Tages, dem Match gegen Menzel, den Platz betrat.[5] Doch
Cramm war in keiner guten Verfassung. Vielleicht lag es daran, dass
er nach dem Endspiel auf dem heiligen Rasen von Wimbledon so
überstürzt hatte heimreisen müssen, um nun eine Begegnung zu bestreiten, die ihm vergleichsweise mehr eine dröge Pflichtübung erschien. Vielleicht machte sich nach der vernichtenden Niederlage
gegen Budge auch Enttäuschung breit – im dritten Jahr in Folge war
er nun in Wimbledon der ewige Zweite. Der nach Wimbledon
nur noch schwerer auf seinen Schultern lastende Druck, den Davispokal zu gewinnen, half sicherlich nicht. Und dann waren da, nach
der Freiheit von London, wieder die allgegenwärtigen Haken-
kreuze, SA-Männer, die drückende Unfreiheit, das nichts Gutes ver-
heißende Schicksal engster Freunde. Er fühlte sich schwer in den
Beinen und ihm war schlecht. Das Publikum spürte es sofort und saß
benommen da, als der zuverlässig, aber unspektakulär aufspielende
Menzel die beiden ersten Sätze problemlos gewann und im dritten
4:2 und 30:0 führte.

Doch dann schüttelte Cramm alles ab. Mensch, komm, was
machst du da? Das hier ist dein Club, dein roter Sand, dein Ding!
Auf dem Platz hatte er seine persönlichen Probleme und die tragi-
sche Entwicklung seines Landes immer irgendwie vergessen können. Tennisspielen war wie eine Droge, die ihm auch an den dun-
kelsten Tagen Optimismus, ja Fröhlichkeit brachte. Heute hatte es

länger gedauert, fast schon zu lange, aber nun begann er den Ball mit seiner charakteristischen Kraft und Tiefe zu schlagen. Als hätte er an den Beinen hängende Gewichte abgeworfen, sprintete er, wieder ganz der Alte, über den Sandbelag. Er gewann vier Punkte in Folge und rettete sich so aus jenem siebten Spiel, um dann den Satz 6 : 4 für sich zu entscheiden.

Besorgt, dass sein Starspieler und Freund vielleicht an Blinddarmproblemen oder einer anderen ernsten Erkrankung leiden könnte, hatte Heinrich Kleinschroth bereits einen Arzt kommen lassen, der sich in der Kabine bereithalten sollte. Während der zehnminütigen Pause nach dem dritten Satz untersuchte der Arzt Cramm und befand ihn für fit. Eine Stunde zuvor hätten Sie vielleicht eine interessantere Untersuchung gehabt, könnte ihm Gottfried anvertraut haben. Jetzt geht es mir wieder bestens. Ohne die Pause um eine Sekunde zu überziehen, kehrte er auf den Platz zurück und setzte seine Deklassierung des perplexen Menzel fort. Ass um Ass jagte sein unvergleichlicher Bombenaufschlag über den Sand, und seine unerbittlichen Grundlinienbälle scheuchten Menzel über den Court, als befände er sich bei einem Laufwettkampf. Der Böhme versuchte das Spiel zu verlangsamen, um prompt vom Publikum sehr energisch wegen Verzögerns ausgepfiffen zu werden. Doch war das Spiel im Grunde gelaufen: Im Schnelldurchgang entschied Cramm die beiden letzten Sätze mit 6 : 3 und 6 : 2 für sich.

Mit einem mühelosen Triumph im Doppel machten Cramm und Henkel am nächsten Tag den Sieg perfekt. Cramm trat dann noch zum ersten Einzel des letzten Spieltags an und fegte Hecht souverän vom Platz, doch danach überließen die Deutschen Hans Denker das letzte Spiel, während sich Cramm und Henkel bereits zum Nachtzug nach Hoek van Holland auf den Weg machten. Dort stiegen sie in die Fähre nach Harwich und nahmen dann den Zug nach London und zurück ins Savoy.[6] Das gab ihnen Zeit für ein paar Tage Training, um sich wieder an den Rasenplatz zu gewöhnen und sich auf die Interzonen-Schlussrunde gegen die Vereinigten Staaten vorzubereiten. Mittlerweile stand für jedermann fest: Der Interzonen-Sieger würde auch den Pokal gewinnen.

»Während sich Deutschland mit Hans Nüsslein der Hilfe eines
Trainers bedient – so versichern die telegrafierten Nachrichten –,
bedürfen der amerikanische Kapitän und seine Spieler keiner derartigen Unterstützung.« Big Bill dürfte süffisant gelächelt haben,
als er diesen Satz in der Zeitschrift *American Lawn Tennis* las.[7] Seit
anderthalb Jahren hatte Tilden die deutsche Mannschaft zusammen
mit Nüsslein, seinem Freund und Kontrahenten in Profischau-
kämpfen, immer mal wieder trainiert. Er war seit Frühjahr in Europa, und in den Pausen seines eigenen strapaziösen Programms
als Spieler arbeitete er mit Cramm und Co. Er und Nüsslein waren
gerade erst aus Köln zurückgekommen, wo sie am Bonnardel-Cup
teilgenommen hatten, dem damaligen internationalen Teamwett-
kampf der Berufsspieler, mit dem man eine Entsprechung zum Daviscup der Amateure etablieren wollte. Hier hatte der vierundvierzig
Jahre alte Tilden den siebenundzwanzigjährigen Nüsslein geschlagen und die Amerikaner in die Endrunde gebracht, genauso wie es
Cramm und Henkel in Berlin für die deutsche Davispokal-Mannschaft gelungen war.

Tilden konnte verstehen, warum die Deutschen nicht publik machen wollten, dass sie einen amerikanischen Trainer hatten, doch
fand er es amüsant, dass die Amerikaner vorgaben, in diesem Punkt
gar keinen Bedarf zu haben. Selbst als Tilden noch der Star der
Mannschaft war, hatten sie Karel Kozeluh als Trainer verpflichtet –
auch wenn Karel letztlich bloß als eine Art Assistent Tildens fun-
giert hatte (beim Gedanken daran musste Bill erneut lächeln). Und
nachdem Tildens wiederholtes Angebot, das Team ohne jede Bezah-
lung zu trainieren, von der USLTA jahrelang abgelehnt worden war,
hatte sie 1934 sogar Nüsslein als Trainer unter Vertrag genommen!
Bill musste sich eingestehen, dass ihn die amerikanische Niederlage
gegen England in jenem Jahr ein wenig auch mit heimlichem Vergnügen erfüllt hatte. Noch bis in dieses Jahr hinein hatte Kozeluh
geholfen, die US-Mannschaft bei ihren Vorbereitungen im Mai zu
Hause in den Staaten zu trainieren.[8]

Aber die Amerikaner hatten keinen Trainer mit nach England genommen, und niemand kritisierte diese Entscheidung im Nachhinein. Die Mannschaft dieses Jahres war zu einer kompakten Einheit

zusammengewachsen: konzentriert, diszipliniert – und unabhängig. »Wozu hätten wir einen Trainer gebraucht?«, meinte Gene Mako im Rückblick. »Wir waren die besten Tenniscracks der Welt, was brauchten wir da einen Trainer?« Walter Pate war offenbar derselben Meinung. »Können Sie sich jemanden vorstellen, der Budge coacht?«, lautete seine rhetorische Frage eines Morgens beim Training, nachdem der Junge besser als je ein Spieler zuvor eine Rückhand quer über den Platz gefegt hatte.[9]

Das Team bevorzugte drei bis fünf kurze Trainingseinheiten pro Tag, jeweils kürzer als eine Stunde. Sie bestanden zu einem Großteil aus einzelnen Übungssätzen, die von Pate angeleitet wurden. Er konnte jedoch im Grunde nicht mehr tun, als jedem zu sagen, mit wem er spielen sollte. Für gewöhnlich waren Cramm und Henkel mit Kleinschroth und Nüsslein auf einem anderen Platz, manchmal sogar direkt nebenan (während sich Tilden dezent im Hintergrund hielt und oft beide Mannschaften von einem nahe gelegenen Sitz aus beobachtete). Und gelegentlich trainierten die Amerikaner sogar mit den Deutschen zusammen. »Klar, wir trainierten mit den Deutschen, wenn wir Lust hatten«, sagte Mako. »Cramm und Henkel, Kleinschroth, Tilden und wir waren alle gute Freunde. Wir sahen uns in London jeden Tag.«[10]

Nach einem mit Trainingseinheiten angefüllten Tag ging Pate mit seiner Truppe in »die besten Restaurants«, wo sie sich an herzhaften Mahlzeiten wie Steak mit Kartoffelbrei gütlich taten, um nach so viel Tennis nicht vom Fleisch zu fallen. Manchmal aßen sie zusammen mit Cramm und Tilden, vielleicht auch mit den anderen Deutschen, aber an den meisten Abenden blieben sie weitgehend unter sich; oft gesellte sich auch der mit Budge und Mako befreundete Schauspieler Paul Lukas dazu. Ans Abendessen schloss sich dann noch eine Runde Minigolf zur Förderung der Verdauung, und es ging zurück ins Apartment. Frühstück war um Punkt acht.

Cramm wiederum war zurück im rauschenden Leben Londons. Tennis stand natürlich an erster Stelle, und wie immer war er morgens der Erste auf dem Trainingsplatz und abends der Letzte, der ging. Doch war er einmal vom Platz gegangen, widmete er sich

einem fast genauso fordernden Gesellschaftsleben. Da war etwa
Geoffrey Nares, der noch immer den Zorn seines Vater auf sich
zog, wenn er sich nach seiner geschäftigen Tagesarbeit an der Bühnenbildgestaltung des neuen Stücks von John Boynton Priestley
für eine Inszenierung am Duchess Theatre davonschlich, um Gottfried zu treffen.[11] Und dann gab es alle möglichen Empfänge, organisiert vom deutschen Botschafter Ribbentrop. Cramm konnte den
oberflächlichen, aufgeblasenen Schafskopf nicht ausstehen. Wie Robert Vansittart, der oberste Beamte des britischen diplomatischen
Diensts, formulierte: Ribbentrop »musste man zuhören ohne große
Aussicht auf eine Unterbrechung, … denn er lässt sich allein von seiner Beschlagenheit in der englischen Sprache leiten«.[12] Gleichwohl
genoss es Gottfried, sich unter die Oberschicht der britischen Gesellschaft zu mischen, und spielte pflichtschuldig seine Rolle. Für
Ribbentrop war das Tennisass eine wandelnde Reklame für Deutschland, in seinen eigenen Augen jedoch repräsentierte Gottfried von
Cramm die Würde des deutschen Volkes; eine Größe, die ihre gegenwärtige Verfälschung und Verzerrung lange überleben würde.

Auch Barbara Hutton war noch immer in der Stadt. Ihr Gatte,
Graf Kurt von Reventlow, hatte sich, wie erwähnt, über Barbaras
ungebärdige Anfeuerung ihres Helden beim Wimbledon-Endspiel
erzürnt und sich seine scharfe Zurechtweisung für die Heimfahrt
aufgehoben. Als ihr Privatchauffeur sie verteidigte, rächte sich Reventlow, indem er ihn gleich am Folgetag feuerte. Mittlerweile
konnte es Barbara kaum mehr im selben Raum wie ihr Mann aushalten, und sie unternahm auch keinerlei Anstrengungen, dies zu verbergen. Ganz im Gegenteil: Sie trug ihre Vernarrtheit in Cramm öffentlich zur Schau und überschüttete ihn mit Einladungen in ihren
neuen und prachtvollen neogeorgianischen Wohnsitz Winfield
House. Inmitten eines zwölf Morgen großen Grundstücks im Regent's Park gelegen, war er das größte Privatanwesen Londons –
nach dem Buckingham-Palast. Gottfried, der Barbara bei der Gestaltung der Rotsandplätze des Geländes geholfen hatte, bildete
auf ihren Abendgesellschaften, wo sie kaum mal ein Auge von ihm
wandte, das Zentrum der Aufmerksamkeit. Auch wenn er es gewohnt
war, förmlich vergöttert zu werden, muss ihn ihre Bewunderung

doch mit leichtem Unbehagen erfüllt haben, da sie offensichtlich nicht dazu angetan war, Reventlows Zorn zu lindern. Inzwischen war Barbara allerdings bereits zur Scheidung entschlossen, auch wenn ihr Gemahl widerstrebte. (Schließlich standen viele Millionen Dollar auf dem Spiel, und da war für Reventlow »der Hass zwischen Ehegatten kein Grund zur Trennung«.)[13]

Kurt von Reventlows einziger, wenn auch magerer Sieg in dieser Woche bestand darin, Barbara rechtzeitig aus der Stadt zu befördern, bevor Gottfried von Cramm erneut den Centre Court betrat. Kurz vor Beginn der Interzonen-Schlussrunde begleitete sie ihren Mann nach Venedig; freilich nicht ohne Gottfried das Versprechen abzunehmen, dass er sich in ein paar Wochen zu ihr geselle und am Wohltätigkeitsturnier der Prinzessin Jane di San Faustino (geborene Campbell) in der Lagunenstadt teilnehmen wolle.[14]

Die Amerikaner waren die haushohen Favoriten in der Interzonen-Ausscheidung, und auch der anschließende Gewinn des Davispokals schien ihnen sicher. Immerhin hatte Budge gerade erst Cramm im Wimbledon-Endspiel einfach vom Platz gefegt, und mit Henkel würde er sicherlich auch keine Schwierigkeiten haben. Falls erforderlich würde das Doppel der Wimbledon-Sieger Budge und Mako für den dritten Punkt sorgen. Und zur Absicherung hatten sie Frankie Parker, der bereits im Wimbledon-Viertelfinale gegen Henkel erfolgreich gewesen war, und im Halbfinale hatte er Budge einen Satz abnehmen können.

Manche bezeichneten Frank Parker ob seines ruhigen Gesichtsausdrucks und seiner gleichmäßigen, unspektakulären Bälle als einen »Tennisroboter«. Indessen gaben seine »kurzen Shorts« und kragenlosen weißen T-Shirts in Wimbledon zu allerlei Kommentaren Anlass. Zwar hatte der Brite Bunny Austin die kurzen Tennishosen eingeführt, doch reichten Bunnys Shorts fast bis zum Knie, während diejenigen Parkers auf eine beinahe schon unanständige Weise an Unterhosen erinnerten. Und wäre zu jenem Zeitpunkt schon etwas über Parkers Liebesleben an die Öffentlichkeit gedrungen, so wäre er den Ruf der Leidenschaftslosigkeit auf der Stelle losgewesen.

Dass er überhaupt je den Weg nach Wimbledon fand, hatte Frank

Parker einem äußerst ungewöhnlichen Schicksal zu verdanken. Don Budge und Alice Marble waren Kinder der Mittelschicht, die auf öffentlichen Sportanlagen groß geworden waren, doch Parker (geboren in Milwaukee als Franciszek Andrzej Paikowski) war vermutlich der erste Champion, der, wie er es selbst nannte, der »allerniedrigsten Schicht« entstammte. »Meine Mutter wusch die Wäsche andrer Leute. Ich arbeitete als Ballbursche für den städtischen Club von Milwaukee, bekam fünf Cent pro Satz und verdiente etwa einen Dollar in der Woche. Mercer Beasley, der Berufstrainer des Clubs, erlaubte mir, mit ein paar seiner Schüler zu spielen, und irgendetwas an mir brachte ihn auf den Gedanken, dass ich das Zeug zu einem Champion haben könnte.«[15]

Beasley und seine Frau Audrey adoptierten Parker geradezu und nahmen ihn auch mit sich, als Beasley Tennislehrer an der Tulane University und später an der renommierten Lawrenceville School bei Princeton in New Jersey wurde. Sie wollten ihn sogar tatsächlich adoptieren, worein allerdings seine Mutter nicht einwilligte. Beasley hatte sich in dem Jungen nicht getäuscht, und Parker entwickelte sich schnell. Mit fünfzehn Jahren, als Schüler in Lawrenceville, war er amerikanischer Meister der unter Sechzehnjährigen; im nächsten Jahr, mit sechzehn, gewann er die Nationale Meisterschaft der (unter achtzehnjährigen) Junioren; und mit siebzehn war er bereits die Nummer acht im Land. Genauso alt wie Budge und Mako, rangierte er über ihnen beiden, als das Trio die Volljährigkeit erlangte.

Um diese Zeit verliebte er sich unrettbar in Audrey Beasley, die über zwanzig Jahre älter als er und praktisch seine Ziehmutter war. Er strafte sein auf dem Tennisplatz erworbenes Image vom Automatenmenschen Lügen und ergab sich völlig in seine Leidenschaft. Und sie wurde erwidert. Das Eheleben der Beasleys war seit Jahren erkaltet, und so konnte man Parker auch nicht den Vorwurf machen, Audrey ihrem Gatten auszuspannen, doch Mercer Beasley mag das anders gesehen haben. Er hatte den Jungen wie seinen eigenen Sohn behandelt, war sein Mentor und eine Vaterfigur gewesen und hatte ihn über all die Jahre hinweg persönlich optimal trainiert, einen Champion aus ihm gemacht. Man kann sich die Szenen nur ausmalen, die sich später im gleichen Jahr 1937 abgespielt haben müssen,

als alle drei gemeinsam in einem Haus auf den Bermudas lebten:
Frank und Audrey wurden »ertappt«, woraufhin sie Mercer schließlich ihr Verhältnis eingestanden. Klar war lediglich, dass Frank
nichts dafür konnte; sie beide waren eben einfach verliebt, Punkt.
Fünfzig Jahre später, lange nach Audreys Tod, nannte er sie noch
immer »die Liebe meines Lebens«. Mercer seinerseits machte ihr
nie öffentlich irgendwelche Vorwürfe; sie hatte nämlich, mit Parkers Worten, »etwas gegen ihn in der Hand«.[16] Welches dunkle Geheimnis Mercer Beasley da hütete, wurde indes nie enthüllt. 1938,
als Parker zweiundzwanzig war, ließen sich die Beasleys in aller
Stille scheiden, und Frank und Audrey heirateten.

Im Sommer 1937 wurde ihre Beziehung jedoch noch geheim gehalten, und Parker war mit dem Daviscup-Team allein in England.
Der Einundzwanzigjährige, der fast so hübsch war wie jener andere
Frank – Frank Shields –, spielte in seinem Wimbledon-Debüt ein
fantastisches Turnier und erreichte das Halbfinale. Im Achtelfinale
hatte er Daniel Prenn gegenübergestanden, der seinerseits seinen
besten Auftritt seit seiner Emigration vier Jahre zuvor hatte. Vollauf
damit beschäftigt, sich im neuen Land ein neues Leben aufzubauen,
war Prenn in seinen ersten drei Jahren als Einwohner Englands jeweils in der ersten Wimbledon-Runde ausgeschieden. Dieses Jahr
hatte er jedoch weitgehend wieder zu seiner alten Form zurückgefunden und setzte sich in den ersten drei Runden jeweils klar ohne
Satzverlust durch. Und nachdem er gegen Parker den ersten Satz
knapp 6:4 verloren hatte, gewann er im zweiten fünf Spiele in
Folge. Doch dann entschied Parker die nächsten sieben für sich,
»ohne dass sich sein Gesichtsausdruck oder seine Spielmethode
geändert hätte«, und siegte 6:4, 7:5, 6:2.[17] Danach bezwang er in
einem mit Blick auf die bevorstehenden Davispokal-Spiele bedeu-
tungsvollen Viertelfinale den an Nummer drei gesetzten Henner
Henkel überraschend in fünf Sätzen. Fast wäre es ein glatter Dreisatzsieg geworden, doch nachdem er zwei Sätze abgegeben und im
dritten 2:4 hinten gelegen hatte, kam Henkel zurück ins Spiel, um
dann aber im fünften Satz mit 6:2 das Nachsehen zu haben. Walter
Pate und die USLTA konnten dem Interzonen-Finalkampf nun zuversichtlich entgegenblicken.

Pate brachte einen Großteil seiner Zeit nach Wimbledon damit zu, seine Stirn in Falten zu legen und darüber zu grübeln, wen er zum Einzelspieler Nummer zwei nominieren sollte – Bitsy Grant oder Frank Parker? Zwei Tage vor Auslosung der Paarungen gelang es Grant, sogar Budge einen Satz abzunehmen, und dann spielte er gegen Parker ein langgezogenes Unentschieden – beide Männer brachten jeweils ihr Aufschlagspiel durch, und so ging es fort, bis das Training endete. Jeder schien sein mit Abstand bestes Tennis vorzuführen. Am 15. Juli jedoch, dem Tag vor Bekanntgabe der Auslosungsergebnisse, nahm Budge Bitsy in zwei kurzen Sätzen auseinander. Natürlich waren sich alle einig, dass Budge so etwas an guten Tagen mit jedem Spieler der Welt machen könne. Pate ging auf den Übungsplätzen auf und ab, und wenn man ihn nach seiner Entscheidung fragte, »schüttelte er nur weiterhin den Kopf und blickte geheimnisvoll«.[18] Derweil machten beide Deutsche einen sehr formstarken Eindruck. Cramm und Henkel spielten einen Trainingssatz auf dem Centre Court, während die Amerikaner zusahen und warteten, bis sie an der Reihe waren. Es stand 8:8, als sie aus Zeitgründen aufhören mussten. Die Spieler des US-Teams schüttelten nur die Köpfe und waren sich lautstark einig, dass Henner Henkel den weltweit besten Aufschlag im Tennis habe.

Am 16. Juli, dem Tag vor den ersten Spielen, gab Walter Pate seine Aufstellung bekannt: Budge natürlich als Nummer eins, Budge und Mako im Doppel und als Nummer zwei in den Einzeln – Bitsy Grant. Bryan Morel Grant junior, der Sechsundzwanzigjährige aus Atlanta, war das älteste Teammitglied und mit 1,62 Meter und 55 Kilo Gewicht auch das kleinste. Während der gesamten dreißiger Jahre war er stets unter den ersten zehn der US-Rangliste und ein zuverlässiger Kandidat für das Erreichen des Viertel- oder Halbfinales eines großen Turniers. Frank Shields machte sich gern über ihn lustig, indem er etwa sagte, dass der »kleine Milchbart« hinterhältig spiele und sich hinterm Netz verstecke, und es wurde erzählt, dass er, unter Alkoholeinfluss, Bitsy einmal mit einer Hand aus dem Fenster eines Londoner Hotels habe baumeln lassen – den Kopf nach unten. Aber Grant zahlte es ihm auf dem Tennisplatz oft genug heim. Allison Danzig nannte Bitsy »den besten Tenniskämpfer, den die Welt je gesehen hat. ... Wenn man darüber nachdenkt, könnte man das ›Tennis-‹ eigentlich auch streichen. Was den reinen Kampfeswillen angeht und die bulldoggenhafte Hartnäckigkeit im Bestreben, auch einem haushoch überlegenen Gegner standzuhalten, habe ich in keinem Sport jemanden kennengelernt, der ihn übertroffen hätte.«[19]

Dennoch war Grant im Wimbledon-Viertelfinale sang- und klanglos gegen Austin untergegangen: Bunny hatte Bitsy in drei Sätzen vernichtend geschlagen. Parker wiederum schien mit seiner überzeugenden Demontage Henkels überhaupt erst zur wahren Größe aufgeblüht. Keinem von beiden gab man gegen Cramm eine realistische Chance, doch gegen Henkel wäre Parker eindeutig die bessere Wahl gewesen. Pates merkwürdige Entscheidung »wurde von den englischen Besserwissern auf der Stelle ausgiebigst kommentiert« und sorgte in der gesamten Tenniswelt für ratloses Stirnrunzeln. »Warum nur haben die USA Grant gegenüber Parker den Vorzug gegeben?«, rätselte Ralph Bunche in seinem Tagebuch. Der Journalist Al Laney zeigte sich überzeugt, dass die Entscheidung aus New York gekommen sei und dass die USLTA damit die einflussreichen Tennisfunktionäre aus dem Süden habe beschwichtigen wollen. »Ich hielt es für die falsche Wahl«, schrieb er später, »doch weiß ich, dass alle, die diese Spielrunde gesehen haben, für den Fehler nur dankbar sein können.«[20] Denn ohne ihn wäre die Begegnung Budge versus Cramm womöglich zu einem schnell vergessenen Spiel ohne turnierentscheidende Bedeutung geworden.

Al Laney war ein einundvierzigjähriger Sportjournalist, der sich schon im Jahr 1914 als Schüler in das Tennisspiel vernarrt hatte. Speziell hatte ihn damals das druckvoll-rasante Spiel von Maurice »Red Mac« McLoughlin, dem »kalifornischen Kometen«, in seinen Bann gezogen, als er das Glück hatte, ihn während der Ferien in der Daviscup-Herausforderungsrunde in Forest Hills zu erleben. Es war das Jahr, da Deutschland am Tag der Kriegserklärung in Philadelphia gegen Australien verloren hatte. Als daraufhin also in der Challenge Round Australien gegen Amerika spielte, erfuhr Laney

aus der Zeitung, dass das zurückkehrende Schiff der deutschen
Mannschaft von den Briten aufgebracht und die Spieler Otto Froitzheim und Oscar Kreuzer interniert worden waren. McLoughlin bezwang die australische Spielerlegende Norman Brookes und machte
zum ersten Mal Tennisschlagzeilen. Fortan hatte Laney das Tennisfieber gepackt, und er wurde nicht nur ein glühender Fan, sondern darüber hinaus auch – zusammen mit Allison Danzig von der
New York Times – einer der beiden führenden amerikanischen Ten-
nisautoren der nächsten fünfzig Jahre.

Als McLoughlins große Tage vorbei waren, wurde Laney einer
der vielen bewundernden Fans von Little Bill Johnston, und er
drückte ihm fest die Daumen, dass ihm die Revanche an jenem
Mann gelingen möge, der Little Bill entthront hatte: Big Bill Tilden. Doch als er 1924 Tennisexperte der *Herald Tribune* geworden
war und über Big Bills Großtaten während der späteren zwanziger
Jahre schrieb, wandelte sich seine Einstellung. Von da an tat er alles,
um seinen Lesern die unvergleichliche Brillanz von Tildens Spiel
geradezu missionarisch näherzubringen. Und nun war Budge auf
der Bildfläche aufgetaucht, und auch wenn er Tilden nie wirklich
von seinem Platz an der Spitze von Laneys Pantheon der Tennisgrößen zu verdrängen vermochte, war Al Laney doch begeistert, in
London dabei zu sein und dem Jungspund zuzusehen, wie er – so
Laneys Erwartung – den Pokal wieder nach Hause bringen würde.

Laney war ein Reporter von der zurückhaltenderen Sorte, der viel
lieber allein vor seiner Schreibmaschine saß, als Ansprachen zu halten oder sonst wie Aufmerksamkeit auf sich zu ziehen. Und so ver-
setzte es ihn »in einen gelinden Schockzustand«, als er bei seinem
Eintreffen im Londoner Büro der *Herald Tribune* im Bush House
eine Nachricht seines Freundes und Kollegen John Tunis vorfand,
der die Spiele auf dem Radiosender NBC kommentieren sollte. »Bin
erkrankt«, war da zu lesen, »kann die Übertragung nicht machen,
fahre nach Hause und hab denen gesagt, dass du für mich übernimmst. Ich hoffe, es macht dir nichts aus.« Laney ging langsam den
Haymarket hinauf Richtung Sendehaus, um sich dort mit der BBC-
Mitarbeiterin zu treffen, die die Übertragungen koordinierte. Den
ganzen Weg über legte er sich die Worte zurecht, mit denen er das

Ansinnen ablehnen wollte. Nachdem sie ihm geduldig zugehört hatte, ließ sie ihn wissen, dass sie noch nie so einen »kompletten Blödsinn« vernommen habe; sein Freund Mr. Tunis habe gesagt, dass er es tun werde, und dabei blieb es. Er wollte gerade zu einer noch entschiedeneren Protestrede ansetzen, da erfuhr er, dass es sich nur um drei fünfzehnminütige Sendungen pro Tag handelte, eine davon eine vorbereitete Zusammenfassung der Spiele des Tages, die um Mitternacht Londoner Zeit im Radio vorgelesen werden sollte. Für diesen geringen Aufwand würde er fünfhundert Dollar erhalten. Da konnte Laney nur nicken.[21]

Am Samstag, dem Tag der ersten Einzelspiele, machte sich Laney morgens auf nach Wimbledon, um sich dort mit Colonel R. H. Brand zu treffen. Zehn Jahre zuvor, als die BBC das Thema einer Übertragung der Meisterschaften zum ersten Mal aufs Tapet brachte, hatte sich der All England Club unter der Voraussetzung bereiterklärt, dass der BBC-Kommentator in der Kabine von einem Vereinsvertreter, dem wackeren Colonel Brand, begleitet werde, »um sicherzustellen, dass der neumodische Schnickschnack nicht das Niveau der Berichterstattung senkte«. Nach allem, was man hört, gingen die Kommentare des längst im Ruhestand befindlichen Colonel allerdings kaum mehr ins Detail als: »Vorhand! Pariert! Rückhand! Pariert! Schmetterball! Gut gemacht, mein Herr!«[22] Doch war er seitdem ein fester Bestandteil der Wimbledon-Übertragungen der BBC geblieben, und so hatte Laney bei ihm angefragt, ob er ihn nicht zu einem Drink einladen dürfe, um ihm den einen oder anderen Ratschlag zu entlocken, der ihm für sein neues Unterfangen hilfreich sein konnte. Brand war, wie Laney später schrieb, »ein direkter und ziemlich freundlicher Mann – so der umgängliche ›Mit mir kein Problem‹-Typ –, der sich von mir gern mit allerlei kleinen Erfrischungen verköstigen ließ, aber über die Technik der Beschreibung eines Tennisspiels wusste er nicht viel zu berichten. ... Alles, was ich aus ihm herausbekommen konnte, war: ›Ist eigentlich nichts dabei, alter Knabe. Sie machen das schon gut, nur keine Sorge.‹«

Laney war nervöser als die Spieler selbst, als er für das erste Spiel – Grant gegen Cramm – in die beengend kleine Kommentatorenkabine, die »Hütte«, am südlichen Ende des Centre Courts stieg, die nur etwa so groß wie das Cockpit einer Spitfire war. Ursprünglich hatte die Kabine über keinerlei Belüftung verfügt, damit die Stimmen der Radiosprecher die umsitzenden zahlenden Besucher nicht stören konnten, doch 1937 gab es einen zwei bis drei Zentimeter breiten Spalt zwischen Frontscheibe und Pult, so dass Notizzettel hinein- und hinausgeschoben werden konnten. Laney nahm Platz, quetschte seinen Kopf in die unbequemen Kopfhörer und wartete. Cramm hatte sein erstes Aufschlagspiel schon gewonnen, als Laney endlich die Worte vernahm: »Die National Broadcasting Company hat eine spezielle Kurzwellen-Übertragung von den hochbedeutsamen Tennisspielen des Interzonen-Finales im Davispokal zwischen den Vereinigten Staaten und Deutschland vorbereitet. Wir nehmen Sie nun mit nach Wimbledon, England.« Laney holte tief Luft und machte direkt weiter. »Hallo Amerika, hier spricht Al Laney aus dem Centre Court in Wimbledon. Das erste Spiel zwischen Grant und von Cramm hat soeben begonnen ...«[23]

Da in diesem Jahr ein so vielversprechendes Kräftemessen zweier starker Mannschaften um die beiden Hauptfiguren Budge und Cramm anstand, hatte der All England Club beschlossen, zum ersten Mal eine Davispokal-Runde vor der finalen Challenge Round auf dem Centre Court statt wie üblich auf Court Number One austragen zu lassen. Da man erwartete, dass beide Spiele dieses ersten Tages schnell vorüber sein würden, und Regenwolken dunkel drohten, waren die Tribünen nicht ganz voll. Dennoch stellten sich zwischen zehn- und zwölftausend Zuschauer ein, was die Entscheidung zur Spielverlegung mehr als rechtfertigte. Und der Regen blieb aus.

Wie zuvor in Wimbledon bereits Austin und Parker, spielte Bitsy Grant in kurzen Hosen und präsentierte von allem Anfang an sein ganzes Arsenal von Slices, Top- und Sidespins, »während er beständig über den Platz flitzte und noch die scheinbar unmöglichsten Bälle zurückschlug«, wenn auch zu geringem Nutzen.[24] Man konnte den »kleinen Milchbart« keineswegs beschuldigen, nicht planvoll zur Sache zu gehen. Immer mal wieder suchte er Cramm mit einem eingestreuten Stoppball zu überlisten, und wenn dann der Deutsche herangerauscht kam, überspielte er ihn mit einem langen Lob.

Doch Cramm »wusste einem Lob von jedem Punkt des Platzes aus
beizukommen«[25], und Laneys Kommentar wiederholte sich allzu
oft: »Grant schlägt kurz auf, Cramm feuert einen langen Ball zurück, Grant lobbt, und Cramm punktet mit einem Killerball.« Tatsächlich eroberte Cramm die Netzposition auch dann, wenn Grants
Spiel ihn nicht dazu einlud, und er schien seine Volleys und Schmetterbälle nach Belieben verwandeln zu können. »Cramm ist hochgewachsen, blond und sehr gut aussehend«, vermeldete Laney, »und
ihm zuzusehen ist ein großes Vergnügen. Sein Spiel ist voller Leidenschaft und Energie, von höchster Konzentration. Grant hinwie-
derum ist ein kleiner Mann – deshalb wird er Bitsy genannt –, der
kleinste Davispokal-Spieler, der je auf dem Platz war, und auch der
zäheste. ... Grant gelingen viele Passierschläge, doch Cramms Angriff ist unermüdlich.«

Nach einer Zeitspanne, die ihm wie Stunden vorkam, wurde
endlich eine handgeschriebene Notiz unter Laneys Fenster hindurchgeschoben: »Die fünfzehn Minuten sind vorbei. Machen Sie
Schluss.« Zeit für die Abmoderation: »Es läuft gerade das erste Spiel
im zweiten Satz. Den ersten hat Cramm 6:3 gewonnen. Das wär's
dann erst einmal von hier aus. Wir geben nun zurück nach Amerika.« Orchestermusik drang durch die Kopfhörer, als er sie seufzend beiseiteschob. Na ja, war ja gar nicht mal so schlecht. Er
schälte sich aus der engen »Hütte« und flüchtete auf die Pressetribüne, um von dort aus den Rest des Spiels zu verfolgen. Doch für
Bitsy Grant gab es kein Entkommen: Deutschland gewann erwartungsgemäß mit 6:3, 6:4, 6:2. »Ich gab mein Bestes«, schrieb Bitsy
in einem Brief vom Folgetag, »aber er war einfach eine Nummer zu
groß für mich.«[26]

Nach einer kurzen Pause kamen Don Budge und Henner Henkel
auf den Platz, und nun waren die Rollen vertauscht. Jetzt musste
Deutschland versuchen, den hohen Favoriten zu entzaubern – ein
fast aussichtsloses Unterfangen. »Budge ist unerreicht«, verkündete Colonel Brand seinen Zuhörern in der Pause. »Seine Leistung
bei den Wimbledon-Meisterschaften war absolut einzigartig. Er
schlägt mit einer unglaublichen Geschwindigkeit. Sein Aufschlag
ist schlichtweg verblüffend, unannehmbar, erinnert an Bill Tildens

alten Kanonenaufschlag. ... Er hat sich über alles hinausentwickelt, was man je für möglich gehalten hätte.«[27]

Doch wenn irgendwer außer Cramm eine Chance gegen Budge haben konnte, so war das vermutlich Henkel, der, nach seinem diesjährigen Roland-Garros-Sieg, beim Turnier in Wimbledon an dritter Stelle gesetzt gewesen war. Henkel konnte mit genau jener Art von Powerspiel aufwarten, mit dem ein Spieler an einem guten Tag Budge womöglich überrumpeln konnte. Und das besonders auf einem Gras wie hier, wo nach ein paar trockenen Tagen und nachdem die Wimbledon-Meisterschaften gerade die Fußstapfen einer ganzen Armee hinterlassen hatten, der Platz nur noch schneller war. Alle Spieler waren einhellig der Ansicht, dass Henkels erster Aufschlag als einziger auf der Welt denjenigen Budges an Geschwindigkeit noch übertraf. Physiologisch war er ein wahres Wunder. Henkel hob einfach seinen Schläger hinters Ohr wie ein Baseballspieler in Shortstop-Position, der die Kugel schnell zum First Baseman hinüberwirft, – »ein Aufschwung, den er leicht auch in einer Telefonzelle hätte ausführen und schlagen können« – und ließ den Schuss dann abgehen wie aus einem Katapult gefeuert. Der robust gebaute Ein-Meter-achtzig-Mann trug sein Haar am liebsten sauber aus der Stirn gekämmt und hatte immer einen Kamm bei der Hand, den er »gelegentlich in Richtung Schiedsrichterstuhl schwang«. Budge nannte ihn den stärksten Spieler, dem er je begegnet sei, und »mit Sicherheit« sei er »derjenige mit dem unglaublichsten Appetit« gewesen. Henkel konnte sich in ein paar Minuten zwei, drei Dutzend Austern zu Gemüte führen, darauf als weitere Vorspeise einen Schokoladeneisbecher vertilgen, bevor er zu einem Teller Spaghetti »und schließlich zu etwas wirklich Gehaltvollem« überging.[28]

Doch wenn dieser vor Kraft und Appetit strotzende Mann seinen gefürchteten ersten Aufschlag verschlug, war er leider in Schwierigkeiten. Denn während Cramms zweiter Aufschlag sogar noch imposanter war als sein erster, war derjenige Henkels, so Budge, ein »armseliges Windei«: »Man konnte kaum glauben, dass ein so starker Mann mit einem derart harten ersten Aufschlag einen so zaghaften, dürftigen zweiten Aufschlag haben konnte.«[29] Colonel Brand stimmte zu: »Henkels zweiter Aufschlag ist ein jämmerlicher, hoch hüpfender und nur wenig angeschnittener Ball, und Budge kann damit machen, was immer er will.«

An diesem Tag schien das Spiel schon entschieden, bevor die Spieler überhaupt ihre Stühle erreicht hatten. Auch wenn er nach außen hin bescheiden auftrat wie stets, konnte Budge doch nicht umhin, nach seinem großartigen Wimbledon-Turnier und einer starken Trainingswoche vor Selbstvertrauen zu strahlen. In diesem Match würde *er* den Ton angeben, und schon bevor sie die Schwadron von Fotografen erreicht hatten, die sich um den Schiedsrichterstuhl postierten, hielt er Henkel an, um zur Wahl des ersten Aufschlägers den Schläger zu drehen. Budge gewann die Auslosung – wie auch nahezu alles, was folgte. Das durch Cramms leichten Eröffnungssieg in Stimmung gebrachte Publikum jubelte, als Henkel einen von Budges Hammeraufschlägen unerwartet zurücksandte und punktete, doch Budge brachte sein Aufschlagspiel auch so durch, und bald »verwandelte seine blendende Form Henkel mehr oder minder in ein Häufchen Ohnmacht«. Selbst die schwerste Artillerie des Deutschen – jener imposante erste Aufschlag – musste vor Budges überlegenem spielerischen Instrumentarium kapitulieren, das einfach keinerlei Schwachstellen zeigte. Er machte genau dort weiter, wo er in Wimbledon aufgehört hatte: Alles war optimal aufeinander abgestimmt und perfekt getimt. Henkels geschenkte zweite Aufschläge fegte er »unbarmherzig vom Platz«, und gegen Ende des Spiels »verwöhnte er uns mit Assen und Flugball-Stops in Überfülle, ganz wie ein Zauberkünstler, der Kaninchen aus dem Hut zieht«.[30] Cramm hatte Grant nach nur einer Stunde und zehn Minuten vom Platz geschickt, doch Budge war auch in diesem Punkt wieder der Beste: Er genehmigte Henkel nur fünfzig Minuten, um sich auf der Bühne des Centre Courts sehen zu lassen, bevor er ihn in die Umkleidekabinen zurückgeleitete.

So ernüchternd diese fünfzig Minuten für die deutschen Tennisfans waren, so ermutigend waren sie für die Amerikaner. In seiner abendlichen Zusammenfassung des Tages berichtete Laney seinen Landsleuten zu Hause: »Auch wenn Cramm großartig gespielt hat, können wir, falls es auf eine Entscheidung zwischen Budge und Cramm im letzten Match hinauslaufen sollte, doch absolut zuver-

sichtlich sein, dass wir gewinnen werden, denn dass Budge zu schlagen sein könnte, scheint überhaupt nicht im Bereich des Möglichen.«

Der Sonntag war in Wimbledon immer spielfrei, das galt auch für
den Daviscup. Und so versammelten sich, nach einem entspannen-
den Tag Pause, am Montag erneut Spieler und Zuschauer – jeden
Tag weitgehend dieselben Leute. Es war ein heißer und gewittriger
Nachmittag, der aber dem unheildrohenden Himmel zum Trotz
abermals trocken blieb. Auf ein Neues betraten Budge und Mako,
Cramm und Henkel den Centre Court, um das womöglich entscheidende Doppel zu bestreiten. Zwei Wochen zuvor hatten die
beiden Deutschen auf demselben Platz im Wimbledon-Halbfinale
die zwei ersten Sätze gewonnen, bis es Budge und Mako gelang, das
Spiel zu wenden. Hier waren ohne Zweifel die beiden aktuell besten
Teams der Welt versammelt. Und da man allgemein erwartete, dass
Deutschland und die USA je eins der verbleibenden Einzel für sich
entscheiden würden, konnte das Doppel sehr gut die ausschlagge-
bende Begegnung sein.

Zum Leidwesen der Amerikaner war Don Budge heute nicht
wirklich jene unbezwingbare Festung, die er zu sein schien, wenn er
in Topform war. An diesem Morgen hatte seine rechte Schulter
schließlich begonnen, dem über Wochen und Monate fortgesetzten
Ballgeschmetter Tribut zu zollen, und konfrontierte ihn nun mit
einem fortdauernden pochenden Schmerz. Als sie zum Aufwärmen
auf den Platz gingen, wandte er sich zu Mako um und sagte:»Hör
mal, Gene, macht es dir was aus, wenn heute du die meisten Lobs
übernimmst? Ruf mich einfach bei allen Bällen zurück, die du erreichen kannst, und ich geh aus dem Weg.« Mako antwortete:»Alles
klar«, und sie setzten ihre Aufwärmübungen fort.[31]

Es war ein bemerkenswertes Zeugnis für Budges Vertrauen in seinen Partner. Hatte doch Mako im Vorjahr eine derart verheerende
Verletzung erlitten, dass er im Grunde der Letzte war, von dem man
erwarten würde, dass ihm die Verantwortung für das Schlagen von
Überkopfbällen übertragen wurde. 1934 hatte Fred Perry den damals achtzehnjährigen Mako »einen künftigen Worldchampion«

genannt. »Sein Aufschlag ist einer der weltschnellsten und seine Grundlinienschläge sind nicht minder kraftvoll.«[32] Schon als Sechzehnjähriger in Los Angeles war er auserkoren worden, bei einem Aufschlagwettbewerb mit Tilden, Vines und einigen anderen mitzumachen. Dazu wurde ein ballistischer Geschwindigkeitsmesser der Zeit vor der Entwicklung der Radartechnik benutzt, welcher bei Mako, wie bei den anderen, eine Geschwindigkeit von über 240 Stundenkilometern registrierte.[33]

Doch als er sich 1934 bei einem Match in Forest Hills reckte, um einen donnernden Bombenaufschlag zu schmettern, hatte er ein Reißen in der Schulter verspürt. Er konnte das Spiel fortsetzen, doch blieb ein ständiger Schmerz im Arm zurück. Und dann trainierte er 1936 in London mit Bitsy Grant im Queen's Club; das Gras war vom kurz zuvor niedergegangenen Regen etwas rutschig, und er glitt aus, während er einem Ball nachjagte. Als er versuchte sich aufzurichten, hörte er plötzlich in seiner Brust »etwas knacken«, oben, nahe am Schulterbereich. Dieses Mal war der Schmerz so stark, dass er auf der Stelle aufhören und einen Londoner Spezialisten aufsuchen musste. Der hatte keine guten Nachrichten für ihn. Die Ärzte konnten ihm lediglich mitteilen, dass »praktisch jeder Muskel zwischen Arm und Brustkorb in Stücke gerissen war«.[34] Es würde ein bleibender Schaden zurückbleiben, und er müsse seine Tenniskarriere an den Nagel hängen.

Nachdem er nun also in Wimbledon nicht hatte antreten können, fuhr ein höchst unglücklicher Mako mit dem Schiff in die Staaten zurück. Auch die New Yorker Ärzte hatten ihm keinen Trost zu bieten: Mit seinen Tennistagen war es vorbei. Doch als Budge nach seiner knappen Halbfinalniederlage gegen Perry in die Heimat zurückgekehrt war, gelang es ihm irgendwie, Mako davon zu überzeugen, dass er, selbst ohne seinen Aufschlag, auch weiterhin würde spielen können. »Die Leute waren gewohnt, dass ich mit 240 Sachen aufschlug, und als sie mich das nächste Mal sahen, waren es eher fünfzig oder vielleicht fünfundsechzig Stundenkilometer. Ich hätte nie wieder gespielt, wenn Don und ich nicht so gute Freunde gewesen wären und er nicht so treu zu mir gehalten hätte.«

Irgendwie schaffte es Mako, binnen weniger Wochen wieder auf

dem Platz zu sein und großartige Doppel zu spielen. Schon sechs
Wochen nach der Verletzung gewannen er und Budge die amerikanischen Doppelmeisterschaften in Longwood. Im Endspiel schlugen sie Allison und Van Ryn, vormals das anerkannt weltbeste Doppelteam, zum *elften* Mal in Folge (und zum zweiten Mal nach Makos
Verletzung). Und nicht nur das: Am selben Tag siegte Mako, zusammen mit Alice Marble, auch noch im Mixed gegen seinen Kumpel
Budge und Sarah Palfrey Fabyan.

»Ich weiß wirklich nicht, wie ich das hingekriegt habe«, meinte
Mako. »Verdammt, ich konnte ja überhaupt nicht mehr aufschlagen, das war ja fast so was wie ein Abschlag von der Seite. Wirklich
schrecklich war das, weil ich nämlich nach vorne kommen und feste,
flache Flugbälle spielen musste« (da ihm seine Gegner ihre Returns
problemlos tief an die Füße spielen konnten). »Aber vom Kopf her
war ich stark und wusste, was ich zu tun hatte. Und wir haben nach
meiner Verletzung alle unsere großen Turniere gewonnen, obwohl
ich spielte wie so 'ne kleine alte Dame.«

Budge hätte dem verletzten Mako auch einfach nur sein Bedauern
ausdrücken und sich einen neuen Partner suchen können. Pate und
auch andere hätten gerne einmal ausprobiert, ob er nicht mit Allison
oder Van Ryn zum Daviscup antreten könne. Doch davon wollte
Budge nichts wissen. Er kannte keinen zweiten, der mit dem Schläger so geschickt umging und so durchdacht spielte wie Mako:

Er hat so viele Überraschungen im Ärmel, er bewegt sich am
Netz mit so atemberaubender Schnelligkeit, er unternimmt das
Unerwartete und Gewagte mit solcher Selbstsicherheit, dass die
Gegner immer völlig im Ungewissen sind, was er wohl als Nächs-
tes anstellen wird. Seine Volley-Stops, seine gefühlvollen langsamen Bälle knapp hinters Netz, sein Winkelspiel und seine Lobs
haben sich [perfekt] mit meiner Kraft und meinen eher glatten
Schlägen verbunden. … Jeder von uns konnte geradezu instinktiv
spüren, was der andere vorhatte, und so bewegten wir uns als eine
Einheit, ob wir nun Angriffe starteten oder eine defensive Forma-
tion einnahmen.[35]

Dennoch: Dass ausgerechnet der versehrte Mako alle Überkopfbälle ausführen sollte, schien eine reichlich abwegige Wahl. Doch
auch Budge war angeschlagen, und ihm hatten schon die ganze Woche lang die Überkopfbälle Probleme bereitet – das überhaupt einzige Zeichen von Schwäche in seinem Spiel. Und Mako wäre wohl
selbst ganz ohne Arme noch siegesgewiss gewesen: »Ich hatte nach
wie vor eine kräftige Hand mit einem kräftigen Gelenk und konnte
die Überkopfbälle einfach in die Ecken schlagen, so dass der Gegner
nicht mehr drankam. Ich konnte sechs Monate spielen, ohne je
einen zu verfehlen. Nein wirklich, es machte mir nicht die Bohne
was aus, sie zu übernehmen.«[36]
    Gleich von Anfang an war es für alle offensichtlich, dass mit
Budges Schulter etwas nicht stimmte. Es ist bei Doppelspielen übliche Praxis, den ersten Aufschlag nicht ganz so fest zu spielen und
ihm, wie einem zweiten Aufschlag, mehr Drall zu geben, da man so
mehr Zeit hat, um ans Netz zu rücken. Doch Budge war es nicht gewohnt, strategisches Spiel an die Stelle von dominanter Körperkraft
treten zu lassen, und es war erschreckend, mit anzusehen, wie er
kaum härter aufschlug als Mako. »Über eine lange Spielphase hinweg konnte von Budge genauso gut ein lockerer Ball wie ein mörde-
risch harter Schlag kommen, und dass er nur mit halber Geschwindigkeit servierte, war wohl nicht allein eine Sache der Taktik«, hielt
ein Reporter fest. Und er fügte hinzu: »Budge, der alles andere als
dominant war, wurde von Mako hörbar ›bemuttert‹ ...«[37]
    Tennisfans hatten seit langem darüber gerätselt, was Budge und
Mako wohl miteinander redeten, wenn sie zwischen den Bällen, wie
es ihre Gewohnheit war, Schulter an Schulter und emsig ins Gespräch vertieft die Grundlinie abschritten. Für manche sah es aus,
als stritten sie, für andere, als tüftelten sie an ihrer Strategie. »Weit
gefehlt«, sagte Mako einmal. »Wir unterhalten uns einfach nur, und
kaum mal über Tennis. Wir reden darüber, was wir nach dem Spiel
machen wollen, ob wir gerne ein Rennboot besitzen würden, ob
Frauen rauchen sollten und so weiter. Manchmal wird es sehr lebhaft, aber es ist einfach Unterhalten.« Das mag für die zweite Runde
in Seabright durchaus gestimmt haben, aber bestimmt nicht für
den heutigen Tag – nicht, wenn der Daviscup auf dem Spiel stand.

Sicherlich lag James Thurber richtig, wenn er diesbezüglich von
»Makos geraunten Aufmunterungsworten« sprach.[38] Don hatte
Schmerzen und fand nicht in sein Spiel, und Gene versuchte den
weltbesten Tennisspieler davor zu bewahren, alles zu vermasseln.
Als Mako servierte und beim Stand von 4:3, Vorteil Aufschläger,
einen Spielball zum 5:3 hatte, schlug Budge einen einfachen Lob
zurück, doch sein Überkopfball landete eine Fußlänge hinter der
Grundlinie. Macht nichts, bedeutete Mako seinem Freund, der
Nächste ist wieder drin. Doch dazu kam es nicht mehr. Die Deutschen gewannen vom Stand von 2:4 an vier Spiele in Folge und entschieden den ersten Satz 6:4 für sich.

Budge hatte sich im letzten Spiel des Satzes einen Doppelfehler
geleistet, und im zweiten Satz ließ er sich seinen kränkelnden Aufschlag erneut abnehmen, so dass beim Stand von 5:3 Henkel servierte. Auch wenn »kein Duo je mit mehr echtem Rhythmus gespielt hat«, wie ein Spielbeobachter schrieb, »hat es doch auch nie
zwei hibbeligere Tenniscracks gegeben als Budge und Mako«.[39]
Und nun waren sie richtig bei der Sache, schossen wie zwei Hum-
meln kreuz und quer über den Platz, trieben sich gegenseitig an.
Verdammt nochmal, sagte Mako, wir werden diese Kerle nicht wieder mit zwei Sätzen in Führung gehen lassen!

In einer ähnlichen Situation wie bei den Amerikanern war
auf deutscher Seite bisher überraschenderweise Henkel die Haupt-
stütze gewesen. Auch wenn er nicht verletzt war, schwächelte
Cramm doch ein wenig, wie Budge. Er schien mit seinen Volleys
»ständig Probleme«[40] zu haben und hatte sich genauso viele Doppelfehler zuschulden kommen lassen wie sein Gegenüber; gerade
beim Stand von 4:4, als er Mühe hatte, seinen Aufschlag zu retten.
Nun aber sollten bei Henkel die Nerven nicht mitmachen. Er hatte
die Chance, durch den Gewinn seines Aufschlagspiels den Deutschen eine Zweisatzführung zu sichern, doch er verpatzte nicht nur
wiederholt seinen ersten Aufschlag, sondern wurde auch zweimal
wegen Fußfehlern zurückgerufen, so dass die Amerikaner mühelos zum 4:5 breaken konnten. Mako gewann seinen Aufschlag, und
dann nahmen sie Cramm den seinen ab – er verlor das Spiel nicht
nur mit einem Doppelfehler, sondern traf bei einem Überkopf-

schlag auch noch seinen Partner auf den Kopf. Dank mehrerer prächtiger Schmetterbälle von Mako gelang es Budge, nun seinen Aufschlag durchzubringen, und es stand 1:1 – das Spiel war wieder offen.

Als dann Mako im dritten Satz beim Stand von 4:5 Aufschlag hatte, lagen er und Budge plötzlich 30:40 zurück – Satzball für die Deutschen. Mako schlug einen seiner mit Seitwärtsdrall versehenen Bälle auf Henkels Rückhand und eilte ans Netz. Henkel hatte den ersten Satz mit einem cross geschlagenen Rückhand-Slice für sich entschieden, mit dem er Budges Aufschlag returnierte, und nun versuchte er dasselbe mit Makos Service. Knapp hinter der Aufschlaglinie stoppte Mako; ihm wurde klar, dass er Henkels Return nicht würde erreichen können. Seine Schultern fielen herab: Dann war der Satz also verloren. Doch der Ball landete zwei Zentimeter jenseits der Seitenlinie. Einstand.

Eine Minute später hieß es Vorteil Rückschläger; Deutschland hatte erneut einen Satzball. Diesmal gelang es Mako, den Return zu erreichen, und er schlug einen seiner herrlich gefühlvollen Stoppbälle, der Cramm überraschte, als er auf ihn zu- oder besser an ihm vorbeiflog: Der perfekt platzierte Kunstschlag landete in der Mitte des Doppelkorridors. Wieder hieß es Einstand, und diesmal brachte Mako seinen Aufschlag durch, so dass nun im Satz Gleichstand war – 5:5. Beim Stand von 6:6 durchbrachen die beiden Henkels Aufschlag, und Mako gewann sein Servicespiel zum 8:6-Satzgewinn: Sie führten nun zwei zu eins.

Die vier Spieler zogen sich für die zehnminütige Pause in die Umkleidekabinen zurück. Jetzt sollten wir eigentlich schon händeschüttelnd als Sieger am Netz stehen, müssen sich Cramm und Henkel gedacht haben. Sie hatten den ersten Satz gewonnen, im zweiten 5:3 geführt und im dritten zwei Satzbälle gehabt. Und stattdessen waren sie nun nahe dran, das Match zu verlieren. Mako und Budge ihrerseits kochten innerlich; weit davon entfernt, über ihr glückliches Entrinnen zu jubilieren. Sie hatten den ersten Satz vermasselt und sich in den nächsten beiden jeweils aus höchsten Nöten herausarbeiten müssen. »Verdammt nochmal«, wiederholte Mako wie ein Mantra, als sie ihre schweißnassen Hemden wechselten, »wir werden im vierten Satz nicht wieder einen schlechten Start hinlegen!«[41]

Doch noch bevor neuer Schweiß ihre frischen Kleider nässen konnte, stand es schon wieder 1 : 4, und sie hatten Aufschlag. Vom 1 : 1 an hatten die Deutschen mal eben zwölf schnelle Punkte hintereinander geholt. Erneut mussten sich die Amerikaner aus ärgster Bedrängnis herauskämpfen, und erneut gelang es ihnen. Budge schien endlich seine Trance abzuschütteln und begann den Ball so heftig zu malträtieren, wie er es in den Einzeln getan hatte. Gemeinsam mit Mako ließ er eine Serie brillanter Volleys vom Stapel und parierte auf diese Weise auch einige von Henkels harten Schmetterbällen. Unfassbarerweise konnten sie die Aufschläge des Deutschen wieder und wieder mit langen Lobs Richtung Grundlinie zurückschicken, was es ihnen ermöglichte, zum Gegenangriff die Netzposition zu erobern. Nun kam Leben in die Zuschauer, nachdem sie an diesem schwülen, bedeckten Nachmittag zwei Stunden lang herumgesessen hatten, und sie mussten vom Schiedsrichter mehrmals wegen lauten Jubelns inmitten langer Ballwechsel ermahnt werden, wenn mal wieder ein unerreichbar scheinender Ball auf wundersame Weise übers Netz zurückgeflogen kam.

Cramm und Henkel kämpften, als ginge es um ihr Leben, aber nun, wo Budge zu neuem Leben erwachte, konnte nichts die Amerikaner mehr stoppen. Sie beantworteten die deutsche Serie von zwölf Punkten mit dem Gewinn der letzten fünf Spiele in Folge. Budge versuchte nicht länger, seine Schulter zu schonen. Die *Times* hielt fest: »Budge im allerletzten Spiel des Schlusssatzes wird lange unvergessen bleiben – wie er all seine Kräfte für den Aufschlag sammelt, zwei Asse schmettert und das Match gewinnt.«[42]

Nachdem er an diesem Nachmittag so viele auf den Magen schlagende brenzlige Momente hatte durchleiden müssen, riss es Walter Pate, sobald Budge sein letztes Ass an Henkels Rückhand vorbeigeschossen hatte, mit einem jubilierenden Lachen im Gesicht aus seinem Sitz neben dem Schiedsrichterstuhl. Der enorme Druck, der wegen seiner Entscheidung für Grant statt für Parker die ganze Zeit auf ihm gelastet hatte, war mit einem Mal von ihm genommen. Selbst wenn Bitsy nun Henkel in der Tat unterliegen sollte, würde

Budge im letzten Spiel den Pokalsieg besiegeln. Schließlich hatte er Cramm in Wimbledon alt aussehen lassen, und heute war der Baron meilenweit hinter seiner Bestform zurückgeblieben. Budge gegen Cramm – das war doch eine todsichere Sache, oder?

Als die Spieler wieder in ihre Jacken schlüpften und sich anschickten, vom Platz zu gehen, während das Publikum mit stürmischem Beifall »einer der großartigsten Doppelbegegnungen in der Geschichte des Davispokals« huldigte, ließ Don Budge den Applaus scheinbar ungerührt über sich hinwegbranden, rieb sich abwesend die rechte Schulter durch die Jacke hindurch. *Vielleicht schafft es Bitsy ja doch, Henner zu besiegen,* sagte er sich, *und ich kann es gegen Gottfried entspannt angehen* – oder, noch besser, ich lasse Frankie spielen. Wenn nicht, ist's auch gut. Ab übermorgen werde ich reichlich Gelegenheit haben, die Schulter zu schonen.⁴³

Und dann kam Donnerstag, der 20. Juli, und die Tribünen waren bis in den letzten Winkel Stehplatz gefüllt, während Tausende weitere, die nicht zeitig genug eingetroffen waren, das Spiel auf der elektrischen Anzeigetafel vorm Centre Court verfolgten. Sir Milsom Rees, der Kehlkopfspezialist der Königsfamilie, saß in der königlichen Loge fürsorglich neben der Queen, und Hans von Tschammer und Osten tauschte mit allerlei konservativen Parlamentsmitgliedern Höflichkeiten aus, darunter Thomas Mackay Cooper, der Kronanwalt von Schottland, und Sir Samuel Hoare, vor kurzem noch britischer Außenminister.⁴⁴ (Als er wegen des öffentlichen Aufruhrs nach seinem Vorschlag, Mussolini einen großen Teil Äthiopiens zu überlassen, zurücktrat, ging auf der Straße ein witziges Wortspiel um: »No more coals to Newcastle, no more Hoares to Paris.« – »Keine Eulen mehr nach Athen, keine ›Huren‹⁴⁵ mehr nach Paris.«)

Seit den Meisterschaften hatte es nicht einen Tropfen geregnet, und so war der Centre Court ein schnellerer Platz denn je; die braunen Flecken hinter den Grundlinien und direkt hinter den Aufschlagslinien, wo die Beinarbeit der Spieler den Platz am stärksten strapazierte, waren so hart wie kompakter Erdboden: »Zement mit Stoppeln drauf«, wie ein Spieler formulierte.⁴⁶ Robert Twynam und die anderen Platzwarte bekümmerte das nicht allzu sehr.»Wir haben hier keinen Zierrasen« sagte er einmal.»Das ist ein richtig harter Belag für Rasentennis. Hier wächst das Gras nur schwer.« Im feuchten englischen Klima war normalerweise das Gegenteil das größere Problem: dass zu viel Regen das Spielfeld matschig werden ließ. Jahre später erinnerte sich Twynam an einen Abend, als er die Plätze unbedeckt gelassen hatte und ein Sturm sie zu ruinieren drohte.»Ich fiel auf die Knie und betete. Wirklich: Ich hab auf Knien gebetet.« Diese Daviscup-Woche jedoch gehörte vermutlich zu jenen Tagen, wo er umgekehrt um Regen bat. Wie stets wartete er mit diesem Bittgebet aber bis gegen abends um halb elf,»wenn alle Kneipenbesucher nach Hause gegangen sind. Nur ein Tropfen Regen, nicht mehr – nur um ihm etwas Wasser zu geben, nur um das Gras zu kühlen.« Doch für den Rasen gab es diesmal keine Erfrischung.

Der arme Bitsy Grant stand im ersten Dienstagsspiel nicht nur dem überragenden Henkel gegenüber, sondern auf ihm lasteten auch die missbilligenden Blicke all jener, die der Meinung waren, dass statt seiner Parker hätte auserwählt werden sollen, und die nun gespannt darauf warteten, dass er sich eine Abreibung holte, um sie in ihrem Urteil zu bestätigen. Auch die sehnlichen Hoffnungen der deutschen und britischen Fans richteten sich einvernehmlich gegen ihn, wie auch der allgemeine Wunsch aller außer der eingefleischtesten Amerika-Fans – und vermutlich selbst einiger von ihnen –, dass das letzte Spiel zwischen Budge und Cramm, den beiden besten Tennisspielern der Welt, auch die wichtigste, alles entscheidende Begegnung werden sollte. Jeder mag schließlich einen dramatischen Showdown, und so hofften alle, dass Henkel und Grant ihren erforderlichen Beitrag leisteten, um diesem Interzonen-Finale das gebührende Ende zu geben.

Bitsy tat sein Bestes, sie zu enttäuschen. Nachdem er im ersten Satz 5:1 zurückgefallen war, gelang es seinen Slice-Schlägen schließlich, Henkels druckvolles Spiel zu entschärfen. Er konnte ihn zweimal breaken und vier Satzbälle abwehren und sich so den 5:5-Einstand erkämpfen. Doch dann schwächelte er für einen ganz kurzen Moment, und schon war der Satz 7:5 verloren. Unverzagt kam er sofort wieder ins Spiel zurück, schoss kreuz und quer über den Platz wie ein verrücktes Eichhörnchen und gewann den zweiten Satz 6:2. »Comme il court!« (Wie er rennt!), ließ ein Franzose auf der Tribüne seinen Bewunderungsruf in die internationale Kakophonie hineinklingen. Für kurze Zeit sah es so aus, als könne Grant das Spiel Budge–Cramm doch noch irrelevant machen. Doch dann flüsterte Heinrich Kleinschroth dem Deutschen beim Seitenwechsel ein paar richtungweisende Worte zu – du bist zu defensiv, spielst sein Spiel, nicht deins; geh ans Netz! –, und Henkel antwortete mit einem aggressiven Ansturm, der die beiden letzten Sätze 6:3, 6:4 für ihn entschied. »Grant schüttelte leise den Kopf«, notierte Laney, »warf seinen Schläger in die Luft und gestand die Niederlage ein.«[47]

Laney war über Grants Scheitern genauso froh wie jeder andere, schon da auch er zu den Journalisten gehörte, die Pates Entscheidung kritisiert hatten. Zu Beginn des Spiels hatte er wieder eine Viertelstunde live übertragen und sich dann in den vertrauten Komfort der Pressetribüne zurückgezogen. Als nun eine halbstündige Pause zwischen den Spielen angesagt wurde, machte er sich wieder auf den Weg zurück zur Übertragungskabine. Es überraschte ihn, »ringsum genauso viel Deutsch zu hören wie Englisch«.[48] Die ersten beiden Tage Radioübertragung waren gut gelaufen, und er fühlte sich mittlerweile viel selbstsicherer, als er sich in die enge »Hütte« hineinquetschte und einen letzten Blick auf seine Notizen warf.

Eben hatte er auf der Pressetribüne die Neuigkeit vernommen, dass Guglielmo Marconi, der Pionier der drahtlosen Kommunikation, gestorben war, und er fragte sich, ob das wohl ein schlechtes Omen für seine bevorstehende Sendung war. Der Dreiundsechzigjährige hatte sich gerade zu einer Audienz bei seinem Faschistengenossen Mussolini auf den Weg machen wollen, als ihn ein Herzinfarkt ereilte. Nun gut, ich habe am Samstag in dem engen Kabäuschen beinahe selbst einen Herzinfarkt gehabt – das wäre dann wohl seine Schuld gewesen. Es war erst vierzig Jahre her, dass dem jungen Italiener die ersten Funkübertragungen überhaupt gelungen waren, und zwar genau hier in England. Am Beginn des neuen Jahrhunderts folgte dann die erste transatlantische Übertragung. In den zwanziger Jahren gab es die ersten kommerziellen Sendungen, und 1927 hatten die Verantwortlichen von Wimbledon der BBC schließlich erlaubt, ihre 1,20 mal 2,10 Meter kleine Kabine im geheiligten Stadion zu errichten. Und jetzt das hier, dachte Laney: Ich muss für ganz Amerika eines der wichtigsten Spiele der Geschichte kommentieren – *während es läuft!* Gott sei Dank sind es nur fünfzehn Minuten.

Und dann war es so weit. Budge und Cramm waren auf dem Platz, plauderten wie zwei Trainingspartner, warfen zur Bestimmung des ersten Aufschlägers Gottfrieds Maxply und wärmten sich mit schwungvoll-kräftigen, fehlerlosen Schlägen auf. Das altehrwürdige Stadion schien zum Bersten gefüllt. Konnten sich seit dem ersten Match sogar noch mehr Zuschauer hineingezwängt haben? Selbst die königliche Loge war kaum minder überfüllt. Der Zeitpunkt war ideal: Kurz vor fünf an einem malerischen Sommernachmittag; die Wolken und die hohe Luftfeuchtigkeit des Vortags haben einem tiefblauen Himmel Platz gemacht. Elektrische Spannung knistert in der warmen, windstillen Luft. Ein emporgeworfener weißer Ball, knappe drei Meter über dem Gras, das Geräusch, als er von den Darmsaiten springt. Der Ball ist im Spiel.

Laney kommentierte den Matchauftakt voller Enthusiasmus, und die Begeisterung war allgemein. Beide Männer fegten nur so über den Platz, stürmten ans Netz, wann immer es ging; Ass um Ass feuernd, gewannen sie während der ersten Satzhälfte stets ihren Aufschlag. Mittendrin hörten die Zuhörer in Amerika plötzlich ein ominöses Rumpeln aus den Lautsprechern ihrer Radiogeräte dringen. Laney hörte es nicht; dann aber erschien eine Hand, die einen Zettel unters Glas schob: »Bitte nicht mehr mit dem Papier rascheln. Klingt im Radio wie Donner!« Er hatte nervös mit seinen Notizen über die beiden Spieler herumhantiert, die ihm über etwaige Wartezeiten hatten hinweghelfen sollen. Nun konnte er nur noch auf das oberste Blatt starren, wagte nicht, es zu wenden. Doch war das Spiel, wie er bald merkte, von Anfang an ohnehin derart fesselnd, dass er seine Notizen gar nicht brauchte. Als eine neue Nachricht unter dem Glas hindurchgeschoben wurde, war er überrascht:

»New York will, dass Sie nochmal 15 Minuten dranhängen.« Er
hätte nicht gedacht, dass seine Zeit schon fast um war.

Als Cramm den ersten Satz 8:6 gewann, war Laney wie vom
Donner gerührt, und durch den nächsten hereingeschobenen Zettel
steigerte sich seine Verblüffung nur noch:»New York sagt: Weitermachen.« Er hatte gar keine Zeit, nervös zu werden, und Werbeunterbrechungen gab es nicht, und so plapperte er einfach immer
weiter und weiter.»Keine Ahnung, wie ich das überhaupt hin-
bekommen habe«, äußerte er später.»Womöglich war ich selbst ein
wenig hysterisch.« Als dann Budge im zweiten Satz beim Stand von
5:6, 40:0 Aufschlag hatte, kam Cramm mit seinen furchtlosen
Netzangriffen zurück, um schließlich jenen Volley zu schlagen, der
ihm eine Zweisatzführung verschaffte. Während er regelrecht in
sein Mikrofon hineinbrüllte, blickte Laney seitlich hinaus, um irgendwie seinen Techniker auf sich aufmerksam zu machen; doch sehen konnte er nur dessen Arm und Hand, die eine neue Nachricht
hereinschoben:»New York sagt: Bis zum Ende weitermachen. Sendungen abgesagt.« Nun begann sein Herz erst richtig zu hämmern.
Bisher war er fest davon ausgegangen, sich nach diesem Satz wieder
auf der Pressetribüne verkriechen zu können. Er war schlapp und
erschöpft, und die Enttäuschung über den drohenden Sieg des
Deutschen traf ihn wie ein herber Schlag. Es kam ihm in den Sinn,
dass die NBC im Fall von Cramms Triumph die Übertragung der
Herausforderungsrunde in der kommenden Woche sicherlich absagen würde. Ihm würden fünfhundert Dollar durch die Lappen gehen. Doch bei all seiner Liebe für das amerikanische Tennis »schien
es das im Moment beinahe wert zu sein«.

Nun aber begann Budge seine allmähliche Wiederauferstehung,
gewann den dritten Satz, indem er Cramm ein Aufschlagspiel abnahm, und dominierte im vierten. Zu guter Letzt war das Spiel ausgeglichen. Ein Satz würde nun so gut wie sicher entscheiden, ob die
Vereinigten Staaten oder Nazideutschland den Davispokal gewannen. Al Laney hatte nun zwei Stunden lang pausenlos drauflosge-
quasselt. Selbst als die Spieler vorm vierten Satz in ihre zehnminütige Pause gingen, hatte er weiterreden müssen: nacherzählen, was
passiert war, und Prognosen für den Rest des Spiels abgeben. Budge

werde den fünften Satz bestimmt gewinnen, verkündete er nun.
Aber ganz so sicher war er sich nicht. Ihm kam es so vor, als habe
Cramm den vierten ein wenig allzu leicht verloren, und im Stillen
vermutete er, dass der Deutsche wahrscheinlich »seine Kräfte für
den entscheidenden fünften Satz sparte, auf den er schon den gesamten vierten über gewartet zu haben schien.«

Don Budge sieht das genauso. Während Cramm die Bälle von den
Balljungen auffängt und sich auf den Aufschlag vorbereitet, blickt
Budge intensiv zu seinem Gegner auf der anderen Netzseite hinüber. Auch wenn er zumindest teilweise über Cramms schwierige
Situation im Bilde ist und weiß, unter welchem Druck der Deutsche
steht, kann er doch nicht glauben, dass hinter dem leicht zu gewin-
nenden vierten Satz keine strategische Absicht steckte. Er kann
Gottfried förmlich zu sich selbst sagen hören: *Fünfte Sätze gehören
mir! Da bin ich drei zu eins im Vorteil.*

Lächelnd mag Budge im Stillen entgegnet haben: Na ja, Gottfried, lass dir das lieber nochmal durch den Kopf gehen. Körperlich
bist du mir auf gar keinen Fall drei zu eins überlegen. Vielleicht
warst du das vor einem Jahr. Ja, da warst du es sicher. Aber nicht
mehr heute.

Im Vorjahr hatte er sich die Chance auf frühen Ruhm durch die
Lappen gehen lassen, als er, nach zwei Wochen nächtlicher Milkshakes, das Forest-Hills-Endspiel gegen Fred Perry im fünften Satz
10:8 verlor. Damals hatte ihm auch Perry den Gewinn des vierten
Satzes leichtgemacht (6:1), um aber im fünften zurückzuschlagen.
Und dann hätte Budge beim Stand von 5:3 zum Gewinn der Meisterschaft nur noch seinen Aufschlag durchbringen müssen, war jedoch zu erschöpft, um den Sack zuzumachen.

Nun gut, das war Geschichte. Er hatte geschworen, in Weltklas-
seform zu kommen, und das war ihm gelungen. Einzig und allein
Cramm kann es 1937 an Ausdauer mit ihm aufnehmen. Nein, Gottfried muss diesmal schon mehr machen, als nur länger durchzuhal-
ten als sein Gegner. Wenn er den fünften heute gewinnen will,
denkt Budge, dann muss er sich ihn von mir holen.

Die schwarzen Zeiger der alten weißen Uhr in der Nordostecke

des Stadions zeigen kurz vor sieben. Noch immer zwei Stunden bis
Sonnenuntergang, doch steht die Sonne nun tief. Als der alles entscheidende Satz beginnt, »zeichneten lange Schatten Streifen über
den Centre Court, und jeder Punktgewinn wurde durch Aufstöh-
nen, Seufzer und Jubelrufe aus dem Publikum untermalt«.[49] In
den ersten drei Spielen gewinnt jeder seinen Aufschlag, und dann
scheint Cramm klarzuwerden, dass Budge in diesem fünften Satz
nicht einfach nachlassen wird; dass er mehr tun muss, als bloß
zu warten, bis der andere nicht mehr mithalten kann. Als nun der
Kalifornier in seinem Aufschlagspiel mehrere Fehler macht und
beim Stand von 1 : 2 mit 0 : 30 zurückliegt – für jemanden, der über
Budges Kanonenschlag verfügt, um sich aus der Patsche zu helfen,
normalerweise kein Grund zur Besorgnis –, ist Cramms Moment
gekommen. Er schleicht sich näher und näher heran und wagt das
Undenkbare, nimmt Budges Donneraufschlag unmittelbar nach
dem Absprung vom Boden an und stürmt ans Netz. Die Geschwindigkeit der Aufschläge ist so hoch, dass die Returns wie Halb-
flugbälle wirken.[50] Budge ist verblüfft, lässt einen solchen Ball zu-
rückprallen, was dem Deutschen die Möglichkeit gibt, mit einem
leichten Flugball zu punkten, und Cramms nächsten Return verfehlt er: Aufschlagverlust; 3 : 1 für Deutschland.

Cramm steht in Habachtstellung an der Grundlinie, wartet nur
noch auf das Nicken seines Gegenübers. Dann, bevor noch die Zuschauer auf den Rängen seine überraschende Großtat haben verar-
beiten können, schlägt er selbst ein Quartett von weltmeisterlichen
Aufschlägen. Zuerst einen Ball, der mit so viel Seitwärtsdrall versehen ist, dass er kaum hochspringt und nun weit an Budges Vorhand
vorbeischlittert – ein Ass. Cramm macht ein paar Schritte nach
links, geht in Stellung und präsentiert seine Spezialität: einen American Twist, der auf Budges Rückhandseite hoch aus dem Gras wegspringt. Budge setzt ihm nach, ruft »Oh Baby!«, während er es
eben noch schafft, den Ball mit seinem Schläger zu streifen.[51] Die
Zuschauer sind Feuer und Flamme, stehen auf und bejubeln sowohl den unerreichbaren Aufschlag wie den gymnastischen Versuch, ihn doch zu parieren. Cramm erhöht mit einem routinemäßi-
gen Grundlinienball auf 40 : 0, dann tritt er an die Aufschlaglinie

und lässt ein weiteres perfektes Ass vom Stapel, feuert es diesmal direkt in die Platzmitte. Der Schlag hallt wie ein Gewehrschuss durch das stille Rund des Centre Courts, bevor sich donnernder Applaus erhebt, »ein geradezu überwältigender Ovationssturm«, wie ein englischer Reporter festhält. »Sie bewunderten nicht nur die Punktbälle des Deutschen, allesamt unter unbarmherzigem Druck erzielt; auch seine ruhige Beherrschtheit, sein sicheres Auftreten und sein herrlicher Kampfgeist hatten ihre Herzen für ihn eingenommen.« Nachdenklich – fast schon bedauernd, wie es manchen scheint – wirft Cramm den anderen Ball, den er noch in der Hand hat, zum Balljungen hinüber und geht in Richtung Stühle.[52] Gleich am Ziel, er ist gleich am Ziel.

Budge, bestürzt über Cramms neu erlangten Schwung und Wagemut, fragt sich beim Gang zu den Stühlen: Ist er im fünften Satz denn wirklich schlicht unbesiegbar? Werde ich genauso untergehen wie all die andern? Walter Pate, der sich während der vorausgegangenen zweieinhalbstündigen Achterbahnfahrt stets bemüht hat, seine Gefühle zu verbergen, ringt seine Hände. Ein Beobachter hat den Eindruck, dass »seine Hände zusammengepresst und seine Augen gen Himmel gerichtet« sind. Im Näherkommen streckt Budge einen Arm nach seinem Handtuch aus. Doch Pate, dem die Nervosität den Schweiß ins Gesicht treibt, benutzt es gerade selbst. Schließlich wirft er Budge das Tuch zu. Er hat Angst, in diesem höchst kritischen Moment etwas zu sagen, was den Dingen genau die falsche Wendung geben könnte.[53]

Don spürt Pates Unbehagen, hat das Gefühl, irgendetwas sagen zu müssen: »Keine Sorge, Cap.« Er versucht zuversichtlich zu klingen, spricht seinem Kapitän Mut zu, so wie ein Mann am Galgen seinem Anwalt Trost zuspricht. Er braucht Pate nicht daran zu erinnern, dass er und Mako im Jahr zuvor in Philadelphia jenes schreckliche, entscheidende Doppel gegen die Australier verloren, nachdem damals sie selbst im fünften Satz 4 : 1 vorn gelegen hatten. Und natürlich war ihnen erst gestern genau so ein Sieg im vierten Satz gegen die Deutschen gelungen. »Schau, ich lieg nur einen Break zurück. Und ich fühl mich großartig, überhaupt nicht müde. Ich gewinn das Ding, und wenn's mich umbringt.«[54]

Oben auf der Tribüne kann Bill Tilden nicht mehr an sich halten.[55] Über die letzte Stunde hinweg, als Budges Spiel einen wahren Quantensprung vollzog und er Cramms Führung immer heftiger attackierte, hatte sich Tilden in seinem Sitz hin und her gewunden. Doch nun hat Gottfried endlich irgendwoher neue Kraftreserven aufgetan, um den Ansturm zu stoppen. Jetzt wird er das Spiel doch noch gewinnen!

Tilden erhebt seine lange, ranke Gestalt und wendet sich um. Ein paar Reihen hinter ihm sitzen Henner Henkel und einige andere aus dem deutschen Aufgebot. Hunderte der umsitzenden Fans bekommen mit, wie der größte Tennisspieler aller Zeiten Henkel auf sich aufmerksam macht und mit Daumen und Zeigefinger ein »O« signalisiert: »Wir haben's gleich geschafft.«

Budges Hollywood-Freunde Paul Lukas, Jack Benny und Ed Sullivan sitzen genau zwischen Tilden und Henkel. Es hat sie schon die ganze Zeit geärgert, dass der berühmte amerikanische Tenniscrack offensichtlich für den Deutschen hält. Und jetzt platzt Ed Sullivan der Kragen. »Na warte, du Saukerl«, zischt er und springt auf, schlüpft aus seinem Mantel. Bevor er jedoch über die Sitze klettern und sich den Verräter schnappen kann, haben Lukas und Benny ihre Arme um ihn gelegt und ihn mit sanfter Gewalt wieder in seinen Sitz geschoben. Tilden schenkt ihm lediglich ein zufriedenes Lächeln und setzt sich wieder, um den Ausgang des großen Spiels zu genießen.

Budge und Cramm, die nur eine kleinere Unruhe auf der Tribüne wahrgenommen haben, wechseln die Seiten und setzen das Spiel fort. Budge hat Aufschlag, und seinem Anspruch getreu spielt er voller Kraft und Selbstvertrauen, gewinnt sein Spiel mit vier Punkten in Folge. Wie um seine Unerschrockenheit zu unterstreichen, kürzt er bei einem dieser Punkte einen langen Grundlinien-Ballwechsel durch einen mit Rückwärtsdrall angeschnitten Stoppball ab, der gerade noch so übers Netz flattert und auf dem Gras liegen bleibt.[56]

Er macht den Spielgewinn am Netz klar, und als er langsam zur Grundlinie zurückgeht, um Cramms Aufschläge zu parieren, sagt er sich, dass er nun etwas unternehmen muss: Cramm braucht nur noch zweimal seinen Aufschlag durchzubringen, und alles ist vorbei.

Du benötigst etwas Glück, aber du musst dein Glück auch zwingen!
Du musst etwas riskieren, versuch was Neues.[57] Ohne seine Chancen
auszurechnen, ohne sich wirklich Gedanken darüber zu machen, ob
es denn auch das Vernünftigste ist, trifft er eine Entscheidung. Es
gibt nicht viel, was er gegen Cramms gewaltige erste Aufschläge
ausrichten kann, außer sie zurückzuspielen und dann zu versuchen,
so gut es eben geht, zu punkten. Aber wenn Gottfrieds erster Aufschlag danebengeht – was heute zugegebenermaßen nicht häufig
passiert –, dann will Budge beim zweiten nah an den Ball rangehen,
ihn gleich nach dem Absprung annehmen und ans Netz stürmen.
Genauso wie es Cramm mit ihm gemacht hat.

Beim letzten Ball von Budges Aufschlagspiel war Cramm beim
Versuch, einen Passierschuss zu schlagen, eine Darmsaite gerissen;
das Geräusch, wie der Knall einer Spielzeugpistole, hallte von den
Dachträgern des Stadions wider. Ohne eine Gefühlsregung zu zeigen, ging er nun an den Spielfeldrand, um einen neuen Schläger
aus seinem Stapel zu wählen, mit Kleinschroth nur ein kurzes Nicken austauschend. Nichts von Belang; doch hätte er es vorgezogen,
nicht gerade jetzt, direkt vor seinem Service, ein neues Racket nehmen zu müssen. Das Besaiten von Schlägern ist zu dieser Zeit noch
immer eher eine Kunst als eine fein justierte Maschinenarbeit. In
Wimbledon hat man die besten Saitenaufzieher überhaupt, dennoch gibt es Schwankungen. Du sagst denen, dass du die Bespan-
nung »hart und fest, aber nicht bretterhart« haben willst, und hoffst
aufs Beste.[58]

Budge bezieht seine Ecke des Spielfelds, »putzt sich die Nase,
seine Augäpfel scheinen zu pulsieren«; er wartet auf Cramm. Nahe-
bei auf der Tribüne ruft eine kleine Gruppe Deutscher im Sprech-
chor: »Deutschland! Deutschland!«[59] Cramm kommt auf den Court
zurück, und Budge blickt ihn einen Moment lang forschend an.
Ist es Einbildung, oder ist Gottfried wirklich ein wenig nervös? Er
scheint es allzu eilig zu haben, die Bälle von den Balljungen zu bekommen. Immerhin ist es der wichtigste Augenblick seiner Karriere. Er muss nur noch zweimal seinen Service durchbringen – bei
eigenem Aufschlag acht leichte Punkte machen –, und der Davispokal geht so gut wie sicher zum ersten Mal nach Deutschland. Aber

werden seine Nerven dem Druck gewachsen sein? Oder wird er Budge schließlich doch noch eine Möglichkeit geben, zum Zug zu kommen?

Und tatsächlich, schon beim ersten Mal übereilt Cramm seinen Service, trifft den Ball eine Mikrosekunde zu früh, und das reicht, ihn fünf Zentimeter zu weit fliegen zu lassen. Budge nickt unmerklich, und in dem Moment, da Cramm den Ball zum zweiten Aufschlag in die Luft wirft, macht er zwei schnelle Schritte Richtung Netz. Als Cramm nun seinen berühmten Kick-Aufschlag auf Budges Rückhand spielt, ein Ball, der normalerweise hoch und weit springt und einen defensiven Rückschlag erfordert, ist Budge nahe genug, um ihn gleich nach dem Absprung anzunehmen und einen harten, angeschnittenen Return weit in Cramms Rückhand zu jagen. Dann folgt er dem Ball ans Netz, holt sich Cramms Passierschlag und verwandelt ihn mit einem Volley zum Punktgewinn – 0:15.

Der zweite Ball ist fast die exakte Wiederholung des ersten. Der erste Aufschlag zu weit, der zweite mit einem langen Chip returniert, danach Punktgewinn durch einen Volley. 0:30. Cramm kann sich immerhin so weit sammeln, dass er seinen nächsten Ball mit einem Kanonenaufschlag gewinnt. Doch dann ist sein erster Aufschlag unerklärlicherweise wieder zweimal hintereinander um Zentimeterbreite zu lang, so dass Budge seinen zweiten attackieren und das Spiel für sich entscheiden kann.

Budge wirkt »wie besessen und in genialer Höchstform«, notiert Alistair Cooke. »Sobald von Cramms Racket zu seinem rhythmischen Aufschlag ausholte, war er förmlich schon am Netz. Immer wieder gelang es ihm, von Cramms geschickte Passierbälle durch fantastische Volleys abzuschneiden, und bevor die Zuschauer sich setzen und ihre Nerven ein wenig zur Ruhe kommen lassen konnten, hatte Cramm auf wundersame Weise einen platzierten Flugball pariert und Budge den Ball wiederum erreicht und gepunktet.« Laney sollte schreiben: »In diesem entscheidenden Moment, wo ein einziger Fehler die sichere Niederlage bedeuten konnte, hatte Budge sein Ziel immer fest vor Augen, seine Nerven waren eisern, und er spielte großartiger denn je.« Ein anderer Reporter pflichtete

bei: »Seine Bälle erreichten nun eine neue Geschwindigkeit und
Treffsicherheit.« Und: »Seine Paraden grenzten an ein Wunder.«[60]
Dennoch hatte es zu Budges Rebreak Cramms verpatzter erster
Aufschläge und zweier nur knapp hinter der Grundlinie landender
Passierbälle bedurft. War das neue Racket etwa lockerer bespannt
als dasjenige zuvor? Oder hatte sich Cramm schließlich doch von
der Erhabenheit des Augenblicks einschüchtern lassen – oder von
Budges so druckvollem Angriff? Wie auch immer, nun ist das Spiel
jedenfalls so gut wie ausgeglichen. Budge hat beim Stand von 3:4
Aufschlag, und beim Seitenwechsel wirft er Pate, der wirkt, als sei er
gerade vom Präsidenten persönlich begnadigt worden, ein angedeu-
tetes Lächeln zu.

Cramm ist nun wieder völlig beherrscht und geht erneut in die
Offensive, erspielt sich im nächsten Spiel zwei Breakbälle, doch versucht er beide Male »erfolglos, das ›Mordsding‹ zu returnieren,
das ihm der Champion auf seine Rückhand geschmettert« hat.[61]
Beim ersten Mal schlägt Cramm einen scheinbar sicheren Winner
cross über den Platz auf Budges Vorhand, den der Amerikaner aber
dennoch irgendwie erreichen kann, knallhart longline übers Netz
feuert und in einen Punkt für sich verwandelt. Dann beendet er
seine Aufholjagd mit seinem dritten Ass in diesem Spiel, und es
steht 4:4.

Mittlerweile scheint das Publikum überwiegend vergessen zu haben, wessen Sieg vor zwei Stunden den meisten noch so überaus
wichtig erschien. Budges eindrucksvolles Wiedererstarken hat die
Briten, die sich an ihrem Strohhalm der Hoffnung auf eine Herausforderungsrunde gegen die Deutschen festgehalten hatten, ganz
für den Amerikaner eingenommen. Sie »feuerten den ›rotbeschopf-
ten Schrecken‹ tobend an«, schrieb James Thurber nach New York.
»Die jubelnden Zuschauer, deren Sympathien aufseiten Cramms
gewesen waren, hatten nun Budge und seine unerschütterliche
Ruhe in ihre Herzen geschlossen.«[62]

Und sie spielen weiter, jeder verteidigt seinen Aufschlag, während
die Mittsommersonne hinter das Stadion sinkt und den gesamten
Court in Schatten taucht.

Das Spiel wandelte sich nun zu einem vollendeten Schaukampf, bei dem jeder souverän seine Lieblingsschläge in seinem eigenen Tempo ausführt. Mehr und mehr begannen die beiden weißen Figuren den Rhythmus zu etwas anzugeben, das mehr wie Ballett wirkte denn als ein Spiel, wo man einen Ball schlägt. ... Die Leute auf den Rängen hörten auf, andere Leute zu bitten, sich hinzusetzen. Der Unparteiische gab es auf, das Spiel zu unterbrechen, um auf Ruhe während der Ballwechsel zu drängen.[63]

Mehrmals belohnt die Menge einen besonders gelungenen Punktgewinn mit minutenlangem Applaus.[64]

Cramm attackiert nun bei jeder sich bietenden Gelegenheit am Netz und schlägt zugleich stets derart lange Bälle, dass sich Budge unentrinnbar hinter der Grundlinie gefangen findet. »Das Zeichen von Adel im Tennisschlag«, pflegte der Baron zu sagen, »das Zeichen von Qualität, ist weder Kraft noch Rotation. Es ist die Tiefe!«[65] Wer einmal an einem seiner großen Tage gegen ihn gespielt hat, kennt seinen Ansturm von Grundlinienschlag um Grundlinienschlag – jeder bis knapp an die Linie –, der, wie ein Sperrfeuer von bleiernen Bomben, den Gegner hilflos hinter der Grundlinie festnagelt.

Budge trifft eine weitere wagemutige Entscheidung. Genauso wie er sich zuvor entschlossen hatte, Cramms zweite Aufschläge früh anzunehmen und ans Netz zu rücken, so gelobt er sich nun, um jeden Preis auch bei diesen langen geraden Bällen die Netzposition zu erobern. Er beginnt, sich mitten in Cramms tief in den Raum gespielten Drives vorwärtszubewegen, um sie in der Mitte des Platzes abzufangen; schlägt auf seinem Weg nach vorn Volleys aus dem Niemandsland. »Ich schuf mir meine eigenen Möglichkeiten«, sollte er hinterher sagen, »auch wenn ich dabei alles, was ich über die korrekte Spielerpositionierung auf dem Platz wusste, vergessen und Verzweiflungstaten wagen musste.«[66]

Es folgen nun, beim Stand von 4:4, zwei über lange Zeit unentschiedene Spiele, »in denen Bälle zu Winnern verwandelt werden, die ihrerseits schon sichere Winner zu sein schienen«.[67] Cramm, der mit neuen Bällen aufschlägt, führt rasch 40:15, doch Budge schafft den Einstand und hat dann zwei Breakbälle – zwei Chancen, beim Stand von 5 : 4 zu servieren und das Spiel zu entscheiden. Aber der Deutsche kann sie beide abwehren – den einen mit einem Ass –, und dann gewinnt er das Spiel mit einem weiteren Ass, das die Kreide von der Seitenlinie aufstauben lässt. Budge gewinnt daraufhin ein hart umkämpftes Aufschlagspiel, so dass es 5 : 5 steht, doch dann übernimmt Cramm sofort wieder die Führung, indem er seinen eigenen Service zu null durchbringt und dabei mit drei prächtigen Flugbällen punktet.

Während die Spieler die Seiten wechseln – mittlerweile steht das Publikum auf den Tribünen, und das unbeleuchtete Stadion ruht in der wachsenden Dämmerung wie ein traulicher Unterschlupf –, sorgt Budge hie und da auf den Rängen für nervöses Gelächter und vereinzelten Applaus, als er sich erneut einen Kübel Eiswasser über den Kopf schüttet.[68] Er nimmt sein Handtuch von Pate, trocknet sich das Gesicht, schreitet zurück aufs Spielfeld und gewinnt seinerseits sein Aufschlagspiel zu null. Es steht 6 : 6.

Das Niveau des Spiels ist nahezu unglaublich. James Thurber ist beeindruckt »von Passierbällen, abgefangen von vernichtenden Volleys, die dennoch wieder zurückgeschlagen werden. Bei manchen dieser Ballwechsel wurden die Kreidelinien zwei oder dreimal berührt. Die beiden Rackets schienen beseelt von einer funkensprühenden Inspiration, die schon an eine Art physischer Genialität grenzte.« Walter Pate sollte Jahre später versichern: »Kein Mensch, der je auf Erden gelebt hat, hätte an diesem Tag einen der beiden Männer zu schlagen vermocht.«[69] Und dann, als es gerade scheint, dass dieser unvergessliche Satz und dieses perfekte Match auf ewig weitergehen könnten, dass sich keiner der Spieler mehr den Aufschlag abnehmen lassen würde, bis die zunehmende Dämmerung zwingt, das Spiel für heute zu beenden – geht Budge aufs Ganze. In einem wahren Taumel an aggressiver Präzision macht er aus den gerade in Folge gewonnenen vier Punkten ganze acht. Weiter ans Netz stürmend, zwingt er Cramm zu drei Fehlern, und bei dem einen Ball, wo es dem Deutschen gelingt, zuerst ans Netz zu gehen, reagiert Budge mit einem »grandiosen Rückhandball«, dem Cramm vergeblich nachhechtet.[70] Innerhalb von zwei Minuten hat sich

das Spiel von einem unendlichen Meisterstück – einem Pitcher-
Duell in einem Extra Inning beim Baseball vergleichbar – in eine
sichere Sache verwandelt. Beim Stand von 7:6 hat Don Budge Aufschlag und die Möglichkeit, die Begegnung für sich zu entscheiden.
Beide Männer scheinen nun langsamer zu ihren Stühlen zu gehen, als spüre jeder, dass dies der letzte Seitenwechsel sein dürfte.
Der in erhitztem Staccato hervorgestoßene Redeschwall des deutschen Radioansagers, der während Cramms großem Angriff vom
dämmenden Glas seiner Kabine nicht mehr aufzuhalten gewesen
war, ist abgeklungen. Mittlerweile sind es Al Laneys heftige Er-
güsse, welche die in seiner Nähe befindlichen Zuschauer den Kopf
wenden lassen. Die deutschen Schlachtenbummler singen nicht
mehr; jetzt werden die Amerikaner oben auf den Rängen laut.[71] Die
Jacken haben sie sich längst schon vom Leib gerissen, nun stehen sie
in Hemdsärmeln und schreien sich die Kehlen heiser.

Auch Bill Tilden hielt es kaum noch auf seinem Sitz. Wie jeder andere auch hatte er fest geglaubt, dass Cramm das Spiel sicher gewinnen würde. Nun aber schien Budge den Sieg in der Hand zu haben.
Doch natürlich war ihm nur ein Break gelungen, und Gottfried
könnte gut seinerseits wieder einen Rebreak schaffen – schließlich
haben wir alle schon schlimmere Rückstände wettgemacht!
Es gab noch andere Dinge, die Tilden nervös machten, andere
dunkle Schatten, die sich auf sein Gemüt legten, während er an diesem schönen Sommertag das Tennisspiel verfolgte. Er hatte beinahe
die gesamten fünfhunderttausend Dollar verjubelt, die er in seinen
ersten sechs Jahren als Professional verdient hatte – in der Depressionszeit eine wahrhaft exorbitante Summe. Nur ein Jahr später
sollte er sich erneut in London verkriechen, ohne nach Hause zurückkehren zu können. Das Algonquin Hotel forderte 2239 Dollar
an Mietrückständen, die US-Regierung eine noch größere Summe
an ungezahlten Steuern – Big Bill war wohl am 15. April, dem amerikanischen Steuerstichtag, immer unterwegs gewesen. Sein alter
Rivale und Doppelpartner Vinnie Richards, mittlerweile professioneller Veranstalter von Tennistourneen, kam ihm zur Hilfe. Er bezahlte das Algonquin, fuhr nach Washington, wo er mit Regierungs-

leuten einen Deal aushandelte, der vorsah, dass Tilden nur einen Bruchteil seiner Schuld zahlen musste, und schiffte sich nach London ein. Er ließ sich von Bill die nächste Tournee zusichern, zahlte ihm ein paar Tausend Dollar Vorschuss und ermunterte ihn, nach Amerika zurückzukommen. Eine Woche später kabelte ihm Tilden, dass ihm das Geld schon wieder ausgegangen sei.[72]

Wo floss es alles hin? Nun, Big Bill war einfach unfähig, sparsamer als ein Fürst zu leben. »Er reiste wie so ein stinkreicher Mogulprinz«, schrieb Laney.[73] Er logierte nach wie vor in den teuersten Hotels, aß in den besten Restaurants und zahlte auch für jeden, der ihn begleitete. Seine Rechnung im Algonquin wuchs und wuchs, auch wenn er die meiste Zeit des Jahres auf Reisen war. Und dann waren da die Jungs. Die Riege engelhafter Balljungen des LTTC »Rot-Weiß« hatte auf ihn stets eine ähnlich große Anziehung ausgeübt wie dessen Weltklasse-Sandplätze. In den USA hatte er für gewöhnlich seinen eigenen »Privat-Balljungen« bei sich, oft ein deutscher Bursche, immer mit Spitznamen »Fritzi«, den er mit sich herübergenommen hatte. Die beiden reisten zu zweit in Tildens großem blauem Buick, oder sie teilten sich ein Zugabteil. Ein typischer Fall war es zum Beispiel, dass einer dieser jungen Männer, der zusammen mit Tilden im Algonquin wohnte, all die exklusiven Geschäfte auf der Madison Avenue besuchte und auf Tildens Rechnung Kleider, Schmuck und Sonstiges erstand. Ein anderes Mal kam Tilden, als er gerade auf Schaukampftournee war, ins Hotelfoyer und erzählte einem der anderen Spieler: »Fritzi hat heute Morgen was ganz Putziges gemacht. Noch bevor ich aufgewacht bin, nahm er sich vierhundert Dollar und ging sich eine Uhr kaufen.«[74]

Aber Geld tat nichts zur Sache. Er konnte ja immerzu neues verdienen. Schließlich war er Big Bill Tilden! Sein Konterfei zierte die Zigarettenreklame von Camel und Sportwarenannoncen in allen guten Zeitschriften. Von Spalding bekam er pro Jahr fünftausend Dollar für das Recht, seinen Namen für das Tilden-Racket benutzen zu dürfen, und weitere tausendfünfhundert dafür, dass er die Tennisschuhe des Unternehmens anpries. Dazu kamen tausend Dollar für seine Werbung für die Darmsaiten von Armour und siebentausendfünfhundert Dollar für seine Zeitungsartikel.[75] Zudem war er im-

mer noch das größte Zugpferd der Tenniswelt, ob er nun gewann
oder verlor. Pah, er hatte erst im April den großen Fred Perry zweimal hintereinander geschlagen, und der war so alt wie Gottfried und
in seiner sportlichen Bestform. Nein, Geld konnte für Tilden nie
ein ernsthaftes Problem darstellen. Außer ...

Außer die Öffentlichkeit fand heraus, wer und was er wirklich
war. Über ungefähr das letzte Jahr hinweg war er weniger vorsichtig
gewesen, hatte sich zu oft nicht gebührend vorgesehen. Nie hätte er
jemanden sehen lassen dürfen, wie aufgelöst er war, wenn ihn Fritzi
aus seinem Zugabteil aussperrte.[76] Und es gab mehr als eine Stadt
im Mittleren Westen, wo er nicht mehr spielen würde. Selbst seine
liebe alte Cousine Twin hatte ihn gewarnt. Tantchen Auntie war gestorben und »Zwilling« war ins englische Yorkshire gezogen, von
wo ihre Eltern herstammten. Erst diesen Sommer hatte er die Drei-
stundenfahrt von London in den Norden gemacht, um sie zu besuchen. Sie hatte Junior seit Jahren nicht mehr gesehen und war
erschrocken, wie sehr er sich verändert hatte. »Er fing an, wie eine
ausgemachte Tunte herumzulaufen«, erinnerte sich George Lott
später. Bei Vorführungen einiger seiner in Hollywood gedrehten
Lehrfilme löste Tildens feminines Gebaren unterm Publikum sogar
Gekicher aus. Bei Tee und Sandwichs versuchte Twin, ihm so ver-
steckt wie möglich beizubringen, er möge sich doch etwas unauffäl-
liger verhalten.[77]

Ihre Ratschläge kamen bei Junior nicht gut an. Er fixierte sie mit
seinem berühmten grimmigen Blick, der seit Jahrzehnten Linienrichter und Balljungen im Erdboden versenkte, marschierte sporn-
streichs aus ihrem Landhäuschen hinaus und fuhr zurück nach London. Er sollte nie mehr mit dem letzten Mitglied seiner Familie
sprechen, das ihn doch aufrichtig liebte.

Aber das Publikum würde schon verstehen, oder? Es hatte doch
immer schon große Männer gegeben, die »irgendwie anders waren
als das Normalmaß«. Er war nur der Letzte in einer langen Reihe
der Männer von außerordentlichem Verdienst, die ein Bedürfnis
nach Beziehungen einer anderen Art gehegt hatten. Oscar Wilde
etwa, sein Lieblingsbeispiel. Wie fühlte er sich ihm doch seelenver-
wandt! Ach, könnte er sein Sportlergenie nur gegen eine einzige

große Spielzeit am Broadway eintauschen! Natürlich, Wilde hatte
ein schlimmes Ende genommen: Gefängnis und Exil waren sein
Los. Aber das war das 19. Jahrhundert; die Gegenwart war eine viel
aufgeklärtere Zeit. Es schien ihm zunehmend lächerlich, seine
wahre Natur verbergen zu müssen. Das Ganze hatte doch nichts mit
»Degeneration« zu tun, höchstens war es eine leichte psychische
»Krankheit«.[78] Weiß Gott, seit Jahrzehnten hatte er unter psychischem Druck und Belastungen gestanden, die die meisten Menschen in den Wahnsinn getrieben hätten. Die Leute würden das verstehen.

Budge und Cramm haben sich ungewöhnlich lange an ihren Stühlen
aufgehalten, Tee genippt, sich abgetrocknet, über ihre Situation
nachgedacht. Kein Wortwechsel mit den Kapitänen, der über ein
oberflächliches »Gut gemacht!« oder »Das klappt schon« hinausgegangen wäre. Als sie sich nun gemessenen Schrittes zum vierzehnten
Spiel des fünften Satzes an ihre jeweilige Seite des Platzes begeben,
scheinen sich bei beiden schließlich nun doch die Auswirkungen des
Marathonkampfes bemerkbar zu machen. Budge muss nur noch seinen Aufschlag durchbringen, und der Davispokal ist so gut wie sicher in amerikanischen Händen. Er nimmt ein paar Bälle vom Balljungen und bezieht Aufschlagposition – dann hält er inne. Für einen
kurzen Moment scheint sich sein ganzer Körper zu entspannen, wie
der eines Soldaten, der seine letzte Zigarette vorm Angriff raucht.[79]
Dann ist er wieder ganz Konzentration, sieht Cramm nickend sein
Bereitsein signalisieren, wirft den ersten Ball in die Höhe.

Der Aufschlag landet weit unten im Netz.[80] Zum ersten Mal im
ganzen Match haben Budges Nerven nicht mitgemacht, und nun
reißt er sich zusammen. Mehr darf aber nicht danebengehen, schilt
er sich selbst. Beim zweiten Aufschlag kommt Cramm ans Netz und
punktet mit einem Schmetterball, doch Budge revanchiert sich sogleich mit einem großartigen Passierschlag. Drei Punkte später hat
er sich bis zum Matchball vorgearbeitet. Kaum jemand im Stadion,
welcher Nationalität auch immer, zweifelt daran, dass dieses große
Spiel und damit das Interzonen-Finale nun an sein Ende gelangt ist.
Es folgt ein Grundlinienduell, bei dem jeder Spieler auf einen atta-

ckierbaren kurzen Ball wartet, der jedoch nie kommt. Schließlich sieht Cramm eine Möglichkeit, wo sie sonst niemand sieht, und statt wie geplant ans Netz zu stürmen, landet er einen direkten Vorhand-Winner. Deuce.

Nun könnte Budge vielleicht nach vorn kommen, doch geht er auf Nummer sicher und bleibt hinten. Cramm, eiskalt, als wäre es der erste Ballwechsel des Tages, schlägt einen gewagten Angriffsball, folgt ihm ans Netz, und punktet mit einem makellosen langen Volley. Breakball Cramm, doch nun rettet Budge sein Kanonenaufschlag mit einem Ass. Erneuter Einstand. Abermals bahnt sich Cramm einen Weg ans Netz und erzielt mit einem Schmetterschlag einen zweiten Breakpunkt. Wieder ist er nur einen Punkt vom 7 : 7-Gleichstand entfernt. Und diesmal schwächelt Budges Aufschlag: Der erste geht daneben, und den zweiten schlägt er ungefährlich und kurz auf die Rückhand des Deutschen. Gottfried dreht seine Schultern und schwingt den Schläger locker und leicht durch den Ball; plant, gleich zum nächsten Volley nach vorn zu stürmen. Doch der Ball bleibt an der Netzkante hängen. Die Menge stöhnt auf; Cramm dreht sich nur um und geht zur Grundlinie zurück. Wieder Einstand.

Ein Ass verhilft Budge zu einem zweiten Matchball. Doch erneut kann sich Cramm retten, diesmal indem er mit unglaublicher Kaltblütigkeit einen unerreichbaren Vorhand-Return die Seitenlinie entlang tief ins gegnerische Feld feuert. Die Tribünen erbeben vor Applaus und Jubelrufen. Die Pressevertreter kritzeln wie besessen ihre Notizen: »Cramm hat sich mit einer Folge der herrlichsten Bälle, die je auf einem Tennisplatz zu sehen waren, vor Budges Matchpunkten errettet!« Oder: »Ich kann mich nicht erinnern, je eine vergleichbar heroische, mit ähnlich prächtigen Schlägen zuwege gebrachte Leistung gesehen zu haben.«[81] Budge muss innerlich fluchen: *Was denkt der sich überhaupt?* Wie kann man so was denn bei einem Matchball machen? Klar, er denkt natürlich überhaupt nicht. Er ist an jenem besonderen Ort – ich war dort auch schon. Auch in diesem Spiel war ich dort. Wie auch immer: Er wird es mir nicht leichtmachen, so viel steht fest.

Cramm befindet sich in der Tat jenseits jedes bewussten Denkens.

Er denkt nicht an Budge und nicht an Hitler, Himmler oder von Tschammer und Osten oben in seiner Loge. Er denkt auch nicht an die dicke »von Cramm«-Akte der Gestapo, die detailliert sein Kommen und Gehen in den zwielichtigen Untergrund-Clubs der Nebenstraßen des Kurfürstendamms verzeichnet. Er ist völlig im Moment aufgegangen, rast auf dem gepflegten Rasen vor und zurück wie ein Junge, der einen Luftballon jagt. Seine Schläge sind für ihn so natürlich wie das Essen und Atmen. Es ist das Spiel seines Lebens, und er steht weit darüber, sich über Politik und Polizei, Gewinnen und Verlieren zu sorgen. Er spielt Tennis.

Zweimal ist wieder Einstand, und zweimal hintereinander schlägt Budge Schmetterbälle, die ihm zu Matchball Nummer drei und vier verhelfen. Doch beide Mal lässt ihn sein bester Schlag, die Rückhand, im Stich, und die Bälle gehen knapp über die Linie. »Autsch!«, notiert sich Ned Potter von *American Lawn Tennis* wortwörtlich in sein Notizbuch. »Oh … oh … oh …« Einige der Reporter auf der Pressetribüne blicken einander an, und alle sind der gleichen Ansicht: Verliert Budge nach alledem sein Aufschlagspiel, ist er erledigt. Wie könnte jemand eine solche Enttäuschung noch wegstecken?[82]

Es ist bereits bei weitem das längste Spiel der gesamten Begegnung, sechzehn Punkte, und wieder ist Einstand. Doch dann fliegt einer von Cramms ohne zu denken zur Grundlinie geschmetterten Rückhandschlägen wieder ein paar Zentimeter zu weit und beschert Budge erneut Vorteil.[83] Der fünfte Matchball.

Die Zuschauer sind außer sich, man blickt nach rechts und links, gratuliert einander im Stillen, heute hier zu sein und Zeugen dieser Begegnung werden zu können. Wie lange kann dieser Satz noch weitergehen? Wie lange kann dieses *Spiel* – Budges Aufschlagspiel – noch weitergehen? Doch als die Kontrahenten sich wieder bereitmachen, stoppt jede Unterhaltung. Man meint, alle hätten aufgehört zu atmen: Walter Pate sollte sich noch lange an die scheinbare Schallleere im vollbesetzten Stadion erinnern.[84]

Zum zweihundertdreiunddreißigsten Mal an diesem Nachmittag wirft Don Budge den Ball über seinen Kopf, um seinen berühmten Aufschlag auszuführen. Erschöpft, wie er ist, bemüht er sich, eines seiner Kanonenasse zu landen, und der Ball geht wunderbar genau ins Ziel. Von den Rängen dringt ein erstauntes Keuchen, als Cramm dem Ball irgendwie hinterherhechtet und ihn nicht nur erreicht, sondern auch richtig weit zurückschlägt.[85] Es folgen einige cross geschlagene und jeweils hart gespielte Grundlinienbälle, die keinem der beiden den Angriff ermöglichen. Schließlich erwischt Budge eine Rückhand, mit der er meint, etwas anfangen zu können, und schlägt den Ball hart geradeaus übers Netz; er will den Rhythmus des Ballwechsels brechen und in die Offensive gehen. Doch der Ball ist nicht so lang, wie er gehofft hatte, stattdessen nimmt ihn Cramm unmittelbar nach dem Absprung mit der Vorhand an, jagt ihn weit ins entgegengesetzte Eck und sprengt ans Netz, wie er es den ganzen Nachmittag über so erfolgreich gehalten hat. Alle Zuschauer zugleich springen auf, als Cramm nach vorn rauscht.[86]

Sofort sprintet Budge nach rechts, jagt mit Höchstgeschwindigkeit quer über den Platz. Cramms Ball ist so gut wie unerreichbar. Als sich Budge dem Ball weit außerhalb des Spielfelds auf seiner Vorhandseite nähert und ihm entgegenfliegt, um ihn noch abzufangen, verliert er sein Gleichgewicht und weiß, dass er fallen wird. Dies wird sein letzter Schlag sein; er kann nur versuchen, einen gewaltigen Passierschuss zu landen, und dann hoffen. Der Deutsche ist am Netz, nach seiner linken Seite übergelehnt; nach der einzigen Richtung also, in die Budge aus seiner Position schlagen kann. Budge trifft den Ball mit voller Wucht und stürzt längs ins Gras.

Bill Tilden weiß genau, was Budge fühlt, denn er beschreibt es im ersten Satz seiner berühmten Autobiografie: »Für mich gibt es in der Welt des Sports keine zweite Empfindung, die so rundum angenehm ist, wie einen Tennisball genau passend und exakt in der Mitte meines Schlägers zu treffen und ihn genauso passend dorthin zu klatschen, wo mein Gegner sein sollte, aber nicht ist.«[87]

Tatsächlich *ist* Cramm da, wo er sein sollte, aber was hilft das gegen einen perfekten Schlag. Er kann dem Ball nur zusehen, wie er an ihm vorbeisaust, außer Reichweite, fast über das Spielfeld hinaus, doch in einem so stark gekrümmten Winkel, dass er genau ins Eck hüpft – ein todsicherer Winner.

Eine Sekunde lang kann niemand auf den Rängen glauben, dass

das Spiel vorbei ist. Dann bricht ein Gewitter los. Für James Thurber war das Spiel »einem Kunstwerk so nahe« gewesen, »dass es am Ende eher schien, als sei ein Konzert zu Ende gegangen denn ein Tennismatch. Die ›Bravo!‹-Rufe, als alles vorbei war, entsprangen einer Gefühlsregung, wie sie gemeinhin wichtigeren Dingen vorbehalten bleibt.« Alistair Cooke schließt sich dem an: »Und dann vergaß sich ein britisches Publikum, wie es so gar nicht seine Natur ist. Sie standen auf den Sitzen …, und es muss ihnen selbst aufgefallen sein, dass jenes dumpfe Getöse, das sie da veranstalteten, auf keinem Tennisplatz etwas zu suchen hatte. Es hätte seinen Platz vorm Buckingham-Palast gehabt, am Abend der Kriegserklärung.« Ned Potter vermerkt nur ein knappes Stenogramm in seinem Notizbuch: »B Vh Ball herrlich 19.23 Uhr.«[88]

Von dort, wo er ausgestreckt auf dem Boden liegt, kann Budge zunächst nicht ausmachen, ob der Ball gut war oder im Aus. Doch schon bevor er das Signal des Linienrichters sieht, hört er »die Jubelrufe aufbrausen. Sie unterschieden sich von den Jubelrufen zuvor.«[89] Budge hat gewonnen. Die Vereinigten Staaten haben gewonnen. Langsam, ungläubig, erhebt sich der Amerikaner aus dem Gras und trabt Richtung Netz, wo Cramm für eine unerträglich lang scheinende Zeit geduldig hatte warten müssen. Für Budge fühlt es sich an wie Zeitlupe, und er verspürt nicht das mindeste Verlangen, den Film schneller laufen zu lassen. Applaus umfängt ihn wie ein erfrischender Sprühregen. Dort am Netz steht sein bezwungener Freund; sein liebenswürdigstes Sportsmannslächeln maskiert all die wilde Aufgewühltheit, die darunter brodeln muss. Drei Wimbledon-Endspiele hintereinander verloren, und nun auch noch den Davispokal, den er um ein Haar nach Deutschland hätte mitnehmen können. Doch dann begreift Budge, dass dieses Lächeln keine Maske ist. Cramm freut sich aufrichtig. Er freut sich für seinen Freund und für die Fans, die so ein schönes Match gesehen haben, und ist mit sich im Frieden. Er scheint die Inschrift an der Pforte zum Centre Court verinnerlicht zu haben: Triumph und Niederlage zu trotzen und beiden Blendern gleich zu begegnen. *Gottfried*, denkt sich Budge, *du hast mit Sicherheit mehr aus diesem Spiel geschöpft als irgendein Spieler, der alles gewonnen hat.*[90]

Im Näherkommen macht Budge eine Bewegung, um Cramm zu umarmen, doch der Deutsche hält ihn auf, indem er nach seiner Hand greift. »Don«, sagt er, beredt wie ein Botschafter, »das war ohne Frage das beste Spiel, das ich je im Leben gespielt habe. Ich bin sehr froh, dass ich es gegen dich habe spielen dürfen, den ich so gern habe. Meine Glückwünsche.«[91] Und damit legen sie die Arme umeinander, während das Publikum, noch immer stehend, applaudiert und applaudiert.

Nachspiel

Wunder der Errettung

Ein Jahr später saß Gottfried von Cramm im Gefängnis. Bill Tilden war wieder in Europa, spielte unablässig und ging seinen Gläubigern in den Staaten aus dem Weg. Und Don Budge fehlte nur noch ein einziger Turniersieg, um den ersten Grand Slam der Tennisgeschichte zu gewinnen.

Wie allgemein erwartet, hatte der deutsch-amerikanische Interzonen-Finalkampf auch über den Gewinner des Davispokals entschieden. Vier Tage nach dem Klassiker Budge versus Cramm traten die Amerikaner gegen Großbritannien an und schlugen es mühelos mit 4:1, womit sie zum ersten Mal seit 1926 wieder in Pokalbesitz kamen. Die englischen Tennisfans hatten sich bereits im Vorfeld so sehr mit einem solchen Ausgang abgefunden, dass der Centre Court in der Herausforderungsrunde nicht einmal richtig voll wurde.[1] Beim Interzonen-Endspiel hatten sich fünfzehntausend ins Stadion gedrängt, plus der ansehnlichen Scharen, die nicht mehr hineinkamen und das Gelände draußen bevölkerten. Doch nun erschienen jeden Tag nur etwa halb so viele, um das eigene Team gegen das amerikanische spielen zu sehen.

Wer kam, konnte immerhin miterleben, wie Bunny Austin am ersten Tag Frank Parker schlug. Das Spiel wirkte wie eine Vorschau auf die Zukunft: der sonnengebräunte Parker in seinen kurzen Shorts, der Engländer in seinen eigenen längeren und mit einem selbst entworfenen »neumodischen Racket« prunkend, dem »Hazell Streamline«, dessen dreiteiliges Schlägerherz ihm den Anschein

von Übergröße gab. Nachdem daraufhin Budge den großgewachse-
nen jungen Linkshänder Charles Hare klar in drei Sätzen ausgeschaltet hatte (trotz einem unerwarteten 15:13-Kampf im ersten
Satz) und gemeinsam mit Mako dann auch im Doppel erfolgreich
gewesen war, revanchierte sich Parker jedoch für sein Übergangen-
werden in der Interzonen-Endrunde, indem er mit seinem zweiten
Spiel für den nötigen Siegvorsprung sorgte. Er schlug Hare ohne
Mühe, und der Pokal war gewonnen. Im nun bedeutungslos gewordenen letzten Spiel scherzten Budge und Austin miteinander,
tauschten eine Zeit lang untereinander die Schläger aus und tranken
bei den Seitenwechseln zusammen Tee. Budge gewann. Als Prinzessin Helena Victoria den Siegern den Pokal überreichte, konstatierte
James Thurber, dass Budge »von den Leuten auf den Rängen, deren
Herzen er rundum gewonnen hatte, mit dem gewaltigsten Jubel des
Tages beehrt wurde. Während des gesamten Wimbledon-Turniers
und der Pokalspiele war er eine heroische Figur gewesen, und auch
wenn er keine von Eis überzogenen Flügel vorweisen konnte, verdiente er doch nicht minder als Lindbergh ein Broadway-Bad in
Luftschlangen.«²
   Und genau das bekam er dann auch. Nach fünf Tagen Sonne und
Pingpongspiel an Bord der SS Manhattan – der Davispokal war auf
der Überfahrt in der Schiffsbibliothek ausgestellt – erreichte die
Mannschaft am 5. August den Hafen von New York. Dort wurden
sie von einer Schar Berühmtheiten in Empfang genommen, darunter Dwight Davis und Holcombe Ward, die Väter des Daviscups,
höchstpersönlich. Dann fuhren die Spieler und ihr Kapitän, nebst
Pokal, auf dem offenen Oberdeck eines Sightseeing-Doppeldecker-
busses die Fifth Avenue hinunter, während ihnen voraus die Kapelle
des Seventy-first Regiment spielte und ihnen Konfetti und Papier-
schlangen auf die Schultern regneten.³

Wenige Wochen später besuchte Gottfried von Cramm zum ers-
ten und einzigen Mal Amerika. Mit von der Partie waren Henkel,
Kleinschroth und Deutschlands beste Tennisspielerin Marlies
Horn. (Gemeinsam mit ihnen ging am 23. August in New York auch
Alfred Hitchcock von Bord der Queen Mary, der gerade die Dreh-

arbeiten zu seinem nächsten Film *Eine Dame verschwindet* vorberei-
tete – mit Paul Lukas, dem »Maskottchen« der amerikanischen Daviscup-Mannschaft, in einer Hauptrolle.) Das *Time*-Magazin brachte
Cramm aufs Titelbild und stellte ihn der amerikanischen Öffentlichkeit vor: Gottfried sei »stets liebenswürdig« und in Französisch,
Italienisch und Englisch bewandert. »Er tanzt, schwimmt und wan-
dert gern, mag Hockey, das Kino, Wagner und, nach Turnieren, die
Nachtclubs und Champagner.«[4]
Weit davon entfernt, auf Tildens Ratschlag zu hören, doch eine
Erholungspause von den Anstrengungen der Tennisreisen einzu-
legen, war Gottfried vielmehr froh, seine Probleme zu Hause lassen und sich auf eine achtmonatige Fahrt nach Amerika, Japan und
Australien begeben zu können. Das Leben im Ausland, wo ihn
keine Gestapo-Agenten verfolgten, keine Exgeliebten seine heim-
liche Hilfe benötigten und weniger Erfolgsdruck auf ihm zu lasten
schien, kam ihm viel freier vor. (Kurz nach dem Daviscup hatte er in
einer frühen Runde der deutschen Meisterschaften verloren, nachdem er ungewöhnlicherweise einen fünften Satz aus der Hand gegeben hatte. Den Titel hatte sich dann, in perfektem Einklang mit
den Thronfolgeplänen der nationalsozialistischen Sportfunktionäre,
Henkel geholt.) Nunmehr jagten Henkel und ihm nur noch freund-
liche Reporter nach, denen Gottfried vergnügt seine typisch bescheidenen Bonmots hinwarf: »Seit drei Jahren hat Tilden immer
gesagt, ich sei der beste Amateur. Es ist das einzige mir bekannte
Mal, dass er sich geirrt hat.«[5]
Nach ihrer Ankunft in New York begaben sich die Deutschen direkt zur Penn Station und nahmen den Zug nach Boston. Dort, im
Longwood Cricket Club, konnten sich Cramm und Henkel endlich
an Budge und Mako revanchieren und überraschten die Amerikaner
durch einen Dreisatzsieg im Endspiel der amerikanischen Doppelmeisterschaften. Dann ging es zurück nach New York, um in Forest
Hills die Einzel zu bestreiten. Die amerikanischen Tennisenthusiasten, die begierig gewesen waren, den berühmten deutschen Spieler
endlich einmal in Person kennenzulernen, schlossen Cramm sogleich ins Herz. Henkel schrieb nach Hause: »Gottfried erfreute
sich einer solchen Beliebtheit, dass er an den letzten Tagen bestän-

dig von zwei Detektiven von Pinkerton begleitet wurde, die ihn vor der Meute der Autogrammjäger beschützten und ihm ermöglichten, unbelästigt ins Clubhaus zu gelangen.«[6] Sein größter Fan indes hatte seine eigenen Bodyguards. Barbara Hutton saß an jedem Spieltag Gottfrieds in der ersten Reihe; an ihrer Seite Noch-Ehemann Kurt Reventlow, der unter seinem Zylinder und dem grauen Cutaway vor Wut kochte. Doch eigentlich war sie ganz allein mit Gottfried da, der unten auf dem Platz mit seinen weißen Flanellhosen und maßgeschneiderten Grundlinienschlägen die bei weitem elegantere Figur abgab. »Von der Minute ihres Eintreffens an waren ihre Augen auf Cramm geheftet, einfach jede Sekunde, auch wenn die Spieler die Seiten wechselten«, erinnerte sich ein anderer Logensitzinhaber. »Ich habe nie jemanden gesehen, der derart von jemand anderem eingenommen war. Sie wechselte mit niemandem auch nur ein Wort. Ich wartete auf eine Gelegenheit, ihr Hallo zu sagen, doch sie wandte ihren Blick nicht ein einziges Mal von ihm ab.«[7]

Im Endspiel standen sich einmal mehr Budge und Cramm gegenüber, beide darauf erpicht, ihren ersten US-Titel einzuheimsen. Und wieder ging das Spiel in den fünften Satz, aber diesmal wütete Budge los und startete einen nahezu fehlerfreien Großangriff, so dass die Sache schnell entschieden war – 6:1. Keiner zweifelte daran, dass Cramm in diesem Jahr erneut der zweitbeste Spieler der Welt war, doch der unbestrittene Worldchampion hieß Don Budge.

Offenbar war es dem Deutschen nicht gänzlich gelungen, seine Probleme hinter sich zu lassen. Er hatte während des gesamten Turniers immer wieder seltsam nachlässig gewirkt und sowohl gegen Bitsy Grant wie gegen Bobby Riggs erst zwei Sätze verloren, bevor er das Spiel in die Hand nehmen konnte. Zumindest ein Reporter äußerte die Ansicht, man habe zwar »an dem, was wir in Amerika von Cramm gesehen haben, den großen Spieler erkennen können«; dennoch sei »die Feststellung erlaubt, dass er seit seinem Beinahe-Sieg über Budge in Wimbledon nicht mehr ganz auf der Höhe seines Könnens ist. Sein Leiden erweist sich als wesentlich stärker mentalen denn körperlichen Ursprungs ...«[8]

Cramm hielt sich in New York nicht lang auf. Noch am Abend

des Endspiels von Forest Hills bestieg die deutsche Auswahl den »20th Century Limited«-Nachtzug nach Chicago. Nach Schaukämpfen dort zog sie die dieselbetriebene »Super Chief« der Santa Fe Railways in nur vierzig Stunden über die Great Plains und die Rocky Mountains bis nach Los Angeles. Dort trafen sie beim Pacific Southwest Tournament des Los Angeles Tennis Clubs auf Budge, Mako und die übrige Tennisszene der Westküste. Das damals wichtigste Hartplatzturnier überhaupt war das Aushängeschild des kalifornischen Tennis und beim tennisbegeisterten Hollywood-Völkchen sehr beliebt.

In diesem Jahr hatte Hollywood eine Überraschung geplant. Viele aus den Kreisen der Filmstadt, zu denen auch zahlreiche prominente Juden gehörten, waren empört über den in Nazideutschland unter staatlicher Billigung wütenden Antisemitismus sowie über die offenkundige Gewilltheit der breiten Masse Amerikas, darüber hinwegzusehen. Die große Mehrheit der Logensitzinhaber plante daher, aufzustehen und in Protest ihren Platz zu verlassen, wenn Hitlers Tennisstar Gottfried von Cramm seinen ersten Auftritt auf dem Centre Court des Los Angeles Tennis Clubs hatte. Am 20. September schritt Cramm zu seinem Kaliforniendebüt gegen einen gewissen Modeste Alloo – ein junger Mann aus San Francisco – auf den grauen Zementplatz hinaus. Ein strahlendes Lächeln erhellte sein Gesicht, als er zum Schiedsrichterstuhl ging und seinen Blick über die Menge und den klaren blauen Himmel schweifen ließ. Applaus erhob sich von den höheren Rängen des Stadions; der Deutsche schien ein neues Publikum für sich gewonnen zu haben, bevor er überhaupt zu spielen begonnen hatte. Die Hollywood-Größen rutschten auf ihren Logenplätzen hin und her, blickten sich gegenseitig an, um schließlich wieder unbewegt sitzen zu bleiben. Niemand ging. Sie begriffen: Gab es so etwas wie das direkte Gegenteil eines typischen Nazis, dann hatten sie es soeben gesehen. »Als ich diesen Mann sah, schämte ich mich plötzlich für das, was ich vorgehabt hatte«, erklärte Groucho Marx gegenüber Budge.[9] Einige Monate später sollten Groucho und seine Bekannten sehr erleichtert darüber sein, Gottfried von Cramm nicht brüskiert zu haben.

Obwohl er bisher kaum auf Hartplätzen gespielt hatte, erreichte
Cramm das Endspiel des Turniers, das er in vier Sätzen gegen
Budge verlor. Dafür gewann er im gemischten Doppel mit Helen
Wills Moody, der großen ehemaligen Meisterin, die mit ihren zwei-
unddreißig Jahren in Wettbewerben keine Einzel mehr spielte (allerdings sollte sie im Folgejahr ein Comeback landen und Wimbledon gewinnen). Danach ging es wieder nach Norden zu den »Pacific
Coast«-Meisterschaften des Berkeley Tennis Clubs, wo Cramm die
Veranstalter, die auf eine Neuauflage des Finales Budge – Cramm
gesetzt hatten, durch seine Halbfinalniederlage gegen Bobby Riggs
enttäuschte.

Am 7. Oktober fuhr Budge von Oakland hinüber ans Pier von San
Francisco, um Cramm, Henkel, Kleinschroth und Horn eine gute
Reise zu wünschen. Er ließ sich mit ihnen noch an Bord des japanischen Liniendampfers Tayo Maro ablichten und winkte ihnen dann
nach, als sie Richtung Japan durch das Golden Gate glitten. In Japan
tourten sie durchs Land und dominierten die wenigen Turniere,
an denen sie teilnahmen. Gottfried entspannte sich offenbar zuse-
hends, und er begann sich offener zu äußern. Als man ihn in Tokio
bat, eine Rede zu halten, sprach er über die deutsch-japanischen Beziehungen und erwähnte Hitler und den Nationalsozialismus auffälligerweise mit keinem Wort.[10]

Im Dezember ging es weiter nach Australien, wo sie erneut auf
Budge und Mako trafen. Sie feierten Weihnachten zusammen mit
ihren amerikanischen Freunden und absolvierten eine Reihe von
Schaukämpfen. Gottfried spielte großartig und schlug Budge zweimal, darunter ein spannendes »4:6, 10:8, 12:10«-Duell im Drei-
länderkampf Australien – Deutschland – Amerika.

Für Gottfried war es eine freie und unbeschwerte Zeit. Er spielte
Tennis, tankte Sonne und lernte das Land kennen. Er und Henkel
sorgten für gelinde Aufregung, als sie sich am Strand von Glenelg
unerlaubterweise oben ohne, nur in Badehosen, sonnten. In Melbourne flirtete er mit Charles Buttrose, dem Journalisten, der mit
dem Ghostwriting von Cramms Berichten für Melbournes *Sun-
Pictorial* betraut worden war. Buttrose war beeindruckt von Cramms
Intelligenz und Kultiviertheit; weniger gefiel es ihm allerdings, dass

Cramm, »nachdem er mein rechtes Knie getätschelt hatte, An-
deutungen machte, die Sache über das Journalistische hinaus in in-
timere Gefilde ausweiten zu wollen«.[11] Gegenüber Nazideutschland schien Australien eine ganz andere Welt zu sein. Bis hierher
würden sie ihm doch nicht mehr folgen können, oder?

Tatsächlich jedoch gab es auch Down Under viele Ohren, die
dem NS-Regime wohlgesinnt waren. Vor allem war da eine kleine,
aber rührige Untergruppierung der dortigen deutschen Gemeinde:
der Nationalsozialistische Bund der Auslandsdeutschen. Auf die
eine oder andere Weise erfuhr die Gestapo von bestimmten unbe-
dachten Äußerungen Cramms über die eigene Regierung. Er hatte
öffentlich den Verlust Daniel Prenns für die Davispokal-Mannschaft bedauert; er hatte sich darüber beklagt, dass die Wehrpflicht
die Entwicklung junger Tennisspieler beeinträchtige; und er hatte
den Führer gar »einen Anstreicher« genannt![12]

Vielleicht war Gottfried ja gar nicht so unbekümmert, wie es den
Anschein hatte; vielmehr hatte es ihn irgendwann innerlich zer-
mürbt, dass über ihm beständig das Damoklesschwert drohender
Verfolgung hing. Diese Vermutung äußerte jedenfalls Bill Tilden:
»Ich glaube, er hatte einen Punkt erreicht, wo er geradezu hoffte,
dass etwas passierte, was ihn vom unablässigen Druck zur Zurückhaltung befreite. Immer deutlicher nahm er gegen Hitler Partei.«[13]

Es gab auch Warnungen. Nachdem eine Zeitung berichtet hatte,
dass Cramm und die anderen Deutschen im Kino gewesen seien, um
sich den Antikriegsfilm *The Road Back* anzusehen – eine englische
Adaption von Erich Maria Remarques Roman *Der Weg zurück*, den
die Nationalsozialisten verboten hatten –, traf bei ihnen im Hotel
ein Brief ein. Ein gewisser Dr. Cahn, vormals Journalist in Hamburg
und nun Fußspezialist in Melbourne, beschwor die deutschen Tennisspieler, dass sie nach einer Rückkehr in die Heimat in Gefahr
seien: »Andererseits dürfte allerdings für Sie, meine Herren, die
Zeit nun gekommen sein, daß auch Sie, wie so viele, deutschen Boden künftig meiden müssen.« Ein anderer Mahner teilte Gottfried mit, dass er mittlerweile sicherlich auf der schwarzen Liste
der Gestapo stehe und aufgrund seiner öffentlichen Äußerungen
»wahrscheinlich ins Gefängnis geworfen würde«.[14] Über beide

Warnungen lachte Cramm nur und zuckte die Achseln, als könne ihm dergleichen nicht passieren oder als sei ihm völlig gleichgültig, was mit ihm geschah. Als sich dann alle zu den australischen Meisterschaften nach Adelaide begaben, begann allerdings auch Cramms Spiel einen etwas zermürbten Eindruck zu machen. Er war bei weitem nicht mehr in so guter Form wie bei den Schaukämpfen, und im Halbfinale verlor er in drei raschen Sätzen gegen den jungen Australier John Bromwich, der dann im Endspiel – in noch kürzerer Zeit – an Budge scheiterte.

Auch das Endspiel im Doppel gegen Bromwich und Adrian Quist verloren Cramm und Henkel ohne Satzgewinn. Die einzige gute Nachricht für Gottfried in seinen letzten australischen Tagen war ein Brief von Manasse Herbst, der aus Paris her seinen Weg zu ihm gefunden hatte. Er habe in Lissabon keine Arbeit bekommen können, schrieb der Freund, und wohne nun bei seinem Bruder in der französischen Hauptstadt.[15] Immerhin war er in Sicherheit, Gott sei Dank. Es wäre doch schön, wieder in Paris zu sein – in nur ein paar Monaten war es wieder so weit –, dort Manasse zu treffen, wieder auf dem roten Sand von Roland Garros stehen. Don hatte gesagt, dass er zum ersten Mal auch dort spielen würde – für ihn, Cramm, endlich eine Chance, Budge auf seinem Lieblingsbelag entgegenzutreten. Ach ja, Paris! Im Mai …

Doch sollte Gottfried von Cramm Paris für eine lange Zeit nicht wiedersehen. Am 4. März 1938, nach drei Wochen auf See und einer Zugfahrt von Neapel nach Norden, trafen Cramm und seine Gefährten in München ein. Sie waren zweihundert Tage lang weg gewesen. Am nächsten Tag trennten sie sich, und jeder reise in seinen Heimatort weiter. Sie hatten geplant, in ein paar Tagen in Berlin zu einem offiziellen Empfang bei Reichssportführer von Tschammer und Osten wieder zusammenzukommen, doch mussten sie erfahren, dass der Termin aus ungenannten Gründen abgesagt worden war. Zusammen mit seiner Mutter, die ihm nach München entgegengekommen war, reiste Gottfried zurück nach Brüggen, wo er mit dem Rest der Familie ein freudiges Wiedersehen feierte.

Als am nächsten Abend nach dem Essen alle Cramm-Brüder mit

ihrer Mutter, ihren Frauen, Kindern und Freunden im Salon des Schlosses zusammensaßen, klopfte es erneut an der Tür, laut und fordernd. Der Diener brachte die Nachricht, dass »zwei Herren von der Regierung gekommen« seien, um mit Gottfried über seine Weltreise zu sprechen.[16] Mit einem ironischen Lächeln verließ er seine Familie. Als er nach längerer Zeit schließlich zurückkehrte, hatte es keinen Sinn mehr, die Fassade zu wahren. »Ich bin verhaftet«, erklärte er. Man gab ihm kurz Zeit, seine Sachen zu packen, und dann nahmen ihn die Gestapo-Agenten in ihrem schwarzen Mercedes mit. »Nach Berlin«, war alles, was seine völlig aufgelöste Mutter aus ihnen herausbekam.

Sicher war ihnen nicht klar, wen sie da so kurz angebunden abgefertigt hatten. Nach allem, was über sie in Erfahrung zu bringen ist, war Jutta von Cramm nicht zu unterschätzen. Gleich am nächsten Morgen reiste auch sie nach Berlin, quartierte sich bei einer Freundin ein und machte sich auf die Suche nach ihrem Sohn. Sie fand ihn schließlich in einer Zelle des Gestapo-Hauptquartiers in der Prinz-Albrecht-Straße: die meistgefürchtete Adresse Berlins. Doch dauerte es Wochen, bis sie erfuhr, dass Gottfried wegen des Verdachts auf »Sittlichkeitsvergehen« festgehalten wurde – was natürlich nur eines bedeuten konnte. Und als sie ihn dieses Mal besuchen konnte, musste sie feststellen, dass sich seine Verfassung verschlechtert hatte. Er schien einen Nervenzusammenbruch erlitten zu haben: »Adal [sein Bruder Adalbert] und ich besuchen G., die ganze Umgebung war gräßlich. Aber ich blieb ganz ruhig, und er konnte es auch. Er sah leidlich wohl aus, hatte Wanzenstiche und sehr kalte Hände, sagte, er erwarte unsere Befehle, und meinte, sich das Leben zu nehmen. Ich konnte ihn umarmen und stärken, und wir haben uns richtig unterhalten.«[17]

Über die nächsten sechs Wochen hinweg gönnte sie sich kaum die Zeit zum Essen, während sie alle einflussreicheren Beziehungen der Familie aktivierte. Sie suchte Prinz Bernhard zur Lippe auf, einen entfernten Verwandten, der Brüggen eben erst einen Besuch abgestattet hatte und ein Mitglied der SS gewesen war; indes war er kürzlich bei Hitler in Ungnade gefallen, nachdem er in die königliche Familie der Niederlande eingeheiratet hatte. König

Gustav von Schweden, Gottfrieds alter Tennisfreund, zeigte sich für ihre flehentlichen Bitten nur zu empfänglich, doch hatte auch er im Dritten Reich nur einen geringen Einfluss. Zu Gottfrieds Verteidigung gewann sie Carl Langbehn, einen der berühmtesten Rechtsanwälte Berlins. Obwohl der sechsunddreißigjährige Langbehn Parteimitglied war, hatte er sich inzwischen zu einem erbitterten Gegner des Naziregimes entwickelt. Er besaß auch gute Verbindungen zu Himmler, da ihre Töchter Schulfreundinnen waren. Diese Beziehung konnte sich Langbehn 1938 dann zunutze machen, um seinen ehemaligen Juraprofessor aus einem Konzentrationslager zu befreien. Um ihm sechs Jahre später die eigene Haut zu retten, sollte es jedoch leider nicht reichen.[18]

An Don Budge schrieb Jutta nicht, doch tat Budge auch so schon sein Bestes, um seinem Freund zu helfen. Er bewegte fünfundzwanzig Persönlichkeiten des kalifornischen Sportlebens dazu, einen offenen Brief an die deutsche Regierung zu unterzeichnen, der Cramms sofortige Freilassung forderte. In diesem Brief bezeichneten sie Cramm als »den idealen Sportsmann, einen perfekten Gentleman und die personifizierte Integrität. ... Kein Land könne sich einen besseren Repräsentanten wünschen – kein Sport einen ehrenwerteren Vertreter.« Die Unterzeichneten beklagten auch die »finstre Heimlichtuerei«, die den Fall umgab, und beharrten darauf, dass die Anschuldigungen »ein bloßer Vorwand« seien.[19] Unterschrieben war der Brief von Budge, Joe DiMaggio, Alice Marble, Little Bill Johnston, Helen Wills Moody und anderen prominenten Sportlern. (Auffälligerweise fehlte der Name Bill Tilden, doch war Big Bill wie stets unterwegs, diesmal auf einer Tennisreise mit Henri Cochet durch Irland, und wahrscheinlich hatte ihn Budge überhaupt nie um seine Unterschrift angegangen.)

Die Forderungen der Amerikaner bewirkten vermutlich genauso wenig wie die Bemühungen von Prinz Bernhard und König Gustav. Doch gelang es Jutta am 13. April endlich, zu einer Audienz bei Göring persönlich vorgelassen zu werden. Was hat Gottfried denn erwartet?, könnte der feiste Genussmensch hinter seinem prunkvollen Schreibtisch gefragt haben. Ich habe ihn doch oft genug gewarnt und ihm jede Gelegenheit gegeben, für seine Sicherheit zu sorgen.

Er aber hat meine Protektion verschmäht und sich zu oft in einer ungebührlichen Weise geäußert. Ein Pech: Hätte er nur dieses eine Spiel gegen die Amerikaner gewonnen, dann hätte ich vermutlich erreichen können, dass Himmler die Finger von ihm lässt. Stellen Sie sich einmal vor: Der Davispokal bei »Rot-Weiß« in Berlin zur Schau gestellt! Aber wie auch immer, liebe Frau: Ein großer Geist muss auch ein wenig Spielraum haben. Ich persönlich würde mich freuen, ihn 1939 wieder in der Mannschaft zu sehen. Ich werde für eine recht milde Bestrafung sorgen. Sie brauchen sich keine Sorgen zu machen.[20]

Wie fast jeden Bereich des öffentlichen Lebens hatten die nationalsozialistischen Machthaber auch das deutsche Gerichtswesen umgekrempelt. Nach der Machtergreifung hatte Hitler den Anwalt und Richter Roland Freisler, der vor 1933 wegen Beihilfe zu betrügerischem Bankrott, Meineid und Betrug im Gefängnis gesessen hatte, zum Staatssekretär im Reichsjustizministerium ernannt. Mittlerweile kontrollierte er das deutsche Gerichtswesen von Grund auf, und jene, die ihn zuvor vor Gericht gestellt und verurteilt hatten, mussten nun seinen verachtenswerten Reden stehend applaudieren – sofern sie nicht gleich im KZ gelandet waren. Unter Freisler waren die Angeklagten ihren Richtern völlig ausgeliefert. Für ihn waren die Richter gänzlich unabhängig und nicht mehr die »Sklaven von Paragrafen und Rechtsbüchern« oder einer »fehlgeleiteten öffentlichen Meinung«. Sie verhängten ihre Strafen gerade so, wie sie es persönlich für angemessen hielten, das heißt wie »ein absolutistischer König, der ganz allein dem Wohle des Staates Rechenschaft schuldig ist«.[21]

Richter Friedrich Sponer, der für den Fall Cramm zuständig war und im Übrigen fast ausnahmslos Prozesse in Zusammenhang mit Paragraf 175 verhandelte, war da keine Ausnahme. Und er war dafür bekannt, dass nach seinen Urteilen niemand in die Berufung ging. Den Grund dafür gab er bereitwillig bekannt: Er beorderte nach der Urteilsverkündung einen Untergebenen zum Beklagten, um ihm klarzumachen, dass eine Berufung nur zu einer härteren Strafe führen würde. »Nun, werter Herr«, erklärte er lachend einem Reporter, »wenn der Fall in die Berufung ginge, würde er sehr wahr-

scheinlich erneut mir zugewiesen, was ein neues und sorgfältigeres
Verfahren bedeutete. Sie wissen, dass es bei Sexualstraftaten nicht
möglich ist, Einzelheiten nachzuprüfen, und die Beweissicherung
ist eine schwierige Sache und ein Ärgernis. [Ich] mache ihnen deutlich, dass es am besten ist, das Urteil zu akzeptieren, ohne es anzu-
fechten.«[22]

Cramms Anwalt Langbehn ersann eine geschickte Strategie, um
so glimpflich wie möglich davonzukommen. In seinen ersten Ge-
fängnistagen hatte der verzweifelte Cramm gestanden, von Anfang
1931 bis weit ins Jahr 1936 hinein sexuelle Beziehungen zu Herbst
gehabt zu haben. Es wäre zwecklos gewesen, das Geständnis komplett zurückzuziehen; man hatte ihm unmissverständlich deutlich
gemacht, dass man ihn im Fall einer Geständnisverweigerung in ein
Konzentrationslager abschieben würde.[23] Auf Anraten Langbehns
sollte er jedoch aussagen, dass er sich aufgrund seiner nervlich über-
strapazierten Verfassung in den Jahreszahlen geirrt habe. Er sollte
im Prozess darauf bestehen, dass er und Herbst nie über »gegensei-
tigen Onanieverkehr« hinausgegangen seien und dass sie Anfang
1935, als die Verschärfung des Paragrafen 175 durchweg alle homosexuellen Handlungen strafbar machte, auch hiermit aufgehört
hätten.

Doch wurden Cramm nicht nur Sittlichkeits-, sondern auch Devisenvergehen angelastet, ebenfalls eine schwerwiegende Straftat.
Im stets geldknappen Dritten Reich drohten den Bürgern schon
empfindliche Strafen, wenn sie lediglich vergaßen, vor Auslandsrei-
sen ihre Eheringe abzunehmen.[24] Und die Gestapo hatte herausgefunden, dass Cramm über die letzten Jahre hinweg etwa zwanzigtausend Reichsmark zu Herbst ins Ausland geschafft hatte.

Langbehn ließ ihn wissen, dass es nur einen Ausweg aus der Sache
gebe. Herbst sei in Paris in Sicherheit, und solange diese Mörder an
der Macht waren, würde er nicht nach Deutschland zurückkommen.
Cramm müsse ihnen erzählen, dass Herbst ihn erpresst habe, dass er
damit gedroht habe, alles zu verraten, wenn ihm Cramm kein Geld
schicke. Manasse würde das schon verstehen. Er würde selbst wollen, dass Gottfried so handle.

Am Samstag, dem 14. Mai 1938, vernahm Richter Sponer im düs-

teren alten Moabiter Gerichtsgebäude in der Lehrter Straße unter
Ausschluss von Presse und Öffentlichkeit die Zeugen im Fall Gottfried von Cramm. Wie es ihm der Anwalt geraten hatte, gestand
Cramm die Affäre mit Herbst – bis zu einem gewissen Punkt. Zur
Sicherheit hatte die Gestapo quasi als Dreingabe auch eine Denunziation des berüchtigten Otto Schmidt beigesteuert. Schmidt war
ein Straßenstricher, der – wenn er nicht von sich aus Schwule er-
presste – von der Gestapo dafür bezahlt wurde, beschuldigte Homosexuelle zu belasten. Doch Cramm schwor, wie er es von den ersten
Verhören an getan hatte, dass Schmidts Aussage, er habe Cramm
für einige Stunden mit einem Strichjungen im Hotel Bavaria verschwinden sehen, reine Erfindung sei.[25]
   Am Ende des Verhandlungstages erlaubte Sponer der kleinen
Gruppe von Reportern, Familienmitgliedern und Freunden, die
sich in den Korridoren versammelt hatten, zur Urteilsverkündung
den Zutritt zum Gerichtssaal – eine ungewöhnliche Geste, vielleicht
veranlasst durch das große internationale Interesse an dem Fall.
   Das Gericht folgte der Verteidigung, was die Devisenvergehen
anging. Im damaligen Deutschland war es natürlich durchaus plau-
sibel, dass ein Jude jedermann um zwanzigtausend Reichsmark erpressen würde, sobald er die Möglichkeit dazu hatte. Doch die Behauptung des Angeklagten, er habe die sexuellen Beziehungen zum
Juden Herbst Anfang 1935 abgebrochen, ließ Sponer nicht gelten;
genauso wenig wie Langbehns Argument, man könne nicht für Taten auf ausländischem Boden oder aus einer Zeit vor ihrem Verbot
durch die neuen nationalsozialistischen Gesetze bestraft werden.
Von Cramm wurde der ihm zur Last gelegten Vergehen gegen Paragraf 175 schuldig gesprochen.
   Was das Strafmaß anging, rechnete es das Gericht Cramm mil-
dernd zugute, dass er zum ersten Mal straffällig wurde, dass er dem
deutschen Sport ausgezeichnete Dienste geleistet hatte und dass
»sein Partner ein galizischer Jude war und daher nicht besonders
schutzbedürftig ist«. Auf der anderen Seite, so dozierte Sponer, ge-
reiche es dem Baron sehr zur Schande, solchen Schimpf über eine
hochedle Familie und »das Ansehen des deutschen Sports« gebracht
zu haben, dessen Ehre zu mehren er doch so viel beigetragen hatte.

Möglich indes, dass Göring sein Versprechen an Jutta von Cramm tatsächlich gehalten hatte. Denn nachdem er einen langen Salm über Gottfrieds Charakterschwäche und seine sittlichen Verfehlungen abgespult hatte, verkündete Sponer schließlich eine ungewöhnlich milde Strafe: ein Jahr Gefängnis in Moabit, abzüglich der beiden bereits in Haft verbrachten Monate.

Hier würde er also bleiben, in diesem tristen hundertjährigen Verlies, eine Zehn-Minuten-Fahrt von seiner Wohnung entfernt. Die Schließer brachten ihn in sein neues Zuhause zurück: vier Wände, ein Bett, ein hölzerner Schemel und im Eck eine beschämende Kloake, die den Namen Toilette nicht verdiente. Statt sich auf den gepflegten Rotsandplätzen von »Rot-Weiß« im Schlagen perfekter Bälle zu üben, blieb ihm zur körperlichen Ertüchtigung nur eine Stunde täglicher Hofgang zusammen mit den anderen Gefangenen. Viele von Cramms dreitausend Mithäftlingen – Juden, politische Gefangene und andere »Hundertfünfundsiebziger« – wurden erbarmungslos geschlagen, und manche starben sogar als Opfer wahlloser Gewalt; doch Cramm fand offenbar einen relativ erträglichen Modus vivendi. Ihm wurden Arbeiten im Büro oder als Küchenhilfe zugeteilt.[26] Während den meisten Gefangenen Bücher oder Zeitungen verweigert wurden, durfte Cramm, vermutlich bei der Büroarbeit, im Radio mitverfolgen, wie bei der Interzonen-Ausscheidung in Boston die neue deutsche Davispokal-Mannschaft von Australien förmlich überfahren wurde.

Es grenzte an ein Wunder, dass sie überhaupt so weit gekommen waren. Um Cramm zu ersetzen, war den deutschen Tennisfunktionären der Anschluss Österreichs gerade recht gekommen. Nur wenige Tage nach Cramms Verhaftung im März marschierten Hitlers Truppen in Wien ein, und Österreich wurde ohne nennenswerten Protest dem Dritten Reich angegliedert. Hitler hatte nicht nur sein Heimatland annektiert, sondern sein Daviscup-Team annektierte nun auch Georg von Metaxa, die österreichische Nummer eins. Die Daviscup-Regel, dass ein Spieler drei Jahre pausieren musste, bevor er für ein anderes Land antrat, tat da nichts zur Sache. Die am Daviscup beteiligten Nationen taten vielmehr alles, um Deutschland zu Willen zu sein, und änderten Regel 33:

Wenn ein Spieler eine Nation vertreten hat, die als Ganzes oder
in Teilen in eine andere Nation eingegliedert wird, dann soll er,
sofern er Bürger dieses Ganzen oder Teils ist, im Sinne dieser Bestimmungen wie jemand eingestuft werden, der zuvor noch keine
Nation vertreten hat.[27]

Einzig Polen protestierte, wurde aber ignoriert, und schon bald
sollte der Davispokal noch das geringste Problem des Landes sein.
Natürlich war Metaxa kein Cramm, und bei der im Berliner »Rot-
Weiß«-Club ausgetragenen Europazonen-Schlussrunde gegen Ju-
goslawien im Juli gelang dem neuen Deutschen nur mit Mühe und
Not ein äußerst knapper Sieg (12 : 10 im fünften Satz) gegen den
reichlich unbekannten Josip Palada. Da Henkel zuvor völlig überraschend gegen Franjo Punčec verloren hatte, war zum Weiterkom-
men noch ein weiterer Fünfsatzsieg von Henkel und Metaxa im
Doppel erforderlich.

Bei den Finalkämpfen in Boston gegen Australien erwies sich das
Fehlen Cramms als fatal. In fünf kurzen Partien verlor Deutschland
gegen John Bromwich und Adrian Quist. Besonders schlimm erging
es Henkel und Metaxa bei den beiden letzten Einzeln – an jenem
Morgen hatte sie ein Telegramm aus Berlin erreicht, das die Mannschaft »zur Erholung« sofort nach Deutschland zurückbeorderte.[28]
Es klang wie eine Bestrafung für ihre verheerenden Niederlagen,
könnte aber auch die deutsche Rache für Don Budges Ankündigung
gewesen sein, als Reaktion auf Cramms Verhaftung in diesem Sommer nicht wie zunächst geplant in Deutschland zu spielen. Vielleicht
wollte die deutsche Regierung auch nicht, dass ihre Mannschaft gerade zu einem Zeitpunkt in den Vereinigten Staaten weilte, da Hitler die Mobilisierung der Wehrmacht angeordnet hatte und die An-
nexion des Sudetenlandes vorbereitete. Wie auch immer, Henkel
und Metaxa mussten nun auf ihren Antritt bei den US-Doppelmeis-
terschaften in Longwood verzichten und auch die Teilnahme am
Forest-Hills-Turnier und eine geplante Kalifornienreise absagen.
Vielleicht hatte Cramm all diese Nachrichten aus dem Radio vernommen, als er im Moabiter Gefängnisbüro arbeitete, und bitter
gelächelt, während er weitere Gerichtsakten abheftete.

Als er Budges mühelose Siege in Wimbledon sowie bei den französischen und amerikanischen Meisterschaften verfolgte, wird sein Lächeln gelöster und von echter Freude über den Erfolg seines Freundes erfüllt gewesen sein. Dennoch muss er abermals große Enttäuschung empfunden haben. Liebend gerne hätte er Budge eine ernsthaftere Konkurrenz entgegengesetzt – speziell auf dem Sandbelag im Stade Roland Garros, wo sie noch nie aufeinandergetroffen waren. Doch er musste sich damit zufriedengeben, über die großen Turniere deutsche Zeitungsartikel zu lesen, in denen der Name von Cramm niemals auftauchte.

Am Sonntag, dem 16. Oktober 1938, fuhr ein großes Automobil vor die Moabiter Gefängnistore, und hinein schlüpfte Gottfried von Cramm. Fast fünf Monate vor dem regulären Ende seiner Haftzeit war er »wegen guter Führung« entlassen worden. Während der zweijährigen Bewährungsfrist hatte »er sich dieses Aktes der Gnade würdig zu erweisen«.[29] Am Steuer des Wagens saß sein Bruder Adalbert, und zusammen brausten die beiden nach Brüggen zurück, wo die Familie nun ein zweites Mal Gottfrieds Rückkehr feiern konnte – und diesmal blieb er auch.

Cramm wusste, dass er sehr glimpflich davongekommen war. Im Jahr 1938 hatte der NS-Terror gegen Homosexuelle seinen Höhepunkt erreicht: Allein im Homosexuellenreferat der Berliner Gestapo-Leitstelle arbeiteten fünfunddreißig Beamte gleichzeitig ausschließlich an Fällen zum Paragrafen 175. Schwule verschwanden zu Tausenden von den Berliner Straßen, und die meisten Inhaftierten wurden nach Verbüßung ihrer Gefängnisstrafe nach Sachsenhausen oder in ein anderes Konzentrationslager überwiesen. Gerade im April dieses Jahres, als Gottfried seinen Prozess erwartete, hatte die Gestapo verkündet, dass jeder Mann, der wegen »offenkundiger Unzucht« mit einem anderen Mann verurteilt worden war, direkt in ein Lager gebracht werden konnte.[30]

Neben den Juden erlitten Homosexuelle dort die demütigendste und mörderischste Behandlung aller Insassen. Durch den rosa Winkel auf ihrer Sträflingskleidung kenntlich gemacht, wurden sie oft zur Strafkompanie abbeordert, wo sie eine so unmenschliche, un-

aufhörliche Arbeit leisten mussten, dass es schon fast einer Todesstrafe gleichkam. Sie wurden aus ihren Baracken herausgerufen, um
brutal zusammengeschlagen zu werden. Nachts durften sie selbst
im klirrenden Winter nur im dünnen Nachthemd schlafen, und sie
mussten ihre Hände immer über der Decke haben, damit sie nicht
masturbieren konnten. Wer sich nicht an diese Anordnungen hielt,
»wurde zur Strafe im Freien mit einigen Kübeln Wasser übergossen
und eine gute Stunde stehen gelassen. Die Prozedur überstanden
die wenigsten.«[31]

Die Liste der Qualen, die Männer mit dem rosa Winkel und die
übrigen KZ-Insassen erdulden mussten, ist endlos. Doch für die
deutschen Schwulen ging die Verfolgung noch lange nach Kriegsende weiter. Richard Gabler, der letzte Leiter des Homosexuellen-
referats der Berliner Kriminalpolizei während der Nazizeit, setzte
nicht nur seine Tätigkeiten bereits 1946 wieder fort, sondern wurde
sogar zum Leiter der gesamten Inspektion für Sittlichkeitsvergehen
und -verbrechen befördert. Juristen der alliierten Besatzungskräfte
befanden, dass »ein Lager juristisch gesehen kein Gefängnis sei«,
und aus KZs befreite Schwule mussten ihre dort abgesessenen Strafen in regulären Gefängnissen nachholen.[32] Denn rein rechtlich betrachtet waren sie nach wie vor Kriminelle. Die Verschärfungen des
Paragrafen 175 aus der NS-Zeit blieben in der Bundesrepublik bis
1969 gültig, und der ganze Paragraf wurde erst 1994 aufgehoben.

»Ich war von Cramm besuchen und habe ihn in bester körperlicher
Verfassung angetroffen«, teilte Henner Henkel im Oktober 1938
einem französischen Journalisten mit. »Es ist sein großer Wunsch,
wenn möglich in der nächsten Davispokal-Saison antreten zu können.« Am gleichen Tag jedoch gingen die Gedanken von Tennis-
Fachamtsleiter Erich Schönborn in eine andere Richtung: »Seit der
Heimkehr des Sudetenlandes ins Reich können wir auf Roderich
Menzel zählen, der unsre neue Nummer eins sein sollte.«
    »– aber von Cramm?«, wagte ein Reporter zu fragen.
    »Ich weiß nicht, ob er im Davispokal spielen wird. Im Augenblick
können wir auf Menzel, Henkel und von Metaxa zählen. Fürwahr
kein schwaches Trio.«[33]

Womöglich glaubte er, dass in nicht allzu langer Zeit selbst Bunny Austin für Deutschland antreten würde. Hingegen war offenkundig nicht einmal Göring in der Lage, einen verurteilten Homosexuellen in die deutsche Daviscup-Mannschaft zurückzuholen.

Stattdessen nahm Cramm eine Einladung seines gerade achtzig gewordenen Freundes König Gustav nach Schweden an, wo er mit dem schwedischen Team arbeiten und eventuell sogar für es spielen sollte. Anfang 1939 war er dann wieder in Kairo, mittlerweile eine Art zweite Heimat für ihn. Dort trainierte er wie üblich in der sengenden Hitze und bereitete sich auf eine neue Tennissaison vor. Er nahm an einigen ägyptischen Turnieren teil und befand sich im Mai erneut in Stockholm, wo er in einem inoffiziellen Mannschaftswettbewerb gegen die USA für Schweden antrat und seine beiden Spiele gewann. Damit strafte er den Rundfunk-Sportkommentator und notorischen Gerüchtekoch Bill Stern Lügen, der seinen Zuhörern kurz zuvor anvertraut hatte, dass »eine von Max Schmeling angeführte Schwadron Nazis Gottfried von Cramm in einem Konzentrationslager die Füße abgehackt« hätte.[34]

Im Juni war Cramm zurück in London und hoffte auf sein Wimbledon-Comeback. Aber da er in seinem eigenen Land noch immer auf der schwarzen Liste stand, blieb ihm nichts anderes übrig, als sich als Einzelperson zu bewerben (normalerweise meldeten die nationalen Tennisverbände ihre Spieler an), und »ein Wimbledon-Komitee aus Viscounts, Offizieren der Luftwaffe und ähnlichen hohen Tieren« entschied, dass sie keinen Spieler zulassen konnten, der wegen Sittlichkeitsvergehen verurteilt worden war.[35]

Doch der Queen's Club, Veranstalter des großen Vorturniers zur Einstimmung auf Wimbledon, gestattete Cramm – nach einer erhitzten Debatte –, dort anzutreten, und der nutzte die Gelegenheit weidlich aus. Im Viertelfinale schlug er mühelos Elwood Cooke, der nur wenige Wochen später bis ins Wimbledon-Endspiel vordringen sollte. Und im Halbfinale folgte dann das große Match gegen Bobby Riggs. Nach Budges Wechsel in die Riege der Berufsspieler war der einundzwanzigjährige Riggs in die erste Reihe der US-Amateure aufgestiegen und galt weithin als der mit Abstand aussichtsreichste Anwärter auf den diesjährigen Wimbledon-Sieg. Wer immer sich

im Queen's-Halbfinale durchsetzte, würde garantiert auch das Endspiel gegen Ghaus Mohammed aus Indien gewinnen, und so stellte
diese Begegnung für viele nichts weniger als eine Art »inoffizielle
Weltmeisterschaft«[36] dar.

Nachdem er »direkt vom Empfang bei König George und Königin Elizabeth in der Guildhall zum Club geeilt« war, stürmte
Cramm aufs Spielfeld und holte sich den Sieg im Handumdrehen.
Mit 6:0, 6:1 überrannte er Riggs regelrecht. Tilden und Budge, die
gerade in England eine europäische Profitournee starteten und sich
beide gefreut hatten, Gottfried wiederzusehen, verfolgten das Spiel
gemeinsam von ihren Sitzen am Spielfeldrand aus. Nach Ende des
Matchs, das in einer halbe Stunde abgehakt war, schüttelte Tilden
bewundernd den Kopf. »Von Cramm ist ohne Zweifel momentan
der beste Amateur der Welt«, erklärte er einmal wieder.[37] Und dieses Mal hatte er endlich auch Recht. Wenn auch in den zwei Jahren,
seit ihn die englischen Tennisfans das letzte Mal gesehen hatten,
sichtlich dünner und blasser geworden, war Cramm doch »gnadenlos in Form«, wie die *Times* berichtete. »Kein Ass, für das er sich
nicht mit der ganzen Gewalt seiner blendenden Aufschlaggeschosse
ins Geschirr legte. ... Der Schluss liegt nahe, dass Cramm, könnte
er in Wimbledon antreten, zur Unbezwingbarkeit eines Budge he-
ranwüchse.«[38]

Riggs sollte Wimbledon in der Tat gewinnen, auch wenn die Niederlage gegen Cramm die in ihn gesetzten Erwartungen etwas ge-
dämpft hatte. Doch vielleicht waren gedämpfte Erwartungen ja genau das, worauf er es anlegte. Bei kleineren Turnieren in den Staaten
kam es öfters vor, dass er die ersten Spiele eines Matchs oder einen
ganzen Satz absichtlich verlor, bis ihm sein Bruder auf der Tribüne
das Zeichen gab, dass es ihm gelungen sei, ein paar Wetten abzuschließen. Von da an nahm Bobby das Spiel in die Hand. Aber le-
gendär wurde sein Ruf als Zocker erst nach dieser Woche in London, als er auf sich selbst als den Wimbledon-Sieger im Einzel,
Doppel und Mixed gewettet hatte, seine Dreierwette gewann und
zwanzigtausend Pfund kassierte – zu jener Zeit ein wahres Vermögen. Sicherlich hatte die vernichtende Niederlage gegen Cramm
beim Aufgalopp im Queen's Club seine Gewinnquote erhöht. (Um

etwas genauer zu sein: Die Mär vom großen Geldgewinn hat sich erst im Lauf der Jahrzehnte so ausgeformt. Ähnlich wie im Fall von Budges Bericht über Hitlers Telefonanruf hat auch Riggs seine Geschichte erst viele Jahre später in dieser Form zum Besten gegeben. Seinem Biografen Tom Lecompte zufolge ist es wahrscheinlicher, dass er zwar versucht hatte, eine solche Wette abzuschließen, ihm aber nur erlaubt wurde, auf seinen Sieg im Einzel zu wetten, was ihm vierzig Pfund einbrachte. Doch wie auch bei Budges Hitler-Legende der Fall wurden Riggs' Ausschmückungen so oft wiederholt, dass daraus »verbürgte Tennisgeschichte« wurde.)[39]

Auch wenn man mögliche Täuschungsmanöver vonseiten Riggs' berücksichtigt, stimmten doch die meisten Experten darin überein, dass Gottfried von Cramm 1939 die besten Aussichten gehabt hätte, endlich Wimbledon zu gewinnen. Ein Reporter meinte, dass nur »ein Perry oder Budge in Bestform« es mit Cramms Spiel beim Queen's-Turnier hätten aufnehmen können. »Wenn je ein Spieler den Anschein erweckte, er könne nun einfach weitermachen und die Wimbledon-Meisterschaften gewinnen, dann war es von Cramm«, schrieb die *Times*. Doch als dann das Turnier begann, verlor die gleiche Zeitung kein Wort über Cramms schändlichen Ausschluss von der größten Leistungsschau des Welttennis. Stattdessen wurde bewundernd festgestellt, wie gut es den deutschen Tennisfunktionären doch stets gelungen sei, »jemanden zu finden, um die Lücke zu füllen, wenn Männer wie Prenn und Gottfried von Cramm ausfielen«.[40]

Immerhin hatte Großbritannien ihm die Einreise erlaubt. Cramm hatte auch vorgehabt, im August wieder die USA zu bereisen und in Forest Hills zu spielen. Doch als er im amerikanischen Konsulat von Berlin ein Visum beantragte, wurde es ohne langes Federlesen abgelehnt, da er wegen »sittlicher Verkommenheit« verurteilt worden war. Einigen Reportern hatte er mitgeteilt, dass er mit dem Gedanken spielte, in den USA statt in Schweden zu leben, und dass er sogar »ein gutes Professional-Angebot« in Erwägung ziehen würde, sollte sich die Gelegenheit ergeben (und in der Tat plante der Veranstalter Jack Harris, ihm ein solches Angebot zu unterbreiten).[41]

Doch all das sollte sich bald erübrigen, und zwar nicht allein durch die Ablehnung des Visumsantrags, sondern auch durch den

Kriegsausbruch. Als am 1. September 1939 die Wehrmacht in Polen einmarschierte und ein neuer Weltkrieg begann, wusste von Cramm genau, was er zu tun hatte. Auch wenn er leicht ein schwedischer Bürger hätte werden und im Land bleiben können, ging er einen anderen Weg. In einem Brief an Tilden schrieb er: »Wie auch immer meine Gefühle gegenüber der gegenwärtigen Regierung aussehen mögen, ist doch Deutschland mein Heimatland, und ich könnte mir selbst nicht mehr ins Gesicht sehen, wenn ich nicht zurückkehren würde.«[42]

Ein Mann seines Standes hätte im Normalfall einen Offiziersposten in der Wehrmacht erhalten. Aufgrund seiner Vorstrafe war dies jedoch ausgeschlossen, und so wurde Cramm im Mai 1940 als gemeiner Soldat eingezogen. Er verbrachte ruhige anderthalb Dienstjahre in Utrecht im besetzten Holland. Doch an Silvester 1941 saß er mit seinem Regiment in einem nach Osten rollenden Transportzug, auf dem Weg an die russische Front. Von Smolensk wurden sie ins Kampfgebiet geflogen, und sie sprangen von der Maschine hinab in die Hölle auf Erden. Nach einer sechsmonatigen brandschatzenden, mörderischen Invasion weit in die Tiefe Russlands hinein war die deutsche Vorwärtsbewegung schließlich 140 Kilometer vor Moskau im klirrenden Frost steckengeblieben; die sowjetischen Truppen und der russische Winter, der in der Geschichte seine Unbezwingbarkeit schon wiederholt unter Beweis gestellt hatte, hatten die Wehrmacht gestoppt. Hitlers Armee war bald auf der ganzen Linie im Rückzug begriffen, während die erbarmungslose Gegenoffensive der Roten Armee in vollem Gang war. Cramm war eine Maschinengewehreinheit von sechs Mann unterstellt. In ihren dünnen Sommermänteln lagen sie im Schnee, versuchten die Gewehre in der bitteren Kälte funktionsfähig zu halten und auf verlorenem Posten dem brutalen sowjetischen Ansturm zu trotzen.

Nach drei schrecklichen Wochen rettete Glück im Unglück Cramms Leben: Erfrierungen an beiden Beinen machten ihn einsatzunfähig. Eine Junkers 52 brachte ihn weg von dem Flugplatz, den er mit seinen Kameraden verteidigt hatte, und schließlich gelangte er ins Kriegslazarett von Warschau. Von den 120 Mann seiner Kompanie kehrten nur neunzehn nach Deutschland zurück.[43]

Als Cramm wenige Monate später von seinen Versehrungen genesen war, fand er sich als Zivilist wieder. Aus etwas undurchsichtigen Gründen hatte man ihn unehrenhaft aus der Wehrmacht entlassen, obwohl ihm für seinen tapferen Einsatz sogar das Eiserne Kreuz verliehen worden war. Vermutlich geschah dies im Zusammenhang einer seit dem »Prinzenerlass« vom Mai 1940 zunehmenden Tendenz innerhalb der Partei, den Adel aus einflussreichen Positionen zu verbannen; ein Prozess, der 1943 mit dem Ausschluss aller Mitglieder ehemals regierender Fürstenhäuser aus Regierung, Partei und Armee seinen Höhepunkt fand.

Für zwei der Cramm-Brüder kam diese Entwicklung zu spät. Adalbert war 1940 als Soldat an einer Lungenentzündung gestorben, und Berno war um die Zeit von Gottfrieds schweren Erfrierungen als vermisst gemeldet worden. Gottfried kehrte nun nach Bodenburg zurück und half bei der Verwaltung der Familiengüter. Während der letzten Kriegsjahre verbrachte er auch viel Zeit in Berlin und Stockholm. Er kümmerte sich weiterhin um den schwedischen Tennisnachwuchs und zählte unter anderem Lennart Bergelin zu seinen Schülern, den späteren Trainer von Björn Borg. Doch über das neutrale Schweden übermittelte er auch Nachrichten der wachsenden deutschen Widerstandsbewegung in die Welt nach draußen.[44] Während seiner Aufenthalte in Berlin wohnte er bei den Gersdorffs, Freunden der Familie, deren Haus ein wichtiger Treffpunkt oppositioneller Zirkel war. Dort lebte zeitweise auch Marie »Missie« Wassiltschikow, eine aus ihrer Heimat vertriebene russische Prinzessin, die mit zahlreichen Persönlichkeiten aus den Kreisen der Widerständler eng befreundet war. Im Haus der Gersdorffs lernte nun auch Gottfried diese Leute kennen, und er versprach, zu tun, was er tun könne, um die Maschinerie des NS-Staates untergraben zu helfen. Nach jeder Rückkehr aus Schweden wurde er von der Gestapo verhört, aber offensichtlich konnten sie nichts Belastendes finden.

Am 20. Juli 1944 fand das in den Verschwörerkreisen von langer Hand vorbereitete Attentat Stauffenbergs auf Hitler statt. Claus Schenk Graf von Stauffenberg, ein hochrangiger Offizier, der im Vorjahr in Nordafrika das linke Auge und die rechte Hand verloren hatte, nahm an diesem Tag an einer militärischen Besprechung im ostpreußischen Führerhauptquartier Wolfsschanze teil. In seiner Aktentasche befand sich eine kleine Bombe. Er stellte den Zeitzünder mit einem Bleistift ein, platzierte die Tasche unter dem Konferenztisch in Führernähe und entfernte sich bald unter dem Vorwand, noch ein Telefonat machen zu müssen. Unglücklicherweise war die Tasche einem Offizier im Weg, der sie auf die Außenseite des massiven hölzernen Stützblocks der Tischplatte stellte. Als die Bombe explodierte, den Raum weitestgehend zerstörte und vier Menschen in den Tod riss, erlitt Hitler, von Schock und Prellungen abgesehen, nur geringfügige Verletzungen.

Wutentbrannt befahl er blutige Rache. Alle, die mit der Verschwörung auch nur in entferntester Verbindung standen, sollten gefangen genommen und »gehängt werden wie Schlachtvieh«.[45] Er meinte es ernst. Wer unter dem vagen Verdacht stand, ein Feind des Dritten Reichs zu sein, wurde in einer tobsüchtig rasenden Aktion verhaftet. Von den fünftausend Gefangengenommenen wurden mehr als zweihundert hingerichtet – viele starben einen qualvollen Tod, in Schlingen aus Klavierdraht an Fleischerhaken aufgehängt.

Cramm und Missie Wassiltschikow waren in jenen Tagen »intensiv befreundet«. Gemeinsam mit ihr durchlitt Cramm die alptraumhafte Bombardierung Berlins, die seine geliebte Stadt in Ruinen und »Schutthügel« verwandelte, erlebte das flammende Inferno der Brandbomben, die den Winter draußen vor der Tür wärmer machten als in den kalten Häusern ohne Heizmaterial.[46] Und sie teilten ihr Leid, wenn sie von Verhaftungen, Blitzverfahren und abscheulichen Hinrichtungen von Freunden – darunter auch Cramms Anwalt im Prozess von 1938, Carl Langbehn – Nachricht erhielten. Die Gestapo legte ein Netz des willkürlichen Terrors übers Land, doch Gottfried und Missie schlüpften irgendwie durch die Maschen. Als er im August aus Bodenburg in die Hauptstadt zurückkam, meinte er zu Missie: »Ich will nicht wissen, was mit ihnen geschieht. Ich will lediglich wissen, wer von ihnen überleben und wieder freikommen wird, wer noch frei ist und wann sie es das nächste Mal versuchen wollen. Denn dann können sie auf mich zählen!«[47] Er bat sie auch, ein Treffen zwischen ihm und Alexander Werth, einem der unentdeckt gebliebenen Verschwörer, zu arrangieren, wozu es allerdings nicht kam.

Cramm brachte die noch verbleibenden Kriegsmonate in Bodenburg zu, bis im April die letzten deutschen Soldaten nach Osten zur Endschlacht um Berlin durch den Ort zogen. Der Krieg war vorbei. Zwei seiner Brüder waren tot, und die meisten aufrechten Mitglieder der Widerstandsbewegung, die er während des Kriegs in Berlin kennengelernt hatte, waren hingerichtet worden. Kai Lund, weiland sein Doppelpartner, kehrte mit nur einem Arm und einem Bein aus dem Krieg zurück, und Henner Henkel war im schwarzen Abgrund der Schlacht um Stalingrad verschwunden. Auch Geoffrey Nares, der Freund aus glücklicheren Londoner Tagen, war tot. Er war dem britischen Regiment der »12th Royal Lancers« beigetreten und hatte 1941 und 1942 als Kommandeur eines Panzerwagens in Ägypten gekämpft, wo er sich als ein »sehr mutiger und intelligenter Offizier« erwies. Doch kurz vor der Schlacht von el-Alamein erkrankte er an Sandfliegenfieber und starb dann im Krankenhaus in Kairo an einem Gehirntumor. Seit seiner Affäre mit Gottfried war Geoffrey aus der Biografie seines berühmten Vaters im »Who is Who« verschwunden, und auch sein in der Wüste bewiesener Heldenmut reichte nicht hin, um eine Wiederaufnahme zu bewirken.[48]

Manasse Herbst immerhin war in den Vereinigten Staaten in Sicherheit. Ähnlich wie Daniel Prenn hatte er zweimal der drohenden Katastrophe entrinnen müssen: Gerade rechtzeitig vor Einmarsch der Wehrmacht war ihm die Flucht auch aus Frankreich gelungen. Herbst heiratete später, und zusammen mit seiner Frau sollte er Gottfried nach Kriegsende zweimal in Deutschland besuchen. Cramm hatte entscheidend dazu beigetragen, ihn und seine Familie zu retten, indem er ihnen ermöglichte, ihre Ersparnisse aus Deutschland in Sicherheit zu bringen, und Langbehn sollte Recht gehabt haben: Wenn sich der Erpressung bezichtigen zu lassen geholfen hatte, Gottfried jahrelanges Gefängnis oder ein noch schlimmeres Schicksal zu ersparen, dann hatte Herbst liebend gerne zeitweilig die Sündenbockrolle übernommen.

Gottfrieds Exfrau Lisa und Gustav Jaenecke hatten 1940 geheiratet, und beide überlebten den Krieg. Gottfried blieb ihr guter

Freund, und nachdem ihre Wohnung durch einen Bombenangriff
der Alliierten schwer in Mitleidenschaft gezogen worden war, bahnte
er sich sogar mit ihnen einen Weg durch die Trümmer, um bei den
Instandsetzungsarbeiten mit anzupacken. Einige Jahre später ließen
sich auch Lisa und Jaenecke scheiden, und Lisa heiratete ein drittes
Mal. Diese Ehe mit dem Arzt Dr. Wolfgang Ammann sollte bis ans
Ende ihres langen Lebens halten. Wann immer Gottfried im Raum
München war, besuchte er die beiden in ihrem idyllischen Haus am
Ammersee.[49]

Als sich Deutschland 1946 allmählich aus dem Schutt heraus-
wühlte, begann Cramm auch schon wieder, sich intensiv dem Tennis
zu widmen. Zusammen mit anderen ging er den Wiederaufbau des
»Rot-Weiß«-Clubs an, dessen Anlagen bei der Bombardierung Berlins schwer beschädigt worden waren. Innerhalb von drei Jahren
waren das neue Clubhaus und das neue Centre-Court-Stadion fertig, und der Club wurde wieder zum Austragungsort der deutschen
Meisterschaften. 1947 und 1948 war der Enddreißiger Gottfried
von Cramm erneut die Nummer eins im Land und wurde in beiden
Jahren von den deutschen Sportjournalisten zum »Sportler des Jahres« gewählt.[50] Auch wenn die Nationalsozialisten ihn mit Verfolgung und Gefängnisstrafe zu entehren versucht hatten, war der
Makel doch nicht haftengeblieben. Viele glaubten – oder gaben es
zumindest vor –, dass die ganze Anschuldigung aus politischen Mo-
tiven erfunden worden war, und jene, die um die Wahrheit wussten,
schienen nicht viel Aufhebens darum zu machen. »Gottfried war ein
sehr zurückhaltender Mensch«, sagte Ladislav Hecht (der vor den
Nazis geflohene slowakische Jude spielte nach Kriegsende für die
USA). »Wir wussten, dass er homosexuell war. Er schien stets ein
Gefolge von jungen Männern um sich herum zu haben. Aber keiner
von uns hat sich darüber je viel Gedanken gemacht. Gottfried war
ein unglaublich liebenswürdiger Mensch, ein Gentleman in jeder
Beziehung.«[51]

Mit vierzig trainierte er so hart wie je, absolvierte sein Übungs-
pensum in der sengenden Hitze des Gezirah Tennis Clubs in Kairo
und spielte viel jüngere Männer in Grund und Boden, bis sie erschöpft aufgaben. Hier trainierte er oft mit dem zukünftigen Wim-

bledon-Meister Jaroslav Drobny, der sich aus der Tschechoslowakei
abgesetzt hatte und ägyptischer Staatsbürger geworden war. 1949
schlug er Drobny im Turnier von Alexandria. Zwei Jahre später erlebte Cramm zum zweiten Mal nach einem Weltkrieg die deutsche
Wiederaufnahme in die internationalen Tenniswelt, um dann nach
vierzehnjährigem Fehlen die deutsche Daviscup-Mannschaft erneut
anzuführen. Nahezu im Alleingang brachte er Deutschland 1951 in
die Endausscheidung der europäischen Zone, wobei er in allen vier
Runden jeweils seine drei Spiele gewann und Deutschland dank ihm
dreimal mit drei zu zwei Siegen weiterkam.

Im gleichen Jahr spielte Cramm auch wieder in Wimbledon –
zum ersten Mal seit seinem berühmten Match gegen Budge. Gleich
in der Auftaktrunde musste er gegen seinen Freund Drobny antreten, der an Nummer zwei gesetzt war, und der All England
Club erkor Cramms Rückkehr zum Eröffnungsspiel, das auf dem
Centre Court ausgetragen wurde. Als der fast zweiundvierzigjährige
Gentleman von Wimbledon in seinen mittlerweile anachronisti-
schen langen weißen Hosen und so elegant wie eh und je den heiligen Rasen betrat, erhob sich das Publikum im ausverkauften Stadion und brachte ihm rauschende Ovationen dar. Er kämpfte wie ein
Löwe und zeigte vielfach sein brillantes Tennisspiel aus alten Tagen,
verlor aber gegen Drobny (der drei Jahre später Wimbledon-Sieger
werden sollte) 9:7, 6:4, 6:4. Erneut begleiteten ihn Standing Ovations, als er nun zum letzten Mal den Centre Court verließ.

Seine allerletzte Davispokal-Runde absolvierte er 1953 im Stade
Roland Garros in Paris, dem Ort seiner beiden bedeutendsten
Triumphe. Es sollte ein weiterer großer Abschiedsauftritt werden.
Der bereits auf die Vierundvierzig zugehende Cramm gewann ein
Match, verlor zwei kräftezehrende Fünfsatzbegegnungen und sagte
dann dem Pariser Publikum und dem Daviscup-Tennis für immer
Lebewohl.

Bei seinen Nachkriegsbesuchen als Spieler und später als Zuschauer
in Wimbledon begegnete Cramm oft auch seinem alten Tennispartner Daniel Prenn. Der jüdische Flüchtling und Sandplatzspezialist
im Land des Rasentennis hatte sich in England mittlerweile gut

etabliert. 1938, im Wissen, dass sein Freund in Nazideutschland im Gefängnis saß und jenes Schicksal litt, vor dem er selbst geflohen war, spielte Prenn seine vorletzte Saison im Turniertennis und trat in Wimbledon beim Einzel, im Doppel und im Mixed an. Sein bestes Ergebnis war zwar nur das Erreichen der dritten Runde im gemischten Doppel, doch lieferte er im Einzel in der ersten Runde ein höchst kämpferisches Match ab, bei dem er sich in den beiden ersten Sätzen gegen einen anderen Engländer durchsetzte und im fünften nur knapp mit 6 : 4 unterlag. Wäre ihm der Sieg gelungen, so hätte ihm in der nächsten Runde der an vierter Stelle gesetzte Henner Henkel gegenübergestanden.

Nachdem er 1939 erneut in der ersten Runde ausgeschieden war, wechselte er endgültig vom Tennis ins Geschäftsleben über. Er steuerte seine Firma Truvox Engineering durch die Kriegsjahre, und während die Luftschlacht um England tobte und die deutschen Bomben auf Londons Dächer und den Centre Court regneten, stellte er sich immer wieder die bange Frage, ob er wohl zum dritten Mal würde fliehen müssen – und ob denn eine dritte Flucht überhaupt möglich wäre. Bei Kriegsende waren seine Mutter und seine Schwester Tamara im Höllenschlund des Holocaust verschwunden. (Sein Vater war bereits bei Kriegsanfang an Rippenfellentzündung gestorben.) Doch hatte er nun seinen Sohn Oliver, und auch seine Schwester Betty (oder »Bobka«) hatte in London ein gutes Auskommen gefunden und arbeitete für das Auslandsprogramm der BBC. Er ließ die düstere Vergangenheit hinter sich und steckte alle Energie in die Zukunft.

Truvox war ein glänzender Erfolg beschieden.[52] Mit dem Erwerb einer weiteren Lautsprecherfirma, Prenns erstem großen Geschäftszukauf, endete 1950 jene Phase, die er später als die Zeit »vor meinem ersten Rolls-Royce« bezeichnete. Er schickte seinen Sohn nach Oxford und plauderte mit der Queen, während sie gemeinsam seinen Rennpferden beim Galoppieren zusahen. Prenn selbst spielte zwar kein Tennis mehr, doch wurde sein Sohn Oliver 1955 in Wimbledon Juniormeister und trat über einige Jahre hinweg bei internationalen Turnieren an, bevor auch er ins Familienunternehmen einstieg. Ein anderer Sohn Prenns, John, sollte 1981 Weltmeister im Rackets werden (ein dem Squash ähnlicher Sport, der aber mit einem harten Ball und auf einem größeren Spielfeld gespielt wird). Über lange Jahre hinweg versuchten Cramm und andere, Prenn dazu zu bewegen, zu verschiedenen Anlässen wieder einmal nach Berlin zu kommen und »Rot-Weiß« einen Besuch abzustatten, er aber lehnte stets ab. 1984 schließlich gelang es dem Präsidenten des Clubs, Wolfgang Hofer, ihn doch noch zu überreden, und der achtzigjährige Prenn kam, sah sich einige Spiele auf den Plätzen an, die er einst unangefochten beherrscht hatte, und unterhielt sich gut mit Hanne Nüsslein und Fred Perry.[53] Er war froh, seinen alten Club und seine alten Kameraden wiederzusehen, und er hatte seine Reise gerade noch rechtzeitig unternommen, denn nur kurze Zeit später begann er mehr und mehr in den Nebeln der Alzheimer-Krankheit zu verdämmern. Daniel Prenn, der in Wilna geborene und vor der Russischen Revolution geflohene Jude und der den Nazis entkommene deutsche Tennismeister, starb 1991 kurz vor seinem siebenundachtzigsten Geburtstag als wohlhabender englischer Gentleman.

Gottfried von Cramms Umtriebe außerhalb des Tennisplatzes erregten 1951 beim Wimbledon-Publikum sogar noch mehr Aufsehen als seine Rückkehr auf den Centre Court. Jeden Tag druckten die Zeitungen Bilder von ihm und seiner ständigen Begleiterin Barbara Hutton. Die Woolworth-Erbin war von »ihrem Tennisspieler« noch immer genauso fasziniert wie 1937. Noch am Tag vor der Hochzeit mit ihrem dritten Ehemann, Filmstar Cary Grant, hatten 1942 mehrere Klatschspalten berichtet, dass sie jüngst »geheimnisvolle transatlantische Telefongespräche mit einem gewissen ›deutschen Baron‹« getätigt habe, in den sie »offensichtlich … verliebt« sei – in der Tat hatte sie von einem Hotel in Mexiko-Stadt aus »Funk-Telefonate« mit Gottfried in Bodenburg geführt. Und sogar während ihrer Ehe mit Grant schickte sie Cramm Liebesgedichte, die sein »honigfarbenes« Haar und seine »grünen Seen im Schnee« gleichenden Augen besangen; und er hatte auch auf seinen Reisen in Kriegszeiten einen Bilderrahmen aus rotem Leder mit drei Fotografien Huttons bei sich, die sie ihm geschickt hatte.[54] Sie war ganz verrückt nach Gottfried und trieb damit Grant und ihre beiden nachfolgenden Gatten zur Raserei. Sie rief ihn selbst dann noch stundenlang an, wenn sie mit anderen Männern in den Flitterwochen war. Wenn sie krank war oder in Depressionen versank, war es stets Gottfried, an den sie sich wandte. An ihrem neununddreißigsten Geburtstag im Jahr 1951, als sie gerade mitten in tiefen Depressionen und Drogenproblemen steckte, lud Cramm sie für einen Monat nach Köln ein. Und dann, 1955, bekam sie den Mann ihrer Träume endlich. Er kam ihr nach Tanger hinterher, wo sie einen gemeinsamen Urlaub verbrachten, und von dort aus schrieb sie an Freunde, dass sie sich verlobt hätten: »Stellt euch vor! Nach all den Jahren – 18, um genau zu sein.«[55]

Cramms Freunden zufolge hatte er sie eigentlich gar nicht heiraten wollen, aber geglaubt, ihr auf diese Weise helfen zu können. Nach Kriegsende war er dreien seiner ehemaligen Kameraden aus seiner Maschinengewehreinheit, die mit nichts außer ihren Kleidern am Leibe aus Ostdeutschland geflüchtet waren, dabei behilflich gewesen, sich geschäftlich niederzulassen, und einen vierten hatte er als seinen Chauffeur eingestellt. Später hatte er Tennisspieler aus der DDR unterstützt, die sich in den Westen absetzen wollten, und viele der dabei entstehenden Unkosten selbst getragen. Als Kai Lund verkrüppelt aus dem Krieg zurückkehrte, kaufte ihm Gottfried ein kleines Hotel in der Nähe von Baden-Baden.[56] Und nun also konnte er vielleicht seiner Freundin helfen, dem »armen kleinen reichen Mädchen«, das ein Leben in unvorstellbarem Reichtum voller Privilegien in eine von Sucht und Depressionen gezeichnete Existenz verwandelt hatte und das überzeugt war, dass nur ihr Tennischampion sie zu retten vermochte.

Was Barbara betraf, muss sie wohl geglaubt haben, die eine Sache, die ihr an ihm falsch erschien, schon in Ordnung bringen zu können. Sie heirateten am 8. November 1955 in Versailles, doch fast von Anfang an empfanden beide die Ehe als einen Fehler.[57] Er konnte ihr niemals mehr sein als ein naher Freund – und nicht einmal ein so naher Freund, wie sie es wollte. Sie erwartete von Gottfried, dass er mit ihr durch die Welt strabanzte und dem Leben der müßigen Superreichen frönte. Er jedoch hatte 1951 in Hamburg eine eigene Baumwollimportfirma gegründet und engagierte sich nach wie vor sehr stark für den deutschen Tennissport. Zu ihrer beiderseits Bestürzung ließen die Vereinigten Staaten ihn zudem nach wie vor nicht ins Land. Wie zuvor für den All England Club war für die US-Regierung ein Schuldspruch eben ein Schuldspruch, auch wenn ihn ein bekanntermaßen völlig korruptes Nazigericht gefällt hatte. Und wer der »sittlichen Verkommenheit« schuldig gesprochen worden war – sprich: jeder Homosexuelle –, war in den USA ausdrücklich unerwünscht.

Das hatte zur Folge, dass die Ehepartner viel Zeit getrennt zubrachten, und selbst wenn sie zusammen waren, blieb vom märchenhaften Happy End ihrer Lovestory bald nicht mehr viel übrig. Ihm bereitete ihr starkes Trinken und ihr ausschweifender Lebensstil Unbehagen, und sie brachte es zunehmend in Rage, dass er offenkundig lieber mit jungen Männern zusammen war als mit ihr. Nach wenig mehr als einem Jahr trennten sie sich endgültig, auch wenn die Scheidung erst Anfang 1960 vollzogen war. Über die Jahre hinweg sollte sie Gottfried weiterhin gelegentlich anrufen, um bei ihm Trost zu suchen, und noch 1974 flog er zu einem Treffen mit ihr nach Madrid.[58] Doch letztlich war Barbara Hutton ein Mensch, dem auch Cramm nicht helfen konnte. Nach Jahren von Medikamenten- und Drogenmissbrauch, Alkoholismus, Magersucht und Depressionen starb sie 1979 mit sechsundsechzig an einem Herzinfarkt.

Nachdem sie sich 1957 getrennt hatten, setzte Cramm sein gewohntes Leben in Deutschland fort und verbrachte auch weiterhin jedes Jahr viel Zeit in Ägypten. Im Lauf der Jahre hatte er dort so viele Freunde gefunden und Kontakte geknüpft, dass er ein sehr erfolgreiches Importgeschäft aufbauen konnte, das Baumwolle aus Ägypten und später auch aus dem Sudan und dem Iran in die Bundesrepublik einführte. Er spielte auch nach wie vor gern Tennis und genoss seine gesellschaftlichen Kontakte in Kairo, Alexandria und Khartum. So wie er einst in Paris der beliebteste ausländische Champion gewesen war, stand er nun auch in Ägypten in einem besonders guten Ruf, was Dick Savitt, eine Tennisgröße der fünfziger Jahre, hervorhebt: »Ich glaube, ich habe es in keinem anderen Fall je erlebt, dass ein Mensch in einem fremden Land so hoch verehrt wurde wie der Baron in Ägypten.«[59]

Am 9. November 1976 war Gottfried von Cramm wegen geschäftlicher Angelegenheiten in Alexandria. Nach Ende des Treffens mit seinen Geschäftspartnern bot man ihm einen Wagen samt Chauffeur an, um ihn nach Kairo zurückzubringen. Cramm nahm an und setzte sich, wie gewohnt, nach vorne neben den Fahrer. Ich bin Gottfried, sagte er dann jovial und begann eine gemütliche Plauderei, statt nach Baronsart auf dem Rücksitz Platz zu nehmen. Die zweihundert Kilometer lange Straße war schnurgerade wie die Seitenlinie eines Tennisspielfelds, zweispurig, und es gab nur wenige Kreuzungen. Man konnte kilometerlang geradeaus fahren, ohne einem andern Fahrzeug zu begegnen. Sie waren nur noch etwa dreißig Kilometer von Kairo entfernt, als ein entgegenkommender Militärlastwagen plötzlich auf die andere Spur ausscherte, nachdem dessen Fahrer die Kontrolle über den Wagen verloren hatte. Cramms Chauffeur konnte nicht mehr ausweichen und war sofort tot. Gottfried, den je krank erlebt zu haben sich niemand erinnern konnte, hasste Krankenhäuser, und er hatte sich geschworen, sein Leben auf keinen Fall an einem solchen Ort zu beenden. Was er auch nicht tat; er starb unterwegs im Rettungswagen.[60]

Nie hatte von Cramm auch nur den leisesten Anflug von schwermütiger Enttäuschung oder Verbitterung darüber erkennen lassen, dass er durch eine schändliche Gefängnisstrafe und eine von Vorurteilen diktierte Sperre um seine größten Chancen im Tennis gebracht worden war. Als tausendfünfhundert Flugzeuge der Alliierten mit ohrenbetäubendem Lärm über den Himmel von Berlin donnerten und die Stadt in Brand setzten, saß er in aller Seelenruhe im Chaos eines Luftschutzkellers und las Schopenhauer. Falls er sich im Krankenwagen einigermaßen über seine Situation im Klaren war und er wusste, dass er, der Naziverfolgung und Ostfront überlebt hatte, nun im Begriff war, an einem Autounfall zu sterben, dann wird er sein Schicksal vermutlich mit der gleichen Gelassenheit akzeptiert haben. »Gottfried war wirklich erstaunlich«, erinnerte sich sein Freund Wolfgang Hofer. »An ihm schien der Krieg absolut spurlos vorübergegangen zu sein. Niemals erwähnte er die Schrecken des russischen Winters. Auch über die Zeit im Gefängnis sprach er nicht.«[61] Wo immer er auftauchte – als Persönlichkeit des öffentlichen Lebens, als Geschäftsmann oder als Botschafter des deutschen Tennis und Präsident von »Rot-Weiß« Berlin von 1966 bis 1975 –, zog er die Menschen mit seiner Eleganz, seinem Charme, seiner Lebensfreude in seinen Bann.

Und natürlich mit seinem Tennisspiel. Der deutsche Musikkritiker Johannes von Kalckreuth schrieb 1948 über Cramms »Kammermusik mit weißen Bällen«.[62] Mit geradem Rücken, gebeugten Knien und perfektem Timing ließ er seine prachtvollen langen Schläge über den Tennisball streichen, wenn er die Kugel tief in die gegnerische Hälfte hineinschickte. Selbst als er in späteren Jahren allein für sein Privatvergnügen spielte, demonstrierte der Tennisbaron weiterhin jenes »Zeichen von Adel im Tennisschlag«. »Seine Bälle gingen nur wenige Zentimeter übers Netz«, erinnerte sich der Tennisspieler Herbert Schmidt, »und doch waren sie wie von Zauberhand unglaublich lang. Auch jetzt noch konnte er das Spielfeld öffnen, es weiter und weiter machen.«[63] So weit, dass es förmlich die ganze Welt umfasste.

Für Big Bill Tilden sollte jener Sommer 1937, als er Gottfried von Cramm dabei erlebte, wie er um ein Haar den höchsten Gipfel des Weißen Sports erklommen hätte, mehr oder minder den Anfang vom Ende markieren. Seit seinem Wechsel ins Lager der Profis 1930 war er die größte Attraktion des Berufstennis gewesen. Aber sein verschwenderischer Lebensstil hatte seine enormen Einnahmen aufgefressen, und als ihm Vinnie Richards 1938 aus seinen Schulden half, war er verglichen mit früheren Jahren nur noch ein trauriger Schatten seiner selbst.

Gleichwohl hörte er nie auf, Tennis zu spielen. 1939, im Alter von sechsundvierzig Jahren, brach er zusammen mit Don Budge, Ellsworth Vines und einigen anderen zu einer neuen Profitournee auf. Sie planten eine ausgedehnte Reise durch Europa und dann Richtung Südhalbkugel und begannen im Mai mit Hallenspielen in der Londoner Wembley Arena. Al Laney war vor Ort:

Als Tilden zum ersten Mal gegen Budge spielte, den aktuell besten Tennisspieler der Welt, trat er mit dem Gebaren eines Meisters auf, der sogleich einem vielversprechenden Schüler eine Lektion erteilen würde. Er schritt majestätisch auf den Platz, so dass man unwillkürlich ein wenig Mitleid für Budge empfand. ... Als das Spiel vorbei war [Budge gewann 6:2, 6:2], stolzierte er vom Platz, als sei er der Sieger. ... [Und dann] war er wieder draußen und schlug den zwanzig Jahre jüngeren Vines.[64]

Insgesamt konnten die jüngeren Spieler mehr Siege verzeichnen, doch an bestimmten Tagen vermochte der alte Mann noch immer jeden anderen zu bezwingen. In einem späteren Match schlug er sogar Budge. »Ich habe noch nie derartige Szenen gesehen«, berichtete ein Reporter. »Das verzauberte Publikum erhob sich vor dem großen Meister und überschüttete ihn mit Beifall.« Und Laney schrieb: »Sie schrien und stampften mit den Füßen und ließen ihn wissen, dass keiner an ihn herankam und es niemals seinesgleichen gegeben hatte.« Budge, stets der vollendet höfliche Sportsmann, gab an, dass Tilden ihm eine Lehrstunde gegeben habe, indem er »das beste Tennis spielte, dass ich je erlebt habe«. Tilden seinerseits räumte bescheiden ein, den Champion an einem schlechten Tag erwischt zu haben.[65]

Sie waren noch immer in England unterwegs, als der Krieg ausbrach. Man hatte den Eindruck, als habe jeder – und selbst die auf der Straße spielenden Kinder – entweder Gasmasken in der Hand oder um den Hals hängen. Es kam buchstäblich vor, dass junge Männer die Tribüne verließen, um zu ihren Regimentern zu stoßen, und einmal sahen Tilden und Budge von ihrem Spiel auf, um einen Himmel voller »Sperrballone« zu erblicken, an denen Stahlseile hingen, die im Fall von Bombenangriffen durch Tiefflieger die feindlichen Flugzeuge zum Absturz bringen sollten.

Der Rest der Schaukampftournee wurde abgesagt, und an Bord der SS Washington gelangte die Tennistruppe sicher nach New York zurück. Um diese Zeit zog Tilden nach Los Angeles, wo er das ganze Jahr über im Freien spielen und mit den von ihm so bewunderten Hollywood-Größen gute Kontakte pflegen konnte. Außer mit Tallulah Bankhead und Greta Garbo war Tilden seit den zwanziger Jahren auch mit den Tennisnarren Charlie Chaplin und Dou-

glas Fairbanks befreundet. Am liebsten spielte er auf dem Privatplatz von Chaplins Haus am Summit Drive in den Hügeln hoch
über dem Sunset Boulevard. Jeden Sonntag war Tilden bei Chaplins sogenanntem »großen Tee« zu Gast – zu dieser Tennisgesell-
schaft versammelte sich »ein bunt gemischter Haufen außerordent-
licher Spieler und Besserwisser«: die Garbo, Bankhead, Fairbanks,
außerdem Joseph Cotten, Spencer Tracy, Olivia de Havilland und
einige andere, darunter natürlich Errol Flynn, der Champion unter den Stars. Auch James Thurber frönte seinem slapstickhaften
Tennis auf Chaplins Platz, als er im Sommer 1939 nach Los Angeles kam, um dort an einem Theaterstück mitzuarbeiten. Chaplin
»spielt Tennis mit links«, schrieb er nach Hause, »aber anders als
Johnny Doeg«.[66]

1941 ließ sich Tilden für eine letzte professionelle Mann-gegen-
Mann-Tournee gegen den Weltbesten, Don Budge, unter Vertrag
nehmen. Von Januar bis Mai zogen sie zusammen mit Alice Marble
und Mary Hardwick kreuz und quer durchs Land, spielten Einzel
und gemischte Doppel. Die Menge drängte in die Hallen, um einen
Blick auf den mythischen Big Bill werfen zu können, und er enttäuschte sie weder mit seinem Tennisspiel, noch was sein theatra-
lisches Gebaren anbelangte. »Er schlägt seine Krallen noch immer
in jeden Balljungen, Linien- oder Schiedsrichter, der seinen Unwil-
len erregt hat«, berichtete *Newsweek* von dieser Tournee, und Budge
erinnerte sich: »Jeden Abend passierte irgendwas, und wir sahen
einfach zu und dachten uns: ›Mal sehen, wie er das jetzt wieder hin-
biegt.‹«[67] Nachdem ein Linienrichter einmal mehrere fragwürdige
Entscheidungen *zugunsten* Tildens gefällt hatte, marschierte der zum
Schiedsrichter und verlangte lauthals, er möge diesen unmöglichen
Bediensteten doch bitte ersetzen. Von da an buhte das Publikum
unaufhörlich, selbst während der Ballwechsel. Schließlich unterbrach Big Bill das Spiel und borgte sich das Mikrofon des Unparteiischen:

Meine Damen und Herren, ich glaube, Sie sollten es besser nach
Art der Briten halten, wo sich ein Mann zunächst verteidigen
darf, bevor man ihn verurteilt. Sie sind es, die am meisten unter

diesen falschen Entscheidungen zu leiden haben, nicht ich. Mr. Budge ist der gegenwärtig beste Tennisspieler, und Sie haben nicht wenig Geld dafür gezahlt, dabei zuzusehen, wie ich versuche, ihm Paroli zu bieten. Wenn ich durch solche Fehlentscheidungen gestört werde, kann ich nicht mein bestes Tennis spielen, und wenn Sie mich mitten im Ballwechsel hänseln oder ausbuhen, dann machen Sie für mich alles nur noch schwieriger. Sie können buhen, so viel Sie wollen – aber bitte zwischen den Bällen. Das habe ich mein Lebtag lang mitgemacht und bin da einiges gewohnt. Aber wenn Sie für Ihr Geld das Bestmögliche bekommen wollen, dann halten Sie sich bitte zurück, solange ich gegen den besten Tennisspieler der Welt antreten will. Vielen Dank.[68]

Sie setzten das Match in vollkommener Stille fort.

Für Tilden war sein Tennis schließlich mehr als ein bloßes Spiel. Er hatte nie vergessen, was seine Freundin, die berühmte Opernsängerin Mary Garden, vor langer Zeit zu ihm gesagt hatte: »Du bist ein Tenniskünstler, Bill, und Künstler wissen es immer selbst am allerbesten, wenn sie das Richtige machen. Wenn du von einer bestimmten Spielweise überzeugt bist, dann spielst du eben so, egal was alle andern sagen. Sobald du einmal das Vertrauen in dein eigenes künstlerisches Urteil verloren hast, bist du verloren.«[69]

Ungeachtet seiner öffentlich demonstrierten Bescheidenheit war Tilden für den fünfundzwanzigjährigen Budge kein leichter Gegner. Es gab viele sehr knappe Partien, und in ihren vierundfünfzig Kämpfen gelang es Tilden sogar, den Champion insgesamt siebenmal zu schlagen. »Don schien nicht allzu beeindruckt«, erinnert sich Gene Mako. »Ich sagte zu ihm: ›Jetzt überleg doch mal – du bist der beste Spieler der Welt, vielleicht der Beste aller Zeiten, und schaffst es trotzdem nicht, einen Achtundvierzigjährigen jedes Mal zu besiegen?‹ Das ist doch unglaublich. Wirklich unglaublich. Wenn Sie mich nach erstaunlichen Sportgeschichten fragen, dann kann ich nur antworten: Schauen Sie sich Tilden in seinen späten Vierzigern, frühen Fünfzigern an.«[70]

Als die Vereinigten Staaten in den Krieg eintraten und das Profitennis zwischenzeitlich ins Hintertreffen geriet, leistete Tilden sei-

nen Kriegsbeitrag, indem er überall im Land auftrat und Kriegs-
anleihen verkaufen half sowie eine Art Tennis-Varieté organisierte.
Bei diesen Benefizauftritten für das Rote Kreuz, die auf Marine-
stützpunkten in Kalifornien, in Militärlagern der Marines oder in
Krankenhäusern stattfanden, spielte er zuerst ein Match mit einem
Berufsspieler aus der näheren Umgebung. Darauf folgte dann eine
Damenpartie zwischen seinen Schützlingen Gloria Butler und Gussy
Moran (die später als »Gorgeous Gussy« durch ihre von Ted Tinling entworfenen Tennishöschen berühmt werden sollte). Schließlich erschienen Tilden und der andere Spieler erneut auf dem Platz,
nun als »Miss Wilhelmina Shovelshoot« und »Miss Sophie Smea-
rone« in Fummel gekleidet, um die beiden Frauen zu einem Da-
mendoppel aufzufordern.

Wenn er nicht gerade in Frauenkleidern spielte, gab Tilden, der
1943 fünfzig wurde, nach wie vor eine glänzende Figur ab. Er hatte
das Aufkommen der kurzen Tennishosen begrüßt und bevorzugte
selbst besonders kurze Shorts nebst taubenblauen Tennishemden
unter seinem typischen Tilden-Pullover. »Mein Gott, diese Beine«,
erinnerte sich Gussy Moran. »Einfach umwerfend. [Betty] Grable
hätte solche Beine haben sollen.« Gloria Butler zufolge verfehlte
Tildens Garderobe ihre Wirkung nicht, und bei mehreren Gelegenheiten endete er abends mit einem schwulen GI auf seinem Hotelzimmer.[71]

Der Krieg ging zu Ende, und Tilden spielte weiter. In einer
Schaukampftournee 1946 gewann der Dreiundfünfzigjährige gegen Fred Perry und Bobby Riggs. Mako erinnert sich daran, bei dieser Tour einige sehr knappe Spiele gegen Tilden gewonnen zu haben, bevor sie im Halbfinale des letzten Turniers, in Palm Springs,
erneut aufeinandertrafen. Mako war zu Beginn der Tennisreise etwas aus der Übung gewesen, da er seit Jahren nicht mehr ernsthaft
Tennis gespielt hatte und halbprofessioneller Basketballer gewesen
war. Aber nun fand er, dass er wieder ganz die alte Form erreicht
hatte. »Bill und ich legen uns also wie die Volldioten ins Zeug, denn
für den dritten Platz gibt's fünfzig Mäuse. Und er hat mich 6 : 2, 6 : 1
abserviert. Bill und ich waren ziemlich gute Freunde, und als ich
ans Netz bin, sage ich also: ›Du alter Gauner, hast's immer noch

drauf, was?‹ Und er grinst nur und sagt: ›Manchmal, Junge. Manchmal.‹‹«⁷²

Noch mit weit über fünfzig schaffte es Tilden für gewöhnlich bis ins Viertelfinale der Profitourniere, und hin und wieder gelang ihm noch immer der eine oder andere Überraschungssieg gegen einen Spitzenspieler. 1946 schlug er den damaligen Forest-Hills-Meister Frank Parker in einem Übungsmatch auf Charlie Chaplins Privatplatz. Und wenn er mit Berufsspielern durchs Land zog, ging er einige Male mit ein oder zwei Sätzen vor der weltweiten Nummer eins Bobby Riggs in Führung, bevor ihm die Kraft ausging.⁷³ Es war die landläufige Meinung, dass der dreiundfünfzigjährige Big Bill Tilden für *einen* Satz noch immer der beste Spieler der Welt sei.

Und er spielte immer weiter. Wenn er nicht auf Tournee war oder irgendwo einen Schaukampf bestritt, besuchte er den Tennis Club von Los Angeles oder die Privatplätze seiner Freunde, um die eine oder andere Partie abzustauben. Wie Mako zu berichten wusste: »Wenn du zu Bill hin bist, wenn er gerade im L. A. Tennis Club am Bridgespielen war, und gesagt hast: ›He, wie wär's mit ein paar Einzelsätzen?‹, dann kam immer: ›Also los, komm, mach dich fertig‹, ganz egal, wie viele Sätze er an dem Tag schon gespielt hatte.« Einmal fragte ihn Budge auf Tournee: »Bill, was wirst du machen, wenn du mal kein Tennis mehr spielen kannst?« – »Hmm«, kam die Antwort. »Mich umbringen.«⁷⁴

Rührig wie eh und je und für sein Alter ein wahres Tennisplatzwunder, schien Tilden im Begriff, im Management des zunehmend florierenden Profitennis eine führende Rolle zu übernehmen. Letztlich war er noch immer der größte Zuschauermagnet der Tenniswelt. Ein relativ überschaubares Publikum zahlte, um Riggs und Budge zu sehen, doch kamen sie in Scharen, um den Altmeister noch einmal in Aktion zu erleben.

Abseits vom Platz jedoch schien irgendetwas aus dem Ruder zu laufen. Tilden hatte schon immer eine panische Angst davor gehabt, dass ihn jemand unbekleidet sehen könnte, und grundsätzlich nie in der Umkleide geduscht, wenn jemand in der Nähe war. Nun aber schien er die Gepflogenheit des Waschens überhaupt aufzugeben. Was auch für das Wäschewaschen galt: Er kleidete sich in schmutzige Hosen und einen zerlumpten alten Pulli, erschien oft unrasiert und übelriechend in der Öffentlichkeit. Die beengten Quartiere, in denen er hauste, waren ein gammliges Chaos von Schmutzwäsche, Tennisschlägern, Rechnungen und Manuskripten. »Für mich war offensichtlich, dass er ein kranker Mann war«, sagte ein alter Freund nach einem Besuch, »und als ich ging, war ich sehr traurig.«[75]

Auch was seine Homosexualität anging, gab er mehr und mehr die Reserve auf. Er sprach gegenüber anderen Spielern offen davon, »anders« zu sein, was sie oft peinlich berührte. Doch seine Sexualität wirklich zu akzeptieren und echte Beziehungen zu suchen vermochte er nicht. Frank Deford schreibt: »Da er sich vor sich selbst schämte, lebte er ein recht freudloses Leben. Es ist gut möglich, dass Tilden in seinem ganzen Leben nie eine Nacht allein mit einem anderen Erwachsenen verbracht hat – ob Mann oder Frau.«[76] Stattdessen überkam es ihn immer mal wieder, dass er versuchte, mit heranwachsenden Knaben »herumzuschäkern«, wie er sich ausdrückte. Und er gab sich immer weniger Mühe, sein Tun zu verbergen.

Am 23. November 1946, einem Samstagabend, sahen zwei Polizeibeamte aus Beverly Hills Tildens Packard in Schlangenlinien den Sunset Boulevard hinunterfahren. Am Steuer saß ein junger Mann, neben ihm ein viel älterer, der seinen Arm um ihn gelegt hatte. Als die Polizisten den Wagen anhielten, tauschten Tilden und der Junge rasch die Plätze, doch bemerkten die Beamten, dass der Hosenschlitz des Knaben komplett aufgeknöpft war. Sie nahmen Tilden mit aufs Revier und erstatteten Anzeige.

Er hätte auch ungestraft davonkommen können. Der Junge, den er eine Woche zuvor kennengelernt und seitdem mehrmals getroffen hatte, war ein sexuell frühreifer verhaltensauffälliger Jugendlicher, der ganz genau wusste, was er tat. Seine Eltern wollten nicht, dass er vor Gericht aussagte, und Tildens Anwalt drängte darauf, dass der Tennisspieler seine Unschuld beteuerte. Doch ein Big Bill Tilden akzeptierte keine Punktbälle, die ihm nicht zustanden. Ein echter Sportsmann gestand seine Schuld und trug die Strafe wie ein

Mann. Zudem war Tilden überzeugt, dass kein Gericht den größten Tennisspieler aller Zeiten ins Gefängnis stecken würde. Er bekannte sich schuldig: »Ich bedauere mein Tun aufrichtig und bitte das Gericht, so viel Vertrauen in mich zu setzen, dass ich beweisen kann, wie wenig es meinem wahren, besseren Ich entsprach. ... Ich kann nur erneut mein tiefes Gefühl von Bedauern, Schmach und Schande beteuern. Ich habe meine Lektion gelernt und werde sie nie wieder vergessen.«[77]

Leider äußerte sich Tildens »Sportsgeist« vor Gericht auf ähnlich subjektive Weise wie auf dem Tennisplatz. Auch wenn er sich schuldig bekannte, verärgerte er Richter A. A. Scott – der im Übrigen für seine Intoleranz gegenüber jeder Form der »sittlichen Verkommenheit« bekannt war – durch sein stures, offenkundig nicht der Wahrheit entsprechendes Beteuern, es sei das erste Mal seit vielen Jahren gewesen, dass er sich ein solches Vergehen habe zuschulden kommen lassen. Nachdem Richter Scott, ähnlich wie neun Jahre zuvor Cramms NS-Richter, Tilden ob seiner schändlichen Aktivitäten eine lange Moralpredigt gehalten hatte, verkündete er das Urteil: fünf Jahre auf Bewährung, und erst einmal neun Monate in der »Castaic Honor Farm«, einer offenen Vollzugsanstalt gute hundert Kilometer nördlich von Los Angeles.

Gefängnis. Tildens Gesicht wurde kreidebleich; er schien »dem Zusammenbruch nahe ... völlig unter Schock«.[78] Er hatte schon viele Spiele verloren, aber fast immer nur deshalb, weil sein Gegner einfach jünger und stärker war als er. Nie zuvor hatte ihn sein strategisches Genie derart im Stich gelassen.

Doch Tilden überstand seine Haftzeit recht gut. Er arbeitete in der Küche, ähnlich wie zuvor Cramm in seiner Gefängniszeit, und brachte seine Autobiografie auf den neusten Stand. Nach nur siebeneinhalb Monaten wurde er vorzeitig entlassen und nahm sein Leben in Los Angeles wieder auf. Doch dieses Leben hatte sich verändert. Er musste feststellen, dass ein verurteilter Päderast in breiten Gesellschaftskreisen wenig willkommen war. Der größte Tennisspieler aller Zeiten hatte plötzlich Hausverbot in den Tennisclubs – selbst im Los Angeles Tennis Club, wo er so oft auf dem

Platz gestanden oder sich fröhlich die Zeit am Bridgetisch vertrieben hatte. Perry Jones, der »Diktator« des südkalifornischen Tennis, jener »überkorrekte und zimperliche Junggeselle, von dem es gerüchtweise immer wieder hieß, dass er selbst homosexuell sei«, und der Bobby Riggs 1937 die Aufnahme ins Daviscup-Team verwehrte, hatte auch Tilden nie so richtig gemocht.[79] Und nun hatte er ihm den perfekten Vorwand geliefert, um ihn zur Persona non grata zu machen.

Nachdem nun die Clubs draußen im Land für ihn tabu waren und die lukrativen Schaukämpfe wegfielen, verlagerte sich Tilden darauf, auf den Privatplätzen von Chaplin, Joseph Cotten oder David Selznick Tennisstunden zu geben. Diese Hollywood-Größen gehörten zu der Handvoll von Freunden, die weiterhin zu ihm hielten, aber die meisten anderen fanden, dass sie sich mit so jemandem wie Tilden einfach nicht sehen lassen konnten. Eine Zeit lang übernahm er einen Job als Tennislehrer im Château Elysées, einem heruntergekommenen Hotel in den Hollywood Hills, wo er sich auf seinem Zimmer ein kaltes Frühstück mit Cornflakes bereitete. Ansonsten bewohnte er eine wechselnde Folge billiger Behausungen in Hollywood oder West Los Angeles. Fürs Packen brauchte er nie lange. Bobby Riggs:»In all den Jahren meiner Bekanntschaft mit Tilden bestand sein gesamtes Eigentum stets aus einem Wagen, vier oder fünf Schlägern, irgendeiner Sportjacke, einem Paar Hosen und einigen wenigen Pullovern.«[80]

Die Menschen, die Tilden in diesen Jahren am nächsten standen, waren Arthur Anderson, sein letzter jugendlicher Schützling, und dessen Mutter Marrion. Bereits 1926 hatte ein Zeitschriftenporträt des Tennisspielers formuliert:»Nur wenn Big Bill über die jungen Leute und deren Ambitionen spricht, schleicht sich ein Hauch von Emotion in seine schnelle, selbstsichere Ausdrucksweise. ›Ich wünschte, ich hätte jemanden gehabt, der mir ein paar Tipps hätte geben können‹, sagt er ein wenig wehmütig. ›Dann hätte ich es leichter gehabt. Ich musste immer alles im Alleingang machen.‹«[81] Tilden wurde zu einer Art Vaterfigur für Anderson, dessen leiblicher Vater, ein Alkoholiker, die Familie sitzengelassen hatte. Die beiden waren sich zuerst 1940 begegnet, und als er 1946 mit Budge

und anderen Profis durchs Land zog, unterzeichnete Tilden seine
Briefe an Arthur »nach Hause« mit »Your Old Man, Bill« – Dein
»Alter«.[82] Die Andersons waren das Familienähnlichste, was Tilden
besaß, seit er das Haus von Auntie und Twin verlassen hatte. Zweimal zog er sogar für längere Zeit bei ihnen ein. Wie auch im Fall seiner anderen Tennisschützlinge hat Tilden Anderson gegenüber nie
irgendwelche Annäherungsversuche gemacht. Nach seiner Gefängniszeit hielten die Andersons mehr als alle anderen zu Tilden. Seine Bewährungsauflagen sahen vor, dass er nicht
mit Minderjährigen allein sein durfte, doch empfand er Arthur so
sehr als eine Art Familienmitglied, dass er ihm gegenüber diese demütigende Vorschrift missachtete.

Als die Polizei am Nachmittag des 31. Januars 1949 an seine Tür
klopfte, interessierte es die Beamten nur am Rande, dass sie ihn, in
Verletzung seiner Bewährungsauflagen, mit Arthur allein vorfan-
den. Sie kamen mit einem Haftbefehl. Ein Mann, der aussah wie
Tilden, hatte einen sechzehnjährigen Anhalter mitgenommen und
wiederholt versucht, seine Genitalien zu betatschen. Der Junge, der
schon zuvor von Autofahrern belästigt worden war, notierte sich das
Nummernschild – es war Tildens Nummer. Zudem war er sich bei
seiner Beschreibung des Täters absolut sicher gewesen, dass dessen
inkriminierter rechter Hand der halbe Mittelfinger gefehlt habe.
Dieses Mal wollte sich Tilden gegen die Anschuldigungen wehren,
doch war der Junge gewillt, gegen ihn auszusagen, und Big Bill hatte
kein Alibi. An seinem sechsundfünfzigsten Geburtstag wurde der
»gebeugte, ergrauende« Mann zu einem weiteren Jahr auf der Ge-
fängnisfarm verurteilt.[83]

Zehn Monate später, kurz vor Weihnachten, kam er erneut vorzeitig frei. Er wurde ins Bezirksgefängnis von L. A. überführt und
von dort aus entlassen. Weder Freunde noch Verwandte, nicht einmal die Andersons, waren da, um ihn abzuholen. Niemand nahm
von seiner Entlassung Notiz, außer einem jungen Reporter mit dem
Nachnamen Hemingway von der Nachrichtenagentur Associated
Press (AP), der gerade vor Ort war:

J. F. Grover, Gefängnisaufseher, sagte:»Schau an, da ist Big Bill
Tilden wieder.«»Yeah«, sagte der einstmalige Champion.»Da
ist Big Bill Tilden wieder.« Und er trat aus dem Gefängnis und
hinaus in den Regen.[84]

Einige Tage später veröffentlichte AP das Ergebnis einer Umfrage
zur Wahl des größten Tennisspielers der ersten Jahrhunderthälfte.
Auf dem ersten Platz landete, mit 310 Stimmen, William Tilden.
Auf den Rängen zwei und drei folgten Jack Kramer und Donald
Budge, die 32 respektive 31 Stimmen erhielten.[85] Nichtsdestotrotz
fand sich der zum zweiten Mal verurteilte Tilden fast völlig aus der
Tenniswelt ausgestoßen, als er»nach Hause« – in wieder eine neue
Mietwohnung in Hollywood – zurückgekehrt war. Die Sponsoren
blieben nun gänzlich aus; die Hersteller von Tennisschlägern lie-
ßen ihre Tilden-Modelle aus den Verkaufsregalen nehmen. Alte
Freunde wandten schnell ihren Blick ab, wenn sie ihn kommen
sahen.»Ich habe Bill sehr gemocht …, [doch] wir haben ihn dann
nicht mehr zu uns eingeladen«, sagte Verle, die Frau von Ellsworth
Vines.»Es war problematisch, [einen gesellschaftlich Geächteten]
zum Abendessen im Haus zu haben. … Ich war ein furchtbarer
Snob, und es war wirklich grundfalsch von mir.«[86]
     Er war dankbar für jeden Tennisschüler, den er auftreiben konnte,
und unterrichtete auf den heruntergekommensten öffentlichen
Plätzen. (In Nabokovs Roman lässt Humbert Lolita bei einem gewissen Ned Litam in Los Angeles Tennisstunden nehmen, einem
»verrunzelten früheren Champion mit einem Harem von Balljungen; wenn er nicht spielte, schien er ein jämmerliches Wrack,
aber … mitunter [brachte er] sozusagen eine makellose Kaktusblüte
von Schlag zustande« und »seine gefühlvolle Präzision und herr-
scherliche Kraft« erinnerten an alte Zeiten.[87] Rückwärts gelesen
wird aus »Ned Litam« »Ma Tilden«, ein Pseudonym, das Tilden
bisweilen für seine Erzähltexte benutzte.) Regelmäßig kreuzte Tilden auf den Plätzen des Beverly Wilshire Hotels auf – eines der
wenigen reputablen Häuser, die ihn weiterhin duldeten –, und
dann fragte der größte Spieler aller Zeiten, ob nicht irgendwer
noch einen vierten Mann für ein Doppel brauche.»Ich spiel mit

jedem, der spielen will«, war sein Standardsatz.[88] Seine Kleider waren so schmutzig und übelriechend, dass der dortige Tennislehrer ihm erst einmal frische Sachen gab, bevor er ihn auf den Platz
hinausließ.

Und noch immer konnte der Alte spielen. Bei den internationalen
Profimeisterschaften 1951 in Cleveland schlug der achtundfünfzig-
jährige Tilden den fünfunddreißigjährigen früheren Daviscup-Spieler Wayne Sabin, bevor er Frank Kovacs, der dann Meister wurde, in
einem hart umkämpften Match unterlag.

Zwei Jahre später, als Tilden gerade sechzig geworden war, richtete das Beverly Wilshire ein eigenes Profiturnier aus. Tilden wurde
zur Teilnahme eingeladen, und er packte die Gelegenheit begeistert
beim Schopf. Er überredete Vinnie Richards, nach Westen herüber-
zukommen und mitzumachen, und verkaufte kistenweise Sitzplätze
an seine Kumpels aus Hollywood. Doch in der Woche vor dem großen Ereignis entschieden die Verantwortlichen des Wilshire, dass
man es sich dort nicht leisten könne, einen berüchtigten Pervers-
ling zum Star des Turniers zu machen. Ausgerechnet in der Glitzer-
stadt Hollywood hatten die Leute mit Körben von Briefen protes-
tiert. Frank Feltrop, Tennistrainer des Hotelclubs, musste Bill die
schlechte Nachricht überbringen.

Mein Gott, etwas Traurigeres habe ich mein Lebtag lang nicht
machen müssen. Sie wollten ihm sogar Hausverbot erteilen, aber
ihm das zu sagen, brachte ich nun wirklich nicht fertig. Ich teilte
ihm nur mit, dass sie ihn beim Turnier nicht mitspielen lassen
würden. Und ich glaube, irgendwie wusste er damals schon, dass
ihm nicht mehr allzu viel Zeit blieb. Er sagte:»Aber Frank, Vinnie kommt her, die ganze alte Clique.«
    »Es tut mir leid, Bill, tut mir echt leid.«
    »Ich hab 'ne Menge Karten an meine Freunde verkauft. Joe
Cotten, David Selznick. Das ist für sie die Gelegenheit, mich wieder spielen zu sehen.«
    Ich sagte nur:»Wie gesagt, es tut mir sehr leid. Ich kann da
nichts machen.«
    Dann meinte er plötzlich:»Dann werde ich dich verklagen, ich

werde das Hotel verklagen.« Oh ja, er hatte noch immer jede Menge Chuzpe, konnte unglaublich dickfellig sein.

Ich antwortete: »Komm schon, Bill, du hast halt Schmerzen im Arm gehabt, nicht wahr? Kannst doch mit deinem Arm nicht spielen, oder?« Und dann ließ er seinen Kopf hängen, nickte nur und meinte, ja gut, er würde sich fügen und sagen, dass er Schmerzen im Arm hätte, und dann drehte er sich einfach um und ging. Er war ganz gebeugt, brachte es vielleicht gerade noch so auf einsfünfzig, so dass sein kahler Fleck am Hinterkopf sichtbar wurde. Weiß Gott, war das furchtbar. Der arme alte Halunke.[89]

In Cleveland jedoch sah man die Dinge anscheinend nicht so eng, denn Big Bill wurde erneut zu den internationalen Profimeisterschaften eingeladen. Pah, zur Hölle mit dem Beverly Wilshire! Ein kleines Problem war nur, dass er nicht das Geld hatte, um nach Cleveland zu kommen. Aber wie in den Tagen seiner großen Tennisreisen war die finanztechnische Seite kein Grund zur Beunruhigung, und Big Bill war immer dann am glücklichsten, wenn er irgendwelche Tennisangelegenheiten organisieren konnte.

Er schrieb auf der Stelle an Richards, der mittlerweile Vizepräsident von Dunlop war: »Vinnie, könntest Du mir bitte ein paar Dutzend Bälle und ein oder zwei Schläger schicken? Ich denke, damit könnte ich dann ein paar Stunden geben. Ich brauche dringend Geld.« Dann hinterlegte er im Büro eines seiner Schüler eine Nachricht mit einem besonderen Angebot: vierzig Stunden für zweihundert Dollar bei Zahlung der Gesamtsumme im Voraus: »Ich bin gerade sehr in Geldnot, daher dieses Angebot.«[90] Er hatte ein paar Profispieler aus dem Umkreis überredet, ihn zuerst für einige Schaukämpfe nach Texas und dann weiter zum Turnier nach Cleveland zu begleiten. Es würde sein wie früher: Tilden Tours Incorporated.

Für den 5. Juni 1953, den Vortag seiner Abreise nach Texas, hatten die Andersons Bill zum Abendessen eingeladen. An diesem Tag hatte er mit Arthur Anderson und anderen fünf Sätze auf Charlie Chaplins Platz gespielt und auch ein paar Stunden gegeben.[91] Seit

Wochen litt er unter einer Erkältung, und manchmal musste er zur Seite treten und sich eine Zeit lang an den Zaun lehnen, bis sein trockener Husten aufgehört hatte, ihn zu schütteln. Nach dem Tennis fuhr er zurück zu seiner kleinen Wohnung nahe der Kreuzung von Hollywood Boulevard und Vine Street, um sich fürs Essen zu richten.

Als er dann aber nicht auftauchte, fuhr Arthur Anderson zu seiner Wohnung hinüber und fand ihn auf seinem Bett liegend, tot; im Alter von sechzig Jahren hatte ihn ein Herzschlag dahingerafft. »Unser größter Sportler überhaupt«[92] besaß, als er starb, achtundachtzig Dollar in bar, nebst jenen Trophäen, die er noch nicht verpfändet hatte. Big Bill war ausgehfertig angezogen, das Haar gekämmt, die Schuhe geschnürt. Auf dem Fußboden stand seine gepackte Tasche mit Kleidern und Tennisschlägern, bereit zur nächsten Reise.

Beim Turnier in Cleveland einige Wochen später verlor der achtunddreißigjährige Don Budge ein hart umkämpftes Endspiel in vier Sätzen gegen den neusten Weltbesten, den jungen Pancho Gonzalez. Budge näherte sich dem Ende einer langen und letztlich erfolgreichen, wenn auch durch Pech und Verletzungen beeinträchtigten Profikarriere. Als Jack Kramer 1947 Wimbledon gewann – vor »einer Kulisse von Schuttlawinen und verbogenen Stahlträgern«, da Bomben einen Teil des Centre-Court-Daches zerstört hatten –, war er zur königlichen Loge hinaufgeführt und dem Königspaar vorgestellt worden. »Was ist eigentlich aus jenem rothaarigen jungen Mann geworden?«, fragte die Queen.[93] Ein echter Tennisfan hätte diese Frage wahrlich nicht zu stellen brauchen.

Seine Erfolge in Wimbledon und beim Daviscup 1937 dienten Budge nur als Sprungbrett in ein noch erfolgreicheres Jahr 1938, wo ihm eine der größten Tennisleistungen aller Zeiten gelingen sollte. Ende 1937 war er der erste (und nach wie vor einzige) Tennisspieler, der den Sullivan Award als Amerikas bester Amateursportler erhielt, und ein Veranstalter bot ihm für einen Wechsel ins Profigeschäft fünfundsiebzigtausend Dollar. Doch Budge hatte versprochen, den Davispokal, nachdem er ihn heimgebracht hatte, mindestens noch ein Jahr lang zu verteidigen, und schlug das nicht geringe Vermögen

aus, wiewohl er wusste, dass er im Fall einer Verletzung oder wenn
er eine schwache Saison spiele, vielleicht nie mehr ein solches Angebot erhalten würde.

Außerdem hatte er den Plan, womöglich etwas zu vollbringen,
was noch keiner geschafft hatte. Gene Mako weihte er in sein Vorhaben ein: Er wollte als erster Spieler überhaupt alle vier großen
Meisterschaften in einem Kalenderjahr gewinnen. Weil die Schiffs-
fahrt nach Down Under so lange dauerte, spielten außer den Aus-
traliern damals nur sehr wenige Tenniscracks alle vier Turniere hintereinander. Auch die Daviscup-Qualifikationsspiele machten es
den Nichteuropäern oft schwer, im Mai in Paris zu sein. Aber da die
Vereinigten Staaten nun in Pokalbesitz waren, mussten sie erst wieder zur Herausforderungsrunde im Juli ran. Also fragte Budge seinen Freund Mako, ob er ihn nicht nach Australien begleiten wolle,
und eröffnete ihm, dass er im Fall eines Sieges früher als sonst nach
Europa aufbrechen werde, um zum ersten Mal in Roland Garros anzutreten.

Mit den Worten »Budge ist der Worldchampion« stellte ihn die
Sydney Mail im Dezember 1937 ihren Lesern vor: »Er ist zudem
auch ein außerordentlich fairer Sportsmann. Sein Hauptgesprächs-
thema ist die faire Sportlichkeit seines größten Rivalen, Gottfried
Cramm.«[94] Dass Cramm seinen Freund zweimal in Vorbereitungs-
spielen schlug, ließ bei so manchen australischen Pressevertretern
Zweifel an Budges Chancen aufkommen, auch nur den ersten bedeutenden Titel des Jahres zu holen. Als dann aber in Adelaide die
australischen Meisterschaften begannen, war auch Budge gut vorbereitet.

Da Australien im Welttennis eine so bedeutende Rolle spielte,
wurden auch die australischen Meisterschaften als ein wichtiges
Turnier eingestuft; tatsächlich jedoch traten in diesem Jahr bei den
Herren überhaupt nur dreiunddreißig Mann an – und neunund-
zwanzig davon waren Australier. Dennoch waren sieben der zehn
weltbesten Spieler mit dabei, darunter die ersten drei: Budge,
Cramm und Henkel. Und Budge stürmte durchs Turnier, ohne
einen einzigen Satz zu verlieren. Cramms Halbfinalniederlage gegen Bromwich besiegelte die Hoffnungen auf eine dramatische

Neuauflage ihrer großen Begegnung vom Vorjahr, und Budge gewann das Endspiel mit Leichtigkeit.

Auch aus der erhofften erneuten Doppelbegegnung zwischen den zwei Amerikanern und den zwei Deutschen wurde nichts, da Budge und Mako im Halbfinale überraschend Bromwich und Quist unterlagen, nachdem sie die beiden ersten Sätze noch gewonnen hatten. Budge und Mako hatten auch den Grand Slam im Doppel im Visier gehabt, allerdings sollte Gene später einer guten Bekannten anvertrauen, dass sie »in Australien zu sehr damit beschäftigt waren, den Mädchen nachzustellen«.[95] Angesichts von Budges Dominanz in den Einzeln war es womöglich vor allem Mako, der sich mehr aufs gesellschaftliche Leben konzentrierte: Auf einem Foto, das die Spitzenspieler des Turniers in Anzug und Krawatte bei einem offiziellen Anlass zeigt, ist Mako »mit der unvermeidlichen Victrola-Grammophonplatte«[96] in Händen zu sehen.

So mancher hatte geglaubt, dass der langsame Sand von Paris Budges Ansturm endlich stoppen würde, doch sein Spiel war mittlerweile so vollendet, dass es auf jedem Belag erstklassig war. Und wieder hätte die Konkurrenz durch Mitwettbewerber wesentlich stärker sein können. Cramm, der weltbeste Sandplatzspieler (abgesehen vielleicht von Budge selbst, der auf Sandbelag relativ unerprobt war), saß im Gefängnis und scheuerte Töpfe. Deutschland verzichtete in diesem Jahr auch auf eine Teilnahme seiner übrigen Spieler, einschließlich des Titelverteidigers Henkel. Und die Australier Quist, Bromwich und Crawford kamen in diesem Sommer gar nicht nach Europa. Budges schlimmster Gegner war ein Magenvirus, das ihn zwang, mehrere Sätze gegen wesentlich schwächere Gegner abzugeben, doch vom Viertelfinale an gelang ihm auf dem Sand absolut alles, was er in Angriff nahm – sogar nach seinen Service-Rückschlägen ans Netz aufzurücken. Im Endspiel vernichtete er Cramms alten Kontrahenten Roderich Menzel, die einzige echte Gefahr, und holte als erster Amerikaner den Meistertitel von Frankreich.

Direkt vor Turnierbeginn war Budge dem großen Cellisten Pablo Casals vorgestellt worden, und Casals kam nun zu allen seinen Spielen. Als Budge gewann, gab Casals ihm zu Ehren ein Privatkonzert.

Eine Handvoll Bekannte aßen in Casals' prächtigem Pariser Appartement zu Abend, während draußen vorm Panoramafenster der Eiffelturm und die Skyline von Paris erglühten, und dann ließen sie sich auf großen Kissen auf dem Boden seines Ateliers nieder. »Dieses Konzert widme ich meinem guten Freund Don Budge«, sagte Casals und begann, von einem Klavier begleitet, zwei Stunden lang zu spielen.[97]

Wenn Budge vorgehabt hatte, sein Streben nach dem Grand Slam geheim zu halten, um sich nicht zusätzlich unter Druck zu setzen, dann war ihm das jedenfalls nicht gelungen, denn die Zeitungen schrieben sogar schon vor seiner Abreise nach Frankreich davon. Nun, da er bereits zwei von vier Titeln in der Tasche und keinen wirklich gefährlichen Gegner hatte, war das einzige wirklich Spannende am Wimbledon-Turnier der Männer in diesem Jahr der Grand Slam. Doch dramatische Hochspannung stellte sich trotzdem nicht ein, da Budges Sieg im Grunde »eine hundertprozentige Sache« war (die Wettquote stand 1 : 5, was noch nie dagewesen war) und er sogar noch müheloser gewann als 1937. Bunny Austin, der im Halbfinale Henkel ausgeschaltet hatte, konnte Budge im Endspiel wenig entgegensetzen. Nach sechsundsechzig Minuten war das Ganze vorbei – 6 : 1, 6 : 0, 6 : 3. Budge beendete seinen Ausflug nach Europa, indem er erneut das Doppel mit Mako und dann auch das Mixed mit Alice Marble gewann: sein zweiter Wimbledon-Dreifachtriumph in Folge.

Wieder zurück in den Staaten, führte er die amerikanische Daviscup-Mannschaft bei der erfolgreichen Verteidigung des Pokals gegen Australien an, und dann war es Zeit für den letzten Schritt zum Grand-Slam-Erfolg in Forest Hills. Cramm war noch immer im Gefängnis, und Henkel hatten die Deutschen auch bei den US-Meisterschaften nicht antreten lassen. Doch immerhin waren die Australier nun wieder mit im Spiel, die gerade in Philadelphia um den Davispokal gekämpft hatten. Und nicht zu vergessen die anderen amerikanischen Spitzenspieler – Bobby Riggs, Joseph Hunt, Sidney Wood sowie Parker und Grant –, die die USLTA als nicht fit genug eingestuft hatte, um sie in diesem Jahr nach Wimbledon zu entsenden. Im Finale traf Budge überraschend auf seinen Kumpel Mako,

der es, wiewohl ungesetzt, allen mächtig gezeigt hatte. Mit seinem
von der Seite gespielten Slice-Aufschlag und indem er – mit eigenen
Worten – »wie ein Idiot auf dem Platz herumwetzte«,[98] wurde er
zum ersten Ungesetzten, der je das Finale erreichte. Bis dahin hatte
er nur einen einzigen Satz abgeben müssen.

Es sah zwar nicht danach aus, als habe Mako eine echte Chance,
Budges Grand Slam noch zu verhindern. Dem Wetter indessen
wäre es fast gelungen. Am Tag der Halbfinalspiele näherte sich einer
der in New York recht seltenen Hurrikans mit heftigem Regen der
Stadt, was die Spiele buchstäblich ins Wasser fallen ließ. Dieser
Sturm, später »der große Hurrikan von 1938« oder »The Long
Island Express« genannt, zog einen Umkreis von achthundert Kilo-
metern in Mitleidenschaft und richtete in New York City und auf
Long Island schlimme Verwüstungen an. Die Halbfinalspiele mussten um sechs Tage verschoben werden.

Sechs Tage sind eine lange Zeit, wenn man dasitzt und darauf
wartet, ein Spiel von historischer Bedeutung auszufechten. Mako
stand gegen Bromwich ein weiterer mühseliger Kampf bevor, und
obzwar Budge gegen Sidney Wood der große Favorit war, bedeutete
es für ihn doch eine Qual, so verlockend nahe am Grand Slam zu
sein. Budge und Mako waren seit einem Monat gemeinsam im Madison Hotel an der Kreuzung von Madison Street und 27th Street
untergebracht, und am zweiten Abend der vom Regen erzwungenen
Wartezeit entschieden sie, dass es nichts brachte, nur herumzusit-
zen, Platten aufzulegen, auf die Tischplatten zu trommeln und auf
besseres Wetter zu warten. Von nun an trainierten sie tagsüber auf
den Hallenplätzen des Brooklyn Heights Casino, und abends ver-
abredeten sie sich mit Mädchen oder einfach nur miteinander und
gingen zum Jazz. Da gab es Tommy Dorsey im Astor oder im New
Yorker, die Count Basie Band, Buddy Rich mit Band oder Artie
Shaw in den Clubs der West 52nd Street. Mako war mit den meisten
von ihnen persönlich bekannt, und Budge und er machten eine
»dufte Sause« mit den Jazzern. Doch verließen sie ihre Kumpels
nach Musikermaßstäben reichlich früh und waren schon morgens
um zwei wieder im Hotel, um noch eine gehörige Mütze Schlaf zu
ergattern.[99]

Schließlich war der Sturm vorüber, Mako schlug den perplexen Bromwich in drei Sätzen, und die beiden dicken Freunde trafen im Endspiel aufeinander. Als einzigem Turnierteilnehmer gelang es Mako, Budge einen Satz abzunehmen, doch die drei übrigen holte sich Budge ohne Schwierigkeiten, und damit war er Meister – und Grand-Slam-Gewinner. Er dürfte es ein wenig als Antiklimax empfunden haben, nach seinen großen Schlachten mit Cramm im Vorjahr nun die vier wichtigsten Tennisturniere der Welt so leicht zu gewinnen. Trotz der relativ schwachen Konkurrenz 1938 ist Budges Grand Slam jedoch jene seiner Meisterleistungen, die am häufigsten als Beleg für seine Größe herangezogen wird. Man könnte aber auch viele andere Fakten nennen: Jeder, der in den späten dreißiger Jahren gegen ihn spielte oder ihn spielen sah, hielt sein »perfektes Tennis« für unbezwingbar, und von Anfang 1937 bis Ende 1938 gewann er zweiundneunzig Matchs und vierzehn Turniere in Folge, einschließlich aller sechs großen Turniere, bei denen er in diesem Zeitraum antrat, sowie aller zehn Einzel im Daviscup. Die Presse wählte ihn 1937 und 1938 zum besten US-Sportler überhaupt, ob Profi oder Amateur.

Als er nach der Saison von 1938 schließlich ins Berufstennis wechselte, wirkte er sogar noch stärker. Er trat gegen Ellsworth Vines an, den Profimeister der letzten fünf Jahre, und schlug ihn in zweiundzwanzig von neununddreißig Kämpfen.[100] Danach setzte er sich in achtundzwanzig von sechsunddreißig Partien gegen Fred Perry durch. Budge war nun unter Amateuren wie Profis der unbestritten weltbeste Tennisspieler. Und auch der reichste. 1939 verdiente er zwischen hundert- und hundertfünfzigtausend Dollar[101] – zu einer Zeit, als ein Steakessen im Restaurant zwei und ein gutes Hotelzimmer fünf Dollar kostete.

Nachdem 1939 der Kriegsbeginn den Abbruch der Europatournee zur Folge gehabt hatte und Budge, Tilden und die anderen zurück in die Staaten geschifft waren, wurden keine großen Schaukampftourneen mehr veranstaltet, bis Budge und Tilden 1941 gemeinsam durchs Land zogen. Doch gab es das eine oder andere Turnier, und als die USA nach Pearl Harbor in den Krieg eintraten, war Budge nach wie vor klar die weltweite Nummer eins. Mittlerweile

war er auch verheiratet. Nach Art seiner Kameraden aus Hollywood
war Budge in den vier Jahren, seit er zum Star geworden war, mit einer ganzen Reihe glamouröser junger Frauen ausgegangen. Die
Klatschspalten ernannten ihn zum »Romeo des Tennis« und brachten ihn mit der Sängerin Edyth Wright, der Schauspielerin Glen
Alyn, dem Revuegirl Jean Carmen und sogar mit Olivia de Havilland in Verbindung, die, wie ihr häufiger Filmpartner Errol Flynn,
ein großer Fan der Tennispartys von Hollywood war. Doch Budge
heiratete im Mai 1941 die achtzehnjährige Deirdre Conselman, die
schöne Tochter eines bedeutenden Drehbuchautors aus Hollywood.
Zur Hochzeitsfeier musste sie allerdings nach Chicago hinüberflie-
gen, wo einen Tag vor Beginn der amerikanischen Profimeisterschaften die Trauzeremonie stattfand. Im Gegenzug hatte Budge in
eine Schönheitsoperation an Nase und Ohren eingewilligt. Eine
Woche nach dem Eingriff und am Tag nach der Hochzeit trat Budge
in der ersten Turnierrunde gegen den recht unbekannten John
Faunce an, der alles daransetzte, den frischgebackenen Ehemann
mit Stoppbällen und langen Lobs in die Ecken außer Atem zu bringen. Budge gewann keinen Satz.[102]

Nach dem japanischen Angriff auf Pearl Harbor im Dezember
kam das Berufstennis weitgehend zum Erliegen, auch wenn 1942 in
Forest Hills wieder die US-Profimeisterschaften abgehalten wurden. Im Finale schlug Budge Riggs 6:2, 6:2, 6:2. Er war nun sie-
benundzwanzig und in seiner persönlichen Bestform, aber was sollte
er machen? Er meldete sich zu den Luftstreitkräften. »Es war recht
hart, untätig die Zeit zu vertrödeln, wo es auf der ganzen Welt niemand gab, der einen schlagen konnte«, kommentierte er später la-
konisch.[103] Eines kalten Morgens im texanischen Wichita Falls
meinte sein Feldwebel, seine Jungs damit aufwärmen zu können,
dass er sie durch einen Hindernisparcours jagte. Es gab auch eine
Wand, die man an einem Seil hinaufklettern musste, und als Budge
nach dem Seil griff, um sich hochzuziehen, spürte er, wie etwas in
seiner Schulter nachgab.

Sein Aufschlag sollte nie wieder der alte sein. Als nach Kriegsende der Tenniszirkus wieder in Gang kam und Budge mit Riggs
auf Tournee ging, verlor er die ersten zwölf Matchs in Folge und

schließlich auch die Gesamttournee (mit zweiundzwanzig zu vierundzwanzig Siegen); auch im Endspiel der US-Profimeisterschaften triumphierte Riggs ohne Satzverlust über Budge. Und 1947 unterlag er Riggs erneut. Besonders finanziell war jene Partie von höchster Bedeutung, da der Gewinner mit Jack Kramer, der neusten Sensation des Profitennis, auf Tournee gehen und hunderttausend Dollar einstreichen sollte. Riggs meinte stets, er habe das Spiel aufgrund seiner berühmt gewordenen Fähigkeit gewonnen, wenn es ums große Geld ging, die Nerven zu behalten und in kritischen Momenten Höchstleistung zu bringen, doch war Budge schlicht und ergreifend nicht mehr der gleiche überragende Spieler wie früher. »Ich glaube nicht, dass Bobby einen Don in Bestform hätte bezwingen können«, sagte Kramer. »Doch nach dem Krieg, als Don nicht mehr so gut aufschlagen konnte, konnte Bobby ihn knacken.«[104]

»Und Hunderte von Nächten zu durchzechen wird auch nicht gerade geholfen haben« – so Gene Mako. »Seine Form der späten dreißiger Jahre konnte er nie wieder erreichen. Deirdre und er heirateten und ließen sich's gutgehen.«[105] Sie lebten nun in Hollywoods Nobelwohngegend Bel Air, bekamen 1945 und 1950 zwei Söhne und verkehrten in einer fidelen Gesellschaft illustrer Persönlichkeiten. »Sinatra und Bing Crosby waren seine Kumpels, wir sahen sie ständig«, weiß Budges älterer Sohn David zu berichten. Zusammen mit Sinatra, Crosby, Big-Band-Leader Les Brown, der Sängerin Kay Starr und einigen anderen gehörten Don und Deirdre zu einer Clique, die sich »The Hymnin' Hangover« nannte: Nach einigen Runden Cocktails kutschierte dieser »choralsingende Kater« durch Bel Air und Beverly Hills und grölte Weihnachtslieder. »Stell dir vor, du hörst jemand ›Hark the Angels Sing‹ anstimmen, schaust aus dem Fenster und siehst diese Bande.«[106]

1954 bezogen die Budges eine Wohnung in der East 57th Street in New York, wo sie neben anderen Bekannten die Jazzmusiker Jackie Paris und Jo Johns zu Gast hatten.[107] Im Toots Shor's oder dem Jack Dempsey's kamen Dean Martin und Jerry Lewis an ihren Tisch und machten ihre Späße. Don wurde Tennistrainer im Town Tennis Club in der 56th Street und spielte weiterhin Profitennis.

Im gleichen Jahr – er war nun neununddreißig – machte er einen auf Tilden und ging mit viel jüngeren Spielern auf Tour: Pancho Gonzalez, Frank Sedgman und Pancho Segura. Gonzalez wurde Sieger, doch auch Budge gewann das eine oder andere Match. 1957 feierte der Einundvierzigjährige seinen letzten großen Triumph, als er den hervorragenden Serve-and-Volley-Spieler Gonzalez auf einem schnellen Hallenplatz in Los Angeles 6:4, 6:4 schlug. Selbst jetzt noch war seine Rückhand einfach monumental. Der Daviscup-Spieler Gene Scott sagte:»Niemand, buchstäblich niemand, servierte je aufs Budges Rückhand, bis er weit in seinen Sechzigern stand.«[108]

Er klagte niemals über seine Verletzung; gegenüber seinen Söhnen erwähnte er sie nicht einmal. Freunde halfen ihm, den Geldsegen aus seinen frühen Profijahren klug anzulegen, so dass er finanziell ein unbeschwertes Leben führen konnte. Doch Tennisunterricht zu geben machte ihm großen Spaß, und nach Ende seiner aktiven Spielerkarriere leitete er über zwanzig Jahre hinweg im Sommer ein Tennis-Trainingslager, zuerst auf Jamaika, dann in Virginia und Maryland. Er reiste gern, und jedes Mal, wenn er in Los Angeles war, quartierte er sich bei Gene Mako zu Hause in Hollywood ein.

Mako hatte in den Vierzigern etwas Berufstennis und Basketball gespielt, ohne dabei jedoch viel Geld zu verdienen. Während seiner Tenniszeiten war er bei Jazzbands auf der ganzen Welt immer wieder am Schlagzeug eingesprungen, und eine Zeit lang verdiente er sich nun seine Brötchen als Drummer. Danach war er über die nächsten fünfzig Jahre hinweg in der Tennisplatzbau-Branche beschäftigt. Im Lauf der Jahre knüpfte er immer engere Kontakte zur Kunstszene, und mittlerweile besitzt er längst eine eigene Galerie. Auch noch mit neunzig konnte er einem das Ergebnis jedes Tennisspiels vorsagen, das er je bestritten hatte, und in den letzten Jahren war er mit der Vorbereitung einer zweibändige Retrospektive der Kunst seines Vaters Bartholomew Mako beschäftigt, den er liebevoll als »einen der größten unbekannten Künstler aller Zeiten« bezeichnet. Auch wenn Mako nicht selbst Künstler geworden war, hatte er von seinem Vater doch, wie er es nannte, »die sehende Hand«[109] geerbt, die sich beim Abfangen eines Topspin-Passierballs am Netz als genauso wertvoll erwies wie beim Versuch, den vollendeten Torbogen auf Leinwand zu bannen.

Was nun Budge betraf, so hat er sein Leben stets genossen, und auch wenn Deirdre und er seit den sechziger Jahren getrennte Wege gingen, ist er seinen Söhnen als ein toller Vater und großer Tennisspieler in Erinnerung geblieben. 1968 heiratete er erneut und führte eine lange, glückliche zweite Ehe. Am 14. Dezember 1999 war Donald Budge in der Nähe seines Hauses in den Pocono Mountains im Osten Pennsylvaniens mit dem Wagen unterwegs. Auf der nassen kurvigen Straße verlor er die Kontrolle über das Fahrzeug und schlitterte in einen Baum. Unfallhelfer schnitten ihn aus dem Autowrack, und ein Hubschrauber brachte ihn in ein nahe gelegenes Krankenhaus. Er überlebte noch sechs Wochen, sollte aber nie mehr nach Hause zurückkehren. In einem Pflegeheim in Scranton erlag er am 26. Januar 2000 seinen Verletzungen. Er war vierundachtzig Jahre alt.

Im Sommer 1947 war Budge zum ersten Mal auch durch Deutschland getourt, wo er auf US-Truppenstützpunkten Schaukämpfe gegen Bobby Riggs spielte. Als er eines Tages in Bad Nauheim auf den Platz ging, erblickte er hinterm Zaun einen mageren blonden Mann mit aristokratischer Haltung, der ihm verstohlen zuwinkte. »Zuerst hab ich ihn gar nicht erkannt«, sagte Budge später, »doch dann merkte ich plötzlich, dass es Gottfried war. Er wirkte verlegen, hatte Angst, dass ich ihn vielleicht nicht mehr als Freund betrachten würde.« Er hätte sich keine Sorgen machen brauchen; Budge umarmte seinen alten Freund, und bald bestritten sie »eine ganze Reihe von Schaukämpfen« in Deutschland. »Jahrelang habe ich versucht, ihn in die Vereinigten Staaten zu bringen«, gab Budge an, »aber es gelang mir nicht, weil er diese Sittlichkeits-Vorstrafe hatte.«[110]

Das Davispokal-Spiel gegen Cramm sollte ihm immer als sein größter Moment in Erinnerung bleiben. Die Nummer eins gegen die Nummer zwei, die USA gegen Nazideutschland, im geheiligten Tempel des Weißen Sports, dem Centre Court von Wimbledon,

und dem Sieger winkte der Daviscup. »Ich habe niemals besser gespielt«, erinnerte er sich viele Jahre später, »und ich habe nie gegen
jemanden gespielt, der so gut war wie Cramm an jenem Tag.«[111]
Viele teilten seine Einschätzung. Das Spiel Budge gegen Cramm
machte Reporter zu Poeten. Die Londoner *Times* nannte es »ein
Match, das in jedem Land, wo Lawn Tennis gespielt wird, für immer
unvergesslich bleiben wird. … Ich habe sicherlich noch nie ein Spiel
gesehen, das in seinen Ballwechseln und seiner Couragiertheit dem
Erhabenen so nahe kam.« Und Allison Danzig schrieb: »Ihr Tennis
war von geradezu unglaublicher Brillanz. … Die Zuschauer auf den
Tribünen … vergaßen ihre Parteilichkeit für den Baron und sahen
verzaubert zu, während sich die Spieler gegenseitig zu immer neuen
Großtaten beflügelten und in Ballwechseln von halsbrecherischer
Geschwindigkeit, die über die gesamte Spielfläche hin und her gingen, wahre Wunder der Errettung und Konterattacke vollbrach-
ten.«[112]
Nach Spielende war die Umkleidekabine ein einziges Tohu-
wabohu aus Mannschaftskollegen, Sportfunktionären, Tennisleuten
und Budges Hollywood-Clique, die alle hereinstürmten, um ihre
Gratulationen loszuwerden. Und dann war da auch Bill Tilden, der
Associated Press zufolge »fast geweint hätte, als der blonde Bursche
sich geschlagen geben musste«. In der Kabine hatte er sich nun
völlig gefangen und war wieder ganz der große, herablassende Ten-
nisapostel. Bewegt packte er Budges Hand, schüttelte sie heftig und
eröffnete ihm, dass er soeben »das größte je gespielte Tennismatch
gewonnen« habe.[113]
Etwa eine Stunde nach Spielende begann sich der Umkleideraum
schließlich zu leeren, und Budge konnte sich waschen und anziehen.
Bevor er in die Stadt und zu seinen Mannschaftskameraden zurück-
gefahren wurde, wollte er noch einen letzten Blick auf den Centre
Court werfen. Es war nun fast neun, doch war die blaue Dämmerung des Sommerabends noch immer recht licht. Er trat auf den
Rasen hinaus und spähte zu den Tribünen hinauf. Zu seiner Überraschung waren noch immer Tausende von Menschen da, in vielen Häufchen über das gesamte Stadion verteilt. Die geisterhaften
Schemen im Zwielicht schienen kaum miteinander zu reden, sich

kaum hin und her zu bewegen. Es war, als wollten sie einfach den Schauplatz jenes Geschehens nicht verlassen, dessen Zeugen sie gerade geworden waren. Drei Jahre später, »im strahlenden und schrecklichen Sommer des Jahres 1940«, sollten deutsche Kampfflugzeuge zu Tausenden donnernd über der Themse aufziehen, um fast ein Jahr lang ihren Bombenhagel über London niedergehen zu lassen. Splitter der königlichen Loge würden über die Aufschlaglinien herabregnen, und der makellose Rasen des All England Clubs sollte der Schweinezucht dienen, um die Mangelware Fleisch zu liefern. Doch an diesem Juliabend war der Centre Court eine friedvolle Stätte der Andacht, in der noch immer ein schwaches Echo jener großen Begegnung nachschwang.[114]

Über eine lange Zeit hinweg hatte Budge einen wiederkehrenden Alptraum: Im größten Match seines Lebens lag er auf ewig im fünften Satz mit vier zu eins Spielen zurück und starrte über das Netz zum beherrschten, unerbittlichen, scheinbar unbezwingbaren Gottfried von Cramm hinüber. Bis ans Ende seines Lebens sollte er an diese Begegnung zurückdenken. Angesichts all der Unbilden, die sein Freund später zu erdulden hatte, wünschte er sich mitunter, das Spiel lieber doch verloren zu haben. Wie sehr wäre ihr Leben dann wohl anders verlaufen? Was, wenn sein letzter Vorhandschlag nach jenem Hechtsprung ins Aus gegangen wäre?[115] Und doch musste er unwillkürlich lächeln, wenn er sich jenen letzten Ball in Erinnerung rief.

Als er Cramms Vorhand Richtung rechtes Eck fliegen sah, war er über den Rasen davongespurtet. Vier oder fünf große Sprünge, dann reckte er sich nach dem Ball, fiel vornüber. Er setzte alles auf eine Karte, ohne wirklich zu erwarten, dass ihm ein solcher verzweifelter Schlag gelingen könnte. Doch als er den Ball traf, wusste er, dass er ihn gut getroffen hatte. Noch als alter Mann sollte er sich daran erinnern, wie perfekt sich dieser Schuss angefühlt hatte, genau am magischen Punkt des Schlägers getroffen.[116] Weit hinter der Seitenlinie in der Nähe der Zuschauer auf dem Boden ausgestreckt, blickte er auf, sah den Ball an Gottfried vorüberfliegen und aufhüpfen; für einen Augenblick war völlig ungewiss, ob der Ball gut war oder im Aus. Dann brach auf den Rängen der Jubel los. Der Ball hatte den

Boden nur wenige Zentimeter vor dem Schnittpunkt von Grund-
und Seitenlinie berührt, um dann gegen das dunkelgrün bemalte
Holz im Hintergrund zu springen und schließlich unbewegt auf
dem englischen Rasen liegen zu bleiben.

Danksagung

Als ich Ende 2005 mit den Recherchen zu diesem Buch begann, konnte meine erste Anlaufstelle gar kein anderer sein als Tenniskommentator Bud Collins, die größte lebende Fundgrube an Tenniswissen. Obwohl er wahrscheinlich überhaupt nicht wusste, wer ich war, erhielt ich von ihm sogleich eine wertvolle Liste von Leuten, mit denen ich in Kontakt treten konnte, einschließlich ihrer Telefonnummern. Ich war und bin ihm dafür sehr dankbar, denn diese Liste versorgte mich nicht nur mit den nötigen Informationen, sondern sie gab mir auch den Mut, etliche der bedeutendsten Tennisgrößen aller Zeiten anzurufen.

Und so war ich bald schon in Los Angeles, wo Gene Mako, Jack Kramer, Robert Kelleher und Don Budges Sohn David generös ihre Zeit für mich opferten. Wieder zurück im Osten, hieß mich auch Budges zweiter Sohn Jeff in seinem Haus willkommen, gab mir bereitwillig Auskunft über seine Erinnerungen an den Vater und ließ mich in seine umfangreiche Sammlung von Zeitungsausschnitten, Fotografien und anderen Memorabilien Einsicht nehmen.

In Deutschland zeigte sich Gottfried von Cramms Neffe Burghard von Cramm nicht minder gastfreundlich. Er lud mich zu einem langen Interview in sein Hamburger Zuhause ein und ermöglichte mir den Besuch der Familienbesitztümer in Oelber, Brüggen and Bodenburg. Sein Vetter Oliver von Cramm gewährte mir eine sehr interessante Führung durch die Güter in Brüggen und Bodenburg, und Anna von Veltheim tat ein Gleiches in Oelber. Der Sporthistoriker Heiner Gillmeister bekundete ein großes Interesse an meinem Buch, ließ mich an seinem Wissen teilhaben und vermittelte mir nützliche Kontakte in Berlin. Dort zeigte mir Gottfrieds alter Freund Wolfgang Hofer, der ehemalige Präsident von »Rot-Weiß«, den Club und gab mir die Gelegenheit zu einem langen, faszinierenden Interview mit ihm. Beim TC Blau-Weiss Berlin widmete mir Friedrich Plickert einen halben Tag, um mich auf dem Clubgelände herumzuführen, mir ein Essen zu spendieren und Unterlagen für meine Recherchen aufzustöbern. Karl-Heinz Steinle und Andreas Sternweiler vom Schwulen Museum warteten mit so manchem überraschenden Fundstück aus ihrer Forschungsarbeit auf.

Daniel Prenns Sohn Oliver Prenn führte mit mir mehrere ausführliche Telefongespräche über seinen Vater. Egon Steinkamp, Derrick Kleeman, Herbert Schmidt, Ron Fimrite, Roger Angell, Dorothy »Dodo« Cheney, Dottie Knode und Patricia Yeomans steuerten weitere wertvolle Telefoninterviews bei, und Frau Yeomans schickte mir sogar Zeitungsausschnitte aus den großen alten Tagen des Los Angeles Tennis Clubs.

Frank Deford und Richard Evans gaben mir aufschlussreiche Antworten auf die Fragen in meinen E-Mails, und Stan Hart ließ mir ein sehr ungewöhnliches und unschätzbares Paket zukommen: Die Mitschnitte der für sein Buch *Once a Champion* geführten Interviews mit vielen der größten Tennisspieler überhaupt.

Meine Freunde Anke Finger und Gregory Lewis haben dieses Projekt tatkräftig unterstützt, und Anke hat mir bei den deutschsprachigen Quellen und meinen Nachforschungen in Deutschland geholfen. Mike Bergman war mir bei meinen Recherchen in Los Angeles eine große Hilfe, und Melissa Banta leistete ihren Teil in der Widener Library. Audrey Snell von der Wimbledon Library sorgte dafür, meinen dortigen Besuch sehr ergiebig werden zu lassen, und beantwortete mir noch auf anderthalb Jahre hinaus meine Fragen. Desgleichen geht mein Dank an Mark Young und Joanie Agler von der Bibliothek der Tennis Hall of Fame, an Susan Luchars vom Archiv der United States Tennis Association (USTA), an Nancy Miller von den Spezialsammlungen der University of Pennsylvania sowie an Bianca Welzing vom Berliner Landesarchiv.

Joanie McMasters vom Lawn Tennis & Badminton Club in Vancouver hat mir erlaubt, ihre Fotografien viel länger zu behalten, als nötig gewesen wäre.

Sehr zu Dank verpflichtet bin ich auch Rick Horgan von Crown Publishers, der sich vom ersten Tag an für mein Vorhaben begeisterte und die Veröffentlichung bei seinem Verlag möglich machte. Er und Julian Pavia, wechselweise mein Lektorenteam, waren für mich ein unablässiger Ansporn, Thema und Leitidee meines Buches klar umrissen herauszumeißeln, selbst als ich (irrtümlich) schon glaubte, mein Möglichstes getan zu haben. Auch Janet Biehls hervorragendes Lektorat sorgte für zahlreiche Verbesserungen.

Jeder Autor hat, wenn er an einem Buch arbeitet, einen – oft imaginären – idealen Leser im Kopf. Ich hatte das Glück, drei sehr reale Idealleser zu haben. Albert LaFarge, mein tennisverrückter Agent, war Feuer und Flamme, seit ich die Idee für dieses Werk in einer ersten E-Mail umriss, und ermunterte mich, einen entsprechenden Projektvorschlag auszuarbeiten. Ohne seinen frühen Enthusiasmus hätte es das Buch wahrscheinlich nie gegeben. Meine Frau Mileta Roe, eine Literaturdozentin, deren Traumurlaub Wimbledon während der beiden Turnierwochen wäre, war wie üblich meine erste Leserin. Und schließlich ist da noch mein Bruder Ron, ein Bücher- und Kunstnarr sowie einer der besten Tennisspieler, denen man begegnen kann – und dessen Reputation für Fairness selbst einem Gottfried von Cramm Konkurrenz machen könnte. Dieses Buch ist unseren Eltern gewidmet, doch geschrieben habe ich es für ihn.

Noch eine letzte Schuld muss ich erwähnen: Sie betrifft die Struktur meines Buches, die fast zugleich mit der Grundidee feste Form gewann. Als ich über die Lebensgeschichten von Tilden, Budge und Cramm nachsann und wie sich ihre Wege am 20. Juli 1937 kreuzten, fiel die keimende Saat sogleich auf jenen Nährboden, der tief in der Seele eines jeden tennisbegeisterten amerikanischen Autors bereitliegt. Ich beziehe mich natürlich auf John McPhees *Levels of the Game*. Kenner dieses großartigen Buches werden verstehen, dass man ein Werk wie das vorliegende gar nicht anders beginnen kann als mit einem virtuos emporgeworfenen Tennisball, wie er gen Himmel aufsteigt …

Anmerkungen

Erster Satz: Der Gentleman von Wimbledon

1 Siehe Amelia Earhart, *Last Flight* (zusammengestellt von George Palmer Puttmann), New York 1988 (Reprint der Ausgabe von 1937), S. 129–133; sowie verschiedene Biografien.

2 Siehe »A ›Survey of the World‹«, in: *The Times*, 20. Juli 1937, S. 16.

3 Nach Trengove 1985, S. 2.

4 Davis zit. in George Lott, »Tennis Money: It Doesn't Pay to Be an Amateur«, in: *Collier's*, 3. September 1938, S. 28.

5 Tilden zit. in Trengove 1985, S. 7.

6 In seiner Autobiografie schreibt Tilden: »Im November 1935 holte mich der deutsche Tennisverband nach Deutschland, um das deutsche Daviscup-Team zu trainieren«. (Siehe Tilden 1938, S. 91.) Diese Behauptung wurde – wie auch die Geschichte von Hitlers angeblichem Telefonanruf bei Cramm (siehe Anmerkung 79 zu S. 258) – von mindestens einem deutschen Tennishistoriker angezweifelt. Dr. Heiner Gillmeister von der Universität Bonn hat unterstrichen: »Dass Tilden das deutsche Team trainiert hat, ist äußerst unwahrscheinlich. Ich habe die relevanten Ausgaben von *Der Tennissport* durchgesehen, damals die in Deutschland maßgebliche offizielle Tenniszeitschrift. In keinem der 1937 vor dem Interzonen-Finale des Daviscups erschienenen Hefte … findet sich auch nur die leiseste Andeutung, dass … Tilden die deutsche Mannschaft trainiert haben könnte.« (Siehe Fein 2002, S. 275.) Dennoch: Gesetzt, die Deutschen hatten Tilden tatsächlich engagiert, wäre es keinesfalls überraschend, wenn sie dieses Faktum geheim halten wollten. Sowohl Don Budge als auch Ted Tinling erinnerten sich an Tildens Trainertätigkeit mit der deutschen Mannschaft, und in den Interviews, die ich mit Budges Doppelpartner Gene Mako sowie mit Cramms nahem Freund, dem vormaligen Präsidenten von »Rot-Weiß« Berlin, Wolfgang Hofer, geführt habe, pflichteten beide ihnen bei.

Zudem findet sich in der von »Rot-Weiß« veröffentlichten Broschüre *Gottfried Freiherr von Cramm. Fair Play ein Leben lang* eine Fotografie, die Tilden zeigt, wie er den deutschen Spielern Anweisungen gibt. Sie trägt die Bildunterschrift: »Tilden, inzwischen Professionalspieler geworden, trainierte auch die deutsche Mannschaft.« (Siehe LTTC »Rot-Weiß« Berlin [Hg.] 1977, S. 19.) Ein ähnliches Foto von Tilden zusammen mit Cramm und Kleinschroth, auf dem Tilden eindeutig eine Art »Vormundspose« einnimmt, findet sich in Schickel 1975, S. 102.

7   »Von Cramm's Life Story«, in: *American Lawn Tennis*, 20. Februar 1938, S. 28.

8   John Winkler, »The Iconoclast of the Courts«, in: *New Yorker*, 18. September 1926, S. 27.

9   Tilden 1948, S. 132.

10 Zum deutschen Daviscup-Abenteuer von 1914 siehe Steinkamp 1990, S. 36; Ulrich Kaiser, »Eine lange Reise«, in: Deutscher Tennis Bund (Hg.) 2002, S. 57 f.; sowie »Nordics at Bay – A Shock for Diehards – August, 1914«, in: *New Yorker*, 22. Juni 1929, S. 44.

11 Nach Budge 1969, S. 3. Die beiden vorausgegangenen Zitate aus »What the Doldrums Are Like«, in: *American Lawn Tennis*, 20. Juli 1937, S. 15.

12 »The Centre Court and No. 1«, in: *American Lawn Tennis*, 20. Juli 1937, S. 15.

13 Herbert Warren Wind, »Wimbledon – Ninety-one Years Later«, in: *New Yorker*, 27. Juli 1968, S. 68–79. Zum »irrwitzigen Kaninchenbau« siehe Al Laney, »The Mystery of Wimbledon«, in: Wind (Hg.) 1966, S. 607.

14 Laney, ebd.

15 John R. Tunis, »A Reporter at Large: Wimbledon«, in: *New Yorker*, 5. Juli 1930, S. 41. Zur Schlange der Wartenden siehe ebd., S. 38; zur elektrischen Anzeigetafel außerhalb des Centre Courts zudem Arthur Daley, »Davis Cup Musings«, in: *New York Times*, 28. August 1947, S. 21.

16 »Budge Takes Shields«, in: *New Yorker*, 24. August 1935, S. 31.

17 Franklin Pierce Adams, »Rye's Semifinals – Sartorial Notes«, in: *New Yorker*, 21. August 1937, S. 44. Information zu Budges weißen Gabardinehosen gemäß dem Interview mit Gene Mako vom 6. Dezember 2006 in Los Angeles.

18 Siehe www.itftennis.com/technical/equipment/strings/history.asp und www.tennis-warehouse.com/LC/Naturalgut.html.

19 Zum Verlust des Fingergliedes siehe Steinkamp 1990, S. 31; sowie »Von Cramm's Life Story«, in: *American Lawn Tennis*, 20. Februar 1938, S. 28.

20 Zit. in Neil Amdur, »Budge Backhand: The Shot for the Ages«, in: *New York Times*, 27. Januar 2000, S. D8. Vorausgegangenes Spielerzitat aus »Newport Reflections«, in: *New Yorker*, 27. August 1938, S. 48. – Informationen zu Budges unverwechselbaren Rackets gemäß Interview mit Mako

vom 6. Dezember 2006 und vielen weiteren Quellen. 1975 sagte Budge zu
George Plimpton: »Der einzige Grund, warum es Tennisschläger mit Ledergriffen gibt, besteht darin, dass vor vielen Jahren [in den Dreißigern]
L. B. Iceley, der Präsident von Wilson's Sporting Goods [und Trauzeuge
bei Budges Hochzeit], während einer Sitzung aufstand und sagte: ›He,
hört mal her, warum peppen wir die Tennisschläger eigentlich nicht ein
bisschen auf wie Golfschläger, statten sie mit Ledergriffen aus und verlangen einen Dollar zusätzlich.‹ Alle waren übereinstimmend der Meinung,
dass das eine hervorragende Idee war. Mit dem Ergebnis, dass nun Spieler
das Leder aufkratzen, um eine bessere Haftung zu haben, und sich Blasen
und Schwielen holen. Die Konsistenz von Leder verändert sich; Leder ab-
sorbiert 87 Prozent der Flüssigkeit, Holz dagegen nur sieben Prozent. Bill
Tilden wusste, wie hirnrissig das Ganze war: Er und ich waren die Einzigen, die beim Holzgriff blieben. Er meinte immer: ›Verdamm mich, Don,
du und ich sind die Einzigen, die noch übrig sind. Verrat es bloß keinem
weiter.‹« (Zit. in Frayne 1977, S. 58.)

21 Colonel R. H. Brand, NBC-Radioübertragung vom 17. Juli 1937, archi-
    viert im NBC Radio Archive der Library of Congress in Washington D. C.
22 Nach John R. Tunis, »A Reporter at Large: Wimbledon«, in: *New Yorker*,
    5. Juli 1930, S. 38.
23 Cooke 1937, S. 661.
24 »America Take the Lead«, in: *The Times*, 20. Juli 1937, S. 8.
25 »U.S.A. and Germany All Square«, in: *The Times*, 19. Juli 1937, S. 5.
26 John Olliff, *Olliff on Tennis*, London 1948, S. 121.
27 Siehe LTTC »Rot-Weiß« Berlin (Hg.) 1977, S. 35. – Zitat zu Cramms
    Ausstrahlung aus Budge 1969, S. 8; zum Baron als vorbildliches Beispiel
    für andere Tennisspieler: Franklin Pierce Adams, »The State of Doubles –
    Baron von Cramm«, in: *New Yorker*, 4. September 1937, S. 44.
28 Zu dieser Doppelpartie siehe Conrad Aiken, »Yankee Luck«, in: *New
    Yorker*, 3. August 1935, S. 27; George Lott, »Tight Spots in Tennis«, in:
    Atlantic, August 1938, S. 197f.; Tilden 1938, S. 94; Budge 1969, S. 47;
    American Lawn Tennis, 5. August 1935; sowie John R. Tunis, »Raising a
    Racket for Germany«, in: *Collier's*, 10. Juli 1937, S. 38.
29 Zu dieser Episode siehe Trengove 1985, S. 120f.; sowie Don Budges un-
    veröffentlichtes Artikelmanuskript von 1975 (freundlicherweise zur Verfü-
    gung gestellt von Jeff Budge).
30 Cramms frühe Biografie, wo nicht anders vermerkt, im Folgenden nach
    Steinkamp 1990.
31 Der ungarische Schriftsteller Tibor Dèry zit. in Steinkamp 1990, S. 33.
32 Zit. in Steinkamp 1990, S. 32.
33 Steinkamp 1990, S. 34.
34 Informationen nach dem am 6. April 2007 in Berlin geführten Interview
    mit Wolfgang Hofer.

35 »Von Cramm's Life Story«, in: *American Lawn Tennis*, 20. Februar 1938, S. 26.

36 Siehe »Tilden Inspects Courts at Night«, in: *New York Times*, 1. Mai 1927, S. S8; sowie »Tilden Officiates at Berlin Match«, in: *New York Times*, 2. Mai 1927, S. 17. – Deford-Zitat aus: Deford 1976, S. 18.

37 Tilden zit. in »Tilden Inspects Courts at Night«, in: *New York Times*, 1. Mai 1927, S. S8. Zum stimmungsträchtigen Clubhaus siehe Forbes S. 209.

38 »Von Cramm's Life Story«, in: *American Lawn Tennis*, 20. Februar 1938, S. 26.

39 Cooke 1937, S. 661.

40 Deford 1976, S. 211 f.

41 »Schwul« ist die nächste deutsche Entsprechung zum *gay* des englischen Textes. Das Wort *gay* wurde bereits in den dreißiger Jahren in diesem Sinn verwendet; damals allerdings lediglich als Deckwort in gleichgeschlechtlichen Kreisen. Die öffentliche Selbstbezeichnung war *queer*, von Heterosexuellen wurden Schwule oft als *fairies* oder *fruits* bezeichnet. Siehe hierzu Chauncey 1994, S. 14 f. [Im Deutschen war »schwul« seit dem 19. Jahrhundert als eine pejorative umgangssprachliche Bezeichnung üblich, während sich der offizielle Sprachgebrauch der Zeit um die dreißiger Jahre des Begriffes »homosexuell« bediente. Dem Muster des englischsprachigen Originals folgend, benutzt die deutsche Übersetzung beide Begriffe, bei denen historische und politische Korrektheit in einem gewissen Spannungsverhältnis stehen, weitgehend synonym. A.d.Ü.]

42 Zitat Hunter und die folgenden Pegler-Zitate aus Deford 1976, S. 214 u. S. 219–221.

43 Ebd., S. 223.

44 Ebd., S. 19; »wie ein Affe …«: zit. ebd., S. 42; »Hochgewachsen und schmal …«: Allison Danzig, »Tilden, Autocrat of the Courts«, in Wind, *Realm of Sport*, S. 602; zu Tildens Größe siehe Deford 1976, S. 41.

45 Siehe hierzu »Von Cramm's Life Story«, in: *American Lawn Tennis*, 20. Februar 1938, S. 26; »Champions at Forest Hills«, in: *Time*, 13. September 1937, S. 21; sowie Budge 1969, S. 13.

46 Siehe Steinkamp 1990, S. 36 u. S. 47

47 Informationen hierzu gemäß den Interviews mit Wolfgang Hofer und Friedrich Plickert am 6. April 2007 in Berlin. Siehe auch Deutscher Tennis Bund (Hg.) 2002, S. 64 f.

48 Zit. in Stuck von Reznicek [1969], S. 35.

49 Zitate in diesem Absatz: Roman Najuch, »Vom Bollejungen zum Weltmeister« in: Stuck von Reznicek [1969], S. 48–52, S. 50.

50 Siehe »Champions at Forest Hills«, in: *Time*, 13. September 1937, S. 20.

51 »Fate and the Davis Cup«, in: *New Yorker*, 27. Juli 1929, S. 38.

52 Siehe Steinkamp 1990, S. 52.

53 Steinkamp 1990, S. 51. – Der zuvor zitierte »Beobachter« ist »Professor Natan vom Kingschool College in Worcester«, zit. in Stuck von Reznicek [1969], S. 35 f.

54 Siehe LTTC »Rot-Weiß« Berlin (Hg.) 1977, S. 31.

55 *Lawn Tennis and Badminton* 29 (15. April 1939), S. 1132.

56 LTTC »Rot-Weiß« Berlin (Hg.) 1977, S. 34.

57 Zu Cramms Treffen mit Schmeling siehe Myler 2005, S. 17; sowie Margolick 2005, S. 291. Informationen zu Cramms Ausgehgewohnheiten gemäß dem Interview mit Wolfgang Hofer vom 6. April 2007. Siehe auch Stuck von Reznicek 1949, S. 17.

58 Helmut Pancke zit. in Steinkamp 1990, S. 51.

59 Budge 1969, S. 8.

60 Paraphrasiert nach Budge 1969, S. 9. – Menzel zit. in Steinkamp 1990, S. 10.

61 Thomas J. Hamilton, »Budge Puts Americans in Davis Cup Challenge Round by Defeating von Cramm«, in: *New York Times*, 21. Juli 1937, S. 25.

62 Beaton 1962, S. 299.

63 Siehe Mowat 1955, S. 564 f.

64 Ebd., S. 572–582.

65 Shirer 1961, S. 290. Zur britischen »Ermahnung« Deutschlands siehe Eurich und Elmo Wilson 1937, S. 336.

66 Zit. in Mowat 1955, S. 567.

67 Tinling 1979, S. 177. Zur »mit großem Pomp« gefeierten Krönung siehe Mowat 1955, S. 588. – Zitat von Ralph Bunche aus seinem Brief an Dr. Mordecai W. Johnson, 22. Mai 1937, archiviert in den Ralph J. Bunche Papers im Schomburg Center for Research in Black Culture der New York Public Library.

68 Al Laney, »The Mystery of Wimbledon«, in Wind (Hg.) 1966, S. 607.

69 Laney 1968, S. 50. Weitere Informationen zu Lenglen aus Collins 1994 sowie Medlycott 1977, S. 59 u. S. 64.

70 Budge 1969, S. 3. Vergleiche mit einem elisabethanischen Theater und einer Flugzeughalle: McPhee 1972, S. 18; respektive Al Laney, »The Mystery of Wimbledon«, in Wind (Hg.) 1966, S. 117.

71 Siehe hierzu McPhee 1972, S. 114–117.

72 Zu Robert Twynam siehe McPhee 1972, S. 105–107.

73 John R. Tunis, »A Reporter at Large: Wimbledon«, in: *New Yorker*, 5. Juli 1930, S. 38.

74 Nach *Daily Mail*, 21. Juli 1937, S. 14.

75 Cooke 1937, S. 661.

76 Ebd.

77 Mowat 1955, S. 567. Zitat aus der »streng geheimen« Weisung zur deutschen Kriegsvorbereitung von Generalfeldmarschall von Blomberg, zit. in Shirer 1961, S. 293.

Zweiter Satz: Unterschätzte Gegner

1 Siehe Steinkamp 1990, S. 12.

2 Shirer 1961, S. 288; Göring-Zitat in der korrigierten Form übernommen aus Joachim C. Fest, *Das Gesicht des Dritten Reiches. Profile einer totalitären Herrschaft*, 9. Auflage, München und Zürich 1988, S. 249.

3 Siehe Mowat 1955, S. 592.

4 Zit. ebd., S. 594. – Lady Londonderry zit. in Large 2007, S. 138.

5 Zit. in Gilbert (Hg.) 1968, S. 69–72.

6 Siehe Richie 1998, S. 319.

7 Ebd., S. 321.

8 Haffner 2002, S. 54; Folgezitat ebd., S. 58.

9 Richie 1998, S. 323.

10 Zum Haus Vaterland und zum Resi siehe Gordon 2001, S. 73–77.

11 Siehe Gordon 2001, S. 1 u. S. 52. – Zur Revue: Walter Benjamin und Bernhard Reich, »Revue oder Theater« [1925]. In: Walter Benjamin, *Gesammelte Schriften*. Unter Mitwirkung von Theodor W. Adorno und Gershom Sholem hg. von Rolf Tiedemann und Hermann Schweppenhäuser. Band IV. 2. Hg. von Tillman Rexroth. Frankfurt am Main 1972, S. 796–802, S. 802.

12 Stuck von Reznicek [1969], S. 42, und Stuck von Reznicek 1949, S. 17.

13 Zur aufkeimenden und wachsenden Liebe zwischen Gottfried und Lisa siehe Steinkamp 1990, S. 52. Briefzitat ebd.

14 Zit. in Stuck von Reznicek [1969], S. 42.

15 Zit. ebd.

16 Zit. in Steinkamp 1990, S. 54. – Die Aussprüche Moldenhauers sowie Prenns zit. in Stuck von Reznicek 1949, S. 8.

17 »Klub-Nachrichten« von »Rot-Weiß« und Cramms Brief an seine Mutter zit. in Steinkamp 1990, S. 54. Hier auch Information zur Wohnung in der Dernburgstraße.

18 Emily Hahn, *Times and Places*, New York 1970, S. 115. Erich Maria Remarque, *Drei Kameraden*, Köln 1989, S. 269 u. S. 253 f. – Zur Wirtschaftskrise in Berlin siehe Richie 1998, S. 390 f.

19 Siehe hierzu Richie 1998, S. 398; sowie Stephen Spender, *World Within World*, Berkeley 1966, S. 130 (zuerst erschienen 1951).

20 Annette Eick in *Paragraph 175*, einem Dokumentarfilm von Rob Epstein und Jeffrey Friedman (Channel Four Films, 2000).

21 Ehrenburg zit. nach Gordon 2001, S. 51. Zur zeitgenössischen Berliner Schwulenszene und zu Clubs wie dem Hollandaise und dem Eldorado siehe ebd., S. 49, 79, 100 u. 289 f. – »Berlin bedeutet Buben«: Isherwood 1976, S. 2; Auden zit. in. Large 2002, S. 217 (siehe auch Large 2007, S. 186).

22 Zu Cramms erster Begegnung und den frühen Treffen mit Herbst siehe

die Gestapo-Akten des Berliner Landesarchivs; Bestand A Rep. 358–02, Nr. 21070 und 98301: »Generalstaatsanwaltschaft beim Landgericht Berlin zwei Verfahren gegen Gottfried von Cramm (*1909); eines wegen Vergehens gegen § 175 und eines wegen Devisenvergehens«, im Folgenden zit. als »Dokumente des Berliner Landesarchivs«. – Georg Heck interviewt von Andreas Sternweiler, dem Direktor des Schwulen Museums in Berlin; weitere Informationen aus dem Interview mit Sternweiler vom 5. April 2007 in Berlin.

23 Richie 1998, S. 355. Siehe auch Lotte H. Eisner: *Eldorado. Homosexuelle Frauen und Männer in Berlin 1850–1950*. Berlin 1984.

24 Zitate in diesem und im Folgeabsatz sowie Informationen zu Cramms Studienabbruch aus Steinkamp 1990, S. 55.

25 E. C. Potter, »Early Career of von Cramm«, in: *American Lawn Tennis*, 20. Juni 1934, S. 29.

26 *American Lawn Tennis*, 20. Juli 1931, S. 27.

27 Zu Cramms Tennisreisen durch Ägypten, Skandinavien und das übrige Europa siehe Steinkamp 1990, S. 68.

28 Joseph Roth zit. aus Bienert (Hg.) 1996, S. 200f.

29 Adolf Hitler, *Mein Kampf*, 78.–84. Auflage 1933, S. 611. – *New Yorker*-Zitat aus: »Fate and the Davis Cup«, in: *New Yorker*, 27. Juli 1929, S. 38; Haffner 2002, S. 75.

30 Siehe Myler 2005, S. 10.

31 Siehe Schiff 1999, S. 20.

32 Nabokov 1999, S. 384. Zur russischen Emigrantengemeinde in Berlin siehe Schiff 1999, S. 9f.

33 Siehe hierzu und zu Nabokovs Tennisspiel Brian Boyd, *Vladimir Nabokov. The Russian Years*, Princeton 1990, S. 259.

34 Berberova zit. in Schiff 1999, S. 10. – Nabokov 1999, S. 385.

35 Najuch zit. in Stuck von Reznicek [1969], S. 50. Zu Prenns »unendlicher Ausdauer« und Unermüdlichkeit siehe »Fate and the Davis Cup«, in: *New Yorker*, 27. Juli 1929, S. 38; und »Davis Cup«, in: *Time*, 1. August 1932. Zu Prenns Integration in die deutsche Gesellschaft siehe Steinkamp 1990, S. 69; Information zu seinen Tischtenniskünsten gemäß dem Telefoninterview mit Oliver Prenn vom 15. November 2006.

36 Siehe hierzu *Nachrichtenblatt des Tennis-Club 1899, E. V. (Blau-Weiss)*, August 1932, S. 32.

37 *BZ am Mittag*, zit. in Steinkamp 1990, S. 69.

38 Zit. ebd., S. 69f.

39 Zitate in diesem Absatz: Haffner 2002, S. 85. u. S. 88.

40 Ebd., 92f.

41 Zu den ersten beiden Monaten von Hitlers Herrschaft siehe Shirer 1961, S. 185–201; den Abschnitt »Die Revolution« in Haffner 2002; sowie Richie 1998, S. 410–417.

42 Siehe Richie 1998, S. 426–428.

43 Siehe Large 2007, S. 67. *Der Stürmer* zit. in Baker 1982, S. 247f.

44 Siehe »Davis Cup Squad Named by Germany«, *New York Times*, 24. April 1933, S. 19; www.jewsinsports.org/profile.asp?sport=?tennis&ID=?72; sowie Steinkamp 1990 S. 70.

45 Zit. in Steinkamp 1990, S. 70.

46 Zu Lewald siehe »Nazi Ideals in Sport«, in: *The Times*, 18. April 1933, S. 10.

47 Zit. in »Germany and the Davis Cup«, in: *The Times*, 15. April 1933, S. 11.

48 Siehe Trengove 1985, S. 131.

49 Informationen gemäß dem Interview mit Oliver Prenn vom 15. November 2006.

50 Siehe Schmeling 1998, S. 88.

51 Haffner 2002, S. 194f.

52 Siehe Plant 1991, S. 32 und passim.

53 Alfred Rosenberg im *Völkischen Beobachter*, 2. August 1930, S. 1.

54 In Plant 1991, S. 43.

55 Ebd., S. 51.

56 Himmler zit. ebd., S. 76. Zu Himmlers grenzenloser Abscheu vor Homosexuellen siehe auch ebd., S. 52.

57 Zu Kurt Hiller siehe ebd., S. 93.

58 Zit. in E. C. Potter, »Early Career of von Cramm«, in: *American Lawn Tennis*, 20. Juni 1934, S. 29.

59 Ebd.

60 Zu Jack Crawford siehe John R. Tunis, »Crawford Complete«, in: *New Yorker*, 15. Juli 1933, S. 40, sowie John R. Tunis, »John B. Crawford, World Champion«, in: *New Yorker*, 2. September 1933, S. 48; Budge 1969, S. 103.

61 Zum Spiel Cramm gegen Crawford siehe John Olliff, *Olliff on Tennis*, London 1948, S. 122; John R. Tunis, »Raising a Racket for Germany«, in: *Collier's*, 10. Juli 1937, S. 38; Steinkamp 1990, S. 73; sowie *American Lawn Tennis*, 20. Juni 1934 und 20. Februar 1938.

62 Beide Zitate in John R. Tunis, »Raising a Racket for Germany«, in: *Collier's*, 10. Juli 1937, S. 38.

63 Nach LTTC »Rot-Weiß« Berlin (Hg.) 1977, S. 41.

64 Siehe Roper 1941, S. 164. Zu den Beschwerlichkeiten, die die Devisenbeschränkungen der Nationalsozialisten für die Deutschen mit sich brachten, siehe ebd., Kapitel 9.

65 Diese und andere Episoden, die Cramms Hilfe beim Versuch betreffen, Herbsts Familienvermögen außer Landes zu schaffen, wurden aus verschiedenen Quellen zusammengefügt, aber die meisten der wiedergegebenen Details sind den Dokumenten des Berliner Landesarchivs entnommen. Die geschilderte Szene findet sich in Bestand A Rep. 358–02, Nr. 98301, S. 15. Es ist bisweilen schwierig, zwischen nationalsozialistischer Lügenpropaganda, strategischen Alibis von Cramm und seinem An-

walt und der Wahrheit zu unterscheiden. Aber aus Herbsts Briefen an Cramm aus der Zeit nach dem Krieg wissen wir, dass Cramm ihm in der Tat dabei geholfen hat, sein Geld außer Landes zu bringen (siehe Steinkamp 1990, S. 124), und so scheinen die in den Akten angegebenen Details durchaus den Tatsachen zu entsprechen.

66 Zu Cramms Beeinträchtigung durch das in London grassierende Virus siehe Steinkamp 1990, S. 74. – Cramm-Zitat nach: »Von Cramm's Life Story«, in: *American Lawn Tennis*, 20. Februar 1938, S. 26.

67 Zur »Nacht der langen Messer«, dem sogenannten Röhm-Putsch, siehe Shirer 1961, S. 210–223; Plant 1991, S. 46–57; sowie Richie 1998, S. 418–420.

68 Tilden 1950, S. 117. – Zu Cramms Spielweise und Strategie siehe Thomas J. Hamilton, »Budge Puts Americans in Davis Cup Challenge Round by Defeating von Cramm«, in: *New York Times*, 21. Juli 1937, S. 25; zusätzliche Informationen gemäß dem Interview mit Jack Kramer am 6. Dezember 2006 in Los Angeles.

69 »Erstaunlicher Stoppball« und »Oh Baby!« aus »Champions at Forest Hills«, in: *Time*, 13. September 1937, S. 21; »unwahrscheinliche Passierschläge«: Roderich Menzel zit. in Steinkamp 1990, S. 10.

70 James Thurber, »The Greatest Match in the History of the World«, in: *New Yorker*, 31. Juli 1937, S. 41.

71 Budge 1969, S. 11.

72 Frank Ernest Hill, »Flashing Budge Reaches the Heights«, in: *New York Times Magazine*, 11. Juli 1937, S. 9; Zitat zu Budges roten Haaren aus Perry 1934, S. 177.

73 Zu Budges Herkunft und seinen Kindheits- und Jugendjahren siehe Budge 1969; Herbert Warren Wind, »Budge and the Grand Slam«, in: *New Yorker*, 15. Februar 1988, S. 75–89; sowie das Interview mit Donald Budge von 1975, auf Videoband in der Tennis Hall of Fame in Newport, Rhode Island.

74 Informationen nach dem Telefoninterview mit Gene Mako vom 27. März 2006.

75 Budge 1969, S. 152.

76 Ebd., S. 36.

77 Zu den Ausgaben bei ihrer ersten Reise in die Oststaaten siehe Hart 1985, S. 140; sowie Budge 1969, S. 38 u. 41.

78 Roger McEntyre zit. in Gail Baxter, *The Berkeley Tennis Club. A History, 1906–1976*, Privatdruck. Für zusätzliche Informationen zum Training von Budge und Stow im Winter 1934/35, siehe Herbert Warren Wind, »Budge and the Grand Slam«, in: *New Yorker*, 15. Februar 1988, S. 78; sowie Budge 1969, S. 43.

79 Zit. in Frayne 1977, S. 62. – Vorausgegangene Zitate von Pate und Budge aus »Davis Cup«, in: *Time*, 29. Juli, 1935.

80 Walter Schleiter, »Some Davis Cup Notes«, in: *American Lawn Tennis*, 20. August 1937, S. 20.

81 Nach Grimsley 1971, S. 74.

82 Al Laney, »The Mystery of Wimbledon«, in Wind (Hg.) 1966, S. 607.

83 Ebd., S. 608. Zu Budges angeblichem Winken in Richtung Queen siehe auch Budge 1969, S. 52–54.

84 Zum ersten Treffen von Budge und Cramm und ihrem Gespräch siehe Budge 1969, S. 88–90; zu Cramms nahezu akzentlosem Englisch siehe Arthur J. Daley, »Von Cramm Here to Seek U.S. Title«, in: *New York Times*, 24. August 1937, S. 16. – Budges Äußerungen gegenüber Reportern nach dem Sieg über Austin zit. nach Budge 1969, S. 88.

85 Zu Tildens Angewohnheit, absichtlich Punkte zu vergeben, usw. siehe Metzler 1969, S. 90; Deford 1976, S. 60; sowie Allison Danzig, »Tilden, Autocrat of the Courts«, in: Wind 1966, S. 604.

86 Nach Budge 1969, S. 90.

87 Siehe Cooke 1937, S. 661.

88 *American Lawn Tennis*, 20. Juli, 1935, S. 25. Der zuvor zitierte amerikanische Reporter ist E. C. Potter, zit. ebd., S. 17.

89 Siehe Shirer 1961, S. 274.

90 Ebd.; siehe auch Richie 1998, S. 435.

91 Shirer 1961, S. 275f. Die Reaktion der *Times* auf Hitlers Rede ebd., S. 277.

92 Otto Dietrich zit. nach Richie 1998, S. 434f.

93 Siehe die Dokumente des Berliner Landesarchivs, Bestand A Rep. 358–02, Nr. 98301, S. 16.

94 Haffner 2002, S. 144; Nabokov-Zitat aus Nabokov 1999, S. 414.

95 Haffner 2002, S. 247.

96 Siehe Clerici 1975, S. 198; sowie Julius Heldman, »The Budge Style«, in Danzig und Schwed 1972, S. 241.

97 »Davis Cup«, in: *Time*, 29. Juli, 1935. Modigliani-Vergleich: Clerici 1975, S. 198.

98 »Forest Hills Finale«, in: *Time*, 2. September 1935.

99 Conrad Aiken, »Yankee Luck«, in: *New Yorker*, 3. August 1935, S. 27.

100 Budge 1969, S. 48. Budge-Zitat im Absatz zuvor ebd.

101 Laney 1968, S. 235. – Budge-Zitat aus Budge 1969, S. 10.

102 Zum letzten Spiel im zweiten Satz siehe Budge 1969, S. 10f.; *Lawn Tennis and Badminton*, 24. Juli, 1937, S. 398; Thomas J. Hamilton, »Budge Puts Americans in Davis Cup Challenge Round by Defeating von Cramm«, in: *New York Times*, 21. Juli 1937, S. 25; sowie LTTC »Rot-Weiß« Berlin (Hg.) 1977, S. 10f.

103 Ebd. – Der lateinische Begriff *Furor Teutonicus* (die »teutonische Raserei«) wird meist dem römischen Dichter Lucan zugeschrieben. Seit dem Mittelalter wird der Ausdruck als geflügeltes Wort für deutsche Aggression ver-

wendet. Er war auch in den Reden Bismarcks und Hitlers (der gern Bismarck zitierte) beliebt.

104 *American Lawn Tennis*, 5. August 1937, S. 40. Wallis Myers zit. in LTTC »Rot-Weiß« Berlin (Hg.) 1977, S. 10f.

105 *American Lawn Tennis*, 20. September 1937, S. 59.

Dritter Satz: Kann sich das Blatt noch wenden?

1 Budge 1969, S. 11.

2 Zur Matchstatistik siehe *Lawn Tennis and Badminton*, 24. Juli 1937, S. 398; sowie Tinling 1979, S. 149.

3 Cooke 1937, S. 661–663.

4 Laney 1968, S. 236.

5 Walter Schleiter, »Some Davis Cup Notes«, in: *American Lawn Tennis*, 20. August 1937, S. 20.

6 Zum ersten Spiel des dritten Satzes siehe *Lawn Tennis and Badminton*, 24. Juli 1937, S. 398; sowie Thomas J. Hamilton, »Budge Puts Americans in Davis Cup Challenge Round by Defeating von Cramm«, in: *New York Times*, 21. Juli 1937, S. 25.

7 Siehe Laney 1968, S. 236.

8 Cooke 1937, S. 661–663. – Zitat zu Budge als kommendes »beliebtestes Tennisidol« nach Franklin Pierce Adams, »Rye's Semifinals – Sartorial Notes«, in: *New Yorker*, 21. August 1937, S. 45.

9 Don Budge in der Radiosendung Shell Chateau vom 26. September 1936, archiviert im NBC Radio Archive der Library of Congress in Washington, D. C. – *Bystander*-Zitat aus der Juliausgabe 1937.

10 Conrad Aiken, »Yankee Luck«, in: *New Yorker*, 3. August 1935, S. 26. Zitat zur »Langeweile … und Einsamkeit« nach Joseph Killorin (Hg.), *Selected Letters of Conrad Aiken*, New Haven 1978, S. 203–207.

11 Siehe *Time*, 2. September 1935. – Thurber-Zitat aus James Thurber, »Budge Takes Shields«, in: *New Yorker*, 24. August 1935, S. 31.

12 James Thurber, »Bitsy Grant's Two-Day Match«, in: *New Yorker*, 21. September 1935, S. 42.

13 James Thurber, »Forest Hills Notes«, in: *New Yorker*, 14. September 1935, S. 51.

14 Menzel zit. in Steinkamp 1990, S. 10.

15 Zum Interzonen-Finale beim Germantown Cricket Club siehe Budge 1969, S. 60–63; Herbert Warren Wind, »Budge and the Grand Slam«, in: *New Yorker*, 15. Februar 1988, S. 80; sowie »Australia Wins Davis Cup Tie 3–2«, in: *American Lawn Tennis*, 20. Juni 1936, S. 6.

16 Conrad Aiken, »The Machine Age«, in: *New Yorker*, 11. Juli 1936, S. 32.

17 Frank Everest Hill: »Flashing Budge Reaches the Heights«, in: *New York Times Magazine*, 11. Juli 1937, S. 9.

18 Budge 1969, S. 64.

19 Budge ebd.; James Thurber, »Summer Is Ended«, in: *New Yorker*, 19. September 1936, S. 95.

20 Zum US-Endspiel Perry gegen Budge siehe Budge 1969, S. 64–66; Allison Danzig, »13,000 at Net Finals«, in: *New York Times*, 13. September 1936, S. S1; James Thurber, »Summer Is Ended«, in: *New Yorker*, 19. September 1936, 95–97; sowie »Forest Hills Finale«, in: *Time*, 21. September 1936; zusätzliche Informationen gemäß dem Interview mit Robert Kelleher vom 5. Dezember 2006 in Los Angeles.

21 Don Budge in der Radiosendung Shell Chateau vom 26. September 1936.

22 Zu Budges neuem Trainingsprogramm siehe Budge 1969, S. 66–69; sowie Herbert Warren Wind, »Budge and the Grand Slam«, in: *New Yorker*, 15. Februar 1988, S. 81.

23 Siehe Bowers 1999–2007 (»Chapter VIII: Perry and Vines, 1937«), online unter www.tennisserver.com/lines/lines_04_12_03.html.

24 Budge 1939, S. 51.

25 Budge 1969, S. 75; siehe auch Budge 1939, S. 51.

26 Information gemäß dem Interview mit Robert Kelleher vom 5. Dezember 2006 in Los Angeles.

27 Budge 1969, S. 76.

28 Herbert Warren Wind, »Budge and the Grand Slam«, in: *New Yorker*, 15. Februar 1988, S. 81. Siehe auch Budge 1969, S. 75.

29 Pancho Segura in: *Kings of the Court. The Ten Greatest Tennis Players of All Time* [VHS-Videoband], Tennis Classics Production Company (in Zusammenarbeit mit der International Tennis Hall of Fame), 1997.

30 Zit. in Frayne 1977, S. 57. Zu Budges Bevorzugung weißer Schläger siehe »Forest Hills Finale«, in: *Time*, 2. September 1935.

31 *American Lawn Tennis*, 5. September 1938, S. 40. – Budge zit. in: Herbert Warren Wind, »Budge and the Grand Slam«, in: *New Yorker*, 15. Februar 1988, S. 81.

32 Interview mit Jack Kramer vom 6. Dezember 2006 in Los Angeles. – Expertenkommentar zu Budges Rückhand aus Metzler 1969. Der sich zu Budges »Fingerspitzengefühl« äußernde Beobachter ist Julius Heldman, zit. in Herbert Warren Wind, »Budge and the Grand Slam«, in: *New Yorker*, 15. Februar 1988, S. 89. Zu Budges Returnposition nahe am Netz siehe sein unveröffentlichtes Artikelmanuskript von 1975 (freundlicherweise zur Verfügung gestellt von Jeff Budge).

33 Franklin Pierce Adams, »Rye's Semifinals – Sartorial Notes«, in: *New Yorker*, 21. August 1937, S. 44. Mako-Zitat nach dem am 6. Dezember 2006 in Los Angeles mit ihm geführten Interview. Zu Budge als Läufer und seiner Antizipationsfähigkeit siehe Eugene L. Scott, »Death of a Champion«, *Wall Street Journal*, 1. Februar 2000.

34 Twynam zit. nach McPhee 1972, S. 86. – Nachfolgendes Laney-Zitat: Laney 1968, S. 234.

35 Interview mit Budge von 1975, auf Videoband in der Tennis Hall of Fame in Newport, Rhode Island; siehe auch Hart 1985, S. 143. – Zu Alice Marble allgemein siehe Marble und Leatherman 1991.

36 Laney 1968, S. 234.

37 Nach Budge 1969, S. 77. – Zitat zum »Außenseiter«: Frank Everest Hill, »Flashing Budge Reaches the Heights«, in: *New York Times Magazine*, 11. Juli 1937, S. 9.

38 Zitate in diesem Absatz A. Wallis Myers, in *Daily Telegraph*, 3. Juli 1937, S. 19.

39 James Thurber, »Budge and Television«, in: *New Yorker*, 17. Juli 1937, S. 38f. – »Er spielte die Bälle länger und härter …«: »America's Day at Wimbledon«, in: *The Times*, 3. Juli 1937, S. 7.

40 Budge 1969, S. 78.

41 »America's Day at Wimbledon«, in: *The Times*, 3. Juli 1937, S. 7. (Das Shakespeare-Zitat ist aus *Othello*, 2. Akt, 1. Szene.)

42 A. Wallis Myers, in *Daily Telegraph*, 3. Juli 1937, S. 19. – »Ich bebte förmlich«: Budge 1969, S. 53f.

43 Zitate aus Budge 1969, S. 53f.

44 Zum Doppel mit Mako gegen Cramm und Henkel siehe »Smashing Victory Gives Budge Title«, in: *New York Times*, 3. Juli 1937, S. 7.

45 James Thurber, »Budge and Television«, in: *New Yorker*, 17. Juli 1937, S. 38f.

46 »Some Remarks by the Champion«, in: *American Lawn Tennis*, 5. August 1937, S. 6.

47 Für Schilderungen des vierten Spiels im dritten Satz siehe Budge 1969, S. 11f., und Thomas J. Hamilton, »Budge Puts Americans in Davis Cup Challenge Round by Defeating von Cramm«, in: *New York Times*, 21. Juli 1937, S. 25.

48 James Thurber, »The Greatest Match in the History of the World«, in: *New Yorker*, 31. Juli 1937, S. 41.

49 Kinney 1995, S. 690.

50 Alle Zitate in diesem Absatz ebd., S. 301, 675, 512, 640; im Folgeabsatz ebd., S. 676. u. S. 814.

51 Siehe hierzu David E. Fisher und Marshall Jon Fisher 1996, S. 247 u. S. 363. – Briefzitat: James Thurber an Ronald und Jane Williams, 11. Juli 1937, in Kinney und Thurber (Hg.) 2003, S. 241.

52 James Thurber, »Budge and Television«, in: *New Yorker*, 17. Juli 1937, S. 38f.

53 Tinling 1979, S. 177f.

54 In Tom Stoppards Theaterstück *The Invention of Love* erklärt Alfred Edward Houseman: »›Homosexuelle‹? Wer hat diese Barbarei verbrochen? … Es

ist halb Griechisch und halb Latein!« Zur gleichfalls griechisch-lateinischen Zusammensetzung »Television« siehe David E. Fisher und Marshall Jon Fisher 1996, S. 248; zur Fernsehübertragung der Olympischen Sommerspiele 1936 ebd., S. 260f.

55 Zu Thurbers Sicht des Lebens als Strafe siehe Kinney 1995, S. 776. – Brief an den Augenarzt: James Thurber an Dr. Gordon Bruce, 9. Juni 1939, in: Kinney und Thurber (Hg.) 2003, S. 314f.

56 Siehe James Thurber, »The Greatest Match in the History of the World«, in: *New Yorker*, 31. Juli 1937, S. 41.

57 Don Budge in der Radiosendung Shell Chateau vom 26. September 1936.

58 Zit. in Hart 1985, S. 154.

59 Gemäß dem Interview mit Mako. – Zu Frank Shields und den »filmreifen Faustkämpfen in Nachtclubs« siehe Shields 1986, S. 82.

60 Budge 1969, S. 6.

61 Zit. in Maguire 2006, S. 66

62 Siehe Tilden 1948, S. 132; Budge 1969, S. 13.

63 Die Angaben zur Biografie des jungen Tilden folgen, wenn nicht anders erwähnt, der Tilden-Biografie *Big Bill Tilden. The Triumphs and the Tragedy* von Frank Deford (Deford 1976). Zitate in diesem Absatz ebd., S. 190.

64 Rice 1954, S. 158.

65 Deford 1976, S. 201.

66 Carl Fischer, zit. ebd., S. 32 u. S. 205.

67 Tilden 1975, S. 1.

68 Vincent Richards, »The Astonishing Mr. Tilden« (*Esquire*, August 1937); in: Graffis (Hg.) 1971, S. 6.

69 George Lott, »Little Bill«, in Danzig und Schwed (Hg.) 1972, S. 156. Zu Bill Johnston siehe des Weiteren Collins 1994; sowie Laney 1968, S. 42 u. 70f.

70 Laney 1968, S. 41.

71 Zum Winter 1919/20 siehe George Lott, »Bill Tilden as I Knew Him for 33 Years«, in: *Tennis*, Juli 1970, S. 19; Vincent Richards, »The Astonishing Mr. Tilden«, in: Graffis (Hg.) 1971, S. 6f.; sowie Deford 1976, S. 35f.

72 Zitate aus »Tilden Wins Tennis Title of Britain«, in: *New York Times*, 4. Juli 1920, S. 19.

73 Zitate aus der *New York Times*, 7. September 1920, S. 23.

74 Allison Danzig, »Greatest Tennis Player of All Time«, in: *New York Times*, 22. Dezember 1963, S. 19.

75 Zu den Forest-Hills-Turnieren der Jahre 1922–1924 siehe Deford 1976, S. 85–87, 94, 96f. u. 128; Laney 1968, S. 68–72; Rice 1954, S. 159; »Tilden for 5th Year Is Tennis Champion«, in: *New York Times*, 3. September 1924, S. 1.

76 Tilden zit. in John Winkler, »The Iconoclast of the Courts«, in: *New Yorker*, 18. September 1926, S. 29.

77 F. Scott Fitzgerald, *This Side of Paradise*, New York 1920, S. 65 u. 188. – Zu den »Freudenhäusern auf Rädern« siehe Allen 1931, S. 100.

78 Allison Danzig, »Greatest Tennis Player of All Time«, in: *New York Times*, 22. Dezember 1963, S. 19.

79 Zu diesem Vorfall und allgemein zu Tildens theatralischem Gehabe siehe George Lott, »Bill Tilden as I Knew Him for 33 Years«, in: *Tennis*, Juli 1970, S. 5; Angaben zu Tildens Umgang mit den Balljungen gemäß dem Interview mit Robert Kelleher; Zitat zum einschüchternden Blick als »Kunstform« aus Vincent Richards, »The Astonishing Mr. Tilden«, in: Graffis (Hg.) 1971, S. 7.

80 Siehe hierzu Tinling 1983. – Zum »rechthaberischen Nörgeln« siehe Allison Danzig, »Greatest Tennis Player of All Time«, in: *New York Times*, 22. Dezember 1963, S. 34; Erinnerungen John Olliffs in *Olliff on Tennis*, London 1948, S. 77.

81 Tilden zit. in John Winkler, »The Iconoclast of the Courts«, in: *New Yorker*, 18. September 1926, S. 27; sowie in Deford 1976, S. 61. – Anerkennendes »Spitze!«: Allison Danzig, »Greatest Tennis Player of All Time«, in: *New York Times*, 22. Dezember 1963, S. 34; George Lott zit. in Deford 1976, S. 60.

82 Zit. ebd., S. 63.

83 Siehe Laney 1968, S. 60.

84 Lott zit. in Hart 1985, S. 182f.

85 Stanley K. Wilson zit. in Laney 1968, S. 73.

86 Riggs (mit McGann) 1973, S. 56f.; George Lott, »Tennis Money: It Doesn't Pay to Be an Amateur«, in: *Collier's*, 3. September 1938, S. 28.

87 Zit. in Baltzell 1995, S. 180f.

88 Deford 1976, S. 147f.

89 John R. Tunis, »Lucky Cochet«, in: *New Yorker*, 15. September 1928, S. 28.

90 Zum Davispokal-Gewinn Frankreichs siehe »Tilden and Johnston Beaten as France Wins the Davis Cup«, in: *New York Times*, 11. September 1927, S. S1; Deford 1976, S. 137–155; Trengove 1985, S. 68–95; René Lacoste, »The Quest of the Davis Cup«, in Wind (Hg.) 1966, S. 595–601; sowie »Paris Is Jubilant over Cup Victory«, in: *New York Times*, 11. September 1927, S. S1.

91 Zitate in diesem Absatz nach John Winkler, »The Iconoclast of the Courts«, in: *New Yorker*, 18. September 1926, S. 28f. Hier finden sich auch die Angaben zum Profi-Angebot des Unternehmens aus Florida.

92 Zur abgekauten Rose der Bankhead siehe Tinling 1983. Die weiteren Zitate in diesem und im Folgeabsatz nach Deford 1976, S. 69, 213 u. 130f.

93 Siehe »Tilden Pseudo Tramp in a New Comedy«, in: *New York Times*, 13. Oktober 1926, S. 20.

94 George Lott, »Bill Tilden as I Knew Him for 33 Years«, in: *Tennis*, Juli 1970, S. 10. Zum Spiel gegen Cochet siehe Laney 1968, S. 148–151.

95   »Tilden's Glare Held Responsible for Defeat of Attempt to Ban Frowning
     at Officials«, in: *New York Times*, 15. Februar 1928, S. 17.

96   Zum Daviscup-Drama von 1928 siehe »Tilden Barred from Davis
     Cup Play«, in: *American Lawn Tennis*, 20. Juli 1928, S. 252 (hier auch das
     Tilden-Zitat im Folgeabsatz); George Lott, »Tight Spots in Tennis«, in:
     Atlantic, August 1938, S. 197f.; Hart 1985, S. 183f.; George Lott, »Bill
     Tilden as I Knew Him for 33 Years«, in: *Tennis*, Juli 1970, S. 32; »Davis
     Cup«, in: *Time*, 6. August 1928; sowie Deford 1976, S. 116–122. Thurber-
     Zitate nach James Thurber, »Master of Ceremonies«, in: *New Yorker*,
     21. Juli 1928, S. 19.

97   Tilden 1975, S. 25.

98   George Lott, »Bill Tilden as I Knew Him for 33 Years«, in: *Tennis*, Juli
     1970, S. 32. Tilden-Zitat nach Deford 1976, S. 122.

99   Tilden [1931], S. 258.

100 »Tilden's Passing Shots« (seine Kolumne in *American Lawn Tennis*),
     20. Juni 1929, S. 158.

101 John R. Tunis, »Phenomenon …«, in: *New Yorker*, 12. Juli 1930, S. 63. –
     Zitate zum Turnier in Paris und zu den übrigen europäischen Turnieren
     aus John R. Tunis, »A Young Man from Philadelphia«, in: *New Yorker*,
     7. Juni 1930, S. 64.

102 Zu den Meisterschaften in Rye und allgemeiner zu Tildens psychischem
     Niedergang siehe Deford 1976, S. 158; sowie Allison Danzig, »Greatest
     Tennis Player of All Time«, in: *New York Times*, 22. Dezember 1963, S. 34;
     »Viehweide«-Zitat ebd.

103 Deford 1976, S. 162. – *Time*-Zitat aus »Fall of Tilden«, in: *Time*, 22. Sep-
     tember 1930.

104 Zu Little Bill Johnston und Frank Hunter siehe Bowers 1999–2007
     (»Chapter III: Tilden's Year of Triumph, 1931«), online unter www.tennis
     server.com/lines/lines_02_03_03.html; sowie Deford 1976, S. 158.

105 Siehe »William T. Tilden, 2nd, Becomes a Professional«, in: *American
     Lawn Tennis*, 20. Januar 1931, S. 671.

106 Zitate in diesem Absatz nach Deford 1976, S. 26–29 u. S. 206.

107 Tilden 1950, S. 115.

108 Budge 1969, S. 11; ähnlich auch in *Lawn Tennis and Badminton* 28 (1937),
     S. 364. – Zu den Details des dritten Satzes siehe Budge 1969, S. 11f.; so-
     wie Thomas J. Hamilton, »Budge Puts Americans in Davis Cup Chal-
     lenge Round by Defeating von Cramm«, in: *New York Times*, 21. Juli 1937,
     S. 25.

109 »The Davis Cup: Germany Fight to the Last«, in: *The Times*, 21. Juli 1937,
     S. 6.

110 »Peace in Europe«, in: *The Times*, 25. Februar 1936, S. 8.

111 Mowat 1955, S. 557.

112 T. H. Watkins, *The Great Depression*, Boston 1993, S. 64.

113 Zitate zu Lindbergh: A. Scott Berg, *Lindbergh*, New York 1998, S. 357 u.
     361.

114 »William T. Tilden, 2nd, Becomes a Professional«, in: *American Lawn
     Tennis*, 20. Januar 1931, S. 671.

Vierter Satz: Wenn du Triumph und Niederlage trotzt

1 Zu Tildens Spielen gegen Perry und Tildens Schulteroperation siehe
   Bowers 1999–2007 (»Chapter VIII: Perry and Vines, 1937«), online unter
   www.tennisserver.com/lines/lines_04_12_03.html.

2 »Play by Play of Thrilling Budge Victory«, in: *San Francisco Chronicle Sporting Green*, 21. Juli 1937, S. 4.

3 In seiner Tilden-Biografie berichtet Frank Deford von Tildens Zeit in
   der aufs College vorbereitenden Schule, als Bills Tennisspiel seiner Mannschaft »nicht gerade zur Ehre gereichte«. »Nach einem Ballwechsel, der
   typischerweise damit geendet hatte, dass es Tilden mal wieder mächtig
   übertrieb und den Ball weit ins Aus schlug, rief ihm [ein Freund] aufmun-
   ternd zu: ›He, June, immer locker!‹ Tilden hielt sofort inne und wirbelte
   herum, wie es für ihn charakteristisch werden sollte: Die Hände in die
   Hüften gestemmt starrte er dem Jungen ins Gesicht. ›Deacon‹, blaffte er,
   ›ich werd schon mein eigenes schönes Spielchen spielen.‹ Und genau das
   sollte er zeitlebens auch tun ...« (Deford 1976, S. 19).

4 »Moss Explains Ban on Negroes in Tennis«, in: *New York Times*, 28. Dezember 1929, S. 16.

5 Dieses und das vorausgegangene Zitat wurden Tagebucheinträgen Ralph
   Bunches vom April 1937 entnommen, zit. in Urquhart 1993, S. 64 u. 67.

6 Tagebucheintrag Bunches vom 7. Juli 1937, aus den Ralph J. Bunche
   Papers, archiviert in den Special Collections der Bibliothek der University
   of California, Los Angeles.

7 Siehe hierzu Philip Benjamin, »Color Line Bars Bunche and Son From
   Forest Hills Tennis Club«, in: *New York Times*, 9. Juli 1959, S. 1; sowie
   »Forest Hills Invites Bunche Application; Head of Club Quits«, in: *New
   York Times*, 15. Juli 1959, S. 1.

8 Tagebucheintrag Bunches vom 20. Juli 1937, aus den Ralph J. Bunche
   Papers, archiviert in den Special Collections der Bibliothek der University
   of California, Los Angeles.

9 Zu den ersten vier Spielen des vierten Satzes siehe Thomas J. Hamilton,
   »Budge Puts Americans in Davis Cup Challenge Round by Defeating von
   Cramm«, in: *New York Times*, 21. Juli 1937, S. 25.

10 Die persönlichen Informationen zu Prenn wurden den Telefoninterviews
    mit Oliver Prenn am 15. November 2006, 9. Mai 2008 und 16. Oktober
    2008 sowie mit Derrick Kleeman am 9. Januar 2007 entnommen.

11 Zit. in Steinkamp 1990, S. 71.

12 In Shirer 1961, S. 230.

13 Zit. auf www.historyplace.com/worldwar2/triumph/tr-olympics.htm.

14 Zit. in Large 2007, S. 93.

15 Zit. ebd., S. 84; Brundage-Zitate ebd., S. 101 u. S. 79.

16 Zitate in diesem und den beiden vorausgehenden Absätzen nach Large 2007, S. 90 u. S. 96–99. Siehe auch Large 2002, S. 277–284.

17 Zu Dora Ratjen siehe Large 2007, S. 237.

18 Eintrag vom 17. August 1936. In: *Die Tagebücher von Joseph Goebbels*. Herausgegeben von Elke Fröhlich. Teil I. Aufzeichnungen 1923–1941. Band 3/II. März 1936 – Februar 1937. Bearbeitet von Jana Richter. München 2001, S. 161.

19 Large 2007, S. 233.

20 Siehe Margolick 2005, S. 27.

21 Zit. in Urquhart 1993, S. 57f. *Amsterdam News* zit. aus Margolick 2005, S. 144.

22 Adolf Hitler, *Mein Kampf*, 78.–84. Auflage 1933, S. 454.

23 Nach Margolick 2005, S. 151.

24 Zu Goebbels' Telegramm und der Filmvorführung mit Hitler siehe ebd., S. 163 u. 182.

25 Ebd., S. 129.

26 »Baron Triumphs Over British Ace, 3 to 2, Driving to Love Victory in Last Set«, in: *New York Times*, 2. Juni 1936, S. 36; siehe auch »Perry Beaten by von Cramm«, in: *The Times*, 2. Juni 1936, S. 6.

27 Zit. in Steinkamp 1990, S. 90.

28 Siehe Margolick 2005, S. 211. – Zu dem an Hans von Meister geschickten Geld siehe die Dokumente des Berliner Landesarchivs, A Rep. 358–02, Nr. 98301, S. 7, 11; sowie Manfred Herzer, »Die Strafakte Gottfried von Cramm«, in: *Capri. Zeitschrift für schwule Geschichte*, 4. Jg. Nr. 1 (Juni 1991) S. 3–14. Zitat zu den Verboten in Zusammenhang mit Devisen nach Roper 1941, S. 159f.

29 Siehe die Dokumente des Berliner Landesarchivs, A Rep. 358–02, Nr. 98301, S. 6.

30 Siehe Steinkamp 1990, S. 89.

31 Roman Najuch zit. in Stuck von Reznicek [1969], S. 50.

32 *Daily Telegraph*, 3. Juli 1936, S. 21.

33 Julius Heldman, »The Style of Fred Perry«, in Danzig und Schwed (Hg.), 1972, S. 253.

34 *Daily Telegraph*, 3. Juli 1936, S. 21.

35 Zu diesem Zwischenfall und seinen Folgen siehe den *Daily Telegraph* vom 4. Juli, 1936, S. 13, sowie Steinkamp 1990, S. 90.

36 Zitat aus: W. F. Leysmith, »Modern Wimbledon Record Created by Perry in Taking Three Straight Titles«, in: *New York Times*, 4. Juli 1936, S. 8. Zum Wimbledon-Endspiel 1936 allgemein siehe des Weiteren *Daily Tele-*

graph, 3. Juli 1936, S. 21; Steinkamp 1990, S. 90f.; Don Budge, unveröffentlichtes Artikelmanuskript von 1975 (freundlicherweise zur Verfügung
gestellt von Jeff Budge); sowie Perry 1985, S. 100f.

37 Diese Ansicht äußerte Dr. Ronald Fisher vom Methodist Hospital in
    Houston in einem Interview vom 18. Mai 2008.

38 Dieses Zitat und das folgende Cramm-Zitat aus: W. F. Leysmith,
    »Modern Wimbledon Record Created by Perry in Taking Three Straight
    Titles«, in: *New York Times*, 4. Juli 1936, S. 8.

39 Conrad Aiken, »Sixty Games in a Gale«, in: *New Yorker*, 8. August 1936,
    S. 54.

40 Zit. in Steinkamp 1990, S. 92. Nachfolgendes Zitat aus dem *Hamburger
    Fremdenblatt*, zit. ebd.

41 Zu dieser Geschichte siehe Budges unveröffentlichtes Artikelmanuskript
    von 1975 sowie Ron Fimrite, »Baron of the Court«, in: *Sports Illustrated*,
    5. Juli, 1993.

42 Stuck von Reznicek 1949, S. 20.

43 Zu Herbinger siehe Gruenberg 2000, S. 196–199.

44 »Tennis«, in: *Time*, 7. Oktober 1929.

45 Siehe *American Lawn Tennis*, 20. Juli 1931, S. 22, und Laney 1968, S. 41.

46 »The Pros Hold a Tournament«, in: *New Yorker*, 18. Juli 1931, S. 45.

47 Vincent Richards, »The Astonishing Mr. Tilden« (*Esquire*, August 1937);
    in: Graffis (Hg.) 1971, S. 8.

48 Ebd.

49 Tildens Äußerung ist zu finden auf der Webseite der International Tennis
    Hall of Fame: www.tennisfame.com/famer.aspx?pgID=?867&hof_id=226. –
    Zu Nüssleins Sperre auf Lebenszeit siehe Rainer Deike, »Der verfemte
    Weltmeister«, in: Deutscher Tennis Bund (Hg.) 2002, S. 103–107, S. 103.

50 Allison Danzig, »Vines in Pro Debut Loses to Tilden«, in: *New York Times*,
    11. Januar 1934, S. 25.

51 Rice 1954, S. 160.

52 Allison Danzig, »Vines in Pro Debut Loses to Tilden«, in: *New York Times*,
    11. Januar 1934, S. 25.

53 Morris Markey, »Jeu de Paume«, in: *New Yorker*, 19. Januar 1935, S. 44.

54 Laney zit. in Deford 1976, S. 166.

55 Tilden 1938, S. 136f.

56 Zit. in Deford 1976, S. 159.

57 Hart 1985, S. 442. Nach den Telefonen zu urteilen, handelte es sich bei
    diesem Club vermutlich um das Resi (siehe Gordon 2001, S. 228f.), auch
    wenn die Kundschaft des Resi nicht überwiegend homosexuell war. Es
    könnte auch das Femina gewesen sein (siehe www.argo.net.au/andre/
    osmarwhiteENFIN.htm), das jedoch ebenfalls kein Schwulenclub war.

58 Zit. in Deford 1976, S. 160.

59 Zitat hier und das vorausgegangene Cramm-Zitat aus Deford 1976, S. 44

u. 159f. – »Für mich bitte ein Tilden«: siehe ›Tilden Cocktail‹, All Water, Popular on French Courts«, in: *New York Times*, 20. Mai 1927, S. 21.

60 Nach Isherwood 1976, S. 334.

61 Siehe Plant 1991, S. 94–96.

62 Zit. ebd., S. 97.

63 Zu diesen Zahlen siehe ebd., S. 192f.

64 Siehe Pretzel und Roßbach 1990, S. 28, sowie Geoffrey J. Giles, »»Wegen der zu erwartenden hohen Strafe: Homosexuellenverfolgung in Berlin, 1933–1945‹ and ›Homosexuelle Männer im KZ Sachsenhausen‹« (Rezension), in: *Holocaust and Genocide Studies* 17, Nr. 1 (Frühjahr 2003), S. 197.

65 Robert Vansittart zit. in Large 2007, S. 215.

66 Siehe Plant 1991, S. 102.

67 Himmler schwelgte gegenüber seinem Leibarzt Felix Kersten, der in seinen Memoiren davon berichtet, in seinen hochfliegenden Plänen zur Ausschaltung des Adels. Zit. in Plant 1991, S. 83f.

68 Metternich 1976, S. 210.

69 Zu Cramms Gestapo-Verhör siehe die Dokumente des Berliner Landesarchivs, A Rep. 358–02, Nr. 21070, S. 4. Dialoge entsprechend den dort gegebenen Schilderungen der tatsächlich geführten Gespräche.

70 Eintrag vom 27. Mai 1937. In: *Die Tagebücher von Joseph Goebbels*. Herausgegeben von Elke Fröhlich. Teil I. Aufzeichnungen 1923–1941. Band 4. März–November 1937. Bearbeitet von Elke Fröhlich. München 2000, S. 153.

71 Tilden 1938, S. 94. Die Angaben dort werden durch die Dokumente des Berliner Landesarchivs bestätigt.

72 Steinkamp 1990, S. 141.

73 »I loved you the first time I laid eyes on your face«, so zit. in Steinkamp 1990, S. 180. Dort weitere Informationen zur Begegnung von Cramm und Hutton. – Zu Huttons Tennisbegeisterung als Einundzwanzigjährige und ihren Londoner Partygesellschaften 1937 siehe Eldridge 1988, S. 43 u. S. 163.

74 Siehe Heymann 1989, S. 188.

75 Zitate nach A. Wallis Myers, in: *Daily Telegraph*, 3. Juli 1937, S. 19.

76 *Daily Mail*, 3. Juli 1937, S. 15.

77 Zitat zur überlebenssichernden Bedeutung der West-End-Produktionen: Tinling 1979, S. 177. Zitate zur Charakterisierung Geoffrey Nares' in diesem und im Folgeabsatz nach Beaton 1965, S. 159 u. S. 161. Zur Beziehung zwischen Cramm und Nares siehe Holroyd 2004, S. 75f., sowie die Aussagen Cramms im Prozess 1938, in: Dokumente des Berliner Landesarchivs, A Rep. 358–02, Nr. 21070, S. 20.

78 Zitate nach Isherwood 1976, S. 281 u. S. 286.

79 Don Budge hat die Geschichte von Hitlers angeblichem Anruf im Umklei-

deraum von Wimbledon bis an sein Lebensende immer wieder und in sich
stimmig erzählt, und er war mit Sicherheit ein ehrlicher Mensch. Seine
Söhne versichern, dass er nicht der Typ war, der einfach Geschichten erfand oder ausschmückte. Frank Deford gibt an, die Hitler-Story sowohl
von Budge wie von Tinling gehört zu haben, und »beide machten nicht
den Anschein zu flunkern«. Andererseits konnte ich in sämtlichen Quellen, die vor das Jahr 1969 datieren – als Budge (nebst Coautor Deford)
seine Autobiografie veröffentlichte –, nicht den geringsten Hinweis auf
diese angebliche Begebenheit finden. Warum hätte Budge die Sache zwei-
unddreißig Jahre lang für sich behalten sollen? Sein bester Freund Gene
Mako äußerte mir gegenüber, dass er die Wahrheit der Geschichte bezwei-
fele; er könne sich nicht erinnern, damals davon gehört zu haben.

Ted Tinling hielt die Story in seinen 1979 erschienenen eigenen Memoiren lebendig, erzählte sie aber seltsamerweise mit Budges Worten und
aus dessen Buch zitierend. Warum das? Entweder wusste er, dass diese
Anekdote nicht wahr war, wollte sie aber dennoch nicht missen, oder er
schenkte Budge Glauben, konnte sich aber selbst nicht daran erinnern –
oder seine eigenen Erinnerungen waren zumindest zu schwach. Gleichwohl behauptet Deford, dass ihm Tinling die Geschichte mit seinen eigenen Worten erzählt habe.

Cramm tat die Sache lachend als »ein Märchen« ab, und seine Freunde
und Verwandten wie auch deutsche Historiker beteuern, dass es den Anruf
nie gegeben habe. So gibt etwa der Historiker Heiner Gillmeister an, dass
Rolf Göpfert – der 1938 im deutschen Team spielte, auch beim Match
1937 dabei war und Cramm sehr gut kannte – darauf beharrte, dass »die
Geschichte völlig erfunden« sei. (Siehe Fein 2002, S. 274.) Die Dementis
wirken fast schon allzu heftig – schließlich wäre es ja nicht Cramms
Schuld, wenn Hitler tatsächlich angerufen hätte, und es würde ihn in keiner Weise in ein schlechtes Licht rücken. Dennoch ist es unter den deutschen Bewunderern Cramms nachgerade zur Ehrensache geworden, darauf zu pochen, dass es diesen Anruf nie gegeben habe.

Der deutsche Tennisjournalist Ulrich Kaiser schreibt indessen, dass
Tinling »noch 50 Jahre später [schwor], dass er genau gehört habe, wie
Gottfried von Cramm dem Gesprächspartner am Telefon mit ›jawohl
mein Führer‹ geantwortet habe« – doch habe dieser Anruf bereits vor dem
Spiel Cramm gegen *Grant* stattgefunden. (Siehe Ulrich Kaiser: »Eine
Freundschaft«, in: Deutscher Tennis Bund [Hg.] 2002, S. 152.) Anderer-
seits hat mir Cramms naher Freund Wolfgang Hofer erzählt, Gottfried
und er hätten Budge nach Erscheinen seines Buchs in Wimbledon getrof-
fen, und da habe Budge zugegeben, die Geschichte erfunden zu haben.
Nach Cramms Tod 1976 berichtete Budge allerdings dem *Boston Globe*,
Cramm zuletzt 1947 begegnet zu sein (während er wiederum im Buch von
1969 geschrieben hatte, »wir sehen uns noch immer von Zeit zu Zeit«).

Die persönlichen Erinnerungen sind fürwahr ein unsicheres Fundament der Geschichtsschreibung.

Dass es einen solchen Anruf Hitlers gegeben haben könnte, ist alles andere als unmöglich. Cramms Biograf Egon Steinkamp schreibt, dass Tennis den braunen Machthabern »als Aushängeschild des deutschen Sports … allemal so wichtig wie jede andere Sportart« einschließlich Boxen war (Steinkamp 1990, S. 12). Und Max Schmeling hat der Diktator erwiesenermaßen angerufen und telegrafiert, er hat ihm Empfänge bereitet und sich mit ihm sogar Filme angesehen. Vor Schmelings Rückkampf gegen Joe Louis 1938 kabelte Hitler an den »nächsten Weltmeister Max Schmeling« und wünschte ihm jeden Erfolg (und auch diesen Kampf hat Deutschland verloren; siehe Margolick 2005, S. 283). Letzten Endes jedoch halte auch ich es für unwahrscheinlich, dass Hitler am 20. Juli 1937 in der Umkleidekabine von Wimbledon angerufen hat.

80 Kaiser 2002, S. 152.
81 Cooke 1937, S. 661.
82 Budge 1969, S. 12.
83 Nach Tilden 1948, S. 132.

Fünfter Satz: Kein Mensch, der je auf Erden gelebt …

1 Zit. in Allison Danzig, »Strong U.S. Team, Headed by Budge and Mako, Departs on Quest of Davis Cup«, in: *New York Times*, 6. Juni 1937, S. 83.
2 Zitate aus Trengove 1985, S. 127. Zur Beschreibung des Golfplatzes siehe Forbes 1978, S. 156.
3 Zitat zu Shields von Jack Kramer zit. in Trengove 1985, S. 127. Zu Bobby Riggs siehe Lecompte 2003, S. 72–74.
4 Nach E. C. Potter Jr., »Germany Is European Zone Winner«, in: *American Lawn Tennis*, 20. Juli 1937, S. 14.
5 Zum Spiel Cramm gegen Menzel siehe Trengove 1985, S. 126.
6 Siehe *Lawn Tennis and Badminton* 28 (17. Juli 1937), S. 358.
7 »On the Eve of Battle«, in: *American Lawn Tennis*, 20. Juli 1937, S. 30.
8 Zu den verschiedenen Trainern aus unterschiedlichen Nationen siehe »Without Benefit of Publicity«, in: *New Yorker*, 20. Juli 1929, S. 64; John R. Tunis, »Richards versus Kozeluh«, in: *New Yorker*, 26. Juli 1930, S. 45; John R. Tunis, »Rule, Britannia«, in: *New Yorker*, 29. Juli, 1933, S. 42; »Prospectus«, in: *New Yorker*, 2. Juni 1934, S. 86; Bowers 1999–2007 (»Chapter VII: Awaiting Perry, 1936«), online unter www.tennisserver. com/lines/lines_04_07_25.html; sowie *American Lawn Tennis*, 20. Juli 1937, S. 30. – Zu Tildens heimlichem Vergnügen angesichts der amerikanischen Niederlage gegen Großbritannien siehe Conrad Aiken, »Psychology and the Davis Cup«, in: *New Yorker*, 28. Juli 1934, S. 28. Tilden hatte öffentlich prophezeit, dass die Vereinigten Staaten in der Interzonen-Schlussrunde

gegen Australien verlieren würden, indes war ihnen schließlich doch noch ein 3 : 2-Erfolg gelungen, nachdem sie bereits zwei Matchs zurückgelegen hatten. In der Herausforderungsrunde wurden sie jedoch von Perry und Austin souverän geschlagen.

9   Walter Pate zit. in »Davis Cup Choice Dilemma to Pate«, in: *New York Times*, 15. Juli 1937, S. 25. Gene Mako gemäß den mit ihm geführten Interviews vom 27. März und 6. Dezember 2006.

10   Mako-Zitat und Informationen im Folgeabsatz gemäß den Interviews mit Mako. Zum Training der Deutschen siehe »Davis Cup Choice Dilemma to Pate«, in: *New York Times*, 15. Juli 1937, S. 25.

11   Siehe »Mr. Priestley's New Play«, in: *The Times*, 12. Juli 1937, S. 10.

12   Zit. in Large 2007, S. 215.

13   Siehe Eldridge 1988, S. 163. Zur Entlassung des Chauffeurs siehe Heymann 1989, S. 188f. Zu Cramms Hilfe bei der Gestaltung von Huttons Rotsandplätzen siehe Jennings 1968, S. 108.

14   Heymann 1989, S. 193.

15   Zit. in Hart 1985, S. 160.

16   Parker-Zitate: Hart 1985, S. 310f. Zum »Ertapptwerden« der beiden siehe Beardsley 2002, S. 33.

17   »Budge, Parker and Grant Advance to Quarter-Finals in Singles at Wimbledon«, in: *New York Times*, 26. Juni 1937, S. 10.

18   »U.S. Line-Up to Remain Secret Till Draw for Davis Cup Today«, in: *New York Times*, 16. Juli 1937, S. 15.

19   Allison Danzig, »Brian (Bitsy) Grant«, in Danzig und Schwed (Hg.) 1972, S. 267. Zum »kleinen Milchbart« siehe Budge 1939, S. 59; zur Geschichte mit dem Londoner Hotelfenster siehe Shields 1986, S. 99, und verschiedene weitere Quellen.

20   Laney 1968, S. 232. – Tagebucheintrag Ralph Bunches vom 20. Juli 1937, aus den Ralph J. Bunche Papers, archiviert in den Special Collections der Bibliothek der University of California, Los Angeles. Zitat zur Kommentierung von Pates Entscheidung durch die »englischen Besserwisser«: »The All-Important Interzone Tie«, in: *American Lawn Tennis*, 5. August 1937, S. 4.

21   Zu dieser Episode siehe Laney 1968, S. 229–237.

22   Aus Frank Keating, »Sound and Fury of Radio Today had Gentler Beginnings«, in: *Guardian*, 10. April 2007. Zum »neumodischen Schnickschnack« siehe Frank Keating, »Sport: Radio Days«, in: *Spectator*, 20. Juni 2007.

23   Alle Zitate aus Laneys Radiokommentar sind der NBC-Übertragung vom 17. Juli 1937 entnommen, archiviert im NBC Radio Archive der Library of Congress in Washington, D. C.

24   »The All-Important Interzone Tie«, in: *American Lawn Tennis*, 5. August 1937, S. 4.

25 »U.S.A. and Germany All Square«, in: *The Times*, 19. Juli 1937, S. 5.

26 In: *American Lawn Tennis*, 5. August 1937, S. 38.

27 Alle Brand-Zitate sind der NBC-Radioübertragung zwischen den Begegnungen vom 17. Juli 1937 entnommen, archiviert im NBC Radio Archive der Library of Congress in Washington, D. C.

28 Zu Henkels erstem Aufschlag siehe Franklin Pierce Adams, »The State of Doubles – Baron von Cramm«, in: *New Yorker*, 4. September 1937, S. 44; sowie »U.S. Line-Up to Remain Secret Till Draw for Davis Cup Today«, in: *New York Times*, 16. Juli 1937, S. 15; Zitat aus Budge 1969, S. 47. – Zitate zu Henkels Appetit und Essgewohnheiten ebd. Zum geschwungenen Kamm siehe *American Lawn Tennis*, 5. September 1937, S. 48.

29 Nach Budge 1969, S. 47.

30 Direkte Zitate aus »The All-Important Interzone Tie«, in: *American Lawn Tennis*, 5. August 1937, S. 4.

31 Gemäß Interview mit Mako vom 6. Dezember 2006; siehe auch Hart 1985, S. 141.

32 Perry 1934, S. 177.

33 Interview mit Mako vom 27. März 2006. Laut *American Lawn Tennis* vom Mai 1933 registrierte eine ähnliche Maschine, »ballistisches Chronometer« genannt, Tildens Aufschlaggeschwindigkeit einmal mit 163,6 Meilen pro Stunde (263,2 Stundenkilometer). Es herrscht allgemeine Übereinstimmung darüber, dass diese alten Geschwindigkeitsmesser fehlerhaft gewesen sein müssen. Allerdings waren die Bälle der dreißiger Jahre etwas kleiner als die später verwendeten und hatten einen dünneren Filzbelag, was sie beides schneller gemacht haben muss. Jack Kramer äußerte mir gegenüber: »In jenen Tagen wurden unglaublich viele Asse geschlagen, Bälle, die selbst die besten Sportler nicht erreichten, und es war ja nicht so, dass wir uns nicht bewegt hätten.«

34 Zitate zu Makos Verletzung und bleibendem Handicap hier und in den folgenden Absätzen gemäß den Interviews mit Mako vom 27. März und vom 6. Dezember 2006.

35 Budge 1939, S. 138.

36 Interview mit Mako vom 6. Dezember 2006.

37 »America Take the Lead«, in: *The Times*, 20. Juli 1937, S. 8.

38 James Thurber, »The Greatest Match in the History of the World«, in: *New Yorker*, 31. Juli 1937, S. 41. Zitat Makos zu den Gesprächsthemen beim Tennisspiel aus »Drummer«, in: *New Yorker*, 13. August 1938, S. 11.

39 Franklin Pierce Adams, »Developments at Rye«, in: *New Yorker*, 20. August 1938, S. 49.

40 »America Take the Lead«, in: *The Times*, 20. Juli 1937, S. 8.

41 Interview mit Mako vom 6. Dezember 2006.

42 »America Take the Lead«, in: *The Times*, 20. Juli 1937, S. 8.

43 Kursivzitat Budge 1969, S. 7. Zur »großartigen Doppelbegegnung« siehe

Thomas Hamilton Jr., »Four-Set Doubles Victory Gives U.S. Davis Cup
Team 2–1 Lead Over Germany«, in: *New York Times*, 20. Juli 1937, S. 27.
Für zusätzliche Informationen zu diesem Doppel siehe A. Wallis Myers in
Daily Telegraph, 20. Juli 1937, S. 20; James Thurber, »The Greatest Match
in the History of the World«, in: *New Yorker*, 31. Juli 1937, S. 41; sowie
»America Take the Lead«, in: *The Times*, 20. Juli 1937, S. 8.

44 Die in der königlichen Loge anwesenden Personen werden genannt in
Lawn Tennis and Badminton, 24. Juli 1937, S. 398. – Zu den Tausenden, die
das Spiel vorm Centre Court verfolgten, siehe Arthur Daley, »Davis Cup
Musings«, in: *New York Times*, 28. August 1947, S. 21.

45 »Hoare« wird genauso ausgesprochen wie »whore« (Hure); A.d.Ü. Das
Zitat stammt aus Large 1990, S. 172.

46 Spielerzitat und die folgenden Twynam-Zitate aus McPhee 1972, S. 87 f. u.
108 f.

47 Laney 1968, S. 234f. Zu den Anweisungen Kleinschroths: E. C. Potter,
»On the Sixth Match Point«, in: *American Lawn Tennis*, 5. August 1937,
S. 8. Der Ausruf des Franzosen zit. in Laney 1968, S. 234f.

48 Laney ebd.

49 Walter Schleiter, »Some Davis Cup Notes«, in: *American Lawn Tennis*,
20. August 1937, S. 20.

50 Siehe Thomas J. Hamilton, »Budge Puts Americans in Davis Cup Challenge Round by Defeating von Cramm«, in: *New York Times*, 21. Juli 1937,
S. 26; sowie Cooke 1937, S. 661.

51 Nach Cooke 1937, S. 661.

52 Ebd. – Reporterzitat: A. Wallis Myers, *Daily Telegraph*, 21. Juli 1937, S. 20.

53 Zu Pate und dem Handtuch siehe Thomas J. Hamilton, »Budge Puts
Americans in Davis Cup Challenge Round by Defeating von Cramm«,
in: *New York Times*, 21. Juli 1937, S. 26. – Zitat aus Tinling 1979, S. 150;
Budges Gedanken wiedergeben nach Budge 1969, S. 14.

54 Zit. in Budge 1969, S. 14; Trengove 1985, S. 128; sowie in vielen weiteren
Quellen.

55 Siehe Budge 1969, S. 14; sowie Deford 1976, S. 161.

56 Wallis Myers, *Daily Telegraph*, 21. Juli 1937, S. 20.

57 Budge 1969, S. 14.

58 Interview mit Mako vom 6. Dezember 2006. Zu Cramms gerissener Saite
siehe A. Wallis Myers, *Daily Telegraph*, 21. Juli 1937, S. 20.

59 Zitate nach Cooke 1937, S. 661.

60 Arthur Daley, »Davis Cup Musings«, in: *New York Times*, 28. August 1947,
S. 21. Zitat Alistair Cooke aus Cooke 1937, S. 661. Zitat Al Laney aus
Laney 1968, S. 237.

61 A. Wallis Myers, *Daily Telegraph*, 21. Juli 1937, S. 20.

62 James Thurber, »The Greatest Match in the History of the World«, in:
New Yorker, 31. Juli 1937, S. 41.

63 Cooke 1937, S. 661.

64 Steinkamp 1990, S. 11.

65 Cramm zitiert von Sven Davidson in Sharnik 1986, S. 304.

66 Budge 1939, S. 50.

67 Laney 1968, S. 238.

68 A. Wallis Myers, *Daily Telegraph*, 21. Juli 1937, S. 20.

69 Budge 1969, S. 4. Thurber-Zitat: James Thurber, »The Greatest Match in the History of the World«, in: *New Yorker*, 31. Juli 1937, S. 41.

70 E. C. Potter, »On the Sixth Match Point«, S. 7; ebenfalls beschrieben im *Daily Telegraph*, 21. Juli 1937, S. 20.

71 Siehe Walter Schleiter, »Some Davis Cup Notes«, in: *American Lawn Tennis*, 20. August 1937, S. 20; und A. Wallis Myers, *Daily Telegraph*, 21. Juli 1937, S. 20.

72 Zu Richards finanzieller Hilfe an Tilden siehe Deford 1976, S. 174.

73 Zit. ebd., S. 52.

74 Tilden zit. in Deford 1976, S. 172. Siehe auch George Lott, »Bill Tilden as I Knew Him for 33 Years«, in: *Tennis*, Juli 1970, S. 32.

75 Zu Tildens Werbe- und Sponsoringverträgen siehe Vincent Richards, »The Astonishing Mr. Tilden« (*Esquire*, August 1937), in Graffis (Hg.) 1971, S. 9; sowie die Anzeigen in *American Lawn Tennis*, 20. April 1931 und 20. Juni 1933.

76 Siehe Deford 1976, S. 171f.

77 Ebd., S. 207; Zitat von George Lott ebd., S. 224.

78 Zur psychischen »Krankheit« und der Abweichung vom »Normalmaß« siehe Tilden 1948, S. 307f. Zu Tilden und Wilde siehe Verle Vines (die Frau von Ellsworth Vines), zit. in Samantha Stevenson, »The Days of Vines and Roses«, in: *World Tennis*, November 1990, S. 34: »In Japan saßen wir einmal bis drei oder vier Uhr morgens zusammen, und er versuchte, mir gegenüber seine Lebensweise zu rechtfertigen. Er kam sich vor wie ein zweiter Oscar Wilde.«

79 Nach Laney 1968, S. 239.

80 Budge 1969, S. 16.

81 Zitate Walter Schleiter, »Some Davis Cup Notes«, in: *American Lawn Tennis*, 20. August 1937, S. 20; und A. Wallis Myers, *Daily Telegraph*, 21. Juli 1937, S. 20.

82 Siehe Stuck von Reznicek 1969, S. 42; sowie Thomas J. Hamilton, »Budge Puts Americans in Davis Cup Challenge Round by Defeating von Cramm«, in: *New York Times*, 21. Juli 1937, S. 26. – E. C. (Ned) Potter zit. in *American Lawn Tennis*, 5. August 1937, S. 36.

83 *Lawn Tennis and Badminton*, 24. Juli 1937, S. 398.

84 Walter Pate, Einleitung zu Budge 1939, S. 11.

85 Ebd. und Arthur Daley, »Davis Cup Musings«, in: *New York Times*, 28. August 1947, S. 21.

86 Cooke 1937, S. 661.

87 *Match Play and the Spin of the Ball*, Tilden 1975, S. xi.

88 James Thurber, »The Greatest Match in the History of the World«, in: *New Yorker*, 31. Juli 1937, S. 41. – Cooke 1937, S. 661. – Stenogramm von Budges herrlichem Vorhandball: E. C. (Ned) Potter, zit. in *American Lawn Tennis*, 5. August 1937, S. 36.

89 Budge 1969, S. 18.

90 Danzig, »The Story of J. Donald Budge«, in Budge 1939, S. 39.

91 Zit. in Budge 1969, S. 18.

Nachspiel: Wunder der Errettung

1 »United States 4, Great Britain 1«, in: *American Lawn Tennis*, 5. August 1937, S. 9–11.

2 James Thurber, »Budge Against the World«, in: *New Yorker*, 7. August 1937, S. 35.

3 Zur Heimreise und zum Festzug siehe Walter Schleiter, »Some Davis Cup Notes«, in: *American Lawn Tennis*, 20. August 1937, S. 20; Budge 1969, S. 79; »Parade to Welcome Davis Cup Net Squad«, in: *New York Times*, 5. August 1937, S. 15; sowie »Davis Cup Stars Warmly Cheered as Famous Trophy Comes Home«, in: *New York Times*, 6. August 1937, S. 12.

4 »Champions at Forest Hills«, in: *Time*, 13. September 1937, S. 21.

5 Ebd.

6 Henner Henkel zit. nach »Our World Tour«, in: *American Lawn Tennis*, 20. Dez. 1937, S. 13.

7 Interview mit Robert Kelleher vom 5. Dezember 2006.

8 S. Willis Merrihew, in: *American Lawn Tennis*, 20. Oktober 1937, S. 21.

9 Budge 1969, S. 8.

10 Zu Cramms Aufenthalt in Japan siehe Steinkamp 1990, S. 109, sowie den Brief von Yasushi Yasukawa an Heiner Gillmeister vom 9. Mai 2000 (von Gillmeister freundlicherweise zur Verfügung gestellt). – Zum Abschied von Budge am Pier von San Francisco siehe *American Lawn Tennis*, 20. Oktober 1937, S. 17.

11 Charles Buttrose, *Words and Music*, Sydney 1984, S. 188. Zum ungehörigen Sonnenbad mit Henkel siehe Alexander Goldie, *Body and Soul*, Briar Hill, Australien, 2003, S. 85.

12 Siehe Steinkamp 1990, S. 123, sowie Ron Fimrite: »Baron of the Court«, in: *Sports Illustrated*, 5. Juli 1993.

13 Tilden 1948, S. 132.

14 Siehe Steinkamp 1990, S. 123f. Die zweite Warnung zit. nach Godfrey Winn in der englischen Zeitschrift *The Tatler*, August 1938.

15 Dokumente des Berliner Landesarchivs, Bestand A Rep. 358–02, Nr. 21070, S. 21.

16 Steinkamp 1990. S. 111.

17 Zit. ebd., S. 122.

18 Zu Langbehn siehe die Allen Dulles Papers in der Seeley Mudd Manu-script Library der Princeton University, Box 37, Datei 1; einsehbar unter www.fpp.co.uk/Himmler/Langbehn/Pringsheim_020146.html.

19 Budge 1969, S. 108, und »U.S. Sportsmen Demand Nazis Free von Cramm«, in: *New York Times*, 7. Mai 1938, S. 5.

20 Zur Audienz bei Göring und zu seinem Eintreten für Cramm siehe Stein-kamp 1990, S. 122, sowie Heiner Gillmeister, »Von Caesarius von Heis-terbach bis Gottfried von Cramm«, in Sarkowicz 1996, S. 181–203, S. 202. Die Charakterisierung Görings ist derjenigen in Klaus Manns *Mephisto* nachempfunden.

21 Nach Roper 1941, S. 52.

22 Ebd., S. 70.

23 Dies wurde Jahre später von einem Rechtsanwalt Cramms behauptet; siehe Manfred Herzer, »Die Strafakte Gottfried von Cramm«, in: *Capri. Zeitschrift für schwule Geschichte*, 4. Jg. Nr. 1 (Juni 1991), S. 3–14, S. 13. Nö-tigungen dieser Art kamen häufig vor; in manchen Fällen gaben die Ge-richte offen zu, derlei »wohlmeinende Empfehlungen« gegeben zu haben. Siehe Geoffrey J. Giles, »›Wegen der zu erwartenden hohen Strafe: Ho-mosexuellenverfolgung in Berlin, 1933–1945‹ and ›Homosexuelle Männer im KZ Sachsenhausen‹« (Rezension), in: *Holocaust and Genocide Studies* 17, Nr. 1 (Frühjahr 2003), S. 197.

24 Roper 1941, S. 159.

25 Dokumente des Berliner Landesarchivs, Bestand A Rep. 358–02, Nr. 21070. Cramms Abstreitung der Anschuldigungen findet sich auf S. 21. Siehe auch Herzer, »Die Strafakte Gottfried von Cramm«, S. 10–14 und passim. Zu Cramms Verurteilung siehe daneben das Dokument des Landesar-chivs, Bestand A Rep. 358–02, Nr. 98301, sowie »Cramm Sentenced to a Year in Prison«, in: *New York Times*, 15. Mai 1938, S. 26.

26 Zu Cramms Zeit im Gefängnis siehe »Von Cramm a Jail Clerk«, in: *New York Times*, 1. September 1938, S. 11, sowie *American Lawn Tennis*, 20. Sep-tember 1938, S. 39. Weitere Informationen aus dem Telefoninterview mit Herbert Schmidt vom 27. November 2007. Zum Gefängnis in der Lehrter Straße siehe Wassiltschikow 1987, S. 285–288; sowie Leo Stein, *I Was in Hell with Niemoeller*, New York 1942, S. 48.

27 Aus Trengove 1985, S. 131. Zur »Regel 33« siehe auch Deutscher Tennis Bund (Hg.) 2002, S. 158. Zum Protest Polens gegen die Bestimmung siehe »Davis Cup Changes«, in: *American Lawn Tennis*, 20. Mai 1938, S. 8.

28 »Germany's Davis Cup Team Is Called Home After Bad Beating at Hands of Australians«, in: *New York Times*, 21. August 1938, S. 1.

29 Steinkamp 1990, S. 125. Siehe auch »Von Cramm Is Released«, in: *New York Times*, 17. Oktober 1938, S. 4.

30 Siehe Plant 1991, S. 102 f. – Zu den im Homosexuellenreferat beschäftigten Beamten siehe Pretzel und Roßbach 2000, S. 57.

31 Plant 1991, S. 145 f., dort zit. aus Heger 1972, S. 36. Siehe auch Pretzel und Roßbach 2000, S. 119 ff.

32 Plant 1991, S. 161. – Zu Kriminalinspektor Gabler siehe Pretzel und Roßbach 2000, S. 70.

33 Zitate von Henkel und Schönborn nach »Developments in Germany«, in: *American Lawn Tennis*, 20. November 1938, S. 16.

34 Siehe John Lardner, »The Total Interview«, in: *New Yorker*, 9. November 1957, S. 167.

35 Zitat aus James Thurber, »The Helens' Wimbledon«, in: *New Yorker*, 16. Juli 1938, S. 38. – Cramm äußerte gegenüber Reportern, dass er sich entschieden habe, nicht anzutreten, und der All England Club gab öffentlich sein Bedauern bekannt, doch nahezu alle Quellen berichten, dass ihm der Antritt in Wimbledon aufgrund seiner Vorstrafe verwehrt worden sei. Siehe hierzu beispielsweise Ulrich Kaiser: »Der Tennis-Baron«, in: Deutscher Tennis Bund (Hg.) 2002, S. 149–151; Clerici 1975, S. 202; sowie Godfrey Winn in: *Tatler*, Nr. 1983, 28. Juni 1939.

36 Metzler 1969, S. 133.

37 Tilden-Zitat und Informationen über den Empfang beim König aus »Von Cramm Beats Riggs with Loss of One Game in London Tennis Semi-Finals«, in: *New York Times*, 24. Juni 1939, S. 19.

38 »Championship of London«, in: *The Times*, 24. Juni 1939, S. 6.

39 Siehe hierzu Riggs (mit McGann) 1973, S. 64–66, und Lecompte 2003, S. 74 u. S. 111–117.

40 *Times*-Zitate: »Championships of London«, in: *The Times*, 26. Juni 1939, S. 8; sowie »British Chances in Berlin«, in: *The Times*, 3. Juni 1939, S. 4. Reporterkommentar über Cramms Spiel beim Queen's-Turnier aus: *Lawn Tennis and Badminton* 30 (1. Juli 1939), S. 232.

41 Zitat aus »Von Cramm Planning to Play Tennis Here«, in: *New York Times*, 13. März 1939, S. 24. Zur Ablehnung seines Visumsantrags siehe »Von Cramm States U.S. Bars His Entry«, in: *New York Times*, 17. Juni 1939, S. 5. Zum Veranstalter Jack Harris siehe Bowers 1999–2007 (»Chapter X: Budge's Great Pro Year, 1939«), online unter: http://www.tennisserver.com/lines/lines_05_11_22.html. Zu Cramms Plänen, in die USA überzusiedeln und Berufsspieler zu werden, siehe auch Laney 1968, S. 227 f.

42 In Tilden 1948, S. 133.

43 Zu Cramms Zeit in der Wehrmacht siehe Steinkamp 1990, S. 137–140.

44 Siehe ebd., S. 141, sowie Metternich 1976, S. 210.

45 Siehe Shirer 1961, S. 975 u. S. 977.

46 »Ich war mit Gottfried intensiv befreundet in den Tagen des 20. Juli, als wir beide bei Gersdorffs wohnten«, schreibt Missie in einem nach Cramms Tod verfassten Brief an Gottfrieds Bruder Wilhelm-Ernst, zit. in Stein-

kamp 1990, S. 142. Zum verwüsteten und brennenden Berlin siehe Wassiltschikow 1987, S. 207 und 154.

47 Wassiltschikow 1987, S. 281.

48 Zu Geoffrey Nares in Ägypten siehe Holroyd 2004, S. 75, und Beaton
1965, S. 159.

49 Interview mit Burghard von Cramm, Hamburg, 1. April 2007. Siehe zudem Steinkamp 1990, S. 89 f.

50 Siehe Stuck von Reznicek [1969], S. 35; Stuck von Reznicek 1949, S. 47;
LTTC »Rot-Weiß« Berlin (Hg.) 1977, S. 13.

51 Zit. in Ron Fimrite, »Baron of the Court«, in: Sports Illustrated, 5. Juli 1993.

52 Informationen zu Prenns Geschäftskarriere in England gemäß den Telefoninterviews mit Oliver Prenn am 15. November 2006, 9. Mai 2008 und
16. Oktober 2008.

53 Gemäß Interview mit Wolfgang Hofer am 6. April 2007 in Berlin.

54 Das englische Gedicht aus Cramms Nachlass in Bodenburg, datiert auf
den 22. Juli 1943, ist abgebildet in Steinkamp 1990, S. 187. Zum Rahmen
mit den Fotografien Huttons siehe Wassiltschikow 1987, S. 210. Zu den
transatlantischen Telefonaten siehe den Artikel von Drew Pearson zit. in
Heymann 1989, S. 157 f., sowie den ebenda angeführten FBI-Report.

55 Heymann 1989 S. 384; zu den stundenlangen Flitterwochen-Telefonaten
mit Cramm S. 320; zur Einladung nach Köln S. 343.

56 Informationen zur Hilfe für ostdeutsche Tennisspieler gemäß Interview
mit Herbert Schmidt vom 27. November 2007; siehe auch Steinkamp
1990, S. 197 f. Zum Hotelkauf für Kai Lund: Wolfgang Hofer zit. in Ron
Fimrite, »Baron of the Court«, in: Sports Illustrated, 5. Juli 1993.

57 Zur Hochzeit und Ehe von Cramm und Hutton siehe Heymann 1989,
S. 385–388; Jennings 1968, S. 284–286; Eldridge 1988, S. 180 f. Des Weiteren auch Wilson 2001, S. 232.

58 Laut dem Interview mit Herbert Schmidt.

59 Zit. in Ron Fimrite, »Baron of the Court«, in: Sports Illustrated, 5. Juli 1993.

60 Informationen zu Cramms Tod gemäß Interview mit Herbert Schmidt;
siehe auch »Von Cramm, German Tennis Star of 1930's, Dies in Car Crash
at 66«, in: New York Times, 10. November 1976, S. 98.

61 Wolfgang Hofer zit. in Ron Fimrite, »Baron of the Court«, in: Sports Illustrated, 5. Juli 1993. Zur Schopenhauer-Lektüre im Luftschutzkeller siehe
Wassiltschikow 1987, S. 231.

62 Siehe Stuck von Reznicek 1949, S. 45.

63 Interview mit Herbert Schmidt. Zu weiteren Beschreibungen von Cramms
Spielweise siehe Metzler 1969, S. 104; sowie John Tunis, »Raising a Racket
for Germany«, in: Collier's, 10. Juli 1937, S. 18 u. 38.

64 Laney zit. in Deford 1976, S. 174 f.

65 Zu Tildens Sieg über Budge: E. J. Gillow, »Tilden Beats Budge at South-
port«, in: American Lawn Tennis, 5. September 1939, S. 20; Laney zit. in

Deford 1976, S. 174f.; Bowers 1999–2007 (»Chapter X: Budge's Great Pro
Year, 1939«); William T. Tilden, »Pro Tourists – and the War«, in: *American Lawn Tennis*, 20. September 1939, S. 20. Hier auch Informationen zur
Beeinträchtigung der Schaukampftournee durch den Kriegsbeginn.

66 Aus Kinney und Thurber (Hg.) 2003, S. 317. Zur Gesellschaft, die sich auf
Chaplins Tennisplatz versammelte, siehe Deford 1976, S. 229.

67 Hart 1985, S. 141. *Newsweek*-Zitat aus: »Big Bill Tilden, the Old Man
River of Tennis, Rolls Along with Youth on a 25,25-Mile Tour«, in:
Newsweek, 13. Januar 1941, S. 46.

68 Deford 1976, S. 170f.

69 Ebd., S. 76.

70 Interview mit Gene Mako vom 6. Dezember 2006 in Los Angeles.

71 Deford 1976, S. 235 u. 237.

72 Interview mit Gene Mako.

73 Deford 1976, S. 244.

74 Nach Hart 1985, S. 149, und Deford 1976, S. 168. – Mako-Zitat aus dem
mit ihm geführten Interview.

75 Frederick Staunton in Deford 1976, S. 244.

76 Ebd., S. 18.

77 Ebd., S. 250.

78 Nach Angaben von Associated Press und des Anwalts Richard Maddox, zit.
ebd., S. 255. Für zusätzliche Informationen zum Prozess siehe »Tilden
Goes to Jail in Delinquency Case«, in: *New York Times*, 17. Januar 1947,
S. 31.

79 Zitat aus Baltzell 1995, S. 215. Die Bezeichnung als »Diktator« stammt
von Bob Falkenburg, zit. in Hart 1985, S. 381.

80 Riggs zit. in Deford 1976, S. 230.

81 John K. Winkler, »The Iconoclast of the Courts«, in: *New Yorker*, 18. September 1926, S. 29.

82 Tilden an Arthur Anderson, 17. März 1946, gesehen online bei ebay.com.

83 Zu Tildens zweiter Verhaftung und Verurteilung siehe Deford 1976,
S. 261–264; »Tilden Gets Year in Jail«, in: *New York Times*, 11. Februar
1949, S. 18; sowie »Tilden Sentenced Again«, in: *New York Times*,
18. Februar 1949, S. 18.

84 »Tilden Is Released From Jail«, *New York Times*, 19. Dezember 1949, S. 44.

85 »The Old Master of the Tennis Courts«, in: *New York Times*, 4. Februar
1950, S. 22.

86 Zit. in Samantha Stevenson, »The Days of Vines and Roses«, in: *World
Tennis*, November 1990, S. 34.

87 Vladimir Nabokov, *Lolita*, deutsch von Helen Hessel, Maria Carlsson,
Kurt Kusenberg, H. M. Ledig-Rowohlt und Gregor von Rezzori, bearbeitet von Dieter E. Zimmer, Frankfurt am Main 2002, S. 261f.

88 Deford 1976, S. 267.

89 Zit. ebd., S. 271.

90 Deford 1976, S. 272. Das Schreiben an Richards wird zitiert in Laney 1968, S. 62.

91 Zu Tildens letztem Lebenstag siehe Deford 1976, S. 273–275, sowie Hart 1985, S. 213.

92 Al Laney, zit. in Herbert Warren Wind, »Budge and the Grand Slam«, in: *New Yorker*, 15. Februar 1988, S. 89.

93 McPhee 1972, S. 72. Hierbei handelte es sich nicht um Queen Mary, sondern um ihre Schwiegertochter Queen Elizabeth, die Gattin von Georg VI., doch offensichtlich erinnerte auch sie sich an Budge.

94 *Sydney Mail*, Schools' Number, 8. Dezember 1937, S. 32.

95 Gemäß Telefoninterview mit Patricia Yeomans, 14. Dezember 2006.

96 Bildunterschrift in *American Lawn Tennis*, 20. März 1938, S. 7.

97 Siehe Budge 1969, S. 108f.

98 Interview mit Mako.

99 Die Informationen zu den Aktivitäten von Budge und Mako während der mehrtägigen Regenunterbrechung 1938 stammen aus dem Interview mit Mako; siehe zudem »Drummer«, in: *New Yorker*, 13. August 1938, S. 11; Budge 1969, S. 82; sowie die Tennis-Berichterstattung jener Woche in der *New York Times*.

100 Je nach Quelle schwankt die angegebene Anzahl der gegen Vines gespielten Partien geringfügig; die hier genannten Zahlen stammen aus Bowers 1999–2007 (»Chapter X: Budge's Great Pro Year, 1939«).

101 Don Budge, aus einem unveröffentlichten Artikelmanuskript von 1975 (freundlicherweise zur Verfügung gestellt von Jeff Budge); sowie Hart 1985, S. 154.

102 Informationen zu Budges Hochzeit und Schönheitsoperation gemäß den Interviews mit Mako, Robert Kelleher und Jeff Budge (Letzteres geführt am 19. September 2008 in Newport); siehe zudem »Budge Loses at Chicago«, in: *New York Times*, 28. Mai 1941, S. 36; und Bowers 1999–2007 (»Chapter XI: America, 1940–1941«), online unter www.tennisserver.com/lines/lines_06_10_01.html.

103 Zit. in Hart 1985, S. 147.

104 Interview mit Jack Kramer vom 6. Dezember 2006 in Los Angeles. Zu Riggs Glauben, das Spiel aufgrund seiner berühmten »Clutchness« gewonnen zu haben, siehe Hart 1985, S. 414.

105 Interview mit Mako.

106 Interview mit David Budge vom 5. Dezember 2006 in Los Angeles.

107 Interview mit David Budge.

108 Eugene Scott, »Death of a Champion«, *Wall Street Journal*, 1. Februar 2000.

109 Zit. in: St. Mary's College of Maryland, *River Gazette*, Dezember–Januar 2005, S. 14.

110 Zur Wiederbegegnung mit Cramm in Deutschland äußerte sich Budge im
     Gespräch mit Richard Evans, zit. in »Courtside: the Racquet World«, Ru-
     brik einer nicht zu identifizierenden Zeitschrift, archiviert in den E. Digby
     Baltzell Papers der University of Pennsylvania. Zu den Schaukämpfen ge-
     gen Cramm siehe Ulrich Kaiser: »Eine Freundschaft«, in: Deutscher Ten-
     nis Bund (Hg.) 2002, S. 152–154, S. 154. Zu Budges Versuchen, Cramm in
     die USA zu bringen, siehe: Hart 1985, S. 41; *Boston Globe*, 10. November,
     1976; und Arthur Daley, »Over the Net at Forest Hills«, in: *New York
     Times*, 31. August 1947, S. S2.
111 Budge 1969, S. 4.
112 Allison Danzig, »The Story of J. Donald Budge«, in Budge 1939, S. 38.
     Times-Zitat aus: »The Davis Cup: Germany Fight to the Last«, in: *The
     Times*, 21. Juli 1937, S. 6.
113 Budge 1969, S. 18. Associated-Press-Zitat in: »Juli Moments«, zu finden
     auf der Website des Sport-Fernsehsenders ESPN Classic unter http://
     sports.espn.go.com/espn/classic/news/story?page=classic_july.
114 Zu Budges letztem Blick auf den noch immer menschengefüllten Centre
     Court siehe Budge 1969, S. 4. Zitat zum Sommer 1940 von Lewis Eliot,
     zit. im Epigraph zu *A Summer Bright and Terrible* von David E. Fisher
     (Emeryville, Kalifornien, 2005). Zur Schweinezucht auf dem heiligen Ra-
     sen siehe Allison Danzig, »Pigs at Fair Wimbledon«, in: *New York Times*,
     17. Dezember 1940, S. 36.
115 Donald Budge äußerte im Gespräch mit Egon Steinkamp 1988 in London:
     »Ich habe in den vergangenen Jahren oft, sehr oft an dieses Spiel gedacht,
     und mehr als einmal kam da der Wunsch hoch: Wenn ich es doch verloren
     hätte. Vielleicht wäre sein Leben anders verlaufen.« (Steinkamp 1990,
     S. 12.)
116 Siehe *Kings of the Court. The Ten Greatest Tennis Players of All Time*, Tennis
     Classics Production Company and the International Tennis Hall of Fame,
     VHS-Videokassette von 1997.

Literaturverzeichnis

Allen, Frederick Lewis: *Only Yesterday. An Informal History of the 1920's.* New York 1931.

Allen, Frederick Lewis: *Since Yesterday. The 1930s in America. September 3, 1929 – September 3, 1939.* New York 1940.

Andrist, Ralph K. (Hg.): *The American Heritage History of the 20's & 30's.* New York 1970.

Baker, William J.: *Sports in the Western World*, Totowa, New Jersey, 1982.

Baltzell, E. Digby: *Sporting Gentlemen. Men's Tennis from the Age of Honor to the Cult of the Superstar.* New York 1995.

Beardsley, Cynthia: *Frank Parker. Champion in the Golden Age of Tennis.* Chicago 2002.

Beaton, Cecil: *The Wandering Years. Diaries 1922–1939.* Boston 1962.

Beaton, Cecil: *The Years Between. Diaries 1939–1944.* New York 1965.

Beck, Gad: *An Underground Life. Memoirs of a Gay Jew in Nazi Berlin.* Madison, Wisconsin, 1999.

Bienert, Michael (Hg.): *Joseph Roth in Berlin. Ein Lesebuch für Spaziergänger*, Köln 1996.

Bowers, Ray: *Forgotten Victories. History of the Pro Tennis Wars 1926–1945.* Veröffentlicht 1999–2007 online bei http://www.tennisserver.com/lines/.

Brookes, Mabel: *Crowded Galleries.* London 1956.

Budge, Don: *Budge on Tennis.* New York 1939.

Budge, Don: *Don Budge. A Tennis Memoir.* New York 1969.

Chauncey, George: *Gay New York. Gender, Urban Culture, and the Makings of the Gay Male World, 1890–1940.* New York 1994.

Clerici, Gianni: *The Ultimate Tennis Book.* [Übersetzt von Richard J. Wiezell.] Chicago 1975.

Collins, Bud: *Bud Collins' Modern Encyclopedia of Tennis.* Detroit 1994.

Cooke, Alistair: »German Baron v. California Truck Driver's Son: A study in good ambassadorship«; gesendet über den US-Radiosender WEAF am 4. August 1937, gedruckt in: *Vital Speeches of the Day*. Bd. 3. New York, 15. August 1937, S. 661–663. (Archiviert in den E. Digby Baltzell Papers der University of Pennsylvania.)

Coombe, Dennis: *History of the Davis Cup; being the story of the international lawn tennis championship, 1900–48*. Sydney 1949.

Danzig, Allison, und Peter Schwed (Hg.): *The Fireside Book of Tennis*. New York 1972.

Deford, Frank: *Big Bill Tilden. The Triumphs and the Tragedy*. New York 1976.

Deutscher Tennis Bund (Hg.): *Tennis in Deutschland. Von den Anfängen bis 2002*. Berlin 2002.

Drobny, Jaroslav: *Champion in Exile*. London 1955.

Duff, Sheila Grant: *The Parting of Ways. A Personal Account of the Thirties*. London 1982.

Dulles, Allen: *Germany's Underground. The Anti-Nazi Resistance*. New York 1947.

Eldridge, Mona: *In Search of a Prince. My Life with Barbara Hutton*. London 1988.

Eurich, Alvin C., und Elmo C. Wilson: *In 1936*. New York 1937.

Evans, Richard: *The Davis Cup. Celebrating 100 Years of International Tennis*. New York 1998.

Fachamt Tennis im DRL (Hg.): *Tennis-Handbuch 1937*. Heidelberg [1937].

Fein, Paul: *Tennis Confidential*. Washington 2002.

Fisher, David E., und Marshall Jon Fisher: *Tub. The Invention of Television*. Washington 1996.

Forbes, Gordon: *A Handful of Summers*. London 1978.

Frayne, Trent: *Famous Tennis Players*. New York 1977.

Gannon, Franklin Reid: *The British Press and Germany, 1936–1939*. Oxford 1971.

Gersdorff, Rudolph-Christoph von: *Soldat im Untergang*. Frankfurt am Main; Berlin; Wien 1977.

Gilbert, Martin (Hg.): *Lloyd George*. Englewood Cliffs, New Jersey, 1968.

Gillmeister, Heiner: *Kulturgeschichte des Tennis*. München 1990.

Gordon, Mel: *Voluptuous Panic*. Venice, Kalifornien, 2001.

Graffis, Herbert (Hg.): *Esquire's First Sports Reader*. New York 1971.

Graves, Robert, und Alan Hodge: *The Long Weekend. A Social History of Great Britain, 1918–1939*. London 1940.

Grimsley, Will: *Tennis. Its History, People and Events*. Englewood Cliffs, New Jersey, 1971.

Gruenberg, Morris: *Berlin N-54. A Story about Life in Berlin, Germany, from the 1920s through World War II*. Maitland, Florida, 2000.

Haffner, Sebastian: *Geschichte eines Deutschen. Die Erinnerungen 1914–1933*. München 2002.

Hart, Stan: *Once a Champion. Legendary Tennis Stars Revisited*. New York 1985.

Heger, Heinz: *Die Männer mit dem rosa Winkel*. Hamburg 1972.

Heymann, C. David: *Armes, kleines, reiches Mädchen*. Aus dem Amerikanischen von Kollektiv Druck-Reif. München 1989.

Hillyard, George Whiteside: *Forty Years of First-Class Lawn Tennis*. London 1924.

Hopman, Harry: *Aces and Places*. London 1957.

Isherwood, Christopher: *Christopher and His Kind*. New York 1976. [Deutsche Ausgabe: *Christopher und die Seinen*. Aus dem Englischen von Stefan Trossbach. Berlin 1992.]

Jellonnek, Burkhard: *Homosexuelle unter dem Hakenkreuz. Die Verfolgung von Homosexuellen im Dritten Reich*. Paderborn 1990.

Jennings, Dean Southern: *Barbara Hutton. A Candid Biography*. New York 1968.

Keys, Barbara J.: *Globalizing Sport. National Rivalry and International Community in the 1930s*. Cambridge, Massachusetts, 2006.

Kinney, Harrison: *James Thurber. His Life and Times*. New York 1995.

Kinney, Harrison, und Rosemary A. Thurber (Hg.): *The Thurber Letters. The Wit, Wisdom, and Surprising Life of James Thurber*. New York 2003.

Kramer, John Albert: *The Game. My 40 Years in Tennis*. New York 1979.

Kriplen, Nancy: *Dwight Davis. The Man and the Cup*. London 1999.

Laney, Al: *Covering the Court. A Fifty-Year Love Affair with the Game of Tennis*. New York 1968.

Large, David Clay: *Berlin. Biographie einer Stadt*. Aus dem Englischen von Karl Heinz Silber. München 2002.

Large, David Clay: *Between Two Fires. Europe's Path in the 1930s*. New York 1990.

Large, David Clay: *Nazi Games. The Olympics of 1936*. New York 2007.

Lecompte, Tom: *The Last Sure Thing. The Life and Times of Bobby Riggs*. Easthampton, Massachusetts, 2003.

LTTC »Rot-Weiß« Berlin (Hg.): *Gottfried Freiherr von Cramm. Fair Play ein Leben lang. 1909–1976*. Berlin 1977.

Macaulay, Duncan: *Behind the Scenes at Wimbledon*. New York 1965.

Maguire, James: *Impresario. The Life and Times of Ed Sullivan*. New York 2006.

Mandell, Richard D.: *Hitlers Olympiade. Berlin 1936*. München 1980.

Mann, Klaus: *Mephisto. Roman einer Karriere*. Reinbek bei Hamburg 1981.

Marble, Alice, und Dan Leatherman: *Courting Danger. My Adventures in World-Class Tennis, Golden-Age Hollywood, and High-Stakes Spying*. New York 1991.

Margolick, David: *Beyond Glory. Joe Lous vs. Max Schmeling, and a World on the Brink*. New York 2005.

McPhee, John: *Wimbledon. A Celebration*. New York 1972.

Medlycott, James: *100 years of the Wimbledon Tennis Championships*. New York 1977.

Menzel, Roderich: *Tennis-Parade. Das Buch der Tennisreisen und anderer Tennisdinge*. Heidelberg [1936].

Menzel, Roderich: *Weltmacht Tennis*. München 1951.

Metternich, Tatiana: *Purgatory of Fools*. New York 1976.

Metzler, Paul: *Tennis Styles and Stylists*. New York 1969.

Mowat, Charles Loch: *Britain Between the Wars 1918–1940*. Chicago 1955.

Mulloy, Gardner: *Advantage Striker*. London 1959.

Myler, Patrick: *Ring of Hate. Joe Louis vs. Max Schmeling. The Fight of the Century*. New York 2005.

Nabokov, Vladimir: *Erinnerung, sprich – Wiedersehen mit einer Autobiographie*. Deutsch von Dieter E. Zimmer. Reinbek bei Hamburg 1999.

Olliff, John: *Lawn Tennis*. London 1950.

Olliff, John: *Olliff on Tennis*. London 1948.

Olliff, John: *The Romance of Wimbledon*. London 1948.

Owen, Frank: *Tempestuous Journey. Lloyd George, His Life and Times*. New York 1955.

Patty, Budge: *Tennis My Way*. London; New York 1951.

Perry, Fred: *Fred Perry. An Autobiography*. London 1985.

Perry, Frederick: *My Story*. London 1934.

Peukert, Detlev Julio K.: *Volksgenossen und Gemeinschaftsfremde. Anpassung, Ausmerze und Aufbegehren unter dem Nationalsozialismus*. Köln 1982.

Plant, Richard: *Rosa Winkel. Der Krieg der Nazis gegen die Homosexuellen*. Aus dem Englischen von Danny Lee Lewis und Thomas Plaichinger. Frankfurt am Main; New York 1991.

Potter, E. C.: *Kings of the Court*. New York 1963.

Potter, E.: *The Davis Cup*. South Brunswick, New Jersey, 1969.

Pretzel, Andreas, und Gabriele Roßbach: *Wegen der zu erwartenden hohen Strafe … Homosexuellenverfolgung in Berlin 1933–1945*. Berlin 2000.

Rice, Grantland: *The Tumult and the Shouting*. New York 1954.

Richie, Alexandra: *Faust's Metropolis*. New York 1998.

Riess, Curt: *Auch Du, Cäsar. Homosexualität als Schicksal*. München 1981.

Riggs, Bobby (mit George McGann): *Court Hustler*. Philadelphia 1973.

Robyns, Gwen: *Wimbledon. The Hidden Drama*. New York 1974.

Roper, Edith: *Skeleton of Justice*. [Übersetzt von Clara Leiser.] New York 1941.

Sarkowicz, Hans (Hg.): *Schneller, höher, weiter. Eine Geschichte des Sports*. Frankfurt am Main 1996.

Schickel, Richard: *The World of Tennis*. New York 1975.

Schiff, Stacy: *Véra (Mrs. Vladimir Nabokov)*. New York 1999.

Schmeling, Max: *Max Schmeling. An Autobiography*. Chicago 1998. [Deutsche Originalausgabe: *Erinnerungen*. Frankfurt am Main 1977.]

Seel, Pierre: *Ich, Pierre Seel, deportiert und vergessen. Ein Bericht*. Köln 1996.

Sharnik, John: *Remembrance of Games Past. On Tour with the Tennis Grand Masters*. New York 1986.

Shields, William X: *Bigger than Life: The Last Great Amateur. A Biography of Francis X. Shields*. New York 1986.

Shirer, William L.: *Aufstieg und Fall des Dritten Reiches*. Aus dem Amerikanischen von Wilhelm und Modeste Pferdekamp. Köln; Berlin 1961.

Steinkamp, Egon: *Gottfried von Cramm. Der Tennisbaron.* Eine Biographie mit 171 Abbildungen und Dokumenten. München; Berlin 1990.

Stuck von Reznicek, Paula: *Gottfried von Cramm. Der Gentleman von Wimbledon.* Aus seinem Leben erzählt von Paula Stuck v. Reznicek. Nürnberg 1949.

Stuck von Reznicek, Paula: *Tennis Faszination.* München o.J. [1969].

Tennis-Club 1899 e. V. Blau-Weiss [Berlin]: *Nachrichten-Blatt des Tennis-Club 1899, E. V. (Blau-Weiss).* Jahrgänge 1933–1938.

Tilden, William Tatem: *Aces, Places and Faults.* London 1938.

Tilden, William Tatem: *Ruhm.* Ins Deutsche übertragen von Wasold Hidden. Berlin o.J. [1931]. [Originalausgabe: *Glory's Net.* Garden City, New Jersey, 1930.]

Tilden, William Tatem: *Match Play and the Spin of the Ball.* New York 1975. (Reprint der Ausgabe von 1925.)

Tilden, William Tatem: *My Story. A Champion's Memoirs.* New York 1948.

Tilden, William Tatem: *Tennis A to Z.* London 1950.

Tinling, Ted: *Love and faults. Personalities Who Have Changed the History of Tennis in My Lifetime.* New York 1979.

Tinling, Ted: *Sixty Years in Tennis.* London 1983.

Trengove, Alan: *The Story of the Davis Cup.* London 1985.

Urquhart, Brian: *Ralph Bunche. An American Odyssey.* New York 1993.

Van Rensselaer, Philip: *Million Dollar Baby. An intimate portrait of Barbara Hutton.* New York 1979.

Voss, Arthur: *Tilden and Tennis in the Twenties.* Troy, New York, 1985.

Wassiltschikow, Marie: *Die Berliner Tagebücher der »Missie« Wassiltschikow 1940–1945.* Aus dem Englischen von Elke Jessett. Berlin 1987.

Wilson, Christopher: *Dancing with the Devil. The Windsors and Jimmy Donahue.* New York 2001.

Wind, Herbert Warren: *The Realm of Sport. A Classic Collection of the World's Great Sporting Events and Personalities as Recorded by the Most Distinguished Writers.* New York 1966.

Zentner, Christian (Hg.): *Das große Lexikon des Dritten Reiches.* München 1985.

Register